33.遯	34.大壯	35.晉	36.明夷	37.家人	38.睽	39.蹇	40.解
卦詞 4-256	卦詞 4-281	卦詞 4-304	卦詞 4-337	卦詞 5-25	卦詞 5-52	卦詞 5-88	卦詞 5-110
初六 4-258	初九 4-283	初六 4-310	初九 4-341	初九 5-29	初九 5-57	初六 5-94	初六 5-115
六二 4-260	九二 4-285	六二 4-314	六二 4-348	六二 5-31	九二 5-61	六二 5-96	九二 5-117
九三 4-263	九三 4-286	六三 4-318	九三 4-353	九三 5-35	六三 5-64	九三 5-99	六三 5-120
九四 4-267	九四 4-291	九四 4-320	六四 4-358	六四 5-42	九四 5-69	六四 5-101	九四 5-125
九五 4-270	六五 4-294	六五 4-324	六五 4-362	九五 5-44	六五 5-73	九五 5-102	六五 5-128
上九 4-271	上六 4-297	上九 4-327	上六 4-366	上九 5-46	上九 5-76	上六 5-104	上六 5-130
41.損	**42.益**	**43.夬**	**44.姤**	**45.萃**	**46.升**	**47.困**	**48.井**
卦詞 5-138	卦詞 5-172	卦詞 5-205	卦詞 5-240	卦詞 5-270	卦詞 5-302	卦詞 5-326	卦詞 5-365
初九 5-147	初九 5-177	初九 5-213	初六 5-243	初六 5-277	初六 5-307	初六 5-331	初六 5-373
九二 5-152	六二 5-180	九二 5-217	九二 5-249	六二 5-282	九二 5-309	九二 5-336	九二 5-376
六三 5-154	六三 5-185	九三 5-221	九三 5-252	六三 5-287	九三 5-312	六三 5-342	九三 5-381
六四 5-158	六四 5-192	九四 5-225	九四 5-256	九四 5-290	六四 5-313	九四 5-347	六四 5-384
六五 5-161	九五 5-194	九五 5-231	九五 5-259	九五 5-292	六五 5-316	九五 5-352	九五 5-386
上九 5-166	上九 5-198	上六 5-236	上九 5-263	上六 5-296	上六 5-318	上六 5-357	上六 5-388
49.革	**50.鼎**	**51.震**	**52.艮**	**53.漸**	**54.歸妹**	**55.豊**	**56.旅**
卦詞 6-24	卦詞 6-58	卦詞 6-97	卦詞 6-130	卦詞 6-162	卦詞 6-194	卦詞 6-227	卦詞 6-269
初九 6-31	初六 6-63	初九 6-105	初六 6-138	初六 6-167	初九 6-198	初九 6-234	初六 6-273
六二 6-34	九二 6-68	六二 6-107	六二 6-141	六二 6-171	九二 6-203	六二 6-239	六二 6-278
九三 6-36	九三 6-73	六三 6-112	九三 6-145	九三 6-175	六三 6-207	九三 6-247	九三 6-281
九四 6-41	九四 6-80	九四 6-115	六四 6-150	六四 6-180	九四 6-211	九四 6-253	九四 6-284
九五 6-45	六五 6-89	六五 6-117	六五 6-152	九五 6-183	六五 6-212	六五 6-256	六五 6-288
上六 6-47	上九 6-92	上六 6-122	上九 6-156	上九 6-187	上六 6-219	上六 6-258	上九 6-292
57.巽	**58.兌**	**59.渙**	**60.節**	**61.中孚**	**62.小過**	**63.既濟**	**64.未濟**
卦詞 6-303	卦詞 6-337	卦詞 6-355	卦詞 6-385	卦詞 7-27	卦詞 7-61	卦詞 7-91	卦詞 7-127
初六 6-307	初九 6-340	初六 6-359	初九 6-392	初九 7-37	初六 7-68	初九 7-96	初六 7-135
九二 6-310	九二 6-342	九二 6-361	九二 6-396	九二 7-41	六二 7-71	六二 7-100	九二 7-137
九三 6-314	六三 6-344	六三 6-366	六三 6-398	六三 7-47	九三 7-74	九三 7-105	六三 7-138
六四 6-317	九四 6-345	六四 6-367	六四 6-400	六四 7-51	九四 7-76	六四 7-110	九四 7-141
九五 6-322	九五 6-348	九五 6-373	九五 6-403	九五 7-54	六五 7-81	九五 7-116	六五 7-145
上九 6-327	上六 6-350	上九 6-376	上六 6-405	上九 7-57	上六 7-85	上六 7-122	上九 7-149

譯註 周易四箋 3

Four Methods of Exposition on the Book of Change

옮긴이 방인(方仁)은 1980년에 서울대학교 인문대학 철학과를 졸업하였으며, 1983년에 한국학중앙연구원 부설 한국학대학원에서 「다산역학(茶山易學)사상에 대한 연구」로 석사학위를 취득하였다. 1995년에는 서울대학교 철학과에서 「태현(太賢)의 유식(唯識)철학연구」로 박사학위를 취득하였다. 다산역학과 관련해서는 「다산의 「역론(易論)」을 통해 본 卜筮의 모의실험적 기능」(『주역연구』 제4집, 한국주역학회, 1999) 등 7편의 논문을 발표하였으며, 중문(中文)으로는 「茶山易的辨證法」(『第五屆韓國傳統文化國際學術硏討會論文集』, 南京大, 2005) 등 2편, 영문(英文)으로는 "A Semiotic Approach to Understanding Tasan Chŏng Yakyong's Philosophy of Yijing"(*Review of Korean Studies*, Academy of Korean Studies, 2000) 등 3편의 논문을 발표하였다. 1989년 이래 경북대학교 인문대학 철학과 교수로 재직하고 있으며, 미국의 하버드대학 옌칭연구소와 캐나다의 브리티시 컬럼비아대학(UBC) 한국학연구소의 객원교수(Visiting Scholar)를 역임하였다.

옮긴이 장정욱(張正郁)은 1989년에 경북대학교 경상대학 회계학과를 졸업했으며, 동 대학원 철학과 박사 과정을 수료했다. 현재 대구와 인근의 대학에 출강하고 있으며, 도가(道家) 연구 동아리인 '삼현관(三玄觀)'의 모임을 이끌고 있다. 다산(茶山)의 『역학서언(易學緖言)』 중 「현산역간(玆山易柬)」(『다산학』 4호, 다산학술문화재단, 2003), 「사수고점박(沙隨古占駁)」(『다산학』 6호, 다산학술문화재단, 2005)을 번역하였고, 논문으로는 「노자(老子)의 현실인식과 사유와 실천」(경북대 석사논문, 1993), 「역상(易象)의 적용방식과 설정원리에 대한 분석 – 다산의 『周易四箋』을 중심으로」(대한철학회, 『철학연구』 75집, 2000), 「역사(易詞)에 나타나는 '유부(有孚)'의 의미 – 다산(茶山) 「역례비석(易例比釋)」의 '유부' 례(有孚例)를 중심으로」(한국주역학회, 『주역연구』 제6집, 2001) 등이 있다.

역주譯註 주역사전周易四箋 3

1판 1쇄 발행 2007년 08월 20일
1판 2쇄 발행 2013년 10월 20일
1판 3쇄 발행 2021년 11월 10일

지은이 / 다산 정약용
옮긴이 / 방인·장정욱
펴낸이 / 박성모
펴낸곳 / 소명출판
등록 / 제13-522호
주소 / 137-878 서울시 서초구 서초중앙로6길 15(란빌딩 2층)
대표전화 / (02) 585-7840
팩시밀리 / (02) 585-7848
somyungbooks@daum.net / http://www.somyong.co.kr

값 25,000원

ISBN 978-89-5626-264-2 94810
ISBN 978-89-5626-261-1 (전8권)

역주 주역사전 3

譯註 周易四箋

다산 정약용 지음
방인 · 장정욱 옮김

일러두기

1. 이 책은 茶山 丁若鏞의 『周易四箋』(戊辰本, 24卷, 1808)을 완역하고 주석을 단 것이다.
2. 번역의 底本으로 삼은 것은 활자본 『周易四箋』(新朝鮮社本, 『與猶堂全書』, 1937)과 필사본 奎章閣 所藏 『周易四箋』과 國立中央圖書館 所藏 『周易四箋』이다. 略號로는 新朝鮮社本은 '新朝本'으로, 奎章閣本은 '奎章本'으로, 國立中央圖書館 所藏本은 '國中本'으로 표기하였다.
3. 新朝本, 奎章本, 國中本을 對校하여 오자(誤字)를 바로잡고, 이를 [校閱]로 표시하였다.
4. 각 조목은 원문과 번역문으로 나누어 실었다. 한글표기를 원칙으로 하되, 필요하다고 판단된 경우, 한글과 漢字를 병기하였다.
5. 원문은 '○' 표시로 구분한 것 외에 문단 구분이 없으나, 原文이 지나치게 긴 경우에는 적절히 나누어 문단 구분을 하였으며, '○' 표시는 그대로 살렸다.
6. 원문의 細注 부분은 원래의 위치에서 작은 글씨로 써주고, ≪ ≫로 표시해 주었다.
7. 원문에는 없으나, 의미맥락상 필요한 말은 [ ] 안에 넣었다.
8. 譯註는 脚注로 처리하였다. 『周易四箋』에서 인용하고 있는 해당 원전을 찾아 출전을 밝히고, 필요한 경우 원문을 실었으며, 인용이나 출전이 잘못된 경우 해당 원전에 근거해 바로잡았다.
9. 脚註에서 제시된 『周易四箋』 및 『易學緖言』의 典據는 新朝鮮社本의 卷數 및 面數에 의거하였다.
10. 신조선사본의 면수는 양면으로 되어 있으므로, 가・나로 나누어 표기하였다.
11. 『周易四箋』은 『四箋』으로, 그리고 『易學緖言』은 『緖言』으로 略號를 사용하였다.
12. 8卦의 离와 64卦의 離를 구별하여 표기하였다. 즉, 8卦 중의 하나로 쓰일 때에는 离로, 64卦 중의 하나로 쓰일 때에는 離로 표기하였다.
13. 본 역주본에서는 卦爻의 변화를 표시하기 위하여 기본적으로 '한글과컴퓨터'사의 8卦 폰트를 조합하여 사용하였다. 그러나 각 卦爻 앞에 오는 괘 그림 및 기타 본문 내의 괘 그림에는 예문서원에서 만든 64卦의 폰트를 사용하였다.
14. 각 卷의 前面紙에는 卦爻辭索引을 배치하여, 각각의 卦辭와 爻詞가 기재되어 있는 卷數와 面數를 쉽게 찾아볼 수 있도록 하였다. 여기에는 64卦의 384爻辭, 64卦辭, 用九・用六 등 모두 450개의 占筮例가 제시되어 있다.
15. 각 卷의 後面紙에는 爻變表를 배치하여 爻變의 모든 例를 일목요연하게 참고할 수 있도록 하였다. 여기에는 64卦의 384爻와 用九・用六 등 모두 386개의 爻變例가 제시되어 있다.

역자 서문

다산(茶山) 정약용(丁若鏞) 선생의 저서 『주역사전(周易四箋)』에 대해서 역자(譯者)가 처음으로 관심을 갖게 된 것은 한국정신문화연구원(현재 한국학중앙연구원의 前身)의 한국학대학원에서 「다산역학사상에 대한 연구」(1983)라는 제목으로 석사논문을 쓰게 되면서부터이다. 그 이후(以後) 벌써 20년의 세월이 훨씬 지나서, 이제 그 역서(譯書)의 출간을 눈앞에 두게 되니, 벅찬 감회를 억누를 수가 없다. 솔직히 말하자면, 『주역사전』을 연구하겠다고 나섰을 때는 그 가치를 충분히 인식하고 출발했다기보다는 실학사상가로서 새로운 사상사적 전환의 틀을 마련한 다산 정약용의 경학 관련 저술 중에서 미개척 분야를 연구해 보겠다는 의욕이 더 강했던 것이 사실이었다. 하지만 이때는 『주역사전』이 번역도 되어 있지 않았을 뿐 아니라, 다산역학에 관련된 선행 연구도 거의 찾아볼 수 없었기 때문에 텍스트의 독해(讀解)는 결코 호락호락하지 않은 난제(難題)였다. 이런 상황에서 역자는 학부 시절에 『맹자(孟子)』를 배우면서 인연을 맺게 된고(故) 함재(涵齋) 김재홍(金在泓 : 1916~2006) 선생님께서 평소 다산 정약용 선생의 『주역사전』이 중국의 어떤 역학대가의 저술에도 뒤지지 않는 독창성과 탁월성을 지니고 있음을 역설하시던 것을 상기하고, 찾아뵙고 가르침을 청하게 되었다. 돌이켜 생각해보면, 선생의 가르침이 없었더라면, 당시 석사논문은 물론이고, 오늘날 『주역사전』의 번역도 감히 시도하지 못하였을 것이다. 이 기회를 빌어 지난 해 세상을 떠나신 함재(涵齋) 선생님께 마음속 깊이 감사 드린다. 역자(譯者)는 그 이후 연구 주제를 바꾸어 「신라 태현(太賢)의 유식사상(唯識思想)」라는 제목으로 박사논문을 쓰게 되었지만, 다산역학에 관한 관심은 한 번도 마음속을 떠난 적이 없었다. 박사논문을 마친 이후로 역자(譯者)의 연구 관심은 오히려 다산역학으로 다시 옮겨오게 되었다. 다산역학은 역자가 경북대학교 철학과 대학원에서 강의를 개설한 이래, 가장 많이 설강한 과목이 되었으며, 아울러 몇 편의 관련 논문도 발표하기에 이르렀다. 그러다가, 한국학술진흥재단의 2000년 동서양학술명저번역 사업에 참여하게 되어, 제자 장정욱(張正郁)과 더불어 『주역사전』의 번역에 착수하게 되었다. 지원 당시 역자가 학술진흥재단의 다른 사업에 지원하고 있는 관계로 부득이하게 장정욱이 연구책임자가 되었으나, 전체적인 총괄과 마무리는 역자가 담당하게 되었다. 번역 작업은 일단 2002년에 완료되었으나, 그 이후에도 오류를 수정하고, 내용을 보완하는 작업을 계속하였다. 2005년 8월부터 일 년 동안 캐나다 밴쿠버에 있는 브리티시 컬럼비아 대학(UBC)의 한국학연구소의 초청으로 연구년을 보내면서, 최종적인 교정작업에 몰두할 수 있었다. 역자가 번역 작업을 하면서 특히 어려움을 많이 느낀 부분은 주역의 괘사(卦辭)와 효사(爻辭)의 번역이다. 다산은 해석방법론에 있어서 자신의 독창적인 방법론을 활용하고 있기 때문에, 이전(以前)의 역학자들로부터 현저하게 차별되는 방식으로 괘사와 효사를 해석하고 있다. 다산의 독특한 괘효사(卦爻辭)의 해석을 충실히 살리기 위해, 역자는 일단 괘효사를 직역 위주로 번역하였으나, 그것만으로는 의미가 충분히 드러나지 않아,

숨은 뜻을 괄호 안에 넣어 보충함으로써 그 문맥을 살리려고 시도하였다. 그러나 그 과정에서 번역해 놓고도 문맥이 통하지 않는 부분에 이르러서는 절망감을 느낀 적이 한두 번이 아니다. 역자는 괘사와 효사의 만족할 만한 번역을 얻을 때까지 역문(譯文)을 몇 번이고 다시 고쳤으며, 다산의 관점을 충실히 반영하기 위하여 최대한 노력하였다. 아울러, 가능한 한 역주(譯註)를 상세히 달아서 독자들의 이해를 돕도록 하였다. 이미 『주역사전』의 번역본(『자세히 풀이한 주역사전』, 이영희 역, 민창사, 2004)이 나와 있음에도 불구하고, 본 역서(譯書)가 의의를 가질 수 있다면, 그것은 바로 이 주석(註釋) 때문일 것이다.

번역 텍스트로는 1937년에 신조선사(新朝鮮社)에 의해 간행된 활자본과 규장각(奎章閣) 소장(所藏) 필사본을 주로 사용하였고, 번역과 아울러 양본(兩本)에 대한 텍스트 대교(對校) 작업을 병행하였다. 번역이 끝나갈 무렵에 다산학술문화재단의 도움으로 국립중앙도서관에서 소장하고 있는 『주역사전』의 또 다른 필사본을 입수하게 되어 교정 작업과 더불어 텍스트 교열(校閱)에 참조하였다. 역자가 『주역사전』의 번역에 착수할 당시에는 텍스트 교열 작업까지 목표로 한 것은 아니었지만, 다산학술문화재단이 기념비적 사업의 일환으로 의욕적으로 추진하고 있는 『여유당전서』의 정본(定本) 사업에 참여하게 된 것을 계기로 철저한 자세로 임하게 되었다. 텍스트 간의 이동(異同)을 대조하여, 그 차이를 밝힐 뿐 아니라, 그 중에서 어떤 것을 모범적 텍스트로 정할 것인지에 관해서도 역자의 견해를 밝혔다. 세 개의 텍스트가 모두 일치된 경우라 하더라도, 만일 다산이 인용한 전거(典據)가 잘못된 것이 확실한 경우에는 과감하게 그 잘못을 시정(是正)하고자 하였다. 역주에서 신조선사본(新朝鮮社本)은 '新朝本'으로, 규장각본은 '奎章本'으로, 국립중앙도서관본은 '國中本'으로 표기하였다. 그리고 번역서의 편집 체제와 관련하여, 신조선사본(8卷) 체제를 따르지 않고, 『주역사전』의 무진본(24卷) 체제를 근간으로 하여 권수 등을 표기함으로써, 고본(古本)의 원형(原形)을 제시하고자 하였다. 다만 24권으로 분권(分卷)하게 되면, 각권(各卷)의 분량이 너무 작아지는 문제도 있고 하여 각권을 표시하기는 하되, 3권씩 묶어 총8책(冊)의 체제로 묶기로 하였다. 그렇지만 각주에서 『주역사전』 및 『역학서언(易學緖言)』의 전거(典據)를 제시할 경우에는 신조선사본의 권수 및 면수에 의거하기로 하였다. 그것은 일반적으로 전거(典據) 제시의 경우에 신조선사본의 권수 및 면수를 제시하는 것이 통례(通例)이고, 필사본의 경우에는 활자본과는 달리 면수를 분명하게 확정하기 어렵기 때문이다. 권수가 이중적으로 표기됨으로써 독자들에게 혼란을 야기할 소지는 있겠으나, 무진본 권수는 오직 책의 고본의 원형을 드러내기 위한 용도로 사용되었을 뿐이고, 실제로 각주에서 인용문의 출처를 밝히는 용도로는 신조선사본의 권수, 면수가 사용되었다는 점을 미리 염두에 둔다면, 큰 혼란은 없으리라고 본다.

그러면 이제 『주역사전』의 학술적 가치에 대해 말해보기로 하자. 다산은 신유(辛酉)년(1801) 강진에 유배된 이후, 자신에게 닥친 불운을 오히려 학문을 닦을 수 있는 절호의 기회로 삼아, 『주역』 연구에 착수하게 된다. 「윤외심(尹畏心)에게 보낸 편지[與尹畏心書]」에서 전하는 다산의 술회에 따른다면, "계해년(1803) 늦은 봄부터 눈으로 보는 것, 손으로 잡는 것, 입으로 읊조리는 것, 마음으로 생각하는 것, 붓으로 기록하는 것으로부터 밥을 먹고 변소에 가며, 손가락 놀리고 배 문지르는 것에 이르기까지 어느 하나도 주역 아닌 것이라고는 없었다."(『與猶堂全書』 第1集 『詩文集』 「與尹畏心書」, 제19권 19~20면) 이처럼 자나깨나 오로지 『주역』 연구에 몰두한 결과 나온 다산의 『주역』 주석서가 바로 『주역사전』이다. 다산이 『주역사전』의 완성을 위해 쏟은 정성은 그야말로 엄청난 것이었다. 『주역사전』이 세상에 최초로 모습을 드러낸 것은 1804년에 펴낸 갑자본(甲子本, 八卷)이었으나, 다산은 이에 만족하지 않고 고치고 또 고치어, 을축본(乙丑本) 8권(1805), 병인본(丙寅本) 8권(1806), 정묘본(丁卯本) 24권(1807), 무진본(戊辰本) 24권(1808)의 개정본을 차례로 내기에 이르렀다. 갑자본에서 무진본에 이르기까지 무려 모두 4번의 개고(改稿)를 거친 셈인데, 아마도 다산의 저술 중에서 이처럼 정성을 기울인 저술은 없을 것이다. 이렇게 해서 탄생된 『주역사전』을 다산은 자신의 다른 어떤 저술보다도 더 소중히 여겼다. 다산은 『주역사전』이 하늘의 도움이 없었다면 결코 나올 수 없었을 "天助之文字(하늘의 도움을 얻어 지어낸 文字)"였다고 회고하고 있다. 다산은 자신의 두 아들에게 주는 편지(「示二子家誡」)에서 다음과 같이 당부하고 있다. "『주역사전』은 그야말로 내가 하늘의 도움을 얻어 지어낸 문자(文字)이다. 결코 사람의 힘으로 통할 수 있거나, 사람의 지혜나 생각으로 도달할 수 있는 바가 아니다. 이 책에 마음을 가라앉혀 깊이 생각하여 그 속에 담긴 오묘(奧妙)한 이치를 모두 통할 수 있는 사람이 있다면, 그는 바로 나의 자손이나 친구가 되는 것이니, 그런 사람이 천년에 한 번 나오더라도 배 이상 정을 쏟아 애지중지할 것이다[周易四箋 是 吾得天助之文字 萬萬非人力可通 智慮所到 有能潛心此書 悉通奧妙者卽子孫朋友 千載一遇 愛之重之 當倍常情]."(『與猶堂全書』 第1集 『詩文集』 卷18, 5나) 다산은 자신의 저술에 대해 아는 사람은 적고, 비난하는 사람은 많다는 사실에 대해 개탄하며, 만일 천명(天命)이 허락하지 않는다면, 차라리 불에 태워버려도 좋겠다고 말하면서도, 만일 자신이 저술한 책 중에서 『주역사전』과 『상례사전(喪禮四箋)』만이라도 전승해간다면, 나머지 책들은 그냥 없애버려도 좋겠다고 말한다. 다산의 『주역사전』이 지니는 진정한 가치를 처음으로 발견하고, 이를 격려한 사람은 다산의 중형(仲兄)이었던 손암(巽菴) 정약전(丁若銓)이었다. 『주역사전』이 완성되었을 당시 흑산도(黑山島)에 유배되어 있던 손암(巽菴)은 이를 읽어보고, 복희·문왕·공자의 세 성인 마음속의 오묘한 이치가 이제야 찬연하게 밝혀졌다고 기뻐하였다. 손암은 말하기를 "처음에는 놀라고, 중간에는 기뻤고, 나중에는 나도 모르게 무릎이 굽어졌다. 저자(著者)인 내 동생을 어떤 사람이라고 해야 좋을지 모르겠다. 미용(美庸)저 자신도 모를 것이다"라고 하였다. 손암은 특히 「계사전」 중에서 고점법(古占法)에 대한 부분을 특별히 독립시켜 주석(註釋)한 「시괘전(蓍卦傳)」

에 대해서 감탄을 금치 못하였다. 손암은 말하기를 "주역사해(周易四解)는 그 어느 것이 장관(壯觀)이 아니오리마는 시괘전(蓍卦傳)에 이르면, 더욱 절기(絶奇)한 문자(文字)인 것이다[周易四解 孰非壯觀, 而至蓍卦傳 尤是絶奇文字]"라고 하였다. 손암과 더불어 다산의 당대에 『주역사전』의 가치를 높이 평가한 인물로는 아암(兒庵) 혜장(惠藏, 1772~1811) 선사(禪師)가 있었다. 혜장 선사는 다산이 강진 유배시에 친하게 지냈던 불승(佛僧)으로서, 유학(儒學)에 대해서도 박식(博識)을 자랑하던 사람이었다. 혜장은 전통적 역학(易學)에 대해서도 해박하였으나, 다산의 『주역사전』을 접하고 나서는 산승(山僧)이 20년 동안 역학(易學)을 공부한 것이 모두 헛된 일에 지나지 않았다고 고백하고, 그 이후로 40세라는 아까운 나이로 세상을 떠날 때까지 한결같이 다산 역학의 열성적인 전수자가 되었다.

그렇다면 다산의 『주역사전』의 대략적인 내용에 대해서 살펴보기로 하자. 『주역사전』의 '四箋'이란 글자 그대로는 '네 가지 주석'이라는 뜻이지만, 보다 구체적으로는 『주역』 해석을 위한 ① 추이(推移), ② 효변(爻變), ③ 호체(互體), ④ 물상(物象)의 네 가지 방법론을 가리킨다. 먼저 추이(推移)란 전통적인 역학방법론인 괘변설(卦變說)을 가리키고, 호체(互體)란 상괘(上卦)와 하괘(下卦) 외에 중간에서 괘를 취하는 것을 가리키며, 물상(物象)이란 괘사를 해석할 때 철저하게 「설괘전(說卦傳)」에 설명된 괘의 상징에 의거하여 해석하는 것을 가리킨다. 이 중에서 효변을 제외한 나머지 세 방법론은 역학사를 통해 전승되어 내려온 것이기 때문에, 새로운 것이 아닌 것처럼 보일 수도 있으나, 구체적으로 그 내용을 살펴보면, 보다 정밀한 해석이 가능하도록 다산에 의해서 새롭게 조직된 것임을 알 수 있다. 다산역학의 방법론 중에서 가장 독창적인 요소라고 부를 수 있는 것은 단연코 효변의 방법론이다. 다산은 이 효변법(爻變法)을 개발함으로써 첩첩산중 가로막고 있던 해석학적 난제를 단숨에 해결하는데 성공할 수 있었다. 효(爻)란 획(畫)과 구분되는 개념으로서, 획(畫)이 단순히 그어진 선(線) 이외의 것을 가리키지 않는 정태적 개념이라고 한다면 이와는 달리 효(爻)는 음(陰)에서 양(陽)으로, 혹은 양(陽)에서 음(陰)으로 변화된 상태를 가리키는 동태적 개념이라고 할 수 있다. 이 효변 개념은 역해석자에게 코페르니쿠스적인 발상의 전환을 요구한다. 효변설(爻變說)을 따른다면, 음(陰)은 비록 음으로 표기되어 있다고 하더라도 사실은 노음(老陰)이기 때문에 이미 양으로 변동되고 있는 과정을 가리키며, 양(陽)은 비록 양으로 표기되어 있다고 하더라도 사실은 노양(老陽)이기 때문에 이미 음으로 변동되고 있는 과정을 가리킨다. 따라서, 효변설을 취하면, 대부분의 역학가들이 양(陽)으로 보고 있는 것을 반대로 음(陰)으로 보고, 대부분의 역학가들이 음(陰)으로 보고 있는 것을 오히려 양(陽)으로 보게 되는 것이다. 역학사상 효변을 통해 괘사를 해석한 역학자의 경우는 정말로 희귀하다. 주자(朱子)의 경우에도 점법(占法)에서는 효변설을 취하고 있으나, 괘사 해석에서는 전혀 효변을 취하고 있지 않다. 따라서, 효변설에 관한 한 다산은 거의 대부분의 역학자들이 취하고 있는 전통적 해석방식에 도전하고 있다고 보아도 과언이 아닐 것이다. 다산의 효변설이 역학사상 일대사건이 될 수 있는 것도 바로 이 효변설이 지니는 혁명적인 발상 때문이다. 그렇다면 다산은 어떻게 이 효변설에 착안하게 되었으며, 다른 대부분의 역학자들의 통설에 맞설 수 있는 용기와 확신을 지닐 수 있었을까? 그것은 바로 『춘추좌씨전』에 소개되어 있는 춘추관점(春秋官占)의 점서례(占筮例)를 통해서였다. 『춘추좌씨전』에는 건초구(乾初九)를 '乾之姤'라고 표기하고 있는 등의 예가 자주 등장하고 있는데, 여기서 '乾之姤'는 '乾의 姤'라고 읽으면 안 되고, '乾이 姤로 간다', 혹은 '乾이 姤로 변화한다'라고 읽어야 하는 것이다. 즉 이때 '之'는 문자 그대로 '갈 지(之)자'로 읽어야 하는 것이다. 이러한 용례는 『춘추좌씨전』에 17개, 『국어(國語)』에 3개가 나타나고 있다. 다산은 『춘추좌씨전』과 『국어』의 점서례(占筮例)에 대한 철저한 분석을 통해, 이것이 『춘추좌씨전』과 『국어』의 몇몇 사례에 국한되는 것이 아니라, 『주역』 64괘(卦) 384효(爻) 전체에 모두 적용되어야 하는 방법론임을 확신하게 된다. 역학의 정통적 계보가 단절되게 된 이유도 바로 이 효(爻)가 변동하는 법이 온전히 전수되지 못했던 데 있다. 효변을 취하지 않게 되면, 물상(物象)이 맞지 않게 되고, 물상이 맞지 않게 되자 「설괘전(說卦傳)」을 폐기하게 되니, 아예 『주역』을 올바로 해석하게 되는 길이 끊어져 버린 것이다. 그렇지만, 효변설을 취하고, 다시 변동된 물상을 「설괘전」에 대조해 본다면, 3백 84개의 효사(爻詞)가 글자마다 부합하고 글귀마다 계합(契合)하여 털끝만큼도 의심스럽거나 통하지 않는 것이 없게 된다는 것이다. 「윤외심(尹畏心)에게 보낸 편지[與尹畏心書]」에서 다산은 효변을 궁전(宮殿)의 천문만호(千門萬戶)를 모두 열 수 있는 열쇠에 비유하고 있다. 궁전 속에는 종묘의 아름다움과 백관의 풍부함이 모두 그 속에 있으나, 단지 자물쇠가 견고히 채워져 있어서, 그 문 앞에 누가 이르더라도 아무도 감히 내부를 엿볼 수 없는 상황이다. 그런데 여기에 하나의 만능열쇠가 있어, 그 열쇠만 손에 쥔다면, 궁전의 모든 문을 열 수 있으니, 그 열쇠로 외문(外門)을 열면 외문이 열리고, 중문(中門)을 열면 중문이 열리고, 고문(皐門)·고문(庫門)·응문(應門)·치문(雉門) 등이 차례로 열려, 결국에는 천문만호가 모두 활짝 열려 종묘의 아름다움과 백관의 풍부함을 모두 감상할 수 있게 되는 것과도 같다. 다산의 외손자인 방산(舫山) 윤정기(尹廷琦, 1814~1897)가 그의 저서 『역전익(易傳翼)』에서 이 효변을 주역 해석의 비밀문을 여는 "황금열쇠(金鑰匙)"라고 불렀던 것도 바로 이 때문이다. 요즈음의 말로 한다면 이른바 '마스터 키'(master key)와도 같은 것이 바로 효변이라 하겠다. 이처럼 일단 효변설을 취하게 되자, 다산은 『주역』의 해석학적 난제들을 파죽지세처럼 풀어 나갈 수 있었다. 뿐만 아니라, 다산은 효변설을 추이설(推移說) 등의 다른 방법론적 수단과 효과적으로 결합시킴으로써 마침내 만족할 만한 『주역』 전편의 해석에 성공하기에 이르렀다. 지금까지 역자(譯者)는 효변설을 중심으로 다산역학방법론의 의의를 설명하였으나, 보다 자세한 내용을 알기 위해서는 『주역사전』의 해제(解題)를 참조하기를 바란다.

이 번역본이 완성되기까지 도움을 주신 많은 분들께 이 자리를 빌어 감사를 드리고 싶다. 무엇보다도 동서양명저번역사업이라는 뜻깊은 사업을 통해, 『주역사전』의 학술적 가치를 세상에 널리 알릴 수 있는 기회를 부여해 준 한국학술진흥재단에 깊은 감사를 드리고 싶다. 아울러, 귀중한 자료인 『주역사전』의 국립중앙도서관 소장본을 구하여, 텍스트의 비교대조에 큰 도움을 주신 다산학술문화재단에 깊은 감사를 드린다. 그 다음으로 역자(譯者)는 경북대 철학과 대학원 수업을 통해 『주역사전』을 접하게 된 것을 계기로 이제는 다산역학에 관해서는 전문적인 학자의 수준으로 성장한 나의 제자 장정욱이 공역자(共譯者)로서 보여준 성실성과 각고(刻苦)의 노력에 대해 찬사를 보내고 싶다. 아울러 학업에 바쁜 와중에도 교정작업을 헌신적으로 도와준 경북대 철학과 대학원의 제자 김상현과 이정숙에게도 역시 고마움을 전하고 싶다. 그리고 이 역주본(譯註本)에서 64괘의 폰트(font)를 사용할 수 있도록 선뜻 허가해주신 예문서원 오정혜 사장님과 이를 주선해주신 계명대 홍원식 교수님께도 진심으로 감사의 말씀을 드리고 싶다. 책의 출판이 늦어지는데도 인내심을 갖고 기다려주신 소명출판의 박성모 사장님의 배려와 원문(原文)과 세주(細注)가 뒤엉켜서 어지럽던 원고를 전문적인 편집 작업을 통해 깔끔하게 정리해주신 편집진의 노고가 없었더라면, 이 책이 이렇게 세상에 나올 수 없었을 것이다. 그리고 마지막으로 이 번역이 시작해서 끝날 때까지 헌신적으로 뒷받침해주고, 성원을 아끼지 않은 나의 아내에게도 고마운 마음을 표하고 싶다.

『주역사전』 무진본(戊辰本) 발간
이백주년을 한 해 앞둔 2007년 7월에
경북대 연구실에서
방인 삼가 적음

『주역사전』 해제(다산의 역경해석 방법론)와 참고문헌은 『周易四箋』 8권 말미에 수록하였습니다.

譯註 周易四箋 1

譯註 周易四箋 2

譯註 周易四箋 4

周易四箋 戊辰本 卷之十

周易四箋 戊辰本 卷之十一

周易四箋 戊辰本 卷之十二

譯註 周易四箋 5

譯註 周易四箋 6

周易四箋 戊辰本 卷之十六

周易四箋 戊辰本 卷之十七

周易四箋 戊辰本 卷之十八

譯註 周易四箋 7

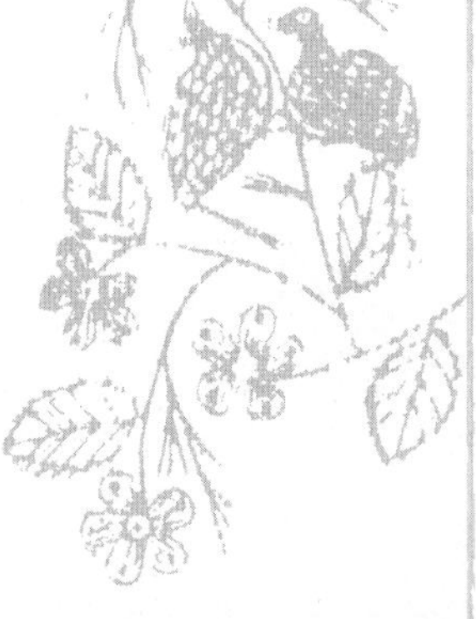

譯註 周易四箋 8

周易四箋 戊辰本 卷之七

15. 지산 겸(地山 謙)

艮下坤上 ○ 第九卦之正 ≪復一之三 剝上之三≫

艮이 下卦이고, 坤이 上卦이다. ○ 第9卦의 正卦이다. ≪復卦의 1이 3으로 가고, 剝卦의 上이 3으로 간다.≫

雜卦傳曰 謙輕而豫怠也 ≪謙豫自剝來 一陽 直至下者爲輕 猶在上者爲怠≫

謙 ← 剝 → 豫

「雜卦傳」에서 말하였다. "謙卦는 [가볍고] 빠른 것이며, 豫卦는 [느리고] 게으른 것이다." ≪謙卦와 豫卦는 剝卦에서 왔는데, 한 개의 陽이 곧바로 下卦에까지 이르는 것은 빠른 것이 되고, 여전히 上卦에 머물러 있는 것은 게으른 것이 된다.≫

○大傳曰 謙 德之柄也 ≪坤爲柄≫ 謙 尊而光 ≪陽在陰中 則有光≫ 謙以制禮 ≪自卑也≫

謙

○「계사전」에서 말하였다. "겸손은 덕(德)의 자루(柄)이다. ≪坤은 柄[1]이 된다.≫ 겸손[의 德]은 존귀(尊貴)하면서도 빛난다. ≪陽이 陰 가운데 있으면 빛이 나게 된다.≫ 겸손함으로써, 禮를 제정(制定)한다." ≪스스로 [겸손하게] 낮추는 것이다.≫

○朱子曰 謙者 有而不居之義 止乎內 而順乎外 謙之意也

謙

1) 柄 : 자루・손잡이・근본・권세・권력 등의 뜻이 있다.

○朱子가 말하였다. "謙이란 [능력이] 있지만 [그런 것을] 자부하지 않는다는 뜻이다.[2] [謙卦의 卦象은] 안으로는 [下卦가 艮이라] 머물고, 밖으로는 [外卦가 坤이라] 유순함이니, 겸손의 뜻이다."

○鏞案 卦自剝來 艮山下頹 ≪上之三≫ 下於坤地 ≪今上坤≫ 此君子謙卑下人之象也 故曰 謙也 又自復來 震之君子 本自謙卑 ≪剛在五陰下≫ 移而升之 ≪一之三≫ 終不出位 ≪止於內≫ 甘於在下 ≪不升于上卦≫ 君子之謙也 謙者 言也 ≪字從[3]言≫ 成言乎艮 ≪說卦文≫ 所以爲謙也

剝 → 謙 ← 復

○ [鏞案] 謙卦는 剝卦로부터 왔다. 艮의 山이 아래로 무너져 ≪[剝卦의] 上이 3으로 감≫ 坤의 땅 밑으로 내려오니 ≪[謙卦의] 上卦는 지금 坤≫ 이것은 君子가 겸손하게 남의 아래에 처신하는 象이다. 그러므로 [卦의 이름을] '謙'이라 하는 것이다. 또한 謙卦는 復卦로부터 왔다. 震의 君子가 본래 스스로 겸손하게 [자신을] 낮추고 있었는데 ≪剛이 5陰의 아래에 있음≫ [復卦로부터] 推移하여 상승하더라도 ≪[復卦의] 1이 3으로 감≫ 끝내 [자신이 본래 머물던 下位의] 자리를 벗어나지 않으면서 ≪內卦에 머무름≫ 아래에 있는 처지를 감수(甘受)하니 ≪上卦로 올라가지 않음≫ [이것이] 君子의 겸손함이다.

[한편 여기서] '겸손'이란 言語[의 겸손함]을 가리킨다. ≪'謙'字는 '말씀 言(언)'字에 의거하고 있다.≫ "成言乎艮", 즉 "艮에서 말이 이루어진다"고

2) 不居 : "자부하지 않는다", "그런 것에 머무르지 않는다", "마음에 두지 않는다" 등을 해석될 수 있음

3) [校閱] "從"이 奎章本에는 "以"로 되어 있다.

하였으니 ≪「說卦傳」에 나오는 말≫ [이 卦가] 謙卦가 되는 까닭이다.

謙, 亨, 君子有終.

謙은 형통함이니, 君子가 끝마침이 있는 것이다.

此 謙之不變者也 剛自上來 ≪剝之移≫ 离位光明 ≪陽在陰中 乃有光≫ 剛自下升 ≪復之移≫ 震道前通 ≪三五互≫ 其占亨也 ≪此 彖傳之義≫

復 → 謙 ← 剝

이것은 謙卦가 변하지 않는 경우이다. [剝卦의 上位에 있던] 剛이 위로부터 내려오니 ≪剝卦로부터 推移됨≫ [謙卦의 下卦인] 离의 자리가 밝게 빛나고 ≪陽이 陰 가운데 있으니 곧 光明이 있음이 된다.[4]≫ [復卦의 初位에 있던] 剛이 아래로부터 상승함에 ≪復卦로부터 추이됨≫ 震의 길이 앞으로 [훤하게] 뚫리니 ≪[謙卦의 3·4·5의] 上互卦≫ 그 占이 '亨(형통함)'이 된다. ≪이는 [아래 나오는] 「彖傳」의 뜻풀이[와 같]다.≫

○復之時 震之君子 有始而已 ≪萬物始於震≫ 移之爲謙 ≪一之三≫ 艮爲成終 ≪萬物終於艮≫ 君子有終也 ≪九三 宜參看≫

4) 앞에서도 '陽在陰中, [則]有光'이라고 하였다.

䷗ ䷎

復 → 謙

○ 復卦의 때에는 震의 君子가 [다만 일을] 시작하였을 뿐이었는데 ≪萬物은 [동쪽인] 震方에서 시작함[5]≫ [復卦로부터] 추이하여 謙卦가 되면 ≪[復卦의] 1이 3으로 감≫ 艮으로써 종결을 이루니 ≪萬物은 東北方인 艮方에서 끝마침[6]≫ [이것을 가리켜] "君子有終"이라고 한 것이다. ≪[謙卦이] 九三의 경우를 참고하여야 한다.[7]≫

彖曰 : 謙亨, 天道 下濟而光明, 地道 卑而上行. 天道 虧盈而益謙, 地道 變盈而流謙, 鬼神 害盈而福謙, 人道 惡盈而好謙, 謙,[8] 尊而光, 卑而不可踰, 君子之終也.

「彖傳」: [彖辭에서] "謙亨"이라고 한 것은 天道가 [위에서] 아래로 미쳐서(濟[9]) 그 光明이 온 세상에 밝게 빛나고, 地道는 낮은 데로부터 위로 운행(運行)함을 가리킨 것이다. 天道는 가득 찬 것을 이지러지게 하고, 겸손한 것을 북돋워 주며, 地道는 가득 찬 것을 변화시켜서 겸손한 것에로 흘러 들게 하며, 귀신은 가득 찬 것에는 해를 주지만, 겸손한 자에게는 복을 주며, 人道는 가득 찬 것을 싫어하고 겸손한 것을 좋아한다. 겸손은 존귀(尊貴)하면서도 빛나며, 낮추어 처신하더라도 [아무도] 넘어설 수 없는 것이니, 겸손의 德은 君子가 종신(終身)토록 행하는 것이다.

剝之一陽 本居天位 ≪五六爲天位≫ 降而下之 ≪上之三≫ 中成坎

---

5) 「說卦傳」에 "萬物[出]於震"이라 하였다(『四箋』 卷8, 30나).

6) 「說卦傳」에 "艮, 東北之卦也. 萬物之所成終, 而 ……"라고 하였다(『四箋』 卷8, 30나).

7) "君子有終"은 謙卦의 卦辭에 나오지만, 謙卦 九三에서도 나온다.

8) [校閱] 奎章本에는 "謙"이 빠져 있다. 착오로 말미암은 脫失로 보인다.

9) 濟 : 건너다, 구제하다, 돕다, 이루다, 성취하다, 성공하다, 그치다, 멈추다의 뜻

川 ≪有濟川之象≫ 天道下濟也 离明之位 ≪一二三≫ 陽來有光 ≪在陰中≫ 是 光明也 復之一陽 本居地位 ≪一二爲地位≫ 升而上之 ≪一之三≫ 中成震道 ≪震爲行≫ 地道上行也 驗之實理 太陽燭地 以煦萬物 此 天道下濟也 ≪离之象≫ 大地蒸氣 以長草木 此 地道上行也 ≪震之象≫

䷖ ䷎ ䷗

剝 → 謙 ← 復

剝卦의 [上位에 있는] 한 개의 陽이 본래 天位에 머무르고 있었다가 ≪제5位와 제6位는 天位에 해당됨≫ 내려와 아래로 가서 ≪[剝卦의] 上이 3으로 감≫ [謙卦가 되면] 가운데 坎의 내(川)[10]를 이루니 ≪[謙卦에는] 하천을 건너는 象이 있음≫ [이것을 가리켜] "天道下濟"라고 한 것이다. 离의 밝음[11]의 자리에 ≪下卦인 1·2·3은 홀수·짝수·홀수로 '离[☲]'의 자리이다.≫ 陽이 들어와서 빛이 있으니 ≪[陽이] 陰 가운데 있는 것[12]≫ 이것이 ["天道下濟而光明"의] "光明"의 뜻이다.

復卦의 한 개의 陽이 본래 땅의 자리에 있었다가 ≪初位와 제2位는 地位가 됨≫ [謙卦로 되면서] 상승하여 위로 가서 ≪[復卦의] 1이 3으로 감≫ 그 가운데 震의 道[13]를 이루니 ≪震은 行이 됨[14]≫ [이것을] "地道上行"이라고 한 것이다. [이를] 실제의 이치에 검증해 보면, 太陽이 [그 빛을] 大地에 내려 쪼임으로써 萬物을 온후하게 감싸니, 이것이 "天道下濟"인 것이며 ≪离의 [日·火 등과 연관된] 象≫ 大地가 기운을 뜨겁게 위로 발산하

---

10) 坎川 : 茶山「其他 物象」.
11) 离明 : 茶山「其他 物象」.
12) 앞서 '陽在陰中, 則有光'(『四箋』 卷3, 1가), '陽在陰中, 乃有光'(『四箋』 卷3, 1나)라고 한 것을 참조할 것.
13) 震道 : 「說卦傳」에 '大塗'라 함.
14) 震行 : 荀九家, 虞翻의 說.

여 초목을 기르니, 이것은 "地道上行"인 것이다. ≪震의 ['反生'·'蕃鮮'·'行' 등과 연관된] 象≫

○剝之爲卦 一陽自亢 據于上頭 天下之盈溢自滿 莫剝若也 復之爲卦 一陽戴陰 安于下位 ≪卽以貴下賤≫ 天下之謙卑自降 莫復若也 天地神人 莫不忌盈而佑謙 故頹艮盈而抑之 ≪上之三≫ 起震謙而揚之 ≪一之三≫ 以成此卦 ≪地山卦≫ 此 虧剝而益復也 ≪虧 缺也≫ 變剝而流復也 ≪流 通也≫ 害剝而福復也 ≪害 傷也≫ 惡剝而好復也 ≪好 愛也≫

䷖ ䷎ ䷗

剝 → 謙 ← 復

○ 剝卦는 한 개의 陽이 스스로 거만하게 제일 윗자리에 거처하고 있는 형태이니, 天下에 가득 차 넘쳐흐르고, 자만하는 모습이 剝卦만한 것이 없다. [반면에] 復卦의 형태는 한 개의 陽이 [자신보다 위에 있는] 여러 陰을 [머리에] 이고, [제일] 아래 자리에서 편안히 있는 형태이니 ≪즉 고귀한 자인데도 천한 자들의 아래에 있음≫ 天下에 겸손하게 스스로 낮추는 모습이 復卦만한 것이 없다.

天地의 神人은 가득 찬 것을 꺼리고, 겸손함을 돕지 않음이 없는 까닭에, 艮의 가득함을 허물어 [그를] 억제하고 ≪上이 3으로 감≫ 震의 겸손함을 일으켜, 그를 고양시켜 ≪1이 3으로 감≫ 이 謙卦를 형성한 것이다. ≪[謙卦는] 地와 山으로 구성된 卦이다.≫ 이것은 [거만한] 剝卦를 이지러지게 하고, [겸손한] 復卦를 북돋우는 것이며 ≪'휴(虧)'는 '이지러짐'의 뜻≫ 剝卦를 변화시켜서, 復卦로 흘러들게 하는 것이며 ≪'流'는 '통함'의 뜻≫ 剝卦에 害를 주고, 復卦에 福을 주는 것이며 ≪'害'는 '손상을 입힘'이다.≫ 剝卦

를 싫어하고, 復卦를 좋아하는 것이다. ≪'好'는 親愛함이다.≫

福善禍淫之理 雖若悠悠而不明 滿招損 謙受益 可謂顯矣 盈則必亡 謙則必尊 自上者 人下之 自下者 人上之 書云[15] 時日害喪 予及女 偕亡[16] 盈則必亡也 詩云 湯降不遲 聖敬日躋 謙則必尊也 ≪降 下人也 不遲 猶言謙輕也≫ 謙之時義 顧不大矣哉

[하늘이] 착한 자에게 복을 내리고, 올바른 道를 어지럽히는 자에게 재난을 내리는 이치는 비록 멀고 아득하여,[17] 분명치 않은 이치인 것처럼 보이겠지만, 가득 찬 것이 덜어냄을 초래하고, 겸손한 자가 보탬을 받는다는 것은 [이 세상에] 분명하게 드러나는 사실이다. [자만심(自慢心)으로] 가득 찬 자는 반드시 망하게 하고, 겸손한 자는 반드시 존귀해지는 법이니, [자신을] 스스로 높이는 자는 사람들이 그를 낮춰 버리며, [자신을] 스스로 낮추는 사람은 사람들이 그를 떠받들게 된다.

『書經』「탕서(湯誓)」에서 "時日害喪, 予及女, 偕亡", 즉 "이 놈의 해는 어찌하여 없어지지 않는가?[18] 너와 내가 같이 망하자구나"라고 하였으니, [오만방자(傲慢放恣)함이] 가득 차면 곧 반드시 망하는 것이다. 『詩經』「長發」에서, "湯降不遲, 聖敬日躋", 즉 "湯 임금님이 아래로 낮추심을 더디게 하지 않으시니, [백성들도 그런] 聖人에 대한 공경심(恭敬心)

---

15) [校閱] 新朝本과 國中本에는 "書云"이라고 되어 있으나 奎章本에는 "書曰"이라고 나온다.

16) 引用句는『書經』「湯誓」에 나오는 구절이다. 奎章本과 新朝本과 國中本에 모두, "時日[害]喪? 予及[女], [偕]亡"이라고 되어 있으나 통행본에는 "時日曷喪 予及汝 皆亡"으로 되어 있다. '時日害喪'과 '時日曷喪'은 의미상으로 차이가 있다. 만일 "時日害喪"이라고 하면, "이 [놈의] 해는 어찌하여 없어지지도 않는가? 나와 너가 모두 망하자구나!"로 해석된다. 그러나 "時日曷喪 予及汝 皆亡"이 되면, 해석은 "이 [놈의] 해는 언제나 없어질 것인가? 나와 너가 모두 망하자구나!"가 될 것이다. 여기서는 다산의 인용구대로 한다고 하더라도, 의미상으로 아무 문제가 없다고 보고, 그대로 실었다.

17) 悠悠 : 유구하다, 요원하다, 유유자적하다, 황당무계하다, 허공에 떠 있는 모양.

18) 여기서 '時'는 '是'의 뜻이고, '曷'은 '何'의 뜻이다. 이때, 害은 "어찌 ……하지 않느냐?"의 뜻으로서, '盍(합)'字와 뜻이 같다.

이 날로 높아지도다"[19]라고 하였으니, [이는] 겸손하면, 반드시 尊崇받는다는 것을 가리킨 것이다. ≪[여기서] '降'은 다른 사람에게 [자신을] 낮춤을 뜻한다. "부지(不遲)"란 [「잡괘전」에서] "謙輕", 즉 "謙은 [가볍고] 빠른 것"이라고 한 例와 같다.≫ [이런] 謙卦의 時機의 意義를 돌아봄에[20] 크다고 하지 않겠는가!

○鬼神者 艮也 ≪艮爲鬼≫ 人道者 震也 ≪人主操威 福之權≫ 此 亦取象於剝復也

剝 → 謙 ← 復

○ [「彖傳」에서 말한] "鬼神"은 艮을 가리키며 ≪艮은 [순구가(荀九家)의 說에 따르면] 鬼가 됨≫ "人道"는 震이니 ≪[震의] 人主[21]가 위세(威勢)를 쥐고 있는 것이 福을 주는 권한에 해당됨≫ 이것도 역시 剝卦와 復卦에서 象을 취한 것이다.

○謙之一陽 以內卦 則在上 ≪三爲下之上≫ 以葆离光 ≪一二三≫ 此 尊而光也 以重卦則在下 ≪在下卦≫ 以成艮限 ≪艮爲城≫ 此 卑而不可踰也

剝 → 謙 ← 復

---

19) '湯降不遲 聖敬日躋' : (다른 가능한 해석) '湯 임금님이 아래로 낮추심을 더디게 하지 않으시고, [하늘을] 지성스럽게 공경함은 날로 높이셨네.'

20) 顧 : 도리어, 마침내 오히려, 바로, 곧, 다만, ……에 지나지 않다, …… 불과하다.

21) 震 人主 : 荀九家, 虞翻의 說에 '震主'라 하였고, 茶山 「其他 物象」에 '天子', '人主'라 하였다.

○ 謙卦의 한 개의 陽은 內卦로 보면 上位에 있는데 ≪제3位는 下卦의 上位≫ 离의 光明을 [감추듯] 보존하고 있으니[22] ≪1·2·3位는 홀·짝·홀수로서 离位[☲]에 해당됨≫ 이것이 "尊而光"이다. [謙卦의 한 개의 陽은] 重卦로써 보면, 아래에 자리하여 ≪下卦에 있음≫ 艮의 한계(限界)[23]를 형성하고 있으니 ≪艮은 城이 됨[24]≫ 이것이 "卑而不可踰", 즉 "낮으나 넘어서지 못함"이라고 말한 까닭이다.[25]

○ 艮則爲終 ≪說卦文≫ 君子之終也 謙之爲德 君子之所終身行之 ≪震爲行≫ 以成其德者也

○ 艮은 곧 끝마침(終)이 되니 ≪「說卦傳」의 글≫ [이것이 「彖傳」에서] "君子之終"이라고 한 까닭이다. 겸손이라는 德은 君子가 終身토록 실천해야 할 바이니 ≪震은 行이 됨≫ 그렇게 [실천]함으로써 그 [겸손의] 德을 성취하는 것이다.

○ 案 侯果[26]諸人 亦以剝一陽爲天道 以復一陽爲地道 推移之有師承 如此

○ [案] 후과(侯果)[27] 등 여러 사람들이 또한 剝卦의 한 개 陽으로써, 天道를 설명하고, 復卦의 한 개 陽으로써, 地道를 설명하니, 推移法에 [면면히 이어지는] 師承이 있음이 이와 같다.

---

22) 葆光 : ① 빛을 감춤, 즉 至德을 감추고 나타내지 않음. ② 명예 또는 세력을 보유함.
23) 艮限 : 艮이 限의 뜻이 된다는 것은 茶山의 「其他 物象」에 해당되는데, 그 의미는 艮이 城을 가리킨다는 것을 응용하여 적용한 것이다.
24) 艮城 : 荀九家 중 한 사람인 우번(虞翻)의 說.
25) 卑而不可踰 : (다른 가능한 해석) 자신을 낮추나 [아무도 그를] 능가할 수가 없음.
26) [校閱] "侯果"라는 말이 奎章本에는 있으나, 新朝本과 國中本에는 없다.
27) 侯果 : 중국 唐나라 초기의 易學者, 字는 行果이다. 벼슬은 國子博士를 지냈고, 『周易』을 정밀하게 연구하였다. 그의 역학은 정현(鄭玄)에게서 연원하며, 순상(荀爽), 우번(虞翻)의 괘변설을 널리 참조하였다. 저서에 『周易注』가 있다(金勝東, 『易思想辭典』, 부산대 출판부, 1998, 1350면).

䷣

初六：謙謙君子，用涉大川，吉．◯象曰：謙謙君子，卑以自牧也．

初六：겸손하고 [또] 겸손한 君子이니，[남아 있는 사람 없이 모두] 큰 내를 건너는지라，吉하다．◯「象傳」：겸손하고 [또] 겸손한 君子(謙謙君子)는 [자신을] 낮춤으로써，스스로 수양(修養)한다．

此 謙之明夷也 明夷自小過來 ≪四之一≫ 小過之時 震之君子 雖在上卦 ≪雷山卦≫ 謙而在下 ≪四爲上之下≫ 移之明夷 則震之君子 降于最卑之地 ≪四之一≫ 不亦旣謙而又謙乎 此之謂 謙謙君子

䷎ ䷣ ䷽

謙 → 明夷 ← 小過

이것은 謙卦가 明夷로 변하는 경우이다．明夷卦는 小過卦로부터 왔는데 ≪[小過卦의] 4가 1로 감≫ 小過卦의 때에는 震의 君子가 비록 上卦에 있으나 ≪雷・山이 小過卦를 형성≫ 겸손하게 그 아래에 있었다 ≪제4位는 上卦의 아래가 됨≫ [그런데] 추이하여 明夷卦로 가면 그 震의 君子[28]가 제일 낮은 자리로 내려가니 ≪[小過卦의] 4가 1로 감≫ 또한 겸손하고 또 겸손한 것이 아니겠는가! 이것을 [가리켜] "謙謙君子"라고 한 것이다．

◯小過之時 大坎川也 ≪二五夾≫ 坤朋隔水 ≪中有梗≫ 不能相涉

28) 震君子：茶山 今補．

移之明夷 《一之四》 則一民涉川 《一之四》 遂得震道 《三五互》 而坤朋畢濟[29] 《上今坤》 未有遺者 用涉大川也 泰之明夷曰 用馮河不遐遺 亦此義也

謙 → 明夷 ← 小過

○ 小過卦의 때에는 큰 坎의 河川이 있으니 《[小過卦의] 2·3·4·5位의 夾卦》 坤의 친구들이 물을 사이에 두고 [서로] 떨어져 있어 《가운데 [제2位의 剛이] 가로막고 있는 것(梗)이 있음》 서로 건너지를 못하였다. [그런데 小過卦로부터] 추이하여 明夷卦로 가면 《[小過卦의] 1이 4로 감》 [떨어져 있던] 한 사람이 그 하천을 건너 《[小過卦의] 1이 4로 가는 측면》 마침내 震의 길에 오르고 《[明夷卦의] 3·4·5의 互卦》 坤의 친구들이 모두 [물을] 건너 《[明夷卦의] 上卦가 지금 坤》 남겨진 사람이 없으니 "用涉大川"이라고 한 것이다. 泰卦가 明夷卦로 변하는 경우(泰卦 九二)에, "用馮河, 不遐遺",[30] 즉 "걸어서 황하를 건너니 [친구를] 멀리 버려두지 않는다"라고 한 것도 역시 이런 뜻이다.

○牧者 養也 養牛之謂牧 故養人者 亦謂之牧也 《書所云 岳牧》 小過之時 震之君子 本居四位 《一陽爲卦主》 四者 侯牧之位也 《杜預云》 可以牧民 《坤爲養》 移之明夷 則辭尊居卑 《四之一》 离以自修 《下今离》 是 君子卑以[31]自牧也 遂以离牛 上當坤養 《上今坤》

29) [校閱] "坤朋畢濟"가 奎章本에는 "坤朋畢躋"로 나온다. 奎章本대로 해도 뜻은 통하나, 여기서는 新朝本과 國中本을 따른다.

30) 泰卦 九二의 爻辭: 包荒, 用馮河, 不遐遺朋亡, 得尙于中. 오랑캐를 포용하며, 용감하게 황하를 건너며, 친구를 멀리 버려서, 잃어버리게 하지 않으면, 큰 길 위에 오름을 얻을 것이다.

31) [校閱] "卑以自牧"의 "以"가 奎章本에는 "而"로 되어 있다.

養牛曰 牧也

謙 → 明夷 ← 小過

○ 牧은 養育하는 것을 뜻한다. [원래는] 소를 기르는 것을 '牧'이라고 하는 까닭에, 사람을 養成해 길러내는 것도 역시 '牧'이라 한다. ≪『尙書』에서 말한 바, '…… 岳, …… 牧'이라 한 것이 이런 사례이다.[32]≫ 小過卦의 때에는 震의 君子가 본래 第4位에 머무르고 있는데 ≪한 개의 陽이 卦主가 됨≫ 제4位는 후목(侯牧)[33]의 자리이니 ≪두예(杜預)가 이렇게 말함≫ 백성을 다스릴 수가 있는 것이다. ≪[明夷卦의 上卦인] 坤은 '養'의 뜻이 된다.≫

[그런데 小過卦로부터] 추이하여 明夷卦로 되면, 그런 존귀한 자리를 사양하고 낮고 비천한 자리에 앉아서 ≪[小過卦의] 4가 1로 감≫ 离로써 스스로를 닦고 수양하니 ≪[明夷卦의] 下卦가 지금 离≫ 이것이 "君子, 卑以自牧"이라고 한 까닭이다. 그래서, 离의 牛가 위로 坤의 養에 짝하였는데 ≪[明夷卦의] 上卦가 지금 坤≫ 소를 치는 것을 '牧'이라 하는 것이다.

六二 : 鳴謙, 貞吉. ○ 象曰 : 鳴謙, 貞吉, 中心得也.

六二 : [명성(名聲)이 사방(四方)에] 울려 퍼지지만, 겸손하니, 일을 맡아 처리함에 吉할 것이다. ○「象傳」: "[명성(名聲)이 사방(四方)에] 울려 퍼

32) 書所云 岳牧 : 四岳羣牧(車相轅 譯,『書經』, 명문당, 1973, 41면).
33) 侯牧 : 諸侯를 가리키는 호칭.

지지만, 겸손한 것(鳴謙貞吉)"은 그 마음속으로 얻은 바가 있기 때문이다.

此 謙之升也 升自小過來 ≪四之二≫ 小過之時 君子在上 ≪震在上≫ 震以鳴之 ≪見說卦≫ 移之爲升 則降而自卑 ≪四之二≫ 遂成巽讓 ≪下今巽≫ 是 鳴謙也 君子在位 名聲旣達 謙而不居者 當是占也

䷎ ䷭ ䷽

謙 → 升 ← 小過

이것은 謙卦가 升卦로 변하는 경우이다. 升卦는 小過卦로부터 왔으니 ≪[小過卦의] 4가 2로 감≫ 小過卦의 때에는 君子가 위에 머물고 ≪震이 上卦에 있음≫ 震으로써 그 명성이 울려 퍼졌는데 ≪「說卦傳」에 나온다.[34]≫ [小過卦로부터] 추이하여 升卦가 되면, [아래로] 내려가 스스로를 낮추어 ≪[小過卦의] 4가 2로 감≫ 드디어 巽으로써 겸양(謙讓)을 이루니 ≪[升卦의] 下卦가 지금 巽≫ 이것을 가리켜, "鳴謙", 즉 "[명성(名聲)이 사방에] 울리지만, 겸손함"이라고 한 것이다. 君子가 [어떤] 지위에 있으면서, 명성(名聲)이 이미 [사방에] 達하였지만, 겸손하여 그것을 자부하지 않는 경우가 이 占에 해당한다.

○ 本以大坎 ≪小過之兼畫≫ 今又坎貞 ≪初四夾≫ 幹事吉也 ≪正事謂之貞≫

○ [小過卦는] 본래 큰 坎의 형태이었는데 ≪小過卦를 겸획(兼畫)하면 大坎의 형태≫ 지금 또한 [升卦에서도] 坎貞의 德을 이루니 ≪[升卦의] 1·2·

---

34) 「說卦傳」에 '震鳴'이라고 나오는 것은 아니다. 「說卦傳」에 '其於馬, 善鳴'이라 하였다(『四箋』 卷8, 35나).

3·4의 夾卦≫ [올바르게] 일을 맡아 처리함에 吉한 것이다. ≪[『周易』에서는] 바른 일(正事)을 '貞'이라고 한다.≫

◯ 中心得者 离心之中 ≪一二三≫ 得一陽也

◯ "中心得"은 [升卦를 보면] 离의 마음속에 ≪[일반적으로] 1·2·3位[는 홀·짝·홀수로 离位[☲]에 해당됨]≫ 한 개의 陽을 얻은 것을 가리킨 것이다.

九三 : 勞謙, 君子有終, 吉. ◯ 象曰 : 勞謙君子, 萬民服也.

九三 : 노력(勞力)하면서도 겸손하니, 君子가 [시작한 일을 책임지고] 끝마치는 바가 있으니, 吉할 것이다. ◯「象傳」: 노력(勞力)하면서도 겸손한 君子는 萬民이 복종(服從)한다.

此 謙之坤也 通卦爲坎 ≪五陰夾一陽≫ 坎爲勞卦 ≪說卦文≫ 勞之至也 自復而移 ≪一之三≫ 不以震鳴 ≪不自伐≫ 自剝而移 ≪上之三≫ 辭尊居卑 ≪下於民≫ 勞而能謙也 三爲卦主 故取其本象

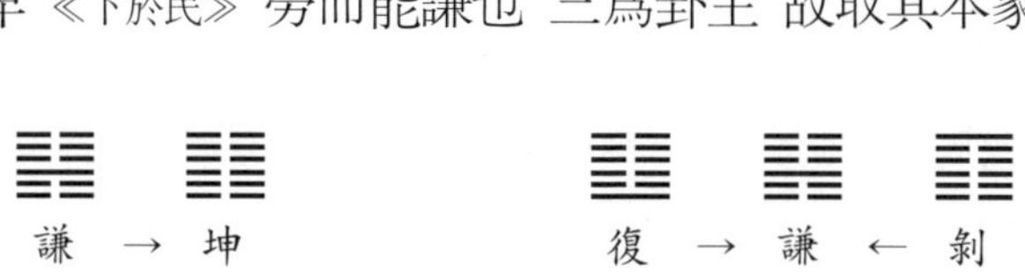

이것은 謙卦가 坤卦로 변하는 경우이다. 謙卦는 전체 卦形이 坎이 되며 ≪5개의 陰이 한 개의 陽을 끼고 있다.≫ 坎은 수고로운 卦가 되니 ≪「說卦

傳」의 말[35]≫ [謙卦는] 그 노고(勞苦)가 지극한 것이다. [謙卦는 '震의 鳴'이 있는] 復卦에서 [떠나] 옮겨서 ≪1이 3으로 감≫ 震으로 명성을 날리지도 아니하고 ≪[謙卦에는 震이 자신을 상징하는 下卦에 있지 않으니] 스스로 자랑하지 않음≫ 剝卦에서 떠나 옮겨와서 ≪上이 3으로 감≫ 존귀한 자리를 사양하고 낮고 비천한데 자리하니 ≪일반 백성의 아래에 [즉 坤의 아래에] 자리하고 있다.≫ 수고하면서도 겸손할 수가 있는 것이다. 이 九三爻가 [謙卦의] 卦主가 되므로 [謙卦의] 本象을 취한 것이다.

○艮爲物終 ≪萬物終乎艮≫ 三爲卦終 ≪下卦 終乎三≫ 復之君子有始而有終也 ≪震爲始≫ 彖旣言之 此又言之者 三爲卦主也 ≪與震初九 同≫

○ 艮은 萬物이 끝마치는 자리이니 ≪萬物은 艮方에서 종결됨[36]≫ 제3位는 [삼획괘(三畫卦)에서] 한 卦의 終結에 해당되니 ≪下卦는 제3位에서 종결됨≫ 復卦의 君子가 비롯함이 있고, 끝마침이 있게 되는 것이다. ≪震은 始가 된다.≫ 彖辭에서 이미 ["君子有終"이라고] 말하였는데, 여기서도 또한 ["君子有終"이라고] 말한 것은 [이] 세 번째 陽이 [謙卦의] 卦主[37]가 되기 때문이다. ≪震卦 初九의 경우와 동일하다.≫

○坤民得主 罔有內外 坎以歸之 ≪坎者 萬物之所歸≫ 萬民服也

---

35) "坎者, 水也, 正北方之卦也, 勞卦也."(『四箋』 卷8, 30나)

36) 「說卦傳」에 '艮 …… 萬物之所成終'(『四箋』 卷8, 30나), '終萬物始萬物者, 莫盛乎艮'(『四箋』 卷8, 31가~나)이라고 함.

37) 卦主는 이른바 '留動(변동을 보류함)'과 관련되는 것이다(『四箋』 卷1, 15가).

曷然哉 勞而能謙 民所服也

○ [謙卦에서 보면[38]] 坤의 백성들이 [훌륭한] 주군(主君)을 얻어, 內外의 구분이 없이 [謙卦의] 坎에 따라 귀순하니 ≪[「說卦傳」에 말했듯이] "坎은 …… 만물이 되돌아가는 곳"이 됨≫ "萬民服"인 것이다. 어째서 그러한가? 수고하면서도 겸손할 수 있으니, 백성들이 복종하는 것이다.

○坤之謙 宜參看

○ 坤卦가 謙卦로 변하는 경우를, [즉 坤卦 六三의 경우를] 마땅히 참조해 보아야 할 것이다.[39]

孔子曰 勞而不伐 ≪不以震自鳴≫ 有功而不德 ≪有互坎 而非正坎≫ 厚之至也 ≪地山 皆厚土≫ 語以其功下人者也 ≪以人主而下坤民≫ 德言盛 禮言恭 ≪皆謙德≫ 謙也者 致恭 以存其位者也 ≪以陽居三 得其位≫

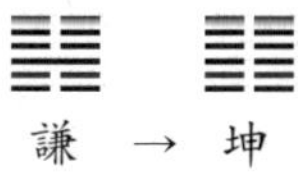

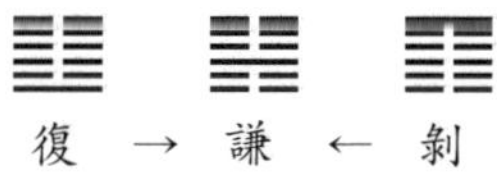

38) 謙卦는 震主가 坤民에 둘러 쌓여 있는 형국이라 하겠다.

39) 茶山은 謙卦 九三에서 坤六三의 경우를 참조하라고 말하고 있지만, 거꾸로 坤卦 六三에서는 謙卦 九三을 참조하라고 말하고 있다. 坤卦 六三에는 "无成有終"이라는 말이 나오는데, 茶山은 그것을 謙卦 九三의 "君子有終"과 연관짓고 있다. 坤卦 六三에 謙卦 九三과 마찬가지로 "有終"이라는 말이 나오는 것은 坤卦 六三(坤之謙)의 之卦에 謙卦의 象이 있기 때문이다.

○ 孔子께서 말씀하셨다. ["勞謙君子, 有終吉"이라 하였는데, 이는] "수고하면서도 스스로 자랑하지 않고 ≪震으로 스스로 자랑하여 퍼뜨리지 않는 것[40]≫ 공덕이 있으면서도 그것을 德이라 여기지 않으니 ≪[謙卦에는] 互坎이 있고, 正坎은 없음≫ 후덕(厚德)함이 지극한 것인데 ≪[謙卦의] 地와 山은 모두 두터운 토양임≫ 이는 그 功이 있음에도 불구하고, 남의 아래에 처신하는 사람을 말하는 것이다.[41] ≪人主로서 坤民의 아래에 자리함≫ [또한 이는 謙卦의] 德이 성대함을 말하는 것이고, 그 禮를 갖춤이 공경스러움을 말하는 것인데 ≪["德盛"·"禮恭"은] 모두 겸손의 德이다.≫ 겸손이란 공경함을 지극히 하여(致)[42] 그 자리를 보존하는 것이다." ≪陽으로써 第3位에 머물러, 그 바른 자리를 얻은 것이다.≫

○案 德者 直心也 故坎則爲悳[43] ≪易例也≫ 此卦非正坎 故謂之不德

○ [案] '德(悳)'은 [글자 그대로] 直心이다. 그러므로 坎은 곧 '悳(德)'이 되는 것이다. ≪이는 [여러 곳에서 나타나는] 『周易』의 일반적인 용례이다.≫ 한편, 이 謙卦에 있는 坎卦는 [上卦나 下卦에 자리한] 正坎이 아니다. 그러므로 이것을 두고 [孔子가 "勞而不伐, 有功而不德"의 文句에서] "不德"이라고 말한 것이다.

---

40) 앞에서 '不以震鳴 ≪不自伐≫'이라는 말이 나왔다(『四箋』 卷3, 37가).

41) 「繫辭傳」에 나온다(金碩鎭, 『周易傳義大全譯解』 下, 대유학당, 1996, 1383면).

42) 致 : 주다, 보내다, 초래하다, 가져오다, 실현하다, 달성하다, 세밀하다, 정밀하다.

43) [校閱] 新朝本에는 "悳"이 "悳"으로 나온다. 그러나 이런 글자는 확인되지 않으며, 또한 '直心'이라는 설명과도 부합되지 않는다. 따라서 여기서는 奎章本과 國中本에 따라 일반적인 '悳'으로 하였다. 한편 『康熙字典』, 中華書局, 1992, 388면; 李相殷 監修, 『漢韓大字典』, 민중서림, 1990, 474면; 『漢韓最新大玉篇』, 瑞音出版社, 1983, 103면에 모두 '悳'·'悳'만 확인된다.

六四 : 无不利, 撝謙. ◯ 象曰 : 无不利撝謙, 不違則也.

六四 : 이롭지 않음이 없으리니, 겸손한 자를 높이 떨쳐 들어올릴 것이다.[44] ◯「象傳」: "无不利撝謙"이라고 한 것은 [군자를 숭상하고, 소인을 억제한다는 국가의 큰] 원칙(原則)을 어기지 않음을 말한 것이다.

此 謙之小過也 小過者 頤之交易也 ≪山雷爲雷山≫ 頤之時 小人在上 ≪頤上艮≫ 驕之至也 ≪如剝之上艮≫ 君子在下 ≪頤下震≫ 謙之至也 ≪如復之下震≫ 交之爲小過 ≪交易之≫ 則驕者抑之 降而在下 ≪下今艮≫ 謙者擧之 升而在上 ≪上今震≫ 此之謂 撝謙也 ≪謙者 升擧之≫ 撝者 擧也 振也 艮手之所爲也 ≪下本艮≫ 卦自復剝來 本有抑驕撝謙之義 ≪彖傳 已言之≫ 故於此又發之

謙 → 小過　　頤　　　　復 → 謙 ← 剝

이것은 謙卦가 小過卦로 변하는 경우이다. 小過는 頤卦를 交易한 것

44) '撝謙'을 '겸손함을 높이 떨쳐 들어올림'으로 해석한 것은 다산이 '撝(휘)'字의 다양한 의미 중에서 순구가(荀九家)의 定義를 채택하고 있기 때문이다(今以九家爲正). 즉 九家易에 따르면, 撝는 '들어올릴 擧(거)', '떨칠 揮(휘)'의 뜻이다. 또 다산은 "撝者, 擧也, 振也, 艮手之所爲也, 卦自復剝來 本有抑驕撝謙之義"라고 '撝(휘)'字의 의미를 규정하고 있다. 즉 '撝(휘)'字는 '들어올림'이며, '떨쳐 일어나게 함'인데, 이처럼 들어올리거나, 떨쳐 일어나게 하는 것은 艮의 손(艮手)으로 하는 것이고 한다. 그런데 무엇을 들어올리며, 무엇을 떨쳐 일어나게 하는 것인가? 그것은 낮은 곳에 處身하고 있는 겸손한 자를 떨쳐 일으켜 높은 곳으로 들어올린다는 뜻이니, 거기에는 登用의 의미가 포함되어 있다. 그런데 겸손한 자를 들어올린다는 취지에는 교만한 자를 억누른다는 의미(抑驕撝謙之義)가 동시에 내포되어 있다고 하겠다.

이다. ≪[頤卦의] 山과 雷가 雷와 山으로 됨≫ 頤卦의 때에는 小人이 위에 자리하여 ≪頤卦의 上卦인 艮을 말함≫ 지극히 교만한 반면에 ≪剝卦의 上卦인 艮과도 같다.≫ 君子는 아래에 자리하여 ≪頤卦의 下震을 말함≫ 지극히 겸손하게 있다. ≪이는 復卦의 下震과도 같다.≫

[이런 상황에서] 交易하여 小過卦가 되면 ≪[上·下卦를] 서로 자리를 바꾸는 것≫ 교만한 자를 억누르니, [교만한 자는] 내려와서 아래에 있고 ≪下卦가 지금 小過에서 艮이다.≫ 겸손한 자를 들어 올리니, [겸손한 자는] 올라가서 위에 있다. ≪上卦가 지금 小過에서 震이다.≫ 이것을 "휘겸(撝謙)"이라고 하는 것이다. ≪겸손한 자를 위로 들어 올림[으로써 등용함]≫ '휘(撝)'는 '들어 올리는 것(擧)'이고 '진작하는 것(振)'인데, 艮의 손이 그렇게 하는 것이다. ≪[謙卦의] 下卦가 본래 艮≫ 이 謙卦는 復·剝卦에서 추이하여 나왔으니, 본래 교만을 억제(抑制)하고, 겸손을 진작(振作)시키는 의미가 있었다. ≪「彖傳」에서 이미 말한 바이다.≫ 그러므로 여기서도 또한 그런 의미를 드러낸 것이다.

○小過之互 上成兌利 ≪三五互≫ 下接巽利 ≪二四互≫ 无不利也

小過

○ [謙卦 六四의 之卦인] 小過의 互卦를 보면, 위로는 兌의 利[45]를 이루고 ≪3·4·5의 上互卦≫ 아래로도 巽의 利[46]를 접하고 있으니 ≪2·3·4의 下互卦≫ "无不利"인 것이다.

45) 兌利 : 乾卦 「文言」의 '利者, 義之和也' 등과 연관된 것으로, 兌秋의 德이 '利'이기도 하다.

46) 巽利 : 「說卦傳」에 '巽, 爲近利市三倍'라고 한 것에서 나온 것.

○則者 法也 小過者 大坎也 ≪兼畫三≫ 坎爲法律 ≪荀九家≫ 不違則也 擧君子抑小人 國之法也 ≪坤爲國≫

○ '則'이란 법도이다. 小過는 큰 坎의 형태인데 ≪兼畫하여, 三畫卦로 봄≫ 坎은 法律이 되니 ≪荀九家의 설이다.≫ "不違則(법도를 어기지 않음)"인 것이다. 君子를 받들고, 小人을 억누름은 국가의 법도인 것이다. ≪坤은 國이 된다.[47]≫

○案 九家易云 撝 猶擧也 ≪與揮同≫ 焦竑云 撝 分裂也 ≪又音灰≫ 鄭玄云 撝 音宣 ≪息緣切≫ 程子曰 撝 施布之象 ≪如人手之撝≫ 朱子曰 撝 發揮也 ≪言發揚其謙[48]≫ 今以九家爲正

○ [案] 荀九家의 易에서는 '撝(휘)'가 '들 擧(거)'의 뜻과 같다고 하였으며 ≪'휘두를 揮(휘)'와 같음≫ [明代의] 초횡(焦竑)은 '撝(huī)'字를 '나누어 찢음(分裂)'의 뜻이라 하였고,[49] ≪또 音이 '회(灰, huī)'라고 함≫ 鄭玄은 '撝'字의 발음이 '선(宣, xuān)'이라 하였으며 ≪'식(息, xī)'과 '연(緣, yuán)'의 反切音≫ 程子는 '撝'字는 베풀고 펼치는 형상이다'라고 하였으며 ≪또한 '[字形이] 마치 사람이 손을 펼치는 것과 같다'고 함≫ 朱子는 '撝'가 '發揮'함을 뜻한다고 하였다. ≪[『朱子語類』에서, '휘겸(撝謙)'이란] "겸손함을 발휘하는 것을 말한다"라고 하였다.[50]≫ 여기서는 荀九家의 說을 바른 것으로 보았다.

○豐 初九 宜參看 ≪彼 亦以交易≫

---

47) 坤國 : 荀九家, 虞翻의 說.

48) [校閱] "言發揚其謙"이 奎章本에는 "言發揚其儉"으로 나오는데, 誤記이다.

49) 『說文』에도 '撝, 裂也'라고 나온다(許愼 撰, 段玉裁 注, 『說文解字注』, 上海古籍出版社, 1993, 606면).

50) "撝謙, 言發揚其謙. 蓋四是陰位, 又在上卦之下, 九三之上, 所以更當發撝其謙."(黎靖德 編, 『朱子語類』 第5冊, 中華書局, 1994, 1769면)

豐→初爻變→小過　頤

○ [역시 小過卦로 변하는 경우인] 豐卦 初九를 이와 연관지어 보아야 할 것이다. ≪[豐初九, 즉 豐之小過의 경우도] 역시 [頤卦와의] 交易관계에 의거하고 있다.≫

六五 : 不富以其鄰, 利用侵伐, 无不利. ○ 象曰 : 利用侵伐, 征不服也.

六五 : [재난(災難)을 당한] 그 이웃으로 말미암아 [구휼(救恤)에 힘쓰니, 자기 나라는] 부유하지 못하게 될 것이다. [은밀히] 침공(侵攻)하거나, [공개적으로] 정벌(征伐)함에 [어느 것이나 모두] 이로울 것이다. [이 卦는 일반적으로] 不利할 것이 없다. ○「象傳」: "利用侵伐"은 복종(服從)하지 않는 자를 정벌함을 가리킨 것이다.

此 謙之蹇也 謙之兩互 其卦爲解 ≪下水而上雷≫  解五之動 又成困卦  ≪上今兌≫ 困自否來 ≪上之二≫ 否之時 北國富實 ≪否上乾≫ 南國耗虛 ≪否下坤≫ 移之爲困 則坤得一陽 ≪上之二≫ 以實其中 ≪困下坎≫ 乾失一陽 逢此毁折 ≪上今兌≫ 此 北國之貧 以其南鄰也

謙 → 蹇

謙→兩互作卦→解 → 困 ← 否

이것은 謙卦가 蹇卦로 변하는 경우이다. 謙卦의 兩互卦는 그 卦가 解卦가 되는데 ≪[解卦는] 下卦는 水이고, 上卦는 雷로 구성됨≫ [그런데 지금 謙卦 六五가 爻變하는 경우이므로] 역시 解卦의 제5爻가 변동하게 되면, 다시 困卦가 성립된다. ≪[困卦의] 上卦가 지금 兌이다.≫

困卦는 否卦로부터 왔는데 ≪[困卦의] 上이 2로 감≫ 否卦의 때에는 북쪽 나라가 부유한 반면에 ≪否卦의 上卦는 乾≫ 남쪽 나라는 궁핍하였다. ≪否卦의 下卦는 坤≫ [그런데 否卦로부터] 추이하여 困卦로 되면, 坤은 한 개의 陽을 얻어 ≪[否卦의] 上이 2로 감≫ 그 속을 충실하게 채우며 ≪困卦의 下卦가 坎≫ 乾은 한 개의 陽을 잃어버려 이처럼 부서지고 꺾임을 당하는데 ≪[困卦의] 上卦가 지금 兌≫ 이것은 北國의 빈곤함이 그 남쪽 이웃나라 때문이라는 것이다.

先王之義 鄰國相交 救災恤患 毋遏其貨 不閉其糴 ≪見左傳≫ 此所以不富以鄰也 小畜九五 泰之六四 宜參看 ≪彼亦以兩互 取象≫

先王의 법도에 따르면, 이웃나라와 서로 선린(善隣)관계를 맺어, 재난(災難)을 당하면 구원해 주고, 환란(患亂)을 맞으면 구휼(救恤)해 준다. [따라서] 그 재화(財貨)가 유통되는 것을 막지 않고, 그 곡식의 매매(糴)를 막지 않았거니와 ≪『左傳』에 이런 사례들이 보임≫ 이것이 "不富以鄰(그 이웃으로 말미암아 부유하지 못하게 됨)"의 까닭이다. 小畜卦 九五와 泰卦 六四의 경우를 [이와 연관하여] 참고로 살펴보아야 한다. ≪그것들 역시 兩互卦에 의거하여 象을 취하였다.≫

○困自否來 ≪上之二≫ 北國之剛 征彼南國 ≪上之二≫ 正其坤民

≪下本坤≫ 坎以歸之 ≪困下坎≫ 利用侵伐也 上兌互巽 ≪三五互[51]≫ 无不利也 ≪兌爲利 巽爲利市≫

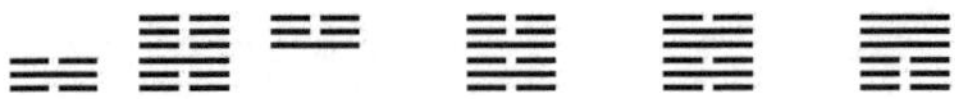

謙→兩互作卦→解 → 困 ← 否

○ 困卦는 否卦로부터 왔는데 ≪[否卦의] 上이 2로 감≫ 北國의 剛이 그 南國을 쳐서 ≪[否卦의] 上이 2로 감≫ 그 坤의 백성을 바로 잡음에 ≪[否卦의] 下卦가 본래 坤≫ 坎으로 그들을 귀순(歸順)시켜 따르게 하니 ≪困卦의 下卦는 坎≫ "利用侵伐"이라고 한 것이다. [困卦에서] 上卦가 兌이고, 互卦가 巽이니 ≪3·4·5의 上互卦≫ "无不利"라고 한 것이다. ≪兌는 '利'가 되고, 巽도 '利市'가 된다.≫

○否之時 疆域有限 ≪否互艮≫ 不相服矣 剛旣南征 ≪上之二≫ 坎乃歸伏 ≪下今坎≫ 征不服也 五在上卦 故以北爲我

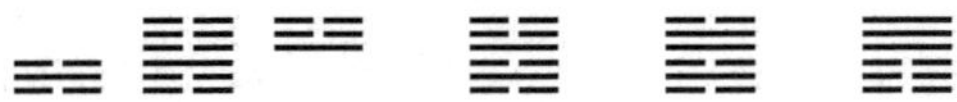

謙→兩互作卦→解 → 困 ← 否

○ 否卦의 때에는 강역(疆域)이 구분되어 있어 ≪否卦에 互艮이 있음≫ 서로 간에 복속(服屬)되지 않았는데, 剛이 이미 남쪽으로 쳐내려 감에 ≪上이 2로 감≫ 坎이 되어 이에 귀속하여 복속(服屬)되니 ≪下卦가 지금 坎≫ "征不服"인 것이다. 이 제5位는 上卦에 있으니, 그러므로 [上卦인] 北國을 주체(我)로 삼은 것이다.

---

51) [校閱] 奎章本과 國中本에는 "三五互"로 되어 있으나, 新朝本에는 "三五巽"으로 되어 있다.

○案 春秋之例 凡潛師掠境 曰侵 聲罪致討 曰伐 ≪鳴鼓以聲罪≫ 困有坎伏 可用侵也 ≪掠坤境≫ 亦坎爲律 可用伐也 ≪聲坎罪≫

○ [案] 『春秋』의 범례(凡例)에 따르면, 대개 군대를 은밀히 잠복(潛伏)시켜, 국경(國境) 지역을 침공하는 것을 '侵'이라고 하고, 공개적으로 그 죄를 물어 성토하며 공격하는 것(聲罪致討)을 '伐'이라고 하는데 ≪북을 울려 죄를 성토하는 것≫ 困卦에는 坎의 [엎드려 숨는] '伏'의 象이 있으니 [매복(埋伏)이나 기습적인] '侵'의 방식을 할 수도 있[는 것이]고 ≪坤의 國境[52]을 기습적으로 유린함≫ 또한 坎은 '律'이 되니, [공개적인] '伐'의 방식을 취할 수 있는 것이다. ≪坎의 罪를 성토함≫

○ 男學稼云 蹇自觀來 ≪上之三≫ 亦有自北征南之象也[53]

謙→5효변→蹇← 推移←觀

○ [내] 아들 학가(學稼)가 말하였다. "[謙六五의 之卦인] 蹇卦는 觀卦에서 왔는데 ≪[觀卦의] 上이 3으로 감≫ 역시 北에서 南을 정벌하는 象이 있다."

上六 : 鳴謙. 利用行師, 征邑國. ○象曰 : 鳴謙, 志未得也, 可

52) 坤境 : 坤國과 연관지어 物象을 정한 것이다.

53) [校閱] "也"가 奎章本에는 있으나, 新朝本과 國中本에는 없다.

用行師, 征邑國也.

上六 : 겸손함을 [四方에] 울려 퍼지게 함이로다.54) 군대를 출동시키는 일이 이로우니, [남의 나라가 아니라, 자국(自國)의] 읍국(邑國)을 정벌함이로다. ○「象傳」: "鳴謙"이란 뜻을 제대로 이루지 못함을 말한 것이니, [다만] 군사를 동원하여 [자신의] 나라를 정벌할 수 있을 것이다.

此 謙之艮也 艮自小過來 ≪四之上≫ 小過之卦 本取倒象 ≪無反對 故取倒象≫ 艮倒則震也 ䷲ 陽乃卑降 ≪小過 三之一≫ 遂成震鳴 ≪上下震≫ 是 鳴謙也

이것은 謙卦가 艮卦로 변하는 경우이다. 艮卦는 小過卦로부터 왔는데 ≪[小過卦의] 4가 上으로 감≫ 小過卦의 경우에는 본래 뒤집어진 象을 취한다. ≪反對되는 卦가 [따로] 없으므로,55) 뒤집어진 象을 취함≫ [그런데 小過卦

54) 여기서는 '鳴謙'을 '겸손하여, 명성이 자자하게 난다'라는 뜻으로 풀이하였다. 이것은 謙六二에서 '鳴謙'을 "名聲이 四方에 울리지만, 겸손함"으로 풀이한 것과는 분명 다른 해석이다. 이렇게 되면, 謙上六에서는 '謙하여, 鳴하다'는 의미가 되는 반면, 謙六二에서는 '鳴하지만, 謙한다'는 뜻이 된다. 이런 해석이 가능한 근거는 아래 茶山의 주석에서, "艮倒 則震也 陽乃卑降 ≪小過 三之一≫ 遂成震鳴 ≪上下震≫ 是 鳴謙也"라고 한 데서 찾을 수 있다. 즉 小過卦의 三이 一로 가는 것으로부터, '陽乃卑降'의 뜻을 이끌어 내었고, 下卦가 艮에서 震으로 변한 것으로부터 '遂成震鳴'의 뜻을 이끌어 낸 것이다. 이것은 '陽乃卑降'이 '遂成震鳴'을 위한 선행조건으로 간주한 것이라고 볼 수도 있다. 다시 말해서. 먼저 小過卦의 三이 一로 내려온 것은 겸손의 행위이고, 그 겸손의 행위로 말미암아, 겸손하다는 名聲이 울려 퍼진 것으로 볼 수도 있는 것이다. 그러나 이렇게 볼 때, '鳴謙'의 동일한 文句를 경우에 따라서 임기응변식으로 달리 풀이할 수 있는가 하는 해석의 일관성이라는 문제가 제기된다고 하겠다. 만일 '陽乃卑降'이 반드시 '遂成震鳴'을 위한 논리적 선행조건을 형성하는 것은 아니라고 본다면, '謙하여, 鳴하다'는 의미가 아닌, '鳴하지만, 謙한다'는 해석을 취하는 것이 보다 합리적이다. 왜냐하면, 그 경우 謙六二와 謙上六의 두 경우에 모두 적용되는 해석의 일관성을 확보한다는 利點이 있기 때문이다.

의 下卦인] 艮을 뒤집으면 곧 震卦가 된다.[56] 陽이 이에 낮은 곳으로 내려와서 ≪小過卦의 3이 1로 감≫ 마침내 震의 울림(鳴)[57]을 이루니 ≪震卦의 上下卦가 [모두] 震≫ 이것이 "鳴謙"이 된다.[58]

○震自臨來 ≪仍取倒艮象≫ 剛往爲帥 ≪二之四 爲震≫ 以伐坤國 ≪臨上坤≫ 正其坎罪 ≪上互坎≫ 民用歸服 ≪坎爲歸≫ 利用行師 ≪震爲行≫ 征邑國也

---

55) 小過卦는 正卦를 취하거나 倒卦를 취하거나 간에 같은 형태가 된다.

56) 여기서 다산은 小過卦의 下卦인 艮을 도치(倒置)시켜, 震鳴의 象을 얻고 있다. 그러나 震鳴의 象을 얻는 것이 목적이라면, 小過卦의 上卦가 震이기 때문에, 굳이 下卦인 艮을 倒置시킬 필요는 없는 것이다. 아마도 다산이 下卦를 도치시킨 것은 震鳴의 象 뿐 아니라, '鳴謙'의 '謙'의 의미까지 통합적으로 도출해내지 않으면 안 되었기 때문일 것이다.

57) 앞서 六二에서는 '小過之時, 君子在上, 震以鳴之'라고 하였다(『四箋』 卷3, 2나). 따라서 小過로써 '鳴'을 설명하였다.

58) 謙上六에 대한 다산의 설명방식은 다른 경우와는 달리 지나치게 복잡하다. 그러면 다산은 왜 이처럼 복잡한 방식을 통하여 해석하고 있는 것일까? 上六은 謙卦의 卦主가 아니기 때문에, 本象(母卦인 復·剝卦와 謙과의 관계)을 적용할 수 없다. 따라서 어쩔 수 없이 '之卦'인 重山 艮卦로부터 설명을 이끌어 내지 않으면 안 된다. 그러나 뒷부분의 다산의 주석에서, 다산은 重山 艮卦를 통해서는 震의 울림(鳴)과 '謙'의 뜻을 도출해낼 수 없을 뿐 아니라, 爻詞와 정반대의 뜻이 되어 버리고 만다고 주장하고 있다. 따라서 다산은 倒象을 취함으로써 이러한 해석상의 난점을 해결하려고 시도하고 있는 것이다. 그러면 과연 倒象을 취하는 것은 과연 어떻게 합리화할 수 있을까? 다산은 倒象을 취하는 논리적 근거를 上爻의 경우에는 上卦(外卦)가 주체(我)가 된다는 것으로부터 찾고 있다. 따라서 다산은 重山 艮卦의 辟卦인 小過卦로부터 艮의 倒象인 震의 象을 취하여 해석을 이끌어내고 있다. 그렇다면 여기서 다산의 설명방식에 대해 한 가지 의문이 제기되는데, 그것은 왜 茶山이 重山 艮卦의 또 다른 辟卦인 觀卦로부터 해석을 이끌어내지 않았을까 하는 것이다.

觀 → 艮

만약 觀卦로부터 重山 艮卦로 추이하는 과정을 적용한다면, 이 경우, 陽이 下降하여 3·4·5에 互震이 형성되므로, '鳴謙'에 대한 보다 자연스러운 해석이 가능했을 것이다. 그리고 觀卦에서 艮卦로 推移하게 되면, 重山 艮卦로부터 震鳴의 象이 도출되지 않는다는 다산의 주장과는 달리, 重山 艮卦의 三四五의 上互卦가 震鳴의 象을 만들어 내게 된다.

震 ← 臨

○ [以上의 설명에서 보듯이] 震卦는 臨卦에서 왔는데 ≪[震卦도] 역시 [小過卦에서 그 下卦인] 艮을 뒤집은 [震의] 象을 취한 것≫ 剛이 나아가서 장수가 되어 ≪2가 4로 감에 震이 이루어짐≫ 坤의 나라를 치고 ≪臨의 上卦는 坤≫ 그 坎의 罪를 바로 잡음에 ≪[震卦의] 上互卦가 坎≫ 백성들이 이에 따라(用) 귀순하고 복종하니 ≪坎은 돌아감이 됨≫ 군대를 동원함이 이롭고 ≪震은 '行'이 됨≫ 읍국(邑國)을 정벌하는 일이 이로운 것이다.

○志者 小過之坎志也 ≪三四剛≫ 坎之一剛 亡而在外 ≪四之上≫ 志未得也

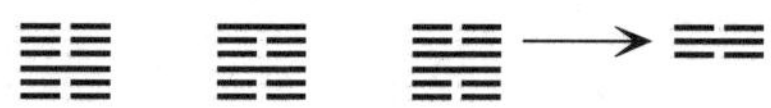

謙 → 艮 ← 小過

○ [「象傳」의 "鳴謙, 志未得也"에서] '志'는 小過卦의 坎의 志[59]를 가리킨다. ≪제3位와 제4位의 剛이 그 '志'에 해당됨≫ [그런데 小過卦에서 艮卦로 推移하게 되면] 坎의 한 개의 剛이 [艮卦로 되면서] 달아나(亡) 밖에 머무르니 ≪[小過卦의] 4가 上으로 감≫ [이것을 가리켜] "志未得"이라고 한 것이다.

○案 震則爲鳴 ≪說卦文≫ 不取倒象 無以鳴也 ≪艮不鳴≫ 降則爲謙 ≪見本象≫ 不取倒象 無所謙也 ≪艮不降≫ 師忌輿尸 ≪見師卦≫ 不取倒象 不利行師也 ≪重艮 有輿尸之象≫ 其取倒象 審矣 上爻也

59) 坎志 : 荀九家의 說(『四箋』 卷8, 38나).

故 上卦爲我 而仍取倒象

○ [案] 震이 곧 울림(鳴)이 되는데 ≪「說卦傳」의 글≫ [上六의 경우 그 지괘(之卦)가 艮卦가 되어] 뒤집힌 상(倒象)을 취하지 않으면 '鳴'일 수가 없으며 ≪[震이 鳴이니, 그 반대인] 艮은 '不鳴'이다.≫ 아래로 하강하는 것이 곧 '謙'이 되는데 ≪이 卦의 彖辭를 설명한 부분에서 나왔다.≫ 뒤집힌 상(倒象)을 취하지 않으면 겸손의 象이 도출되지 않는다. ≪艮은 하강하는 것이 아니다.≫ 군대는 수레에 전사자의 시체를 싣는 것을 꺼리는데 ≪이런 의미는 師卦에 나옴[60]≫ 도상(倒象)을 취하지 않으면 ["利用行師"가 아니라] "不利行師"가 된다. ≪重艮卦에는 '輿尸'의 象이 있다.≫ [이상의 측면에서, 謙卦 上六에서] '倒象'을 취한 까닭을 잘 살펴야 한다. 上爻인 까닭에 [여기서는 일반적인 경우와는 달리[61]] 上卦(外卦)가 주체(我)가 되어, [위에서 내려다보는 셈이니] 역시 象을 뒤집어서 취하는 까닭이 된다.

○易例 凡自我伐彼者 曰征曰伐 而不言邑國 此云 邑國者 明自外而伐內也 齊小白之伐齊 ≪自莒入≫ 晉重耳之伐晉 ≪自秦入≫ 當此占也 ≪朱子亦曰 征己之邑國≫

○ 易例에서는 대체로 자신이 상대를 친 경우에 "征"이나 "伐"이라고만 하고, "邑國"을 [덧붙여] 말하지 않는다. [그런데] 여기서 "邑國"을 [덧붙여] 말한 것은 분명 [정벌은 정벌인데] '밖에서 안을 친 것', [즉 밖에서 자신의 나라로 쳐들어 간 것]임을 [분명히] 밝힌 것이다. 齊나라 소백(小白)[62]이 [자신의] 齊나라를 친 경우와 ≪거(莒)나라로부터 귀국함≫ 晉

60) 師卦 六三의 효사에 "師或輿尸, 凶"이라고 함.

61) 일반적으로는 內卦가 '我'이고 外卦는 상대방 또는 敵이 된다.

나라 중이(重耳)[63]가 [역시 자신의 나라인] 晉나라를 친 경우가 ≪秦나라에서 들어감≫ 이 占에 해당된다. ≪朱子도 역시 이를 자신의 읍국(邑國)을 치는 것이라고 하였다.[64]≫

---

62) 齊小白(?~B.C.643) : 齊桓公을 가리킴, 小白은 양공(襄公)의 아들이다. 襄公이 누이동생과도 불륜을 맺는 등 평생 패륜만 일삼았기 때문에, 사촌동생인 공손무지(公孫無知)에게 피살되는 사건이 발생하게 된다(B.C.686). 이때, 襄公이 살해되자 공자 小白과 규(糾)는 거(莒)나라로 망명했는데, 小白에게는 포숙아(鮑叔牙)가 따랐고 糾공자는 관중(管仲)이 뒤따랐다. 이후 사건이 수습되어, 진정국면에 이르자, 신하들 간에 후계자 다툼이 일어났는데, 공자 두 명 중 먼저 돌아오는 공자에게 즉위하도록 정해졌다. 公子糾는 小白이 먼저 돌아오는 것을 방해하고자 관중(管仲)에게 죽일 것을 명하였다. 관중이 쏜 화살이 공자 小白을 명중했으나, 다행히 허리띠를 맞추어, 小白이 죽은 체하고, 쓰러지자 公子 糾 일행은 小白이 죽은 줄 알고 여유 있게 還都하였으나, 小白은 이미 앞질러 도착해 왕위에 올라 있었다. 그런데 小白이 바로 齊桓公이다. 齊桓公은 所謂 春秋五霸의 가운데 첫 번째 패자로서, 在位 기간은 기원전 685~643년의 43년 간이다.

63) 중이(重耳) : B.C.655, 春秋時代 愛妾 여희(驪姬)에게 빠진 晉나라 헌공(獻公)이 王位를 愛妾 所生인 해제(奚齊)에게 물려주려고 太子 신생(申生)을 죽이자 겁이 난 동생 중이(重耳)는 繼母의 陰謀를 避하기 爲하여 개자추(介子推) 등의 大臣들과 外國에서 망명생활에 들어가게 된다. 重耳는 어머니 나라인 狄나라에 망명하여, 계속 머물렀으나 B.C.644년 惠公이 重耳를 암살하기 위해 자객을 보내자 중이는 이를 피해 衛→齊→曹→宋→楚 등 무려 19년 간을 망명생활을 보내야 했다. B.C.637년 혜공이 죽자 다음해 重耳는 역시 진 목공의 도움으로 楚나라로부터 晉나라로 돌아와 51세에 왕위에 올랐으니, 이가 晋文公이다. 재위 기간은 B.C.635~B.C.628년의 기간으로 8년 동안이다.

64) 朱子는 『周易本義』에서 "謙極有聞, 人之所與, 故可用行師, 然, 以其質柔而无位, 故可以征己之邑國而已"라고 하였다.

【16. 뇌지 예(雷地 豫)】

坤下震上 ○ 第九卦之反 ≪復一之四 剝上之四≫

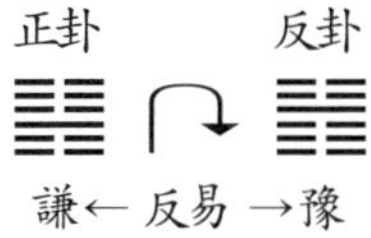

坤이 下卦이고, 震이 上卦이다. ○ 第9卦의 反卦이다. ≪復卦의 1이 4로 가고, 剝卦의 上이 4로 간다.≫

序卦傳曰 有大而能謙 必豫

「序卦傳」에 말하였다. "强大함이 있으면서도 겸손할 수 있으니, 반드시 기쁨이 있을 것이다."

○程子曰 雷動而出地 奮發其聲 通暢和豫 故爲豫也

○ 程子가 말하였다. "[이 卦의 上·下 두 象을 보면] 우레가 진동하여, 땅 밖으로 나오면서, 그 소리를 떨치면서 터트리니 [억눌렸던 것이] 막힘 없이 퍼져서 화창(和暢)하고 즐거운 까닭에, 豫卦가 되는 것이다."[65]

---

65) 茶山이 程伊川의 『易傳』에 나오는 말을 축약하여 인용한 글이다. 原文은 다음과 같다. "雷, 出於地上, 陽始潛閉於地中, 及其動而出地, 奮發其聲, 通暢和豫, 故爲豫也."

○鏞案 豫者 逸也 謙之君子 勞而在下 ≪謙 以三爲卦主≫ 豫之君子 升而在上 ≪在上卦≫ 以馭坤臣 莫不致役 ≪尊主而卑臣≫ 以順而動 君逸臣勞 此之謂 豫也

豫　　謙

○ [鏞案] "豫"는 '安逸함'이다. 謙卦의 君子는 勞力하면서, 아래에 있었는데 ≪謙卦는 3位[의 陽]으로써 卦主로 삼음≫ 豫卦의 君子는 [위로] 올라가서, 높은 자리를 차지하고서는 ≪[震이] 上卦에 있음≫ [편안히 아래의] 坤의 신하[66]를 부리면서 [노역(勞役)을] 시키지(致役)[67] 않는 일이 없고 ≪主君만 尊崇하고, 신하를 賤하게 대함≫ [時勢에] 순응하며 행동하니, 君主는 편안한 데 반해서, 신하는 勞力함이니, 이것을 가리켜 "豫"[68]라고 한다.

又 豫者 怠也 卦自剝來 ≪上之四≫ 降而居卑 猶在上卦 比之謙輕 ≪雜卦文≫ 遲重怠緩 ≪義見六三爻≫ 此之謂 豫也 又 豫者 早也 卦自剝來 ≪上之四≫ 謹其門關 以禦坎盜 ≪三五互≫ 豫備之義也 古易 謂之陽豫

復 → 豫 ← 剝

豫 ← 復 → 謙

또 "豫"는 '나태함(怠)'이다. 豫卦는 剝卦로부터 왔는데 ≪[剝卦의] 上이

66) 坤臣 : 荀九家, 虞翻의 說에 坤은 "臣民"이라 함.
67) 「說卦傳」에 "致役乎坤"이라 함(『四箋』 卷8, 30가).
68) 豫(yù) : 즐겁다, 기쁘다, 편안하다, 안일하다, 놀다, 미리, 사전에.

4로 감≫ 아래로 내려가 낮은 곳에 머무른다고 해도 여전히 上卦에 있는 셈이니, 謙卦의 빠르고 가벼움에 비교하면 ≪「雜卦傳」에 나오는 말[69]≫ 더디고 둔중(鈍重)하고, 게으르고 느린 것이니 ≪이 뜻은 아래 六三爻에 나온다[70]≫ 이것을 가리켜 "豫"라고 하는 것이다. 또 "豫"는 '미리(早)'라는 뜻이다.[71] 豫卦는 剝卦로부터 나왔는데 ≪[剝卦의] 上이 4로 감≫ 그 문의 빗장(門關)을 엄중하게 함으로써[72] 坎의 도적을 막으니 ≪[豫卦의] 3·4·5의 上互卦[가 坎]≫ 미리(豫) 방비하는(備) 뜻이다. [한편[73]] 古易[74]에서는 이 豫卦를 일컬어 "陽豫"라고 하였다.

䷏

豫, 利建侯行師.

豫卦는 諸侯를 세움에 이롭고, 군대를 출동시킴에 이로울 것이다.

此 豫之不變者也 卦自復來 ≪一之四≫ 升震主而尊之 ≪上今震≫ 以莅坤國 ≪下今坤≫ 利建侯也 震師[75]前行 ≪一之四≫ 以蹷[76]敵國

69) 「雜卦傳」에 이미 "謙輕而豫[怠]"라고 하였다.

70) 六三, 盱豫, 悔遲, 有悔.

71) 이상, "豫"者, ① 逸也. ② 怠也, ③ 早也.

72) 剝卦의 上卦인 艮이 "門關"이고, 그 上이 四로 가는 것이, 문의 빗장을 내려 거는 형상이라 "謹", 즉 '[대문을] 엄중히 단속함'이다. 「說卦傳」에 艮은 "門闕"이라 하였다.

73) "豫"가 '早'(豫備)가 된다는 것과 이는 연관사항이 없는 것으로 보인다. 즉 "陽豫"가 '早'(豫備)의 뜻은 아닐 것이다.

74) 殷代의 易인 歸藏易에 "陽豫"라고 卦名이 되어 있다고 함.

75) [校閱] 奎章本에서는 "師"로 되어 있으나, 新朝本과 國中本에서는 "帥"로 되어 있다.

76) [校閱] "蹷"이 奎章本에는 "蹶"으로 나오는데, "蹷"과 蹶은 同字이다.

≪上坤覽≫ 利行師也 ≪震爲行≫

復 → 豫 ← 剝

이것은 豫卦가 변하지 않는 경우이다. 豫卦는 復卦로부터 왔는데 ≪[復卦의] 1이 4로 감≫ 震의 君主를 위로 올려 尊崇하고 ≪[豫卦의] 上卦가 지금 震≫ 坤의 나라에 군림하니 ≪[豫卦의] 下卦가 지금 坤≫ [이것을 가리켜] "利建侯"라고 한 것이다. [또] 震의 군대가 앞으로 前進하여 ≪[復卦의] 1이 4로 감≫ 敵國을 몰아내니 ≪[復卦의] 上卦에 있던 坤[의 領域]이 [豫卦에서는 축소되어] 오그라짐≫ [이것을 가리켜] "利行師"라고 한 것이다. ≪震은 '行'의 뜻이 됨≫[77]

國語 晉公子重耳筮得國 遇豫之八 ≪少陰數≫ 司空季子曰 吉 震車也 坤土也 豫樂也 土厚而樂其實 ≪艮爲果≫ 不有晉國 何以當之 ≪又見上屯卦≫

屯 → 豫

『國語』[78][의 「晉語」(僖公 24年)]에 晉나라 公子 중이(重耳)가 장차 나라를 차지하게 될지에 대해 占筮하여 "豫之八"을 얻었다고 하였다.[79]

---

77) "利"가 "建侯"와 "行師"에 모두 걸린다는 것.

78) 『國語』 중에서 「晉語」(僖公 24年)에 나온다. 『四箋』 「春秋官占補註」의 '重耳反國之筮'를 참조할 것.

79) "豫之八"을 얻었다는 것은 "屯之豫"를 얻었다는 것을 말한다. 숫자 8을 얻으면, 그 爻는 변동하지 않기 때문에, "屯之豫"의 경우에 제2효, 제3효, 제6효는 변하지 않는 것이 되고, 나머지 제1효, 제4효, 제5효는 爻變한 것이 된다. 다산은 이러한 괘의 변화방식이 『周易』에는 없는 夏·商代의 舊法임이 틀림없기 때문에, 이를 『周易』의 방식과

≪["八"은] 少陰의 數≫ 사공계자(司空季子)가 [이를 풀이하여] 말하였다. "吉합니다. 震은 수레(車)이며, 坤은 흙(土)이니, [震과 坤으로 구성된] 豫卦는 즐거움(樂)을 뜻합니다.[80] 땅이 기름지고, 그 수확(實)에 즐거워하니 ≪艮은 果가 됨≫ 晉나라를 차지하는 것말고, 무엇이 [이 점괘에] 해당하겠습니까?" ≪또한 앞서 屯卦에서도 언급되었다.[81]≫

彖曰: 豫, 剛應而志行, 順以動, 豫.[82] 豫順以動故, 天地如之而況建侯行師乎! 天地以順動故, 日月不過而四時不忒, 聖人以順動, 則刑罰淸而民服, 豫之時義, 大矣哉.

「彖傳」: 豫卦에는 [제4位의] 剛이 [初位의 陰과] 호응하여, 그 뜻대로 실천함[의 象]인데, 順理에 따라 행동하는 것이 豫卦이다. 豫卦는 순리대로 행동하는 까닭에 천지(天地)라도 그에 따를 것인데, 하물며 제후를 세우고 군대를 동원하는 일에 있어서랴! 천지가 순리대로 運行하는 까닭에, 日月[의 진행]에는 과도(過度)함이 없고, 四時[의 運行]에는 어긋남이 없다. [마찬가지로] 聖人이 순리에 따라 행위하면, 형벌(刑罰)[의 집행]이 공정하여 백성이 복종하게 되니, 豫卦의 때(時)의 意義는 [과연] 큰 것이다.

剛應者 初與四應也 ≪復之時 已然≫ 坎志四通 ≪三五互≫ 遂當震道 其志行也

혼동해서는 안 된다고 말하고 있다.

80) 震車, 坤土, 艮果는 모두 豫卦에 나오는 物象이라는 사실만 지적한다. 즉 각각 上卦, 下卦, 2·3·4의 下互卦가 그것이다.

81) 屯卦의 「彖傳」을 설명하는 부분에 나오는데, 여기서는 "遇[貞屯]之卦"라고만 함(『四箋』 卷2, 2나).

82) [校閱] "順以動, 豫. 豫順以動"에서 奎章本에는 "豫"字가 하나 빠져 있다.

䷗ ䷏ ䷖

復 → 豫 ← 剝

"剛應"이란 [豫卦의] 初位와 4位가 [각각 陰과 陽으로] 서로 호응하는 것이다 ≪[豫卦의] 母卦인 復卦의 때에도 이미 그러하였다.≫ [豫卦에서 보면] 坎의 뜻(志)[83]이 사방으로 통하고 ≪[豫卦의] 3·4·5의 上互卦≫ 마침내 震의 길[84]을 대면하고[85] 있으니, "志行", 즉 "[그] 뜻을 실천함"인 것이다.

○ 天地者 剝復之謂也 ≪剝一陽在天位 而復一陽在地位≫ 剝復之移 ≪移爲豫≫ 不失坤順 以順動也 剝之下移 ≪上之四≫ 不過离位 ≪一二三≫ 復之上移 ≪一之四≫ 不過坎位 ≪四五六≫ 日月不過也 ≪离坎爲日月≫ 坤陰旣極 ≪下今坤≫ 震陽乃生 ≪上今震≫ 四時不忒也 ≪四時之終始≫

䷗ ䷏ ䷖

復 → 豫 ← 剝

○ "天·地"란 [각각 豫卦의 母卦인] 剝卦와 復卦를 두고 하는 말이다. ≪剝卦의 1陽은 天位에 있고, 復卦의 1陽은 地位에 있다.≫ 그런 剝·復卦가 推移하여도 ≪옮겨가서 豫卦가 된다.≫ [본래의] 坤의 順함을[86] 잃지 않으니, [이것을 가리켜] "以順動", 즉 "[天地가] 順理대로 運行하는 것"이라고 한 것이다. 剝卦로부터 아래로 추이하여 [豫卦로 되어도] ≪[剝卦의]

---

83) 坎志는 荀九家의 說이다(『四箋』 卷8, 38나).
84) 震道:「說卦傳」에 震은 "大塗"라 함.
85) 當:……을 마주 대하다, 향하다. 적합하다, 상당하다, 간주하다, ……라고 생각하다.
86) 坤順:「說卦傳」에 "乾, 健也; 坤, [順]也"라고 함.

上이 4로 감≫ 离의 자리를 지나치지 않으며 ≪[下卦인] 1·2·3位[는 홀·짝·홀수로 离位]≫ 復卦가 위로 추이하여 [豫卦로 되어도] ≪[復卦의] 1이 4로 감≫ 坎의 자리를 지나치지 않으니[87] ≪[上卦인] 4·5·6位는 짝·홀·짝으로 坎位≫ "日月不過"인 것이다. ≪离와 坎은 각각 '해[日]'와 '달[月]'이 됨≫ 坤의 陰이 이미 극도(極度)에 달했는데 ≪[豫卦의] 下卦가 지금 坤≫ 震의 陽이 이에 생겨나니 ≪[豫卦의] 上卦가 지금 震≫ "사시불특(四時不忒)", 즉 "四時[의 運行]에는 어긋남이 없다"라고 말한 것이다 ≪[이는 春·夏·秋·冬의] 四時가 [한 週期를] 마치고 [다시] 시작함[에 비견됨]≫

○聖人者 震主也 ≪四三爲人位≫ 坎律中直 ≪三五互≫ 坤民咸順 ≪下今坤≫ 刑罰淸而民服也[88] ≪坎以歸之曰 服≫

復 → 豫 ← 剝

○ "聖人"이라고 한 것은 [豫卦의 上卦인] 震의 君主[89]를 가리킨 것이다. ≪제4位와 제3位는 '人位'에 해당됨[90]≫ [豫卦에서는] 坎의 法律로[91] 그 속(中)이 剛直한데 ≪豫卦의 [3·4·5位의] 上互卦≫ 坤의 백성[92]들이 모두 순응하니 ≪[豫卦의] 下卦가 지금 坤≫ [이것을 가리켜] "刑罰淸而民服"이라고 한 것이다. ≪坎에 따라 [백성들의 民心이] 돌아가는[93] 것을 "服"이라 하

87) 하나는 "上之四"(6－4=2)이고 다른 하나는 "一之四"(4－1=3)이니, 분명 둘 다 동일한 "不過"일 수가 없다. 또한 애당초 6개 획으로 上·下卦가 있을 뿐인데 "不過"라는 말 자체가 어불성설이다. "過"하면 어디로 간단 말인가? 우리는 이상의 의문을 당연히 가질 수 있다. 그러나 한편으로 이런 엄밀한 형식논리 또는 기계적 엄밀성을 『주역』에 기대한다는 것은 애초에 무리인 것이며, 茶山의 해석도 역시 그러하다.

88) [校閱] 新朝本과 國中本에는 "也"가 있으나, 奎章本에는 빠져 있다.

89) 震主 : 荀九家, 虞翻의 說.

90) "人位"(즉 인간)의 "主"人이니, "聖人"이라는 것.

91) 坎律 : 荀九家의 說.

92) 坤民 : 荀九家, 虞翻의 說에 坤은 "臣民"이라 함.

였다.≫

初六 : 鳴豫, 凶. ◯ 象曰 : 初六鳴豫, 志窮, 凶也.

初六 : [음악(音樂)소리를] 울리면서 [안일(安逸)하게] 즐기니, 흉할 것이다. ◯「象傳」: 初六의 "鳴豫"는 [그] 뜻(志)이 궁색(窮塞)해져서 흉할 것임을 말한 것이다.

此 豫之震也 震自小過來 ≪三之一≫ 小過之時 君子小人 同成坎勞 ≪兼畫三≫ 移之爲震 則小人辭勞 ≪本下艮≫ 退于閑[94] 地 ≪三之一≫ 震以鳴之 ≪下今震≫ 鳴豫之凶也

豫 → 震 ← 小過

이것은 豫卦가 震卦로 변하는 경우이다. 震卦는 小過卦로부터 왔는데 ≪[小過卦의] 3이 1로 감≫ 小過卦의 때에는 [上卦인 震의] 君子와 [下卦인 艮의] 小人이[95] 함께 坎의 勞苦를[96] 이루고 있다.[97] ≪[小過卦를] 兼畫하면 三畫卦[로 大坎의 형태가 됨]≫ [그런데 小過卦로부터] 추이하여 震

93) 坎歸 : 「說卦傳」에 "坎者 …… 萬物之所[歸]也"라고 함.
94) [校閱] "閑地"의 "閑"이 奎章本에는 "間"으로 되어 있다.
95) 艮小人 : 茶山 今補.
96) 坎勞 : 「說卦傳」에 勞乎坎이라 함.
97) 즉 같이 수고를 하고 있었다는 것이다.

卦가 되면, 小人은 수고로움을 회피하여 ≪본래 [小過卦의] 下卦가 艮≫ 한가한 곳으로 물러나고 ≪[小過卦의] 3이 1로 감[98]≫ 震으로 울리니 ≪[重震卦의] 下卦가 지금 震≫ [이것이] "鳴豫", 즉 "[小人이 樂器를] 울리면서 [安逸하게] 즐김"의 凶함인 것이다.

○志者 小過之坎志也 ≪兼畫三≫ 坎志四通 今塞其下 ≪三之一≫ 其志窮也

豫 → 震 ← 小過

○ "志"라고 한 것은 小過卦에 있는 坎의 뜻(志)을 가리킨다. ≪겸획(兼畫)하면 三畫卦[인 坎의 형태가 됨]≫ [小過卦의 때에는] 그 坎의 뜻(志)이 사방으로 통했거니와, 지금 [震卦에서는] 그 坎의 아래를 막아 버리니 ≪[小過卦의] 3이 1로 감≫ 그 뜻(志)이 어려움을 겪는 것(窮)이다.

○學圃云 鳴豫 謂鐘鼓鏗鏘 笙瑟交陳 聲聞于外也

○ 학포(學圃)가 말하였다. "鳴豫란 종(鐘)과 북 소리가 울리고,[99] [관악기의 한 가지인] 생황과 [큰] 거문고를 맞대어 벌려놓아, 그 소리가 바깥에까지 들리는 일을 말한 것이다."[100]

98) 아래로 내려가, 물러나듯 하는 것을 두고 하는 말이며, 卦象과는 무관한 말이다. 한편, 茶山의 '今補'에 离(☲)가 "防[閑]"이 된다고 했는데, 이 "閑"은 비록 같은 글자이나, 다른 뜻이다.

99) 鏗鏘 : 金玉소리 '갱', 金玉소리 '장'.

100) 鐘鼓鏗鏘 笙瑟交陳 聲聞于外 : 『詩經』「小雅」「魚藻之什」「白華」에 "鼓鍾于宮, 聲聞于外"라고 하였는데, 그 文體를 모방한 것처럼 보인다.

六二 : 介于石, 不終日, 貞吉. ◯ 象曰 : 不終日貞吉, 以中正也.

六二 : 돌 사이에 끼여 [곤경에 처해] 있으니, [이처럼 위태로운 상황에서는] 종일(終日)토록 기다리지 말 것이며, [신속하고도 올바르게] 일(貞)을 처리하면, 吉할 것이다. ◯「象傳」: "不終日貞吉"이라고 한 것은 中正으로써 하기 때문이다.

此 豫之解也 解自臨來 ≪一之四≫ 臨之初剛 是 本復一陽之君子也 進而爲臨 則一剛來壓 ≪二壓初≫ 一陰乘之 ≪臨下兌≫ 厲之至也 去初剛而觀之 則恰成坎卦 ≪兌下坼 則坎≫ 坎則爲石 ≪義見下≫ 是 臨之初剛 介于坎石之窞也 ≪坎之陰 爲穴≫ 豈能自安哉 介者 間厠也

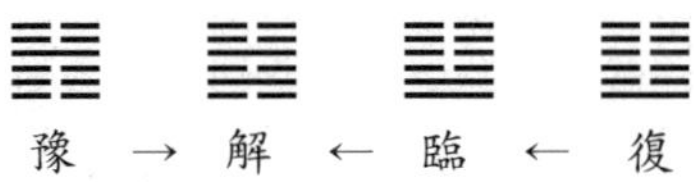

이것은 豫卦가 解卦로 변하는 경우이다. 解卦는 臨卦로부터 왔는데 ≪[臨卦의] 1이 4로 감≫ 臨卦의 初位의 剛은 본래 復卦의 初位에 있던 1陽의 君子이다.[101] [復卦로부터] 나아가서 臨卦가 되면, 한 개의 剛이 와서 [그 君子를] 누르고 ≪2가 1을 누름≫ [게다가] 陰 하나가 [또한] 그 두 개의 陽 위에 올라타고 있으니 ≪臨卦의 下卦인 兌≫ 매우 위태로운 상황이다. [그런데] 臨卦의 初位의 剛을 제거(除去)하고 보면, 흡사 坎卦의 형태가 될 것인데 ≪[臨卦의 下卦인] 兌에서 아래가 터지면 곧 坎≫ 坎은 곧 돌

101) 이는 震의 君子를 두고 하는 말인데, 震君子는 茶山의 '今補'에 나온다.

(石)이 된다. ≪이 뜻은 아래에 나옴≫ 이는 [君子를 상징하는] 臨卦의 初剛이 坎의 돌구덩이 [사이]에 끼여 있음이니 ≪坎의 陰이 구덩이가 됨≫ 어찌 스스로 편안할 수 있겠는가? 여기 "介"란 '사이에 끼인 것(間厠)'을 뜻한다.

○ 移之爲解 ≪一之四≫ 則震之君子 ≪復一陽≫ 棄其本國 逃于境外 ≪一之四≫ 辟難之象也 下卦离也 ≪一二三≫ 离日未終 震足已起 ≪上今震≫ 不終日也 古者 國有內難 則大夫 去國踰境 當此占也

豫 → 解 ← 臨 ← 復

○ [臨卦로부터] 추이하여 解卦가 되면 ≪[臨卦의] 1이 4로 감≫ 震의 君子가 ≪復卦의 陽 하나를 말함≫ 본국(本國)을 버리고 국경 밖으로 달아나니 ≪[復卦의] 1이 4로 간 것≫ 피난(避難)가는 象이다. 下卦는 [본래] 离位인데 ≪1·2·3位는 [홀·짝·홀수로 陽·陰·陽이니] 离位≫ [臨卦에서 보면] 离의 해(日)[102]가 아직 다 끝나지 않았지만 [그 2·3·4의] 震의 다리[103]를 이미 일으키니 ≪[解卦의] 上卦가 지금 震≫ "不終日", 즉 "하루가 다 가도록 기다리지 않는 것"이다. 옛날에 국가에 [피치 못할] 內亂(內難)이 발생하면, 大夫는 나라를 버리고 국경을 넘는 경우가 있었는데, 이 占에 해당한다.

○ 遂成坎貞 ≪下今坎≫ 貞者 正也 動罔不正 ≪震爲動≫ 於幹事吉

102) 离日 : 「說卦傳」에 "离, …… 爲日"라고 함(『四箋』 卷8, 39가).
103) 震足 : 「說卦傳」의 近取.

䷏ → ䷧ ← ䷒

豫 → 解 ← 臨

○ [臨卦에서 解卦로 되면서] 마침내 坎의 貞을 이루는데 ≪[解卦의] 下卦가 지금 坎≫ "貞"은 올바름을 뜻한다.[104] 행동함에 바르지 않음이 없으니[105] ≪震은 행동함이 됨[106]≫ [결국] 일을 맡아 처리함에 吉한 것이다.

○以中正者 坎也 ≪下今坎≫ 豫樂之時 必有不虞之禍 故戒之如此

䷏ → ䷧ ← ䷒ ← ䷗

豫 → 解 ← 臨 ← 復

○ [「象傳」에서] "以中正(中正하기 때문)"이라고 한 것은 坎을 지칭한 말이다. ≪[解卦의] 下卦가 지금 坎[107]≫ 흥겹고 즐거운 때라도 반드시 예기치 못한[108] 재앙이 있게 마련이므로 [『周易』에서 聖人이 그것을] 경계하여 이렇게 말한 것이다.[109]

○案 介者 間厠也[110] 今 訓之爲貞介 耿介之介 則文理卦象 兩

---

104) 여기 "貞"을 "事"로 보지 않고 "正"이라 하였지만, "貞, 吉"을 결국은 "幹事, 吉"로 풀이한 것이다. "貞"의 의미에 관해서는 『四箋』(卷1, 17가)을 참조할 것.

105) 罔 : 없을 망, 엮을 망, 그물 망(网－총8획; wǎng).

106) 震動 : 「說卦傳」에 나옴.

107) '☵'은 내부(中)가 '陽－'으로 '正'이다.

108) 虞 : 헤아릴 우(虍－총13획; yú).

109) 상황이 유리하게 자기 뜻대로 돌아간다고 해도 방심해서는 안 되며, 안으로는 항상 곧고 바른 마음을 가지고 자세를 가다듬어야만, 불의의 곤경에 처해도 헤쳐나갈 수 있다는 것인데, 즉 豫卦에서 解卦로 됨이 "豫樂之時"에 "不虞之禍"를 만난 것이고, 그렇지만 解의 下卦인 坎으로 "貞"하니 吉하게 된다는 것이다.

110) 間厠(=間廁) : 뒤섞임, 사이에 낌, "厠"(厂－총11획; cè, sī); "廁"과 同字. ←"廁"; 뒤간

無當矣

○ [案] "介"는 "사이에 끼인다"는 뜻이다. 오늘날 이를 [朱子를 위시해서 일반적으로] "절개(貞介)"나 "경개(耿介)"111)라는 뜻의 "介"로 풀이하는데,112) 文理로나 卦象으로나 모두 부합되는 점이 없다.

○ 又案113) 坎之爲石 不見說卦 然 艮爲小石 ≪說卦文≫ 坎者 大石也 ≪坤中有剛 爲坎卦 土中有剛 爲石≫ 故困之六三 以坎爲石 又 坎 險也 險與巖喦 本相通用

○ [又案] 坎이 돌(石)이 된다는 것은 「說卦傳」에 보이지 않는다. 그러나 艮이 "小石"이 되니 ≪「說卦傳」의 글114)≫ 坎이란 "大石(큰 바위)"이다. ≪또 한편 [흙이나 땅을 상징하는] 坤(☷) 가운데 剛이 있으면 坎卦(☵)가 되는데, 흙 속에 있는 단단한 것이 바로 '돌'이다.≫ 그러므로 困卦 六三에서도 坎(☵)을 "石"으로 간주하였던 것이다. 또한 [『周易』의 原文에 따르면] 坎은 험난함인데,115) '險(험)'字는 '巖(암)'字와 '喦(암)'字와 더불어 본래 서로 통용되는 글자이기도 하다.

孔子曰 知幾其神乎 ≪坎爲幾 互116)坎爲知≫ 君子 ≪復一陽≫ 上交

측, 돼지우리 측, 섞을 측(치).

111) 경개(耿介): 지조(志操)가 굳어 변하지 않음을 뜻한다.

112) 程伊川은 "豫之諸爻, 多不得正, 才與時合也, 唯六二一爻, 處中正自守之象, 可謂特立之操, 是, 其節介, 如石之堅也"라고 하였으니, '介'를 節介의 뜻으로 본 것이다. 朱子도 『周易本義』에서 "豫雖主樂, 然, 易以溺人, 溺則反而憂矣, 卦獨此爻, 中而得正, 是上下, 皆溺於豫而獨能以中正, 自守, 其介, 如石也"라고 하였으니, 程伊川과 같은 맥락에서 해석하고 있음을 알 수 있다.

113) [校閱] 奎章本에는 '案'이 '按'으로 되어 있다.

114) "艮, …… 爲[小石]"(『四箋』 卷8, 40가).

115) 坎險은 茶山 「其他 物象」인 셈인데, 坎卦 「彖傳」에 "習坎, 重險也"라고 하였고(『四箋』 卷4, 8나), 그 九二에 "坎, 有險"이라고 하였다(『四箋』 卷4, 9가).

116) [校閱] 奎章本과 國中本에는 "互坎"으로 되어 있으나 新朝本에는 "立坎"으로 되어 있다. 新朝本의 "立"은 誤記이다.

不詔 ≪不以兌悅言≫ 下交不瀆 ≪辟坎瀆而升≫ 其知幾乎

豫 → 解 ← 臨 ← 復

孔子가 [「繫辭下傳」의 제5章에서 다음과 같이] 말하였다. "그 기미를 [미리] 아는 것, 그것은 신묘(神妙)한 일이로다! ≪[解卦의 下卦인] 坎이 "幾(기미)"가 되며, [그 3·4·5位의] 互坎은 "知"가 된다.≫ 君子가 ≪復卦의 1陽을 말함≫ 윗사람과 사귐[의 경우]에는 아첨하지 않고 ≪[즉 臨卦에서 解卦로 되면서] 兌의 [듣기 좋은] 말(悅言)을 하지 않음≫ 아래 사람과 사귐[의 경우]에는 함부로 모독하지 않으니 ≪[臨卦에서 解卦로 되면서, 君子는 아래에 있는] 坎의 모독(瀆)[117]을 물리치고 상승함≫ [이렇듯 강직(剛直)하고도 온후(溫厚)함으로써] 그가 기미를 미리 아는 것이로다!

幾者 動之微 ≪未及震動 則坎形微隱≫ 吉之先見者也 ≪漢書云 吉凶≫ 君子見幾 ≪見乎离≫ 而作 ≪震 起也≫ 不俟終日 ≪不待离之終≫ 介如石焉 ≪間厠於坎石之窞≫ 寧用終日 ≪事已急≫ 君子知微 ≪臨之時 坎形隱而未彰≫ 知彰 ≪解而後 坎形乃著≫ 知柔知剛 ≪一之四而陽居陰≫ 萬夫之望 ≪坤民以离見≫

豫 → 解 ← 臨 ← 復

"幾"란 그 움직임이 아직 분명히 드러나지 않은 것이고 ≪[解卦에서 보면, 上卦인] 震의 움직임[118]에 이르지 않아서, 곧 ["幾"를 상징하는] 坎의 형태가 [그

---

117) 「說卦傳」에 坎은 "溝[瀆](해자와 도랑)"이 된다고 했는데, 물론 여기서는 同字異義를 취함이겠다. '瀆'字에는 "도랑 독, 업신여길 독, 더럽힐 독, 더러울 독" 등의 뜻이 있다.

아래에] 은미(隱微)하게 잠복해 있음[119]≫ 吉凶이 먼저 드러난[120] 것이다. ≪『漢書』「楚元王傳」[121]에서는 [이 대목을 인용하며, "吉"字만 나오는 것이 아니라] "吉凶[之先見]"이라고 하였다.[122]≫

君子는 그 기미를 파악하고 ≪[「說卦傳」에 "相見乎离"라 했거니와 解卦 2·3·4의] 离에서 보는 것≫ [바로] 일어나서 ≪震은 '起', 즉 '일으킴', 혹은 '일어남'의 뜻이다.[123]≫ 하루가 끝마치도록 기다리지 않는다. ≪["日"을 상징하는] 离의 마지막까지 기다리지 않음≫ [『易經』에 말하기를, "介于石, 不終日, 貞吉"이라고 하였으니] 돌에 꽉 끼인 형국인데 ≪坎石의 구덩이 틈새에 끼임≫ 어찌 하루가 끝나도록 기다리겠는가? ≪事案이 이미 촉급함≫ [斷可識矣[124](결단할 때임을 아는 것이다).[125]]

---

118) 「說卦傳」에 "坤, 順也; 震, 動也"라고 함.

119) 坎이 下卦에 있으니 "微隱"이라 한 것이기도 하겠는데, 「說卦傳」에도 "坎, …… 爲隱伏"이라 함.

120) '나쁜 징조'라도 그를 참작하여 자세나 행위를 바꾼다면 吉하게 된다. 그래서 "幾"란 결국 모두 吉한 것이다.

121) 『漢書』 卷36 「楚元王傳」(第六)에 나온다. "穆生曰, 易稱, 知幾其神乎, 幾者, 動之微, 吉凶之先見者也, 君子見幾而作, 不俟終日."

122) 原文은 본래 "幾者, 動之微, 吉之先見者也"로 되어 있는데, 『漢書』에서는 '吉'字에 '凶'字를 보태어, "幾者, 動之微, 吉凶之先見者也"이라고 했다는 뜻이다(『漢書』 卷36 「楚元王傳」). 이는 『朱子語類』에서도 "幾者, 動之微, 吉之先見者也. 漢書引此句, 吉下有凶字. 當有凶字"라고 언급하고 있다(『朱子語類』 第5冊, 中華書局, 1994, 1948면). 또 『仲氏易』(上海古籍出版社, 1990, 280면)에서도 역시 언급되고 있다. 그런데 하해(何楷)는 굳이 "凶"字를 넣을 필요가 없다고 한다. "適其幾, 則無不吉"(何楷, 『古周易訂詁』(景印 文淵閣四庫全書 第三六冊), 336~343면). 또 李道平도 "他本, '吉'下, 有'凶'字, 誤也"라고 함(潘雨廷 點校, 『周易集解纂疏』, 中華書局, 1994, 650면). 한편, 이후 역시 「繫辭傳」에 "吉事, 有祥"이라는 말이 나온다(서정기 譯註, 『새시대를 위한 周易』 下, 글, 1999, 493면).

123) 震起 : 茶山의 「其他 物象」에 나오는데, 茶山의 今補에 震이 "立"이 된다고 한 것과 연관된다.

124) 「繫辭傳」에는 본래 "斷可識矣"라는 말이 있으나, 여기에서는 생략되어 있다.

125) 斷可識矣 : 곧 신속히 알 수 있다(김경방, 『易의 철학』, 예문지, 1993, 181면). 판단을 가히 알 수 있다(朱子 著, 白殷基 譯註, 『譯註 周易本義』, 여강출판사, 1999, 625면). 판단을 앎이라(金碩鎭, 『周易傳義大全譯解』 下, 대유학당, 1996, 1432면). 결단함을 알 수 있다(성백효 역주, 『周易傳義』 下, 전통문화연구회, 1999, 584면).

君子는 기미(幾微)를 [미리] 알아차려 ≪臨卦의 때에는 坎의 형태가 은미하게 [잠복되어] 있어 아직 드러나지 않음[126]≫ [나중에] 드러날 것을 [미리] 알며 ≪解卦 이후에 坎의 형태가 비로소 드러남≫ [또 아직은] 유약(柔弱)하지만 [나중에는] 강성해질 것도 아는 것이니 ≪[臨卦의] 1이 4로 가서 陽이 陰의 자리를 차지함≫ 모든 사람이 우러러 보는 바이다. ≪坤의 백성들이 离로써 [우러러] 봄[이 됨]≫

○案 臨之時 坎險未著 ≪臨下兌≫ 雖有明智之士 不見其有禍亂之兆也 唯是復一陽之君子 知亂之將作 ≪知坎之將成≫ 見幾而起 鶩然其逝 ≪一之四≫ 而震足纔動 ≪上今震≫ 坎亂已作 ≪下今坎≫ 出竟乃免 ≪左傳文≫ 不與其亂 ≪坎在後≫ 其知不已神乎 此 孔子所以三復而詠歎也

豫 → 解 ← 臨 ← 復

○ [案] 臨卦의 때에는 坎의 험난함이 아직 나타나지 않아 ≪臨卦의 下卦는 兌≫ 비록 명철한 선비가 있다고 해도, 그것에 화란(禍亂)의 징조가 있음을 잘 간파하지는 못한다. 오직 復卦의 일양(一陽)의 君子[127]만은 장차 난리(亂離)가 일어날 것임을 [미리] 알고서는 ≪[解卦로 변하면] 坎[의 혼란]이 장차 이루어질 것임을 앎≫ "그 기미를 보고" 바로 일어나서 신속하게 [그 나라를] 떠나가는데 ≪[臨卦의] 1이 4로 감≫ 震의 발을 떼자마자 ≪[解卦의] 上卦가 지금 震≫ 坎의 혼란이 이미 일어남에 ≪[解卦의] 下卦가 지금

126) 「說卦傳」에 "坎, …… 爲隱伏"이라 함.

127) 일반적으로 "君子"가 바로 "明智之士"이겠지만, 여기 "君子"는 "明智之士"와 대비되어, 그보다 더 탁월한 인물로 말해지고 있다. "明智之士"이면서 "현실 정치에 실제 관여하고 있는 자"를 말하는 것으로 볼 수도 있겠다.

坎≫ 국경 밖으로 나가 그런 혼란을 피하고 ≪『左傳』에 나오는 말[128]≫ 그 亂에 관여하지 않으니 ≪[解卦에서] 坎이 뒤에 [즉, 下卦에] 있음≫ 그 [선견지명의] 지혜(知)가 이미 신묘하지 않은가! 이것이 孔子께서 세 번이나 반복하여 찬탄하신 까닭인 것이다.[129]

○ 男學稼云 乾之九三曰 終日乾乾 自復而泰 ≪下三陽≫ 謂之終日 ≪一二三 离位≫ 則臨者 不終日也 ≪未竟离≫ 不俟終日者 謂不待三陽之爲泰也

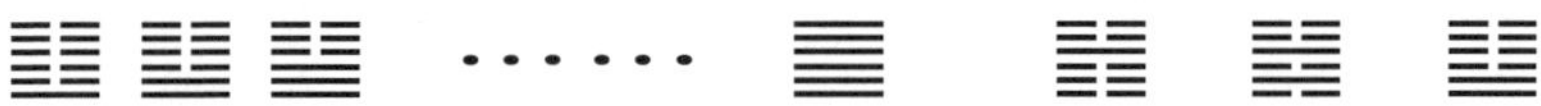

復 → 臨 → 泰 → …… → 乾 豫 → 解 ← 臨

○ [큰] 아들 학가(學稼)가 말하였다. "乾卦의 九三에서는 '終日乾乾(종일토록 굳고 건실한 자세를 견지함)'이라고 하였는데, [이는 辟卦의 進退消長의 측면에서 보아] 復卦에서 泰卦까지를 ≪아래에 3개의 陽이 됨≫ '終日'이라고 말한 것이니 ≪下卦인 1·2·3位는 离位가 됨[130]≫ [여기 豫卦 九二의 '之卦'인 解卦의 母卦인] 臨卦의 경우는 [바로 그 앞 단계이니] '不終日(終日이 아님)'인 것이다. ≪아직 离의 자리를 다하지 않음≫ [역시 이상의 맥락에서, 여기 「繫辭傳」의] '불사종일(不俟終日)'이란 세 개의 陽으로 泰卦가 됨을 기다리지 않는다는 것이다."

---

128) 文璇奎 역, 『春秋左氏傳』 上, 명문당, 1987, 528면(楊伯峻 編著, 『春秋左傳注』(修訂本) 卷1, 中華書局, 1993, 663면). "孔子曰, 趙宣子, 古之良大夫也. 爲法受惡. 惜也, 越境乃免(趙宣子는 옛날 훌륭한 대부였는데, 법도를 위하여 악명을 감수하였다. 애석토다, 그가 국경을 넘었더라면 그런 악명을 면했을 것이다)."

129) 세 번 영탄했다는 것은 ①"知幾, 其神乎!", ②"其知幾乎!", ③"寧用終日!"을 두고 하는 말이다.

130) 이는 이상에서 茶山이 '离'를 '日'로 보고 해석한 것과 차이가 있으나, 辟卦의 進退消長의 측면에서 나름대로 의미가 있으니 附記한 것이겠다.

○ 男[131]學圃云 知幾 豫逃 豫之義也

○ [둘째] 아들 학포(學圃)가 말하였다. "기미를 알아채고 미리 [곤란함을] 피함이 豫卦의 [한 가지] 뜻인 것이다."

六三 : 盱豫, ≪句≫ 悔遲, 有悔. ○ 象曰 : 盱豫有悔, 位不當也.

六三 : [처음에는 너무나 위태로워서] 눈을 부릅뜨며 지켜보겠지만, [나중에는 위험이 지나가니] 즐겁고 편안하게 될 것이다. ≪句≫ 뉘우침이 더디기는 하지만 [마침내는] 뉘우치게 될 것이다. ○「象傳」: "우예유회(盱豫有悔)"는 그 자리가 맞지 않기 때문이다.

此 豫之小過也 盱 張目仰視也 ≪說文云≫ 小過者 頤之交易也 ≪山雷爲雷山≫ 頤爲大离 ≪初六夾≫ 張目之象也 ≪离爲目≫ 頤之時 小人在上 ≪艮在上≫ 君子在下 ≪震在下≫ 坤之萬民 ≪中四陰≫ 睢盱然仰視 ≪視小人≫ 危之至也 交之小過 則揚善抑邪 ≪升降之≫ 邦國大正 ≪大坎正≫ 盱而豫也 ≪昔盱 而今安≫

豫 → 小過 頤

이것은 豫卦가 小過卦로 변하는 경우이다. "우(盱)"[132]는 눈을 부릅뜨

131) [校閱] 新朝本과 國中本에는 "男"이 없으나, 奎章本에는 있다.

132) 盱(xū) : 눈 부릅뜰 (우), 쳐다볼 (우)

고 쳐다보는 것이다. ≪『說文』에서 [그렇게] 말함≫ 小過卦는 頤卦로부터 交易된 것인데 ≪山雷 [頤卦]가 雷山 [小過卦]로 됨≫ 頤卦는 큰 离[의 형태]가 되니 ≪[頤卦의] 初位에서 六位까지의 夾卦≫ 눈을 크게 뜬 象인 것이다. ≪离는 눈(目)이 됨[133]≫ 頤卦의 때에는 小人이 윗자리에 있고 ≪[소인을 상징하는] 艮이 上卦에 있음≫ 君子가 아래에 있으니 ≪[군자를 상징하는] 震이 下卦에 있음≫ 坤의 萬民이 ≪頤卦 가운데 있는 네 개의 陰≫ 눈을 부릅뜨고 바라보고 있으니 ≪小人을 봄≫ [사태가] 위태롭기 그지없는 상황이다. [그런데 頤卦로부터] 交易하여 小過卦로 되면, 善을 선양(宣揚)하고 사악(邪惡)함을 제압하여 ≪[君子인 下卦를] 올리고 [小人인 上卦를] 내림≫ 나라(邦國)가 크게 바르게 되니 ≪大坎이 [즉 小過卦가] "正"이다.[134]≫ "눈을 부릅뜨고 쳐다보고 있는 상황(盱)에서 "즐겁고 평안한 상황(豫)"으로 된 것이다. ≪이전에는 눈을 부릅뜨고 보고 있다가, 지금은 安逸한 상황이 됨≫

○悔遲者 改過不遄也 豫自復剝來 ≪法見上≫ 復之君子 全一卦而移升 ≪地雷爲雷地≫ 其悔遄也 ≪其變速≫ 剝之小人 其身雖降 ≪上之四≫ 猶不就卑 ≪不降于下卦≫ 其悔遲也 三之旣變 艮乃在下 ≪下今艮≫ 悔雖遲 而終悔也 上震先成 ≪自復升≫ 下艮後成 ≪自頤來≫ 故其占如此

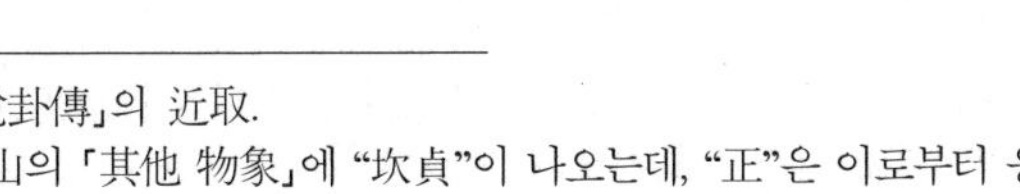

剝 → 復 豫 → 小過 頤

○ "悔遲"란 '잘못을 고치는 것이 빠르지 않음'을 말한다. 豫卦는 復卦와 剝卦로부터 왔는데 ≪이 [推移의] 방식은 앞서도 나왔다.≫ [復卦에서

133) 离目 : 「說卦傳」의 近取.

134) 坎正 : 茶山의 「其他 物象」에 "坎貞"이 나오는데, "正"은 이로부터 응용된 것으로 생각된다.

豫卦로 되는 과정을 보면] 復卦의 君子는 한 卦 전체가 옮기면서 상승하니 《[復卦에서 豫卦로 됨은] 地와 雷가 雷와 地로 됨이다.》 그 뉘우침이 빠른 것이다. 《그 변화가 신속한 것》 [그러나 復卦에서 豫卦로 되는 과정을 보면] 剝卦의 小人은 그 몸을 비록 아래로 낮추었지만 《[剝卦의] 上이 4로 감》 여전히 [더] 낮은 데로 나아가지 않고 있으니 《下卦에 까지 내려가지 않음》 그 "뉘우침이 더딘 것"이다.[135] 그런데 六三爻가 이미 변하여 [小過卦로 되면] 艮이 곧 [그보다 더] 아래에 자리잡으니 《[小過卦의] 下卦가 지금 艮》 뉘우침이 비록 더디기는 하지만, 마침내는 뉘우치게 되는 것이다. [그런데 卦象의 변화 과정으로 볼 때, 豫卦 六三의 之卦인 小過卦의] 上卦인 震이 먼저 성립하고 《[이미 豫卦의 母卦인] 復卦로부터 상승한 것》 下卦인 艮은 나중에 성립한 것이니[136] 《頤卦로부터 변화된 것》 그러므로 그 占이 이와 같다. [즉 "悔遲有悔"인 것이다.]

○位不當者 本象也 《陰居三》

○ "位不當", 즉 "자리가 맞지 않다"라고 한 것은 [六三의] 本象을 가리킨다.[137] 《豫卦의 六三은 陰이 [陽의 자리인] 3位에 자리한 것》

○案 向秀 以盱 爲盱睢

○ [案] 상수(向秀)[138]도 "우(盱)를 '눈을 부릅뜨고 쳐다본다(盱睢)'는 뜻

---

135) 剝卦에서 豫卦로 되면서 艮☶이 마지못해 2・3・4位에까지 내려오지만(즉 완전히 아래로 내려오지 않음), 爻變하고 보면 그 下卦가 결국 艮☶이 되니(즉 완전히 내려옴), "悔遲, 有悔"라는 것이다.

136) 豫卦나 小過의 上卦인 震☳은 推移 단계에서 이미 발생하여, 爻變하여도 변함이 없는 것인 반면, 小過의 下艮☶은 爻變하여야 비로소 생기는 것이고, 또 頤卦와의 交易관계에서 생기는 것이다. 이런 측면에서 前者는 "先成"이고 後者는 "後成"인 것이다. 비록 豫卦의 또 다른 母卦인 剝卦에 上艮☶이 있었다고 하지만, 여기 下卦의 艮☶과는 일단 무관하다.

137) 本象이 "位不當"이라는 것인데, 바로 이 '六三'이 그렇다는 것이고, 다산의 견지에서는 이 "位不當"이라는 말과 九四와는 무관한 것이다.

138) 상수(向秀)는 子는 子期이고, 河內 사람이다. 向은 姓氏일 때는 '상'으로 읽는다.

으로 풀이하였다.

九四 : 由豫, 大有得, 勿疑, 朋盍簪. ○ 象曰 : 由豫大有得, 志大行也.

九四 : [제4획은] 豫卦가 말미암은 바이니, 크게 얻는 바가 있을 것이다. [친구 사이에 서로] 의심치 말지니, 친구들이 모여들어 비녀를 꽂아줄 것이다. ○「象傳」: "由豫大有得"이라고 한 것은 [그] 뜻이 [세상에] 크게 행해진다는 것이다.

此 豫之坤也 卦由復剝 ≪法見上≫ 四之一剛 豫之所以爲豫也 ≪卦之主≫ 此 由豫也 ≪如頤上九之由頤≫ 言其本象者 四爲卦主也

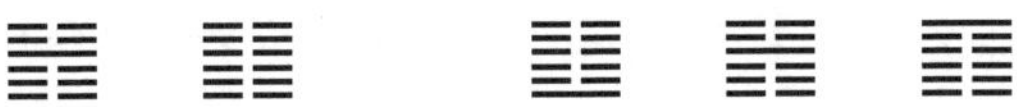

豫 → 坤　　復 → 豫 ← 剝

이것은 豫卦가 坤卦로 변하는 경우이다. 豫卦는 復卦와 剝卦로부터 나온 것인데 ≪推移의 방식은 앞에서 나옴[139]≫ [豫卦의] 제4位에 있는 한 개의 剛은 豫卦가 豫卦로 성립되는 까닭이니 ≪[豫卦의] 卦主≫ 이것이 "由豫", 즉 "豫卦가 말미암은 바"가 된다. ≪頤卦의 上九의 "由頤"와 같은 사례[에 해당됨]≫ [이렇게] 그 本卦의 象을 말한 것은 제4畫이 卦主가 되기 때문

139) 앞서 "卦自剝來(上之四)"(『四箋』 卷3, 4나), 그리고 "卦自復來(一之四)"(『四箋』 卷3, 5가)라고 하였다.

이다.[140]

○ 剝以艮求 ≪豫本自剝來≫ 復以震移 ≪一之四≫ 乃得此剛 ≪如觀求臨與≫ 大有得也 ≪陽曰大≫

䷖ ䷏ ䷗

剝 → 推移 → 豫 ← 推移 ← 復

○ 剝卦에서는 艮으로써 求하고 ≪豫卦는 본래 剝卦에서 왔음≫ 復卦에서는 震이 移動함으로써 ≪[復卦의] 1이 4로 감≫ 이에 이 剛을 얻었으니 ≪예컨대 [「雜卦傳」에서] 觀卦는 '구하는 것'이고, 臨卦는 '주는 것'이라고 한 것과 같음[141]≫ [이것을 가리켜] "大有得", 즉 "크게 얻는 바가 있는 것"이라고 한 것이다. ≪陽을 [가리켜] "大"라고 한다.≫

○ 剝之小人 ≪剝上艮≫ 今爲君子 ≪上之四 爲震≫ 復之君子 ≪復下震≫ 往而相會 ≪合于四≫ 朋之合也 艮冠旣合 ≪艮爲冪≫ 震竹中橫 ≪震爲蒼筤竹≫ 朋盍簪也 盍者 合也 ≪本諧聲≫ 雖有坎梗 ≪三五互≫ 又何疑焉 ≪坎爲疑≫ 君子之於小人 許其從善 不念舊惡 如是也 坤本爲朋 ≪兩兩相比 有朋象≫ 故其占如此

䷖ ䷏ ䷗

剝 → 推移 → 豫 ← 推移 ← 復

○ 剝卦의 小人이 ≪剝卦의 上卦는 艮[이니 小人을 상징함]≫ 지금 [豫卦

140) 卦主는 「讀易要旨」의 '(6) 留動'의 細則과 연관된다(『四箋』 卷1, 15). "神明所指, 丁寧在此. 故, 占之以此畫, 不復考變也."(『四箋』 卷1, 15)

141) 「雜卦傳」에 "臨觀之義, 或[與]或[求]"라고 하였다.

에서] 君子가 되고 ≪[剝卦의] 上이 4로 가서 震이 되는데, 震은 君子를 상징함≫ 復卦의 君子도 ≪復卦의 下卦가 震≫ [나아]가서 서로 회합(會合)하니 ≪제4位에서 만남≫ 벗이 모이는 것'[즉 "朋盍"]이 된다. [豫卦에서] 艮의 冠이 이미 덮어 쓰여짐에 ≪艮은 "冪", 즉 "덮음"이 됨[142]≫ 震의 대나무가 가운데를 가로지르니 ≪震은 [說卦傳에 따르면] "창랑죽(蒼筤竹)", 즉 "푸른 대나무"가 됨≫ [이것을 가리켜] "붕합잠(朋盍簪)", 즉 "친구(朋)들이 모여들어(盍) 비녀를 꽂은 것(簪)"이라고 한 것이다 "盍"은 '合'이다 ≪본래 '盍'字와 '合'字의 두 字는 서로 해성(諧聲) 관계에 있다. [그래서 글자를 바꾸어 통용하는 것이다.]≫ 비록 坎의 장애물(梗)이 있지만 ≪[豫卦의] 3·4·5의 上互卦[가 坎]≫ 또한 어찌 의심이 있겠는가? ≪坎은 '疑', 즉 '의심'이 됨[143]≫ 君子는 小人이라도 그가 善을 따르면 [그것을 기꺼이] 인정해 주고, 그 구악(舊惡)을 염두에 두지 않는 것이 이와 같다. 坤은 본래 朋의 뜻이 된다.[144] ≪坤卦[☷]의 형태는 둘씩 둘씩 서로 짝하고 있는 모습이므로, [坤卦의 卦象에는] "친구"의 象이 있다.≫ 그러므로 그 占이 이와 같다.

○坎志中通 ≪三五互≫ 震道在前 志大行也

○ 坎의 뜻(志)이 가운데 있어 [上下로 두루] 통하고 ≪[豫卦의] 3·4·5의 互卦≫ 震의 길이 앞으로 열려 있으니, [이것을 가리켜] "志大行",[145] 즉 "[그] 뜻한 바가 크게 [세상에] 행해진다는 것"이다.

○學圃云 豫者 和悅之卦也 故有朋合之象

142) 이 "冪"은 豫卦 上六의 주석에서는 "冪"字로 나온다.
143) 坎疑 : 荀九家, 虞翻의 說.
144) 坤朋 : 茶山 今補.
145) 坎志 : 荀九家의 說.

䷖　䷏　䷗

剝→ 推移 →豫←推移 ←復

○ 學圃가 말하였다. "豫卦는 [본래] 화합하여 기뻐하는 것을 상징하는 卦인 까닭에, 친구가 [즐겁게 서로] 만나는 象이 있다."

○案 三禮 未有簪字 唯列女傳 姜后脫簪 家語 孔子聞哭著簪 ≪又 鹽鐵論云 神禹治水 遺簪不顧≫ 程子曰 簪之名簪 本亦聚髮之意 遂以簪爲聚 然 杜詩 盍簪 列炬 爲對語 此 又以簪爲笄者也

○ [案] [『禮記』·『儀禮』·『周禮』의] "三禮"에는 '비녀 簪(잠)'字가 보이지 않는다. 다만 『列女傳』[146]에 "강후(姜后)가 비녀를 뽑다"라고 하였고,[147] 『孔子家語』[148]에 "孔子가 [여인네] 우는 소리를 듣고…… 시

146) 『列女傳』: 前漢의 儒學者 유향(劉向)이 역사적 여성 106명을 列傳 형식으로 저술한 책, 고대문헌에 기록된 여성들을 뽑아 7주제로 분류하고, 주제별로 15명 내외로 배치하여 『列女傳』 7권을 만들었다.

147) 강후탈잠(姜后脫簪): 『列女傳』 卷2 「賢明傳」의 '周宣姜后'에 나오는 말이다. "周나라 선왕(宣王)의 비(妃) 강후(姜后)는 어질고, 덕이 있어서, 어떤 일이든지 예가 아니면 말하지 아니하였고, 예가 아니라면 행동하지 아니하였다. 선왕(宣王)에게는 일찍 잠자리에 들고, 아침에 늦게 일어나는 버릇이 있었다. 그래서 后夫人도 房을 나올 수 없었다. 자신이 不德했기 때문이라고 여긴 강후(姜后)는 이에 비녀와 귀고리를 벗어버리고, 영항(永巷, 궁녀를 가두는 일종의 유치장)에서 죄(罪)를 받기를 청하였다. 그리고 보모를 통해 왕에게 아뢰기를, '첩이 재덕이 없어서 첩의 음탕한 마음이 드러났습니다. 군왕으로 하여금 예를 잃게 하여 조회에 늦게 하였으니, 그 결과 군왕이 色을 즐겨서 덕을 잊게 이르른 것입니다. 대체로 색을 즐겨 하면 반드시 사치를 좋아하게 될 것이고, 사치를 좋아하면 반드시 향락을 다하게 될 것이며, 향락을 다하면 반드시 어지러움이 일어나게 될 것입니다. 그런데 이 어지러움이 일어나게 되는 원인을 만든 것은 첩이오니, 감히 첩에게 죄를 주시기를 청합니다' 하였더니, 왕이 이르기를, '과인(寡人)이 덕이 없어서 스스로 지은 허물이요, 부인의 죄가 아니오' 하고는, 드디어 강후를 복위시키고, 정사(正事)에 힘을 써서 아침 일찍 조정에 나가고 저녁 늦게 물러나와, 문왕(文王)·무왕(武王)의 업적을 이어받아 마침내 周나라 왕실의 왕업을 부흥시킨 中興의 군주라는 이름을 얻었다(周宣姜后者, …… 賢而有德, 事非禮不言, 行非禮不動, 宣王嘗早臥晏起, 后夫人不出房. 姜后脫簪珥, 待罪於永巷, 使其傅母通言於王曰, 妾不才, 妾之淫心見矣, 至使君王失禮而晏朝, 以見君王樂色而忘德也. 夫苟樂色, 必好奢窮欲, 亂之所

초(蓍草)로 만든 비녀(蓍簪)를 ……" 운운하였다.[149] ≪또 『염철론(鹽鐵論)』[150]에서 말하기를, "신령스러운 禹임금이 治水사업을 함에 [머리에 꽂은] 비녀(簪)가 떨어져도 개의치 않았다"라고 하였다.[151]≫ 程子가 말하기를, "[모은다는 뜻인]

興也. 原亂之興, 從婢子起, 敢請婢子之罪, 王曰, 寡人不德, 實自生過, 非夫人之罪也, 遂復姜后而勤於政事, 早朝晏退, 卒成中興之名)."(『열녀전』, 예문서원, 1996, 102면).

148) 『孔子家語』(10권) : 공자의 언행 및 공자와 문인(門人)과의 논의(論議)를 수록한 책. 『漢書』「藝文誌」에는 『孔子家語』 27卷이라고 되어 있으나 이것은 이미 실전(失傳)되어 저자의 이름도 기록되어 있지 않다. 현재 전하는 것은 위(魏)의 왕숙(王肅)이 공안국(孔安國)의 이름을 빌려 『左傳』·『國語』·『孟子』·『荀子』·『大戴禮』·『禮記』·『史記』·『說苑』·『晏子』·『列子』·『韓非子』·『呂覽』 등에서 공자에 관한 기록을 모아 수록한 위서(僞書)인데, 모두 44편으로 되어 있다. 이 속에는 공자의 유문(遺文)과 일화가 섞여 있어 폐기되지 않고 오늘날까지 전한다.

149) 『孔子家語』에 "孔子, …… 聞哭蓍簪"라는 文句가 나오는 것은 아니다. 다만, 『藝文類聚』(卷6)에서 『韓詩外傳』을 인용하여, "韓詩外傳曰, 孔子出遊少原之野, 有婦人哭甚哀, 問之, 婦人曰, 向刈蓍薪, 亡吾簪, 是以哀也, 非傷亡簪, 不忘故也"라고 말한 것을 발견할 수 있다. 『孔子家語』(卷9)의 「正論解」(第四十一)에 婦人의 곡성(哭聲)을 듣고 孔子가 말한 것이 나오기는 하는데, 거기에 '簪'에 대한 언급이 있는 것은 아니다. 즉, "孔子適齊, 過泰山之側, 有婦人, 哭於野者而哀, 夫子式而聽之曰, 此哀一似重有憂者, 使子貢問之, 而曰, 昔舅死於虎, 吾夫又死焉, 今吾子又死焉, 子貢曰, 何不去乎, 婦人曰, 無苛政, 子貢以告孔子, 子曰, 小子識之, 苛政猛於暴虎(공자가 齊나라에 가면서, 태산의 곁을 지났는데, 어떤 부인이 들에서 곡하며 슬퍼하거늘, 공자가 엄숙히 이를 들으시고, '이 곡성은 한결같이 거듭 근심이 있는 것 같다'라고 말하고, 子貢으로 하여금 그 사정을 물으니, 그 부인이 말하기를 '그러합니다. 옛적에 나의 시아버지도 호랑이한테 죽고, 나의 남편도 또 그것에게 죽고, 이제 나의 아들이 또 그것에게 죽었습니다'라고 대답하였다. 子貢이 '그런데 어찌 이곳을 떠나지 않았습니까?' 하고 물으니, 婦人이 '가혹한 정치가 없기 때문입니다'라고 대답하였다. 子貢이 孔子에게 그렇게 告하니, 공자가 말씀하시되, '제자들아 이를 들어라. 가혹한 정치는 호랑이보다 너 무서운 것이니라'라고 하였다)."

150) 『염철론(鹽鐵論)』 : 중국 前漢시대 선제(宣帝 : 재위 B.C.74~B.C.49) 때에 환관(桓寬)이 편찬한 책. 무제(武帝)가 대규모 정벌을 감행하며 이에 소요되는 경비 충당을 위해 소금(鹽)과 철(鐵)의 전매제도 등 국가가 통제권을 행사하는 경제정책을 시행하였는데, 이를 둘러싸고 법가적 정책을 시행하려는 정부의 관료와 민간의 유학자들 사이에 벌어졌던 치열한 논쟁을 정리한 책이다.

151) "神禹治水 遺簪不顧" : 茶山이 『鹽鐵論』에서 인용한 것으로 말하고 있는 "神禹治水 遺簪不顧"의 文句를 『鹽鐵論』에서 발견할 수 없다. 다만, 『鹽鐵論』 第二十 「相刺」에 다음과 같은 구절이 있는데, 그 취지는 동일하다고 볼 수 있다. "文學曰, 禹慼洪水, 身親其勞, 澤行路宿, 過門不入, 當此之時, 簪墮不掇, 冠挂不顧, 而暇耕乎(文學이 말했다. 우禹는 홍수를 걱정하고, 몸소 그 治水의 勞苦를 감당하여, 소택지를 걷고, 길가에

'簪(잠)'字를 '비녀(簪)'라고 부르게 된 것도 역시 머리카락을 모은다(聚髮)는 뜻에 근거한 것이다"[152]라고 하였으니, 요컨대 '簪(잠)'字를 '聚(취)'字의 뜻으로 해석한 것이다. [그러나] 두보(杜甫)의 [「杜位宅守歲[153]」라는 詩 가운데 "합잠훤력마(盍簪喧櫪馬),[154] 열거산림아(列炬[155]散林鴉)"[156]라는] 詩句에서 "합잠(盍簪)"[157]과 "열거(列炬)"를 [짝지어] 對語로 삼았으니, 이것은 또 '簪(잠)'을 ['聚(취)'라는 동사적 의미로 보지 않고] '비녀

서 자면서, 자기 집 대문 앞을 지날 때에도 들어가지 않았습니다. 이 당시는 비녀가 떨어져도 이를 줍지 않고, 冠이 다른 것에 걸려 비뚤어져도 이를 돌아보지 않을 형편이었는데, 농사지을 시간이나 있었겠습니까?)"(桓寬 著, 김한규 · 이철호 역, 「20. 서로 헐뜯다[相刺]」, 『염철론』, 소명출판, 2002, 164면)

152) 程伊川은 『易傳』에서 "簪, 聚也, 簪之名簪, 取聚髮也"라고 함.

153) 수세(守歲) : 섣달 그믐날 집안 사람들이 모두 모여 밤을 지새우면서, 한 해를 보내고, 새해를 맞이하는 풍습을 가리킨다.

154) 역마(櫪馬) : 마구간에 매여 있는 말, 여기서는 권세 있는 杜位의 친구들이 타고 온 말을 가리킨다. 이 句는 杜位의 집에서 그의 권세 있는 친구들이 모여 성대하게 守歲하는 모습을 표현한 것이다(이영주 · 박석 · 이석형 · 김만원 · 김성곤 譯解, 『두보 初期詩譯解』, 솔출판사, 1999, 283면).

155) 열거(列炬) : 횃불을 늘어놓다. 또 "散林鴉"는 "숲 속의 까마귀를 흩트리다"는 뜻이다.

156) 『杜少陵詩集』(卷二)의 「杜位宅守歲(杜位의 집에서 除夜를 보내며)」라는 詩에 나오는 詩句이다. 그 詩는 다음과 같다.

守歲阿戎家 椒盤已頌花 : 除夜를 보내는 아우의 집,
산초열매 담긴 쟁반, 벌써 꽃을 노래하였다.
盍簪喧櫪馬 列炬散林鴉 : 비녀를 꽂은 이들이 모이니, 마구간의 말들이 시끄럽고,
횃불을 늘어놓아 숲까마귀들이 흩어진다.
四十明朝過 飛騰暮景斜 : 사십이 내일 아침이면 지나가고,
날아오르던 기상은 저녁 햇빛에 기우는구나
誰能更拘束 爛醉是生涯 : 뉘 능히 또 얽어맬 수 있겠는가?
흠뻑 취하라! 이 인생이여!

이 詩는 두보의 나이 40세, 즉 천보 10년 세모(歲暮)에 자신의 從弟인 杜位의 집에서 除夜를 보내며 지은 작품이다. 杜位는 당시 宰相으로 실권을 쥐고 있던 이임보의 사위였으므로, 권세를 제법 누리고 있었던 것으로 보인다. 벼슬도 정해지지 않은 채로, 悲哀에 젖어 또 다시 한 해를 보내는 두보의 심경이 권문세가의 즐거운 除夜의 풍경과 대조되어 표현되고 있다(이영주 · 박석 · 이석형 · 김만원 · 김성곤 譯解, 『두보 初期詩譯解』, 솔출판사, 1999, 281면).

157) 합잠(盍簪) : 비녀들이 모여 있다는 뜻. 즉 비녀를 꽂은 사람들이 모여 있다는 뜻이다. 여기서 비녀란 冠簪, 즉 벼슬하는 사람들을 뜻한다.

(筓)'로 본 것이다.

○ 又案[158] 易詞 皆有所擬 若士相見禮 筮而遇是 則無可疑也

○ [又案] 易詞는 모두 근거한 바(所擬)가[159] 있는 것이니, 예컨대 선비들이 서로 만나 상견례(相見禮)를 할 적에 占筮하여 이를 얻었다면, [서로] 의심할 것이 없는 것이겠다.[160]

䷏

六五 : 貞疾, 恒不死. ○ 象曰 : 六五貞疾, 乘剛也, 恒不死, 中未亡也.

六五 : 고질병(貞疾)이 들었으나 오래도록 [버티게 될 것이며, 바로] 죽지 않을 것이다. ○「象傳」: 六五의 "貞疾"은 [陰이] 剛을 탄 것을 가리킨 것이다. "恒不死"는 [신체(身體)의] 중기(中氣)가 아직은 없어지지 않았음을 가리킨 것이다.

此 豫之萃也 萃自小過來 ≪三之五≫ 小過之時 坎疾貞固 ≪兼畫三≫ 移之爲萃 坎疾如舊 ≪三六夾≫ 是 貞疾也 貞疾者 痼疾也 ≪痼者 坎固也≫

---

158) [校閱] 奎章本에는 '案'이 '按'으로 되어 있다.
159) 擬 : 헤아릴 의(手－총17획; nǐ).
160) "勿疑, 朋盍簪"이라 한 것을 두고 하는 말.

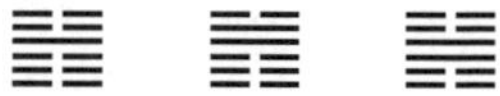

豫 → 萃 ← 小過

이것은 豫卦가 萃卦로 변하는 경우이다. 萃卦는 小過卦로부터 왔는데 ≪[小過卦의] 3이 5로 감≫ 小過卦의 때에는 坎의 질병이 매우 극심하였는데 ≪[小過卦를] 兼畫하여 三畫卦[로 보면 坎이 됨]≫ [小過卦로부터] 推移하여 萃卦가 되어도, [그] 坎의 질병이 以前과 마찬가지[로 낫지 않음]이니 ≪[萃卦의] 3·4·5·6을 연결하면 夾卦[인 坎이 됨]≫ 이것이 "貞疾", 즉 "고질병"이다.[161] "정질(貞疾)"이란 '고질(痼疾)'을 가리킨다. ≪"고(痼)"는 坎의 견고함에 따른 것이다.≫

○ 萃又自觀來 ≪上之四≫ 觀者 大艮也 ≪兼畫三≫ 艮則爲死 ≪萬物 終乎艮≫ 移之爲萃 則大艮有渝 ≪上今兌≫ 恒不死也 卦凡三變 ≪觀小過而萃≫ 不失巽藥 ≪皆有巽≫ 所以不死也

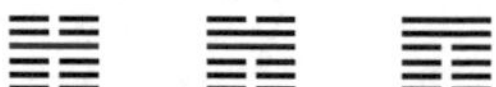

豫 → 萃 ← 觀

○ 萃卦는 또한 觀卦에서 왔는데 ≪[觀卦의] 上이 4로 감≫ 觀卦는 큰 艮이며 ≪兼畫하여 셋으로 보면≫ 艮은 곧 "죽음"이 된다. ≪萬物은 艮方에서 종결됨≫ [觀卦로부터] 추이하여 萃卦가 되면, 大艮에 변화가 있으니 ≪[萃卦의] 上卦가 지금 兌≫ [이것을 가리켜] "恒不死", 즉 "오래도록 버티고 죽지 않는다"라고 한 것이다. 卦가 모두 세 차례 변하는 과정을 통해 ≪[豫卦에서 萃卦가 되는 것과] 觀卦와 小過卦에서 각각 萃卦로 되는 것≫ 巽의 藥을 잃어버리지 않으니 ≪[觀卦와 小過卦와 萃卦의 세 卦에] 모두 巽[의 藥]이 있음≫

---

161) 貞疾 : 殷代의 甲骨文 중에 이미 "貞疾舌"이라는 말이 나온다고 한다.

[이것이] "不死", 즉 "죽지 않음"의 이유가 된다.

○乘剛者 謂變兌也 ≪一陰 乘二剛≫

豫 → 萃 ← 觀

○ "乘剛", 즉 "剛을 올라타고 있다"라고 한 것은 [豫卦와 觀卦로부터] 변화되어 [성립된 萃卦의 上卦인] 兌를 지칭한 것이다.[162] ≪[萃卦의 上卦인 兌[☱]는] 한 개의 陰이 두 개의 剛을 올라타고 있는 모습≫

○中未亡者 觀之爲萃也 ≪上之四≫ 其中剛未亡也 ≪五不動≫ 病者 中氣未亡 則疾雖痼而不死 此 實理也

豫 → 萃 ← 觀

○ "中未亡"이라고 한 것은 觀卦가 萃卦로 됨에 ≪[觀卦의] 上이 4로 감≫ 그 [上卦의] 가운데 剛이 상실되지 않음을 가리킨다. ≪제5位는 움직이지 않음≫ [만약] 病者가 "속 기운(中氣)"을 잃지 않는다면, 질환이 비록 고질병이라도 죽지는 않으니, [이런 易詞의 말은] 실제적인 이치인 것이다.

○學圃云 古者 疾病 謂之弗豫 故其占如此

162) 變兌: '변한 兌'. 이후에 "變乾", "變坤"이라는 말이 나오는데(『四箋』 卷3, 12나), 이는 '乾이 변한 것', '坤이 변한 것'이라는 의미로 여기와는 다른 의미이다.

○ 學圃가 말하였다. "古代에는 疾病을 '불예(弗豫)',[163] 즉 '편안치 못함'이라고 불렀다. 그러므로 그 占이 이와 같다."

上六 : 冥豫. ≪句≫ 成有渝. 无咎. ○ 象曰 : 冥豫在上, 何可長也.

上六 : [높은 곳에] 장막(帳幕)을 치고서, 안일(安逸)하게 즐기기만 한다. ≪句≫ 和平의 서약(誓約)에 변화가 있을 것이다. 허물이 없을 것이다. ○ 「象傳」 : [높은 곳에] 장막(帳幕)을 치고서, 안일(安逸)하게 즐기면서, 높은 자리를 차지하고 있으니, 어찌 오래 갈 수 있겠는가!

此 豫之晉也 冥有三義 青冥者 天也 ≪見字書≫ 上爲天位 ≪三才位≫ 此 一冥也 日六爲冥 ≪字從日從六[164]≫ 卦畫至六 則謂之冥 ≪升上六 亦然≫ 此 一冥也 艮則爲冪[165] ≪上一剛≫ 冥者 冪也 ≪字諧聲≫ 此 一冥也

豫 → 晉 ← 觀

이것은 豫卦가 晉卦로 변하는 경우이다. "冥"에는 세 가지 뜻이 있다.

---

163) 弗豫 : 『書經』 「周書」 「金縢」에 "王有疾, 弗豫"라고 함.

164) [校閱] 新朝本과 國中本에는 "字從日從六"으로 되어 있으나 奎章本에는 "字以日以六"로 되어 있다. 여기서는 前者를 따른다.

165) [校閱] 앞의 豫卦 九四의 주석에서는 "冪"字가 "幂"으로 나온다("艮爲幂", 『四箋』 卷3, 7가). 幂(멱)과 冪(멱)은 同字이다.

①“靑冥(청명)”이란 하늘인데 ≪字書에 나옴≫ 上位도 天位가 되니 ≪[天·地·人의] 三才의 位[에서 上位는 天位에 해당함]≫ 이것이 “冥”의 한 가지 뜻이다. ②‘日’字와 ‘六’字가 [합쳐져서] ‘冥’字를 이루는데 ≪[‘冥’字의] 글자 자체가 ‘日’과 ‘六’에 의거하여 있음≫ [여기서도] 卦畫이 제6位에 도달하였으니, 이를 두고 “冥”이라 하는 것이니 ≪升卦 上六의 경우도 역시 이러한 사례에 해당됨[166]≫ 이것이 “冥”의 [또] 한 가지 뜻이다. ③艮은 곧 “장막·덮개(冪)”가 되는데 ≪[豫卦의] 上部에 있는 [한 개의] 剛[이 덮개의 역할을 함]≫ “명(冥)”이 바로 이 ‘멱(冪)’을 가리킨다. ≪‘명(冥)’字와 ‘멱(冪)’字는 서로 諧聲의 관계에 있음≫ 이것이 “冥”의 또 한 가지 뜻이다.

○晉自觀來 ≪五之四≫ 觀者 大艮也 ≪兼畫三≫ 艮則爲冥 ≪位在上≫ 移之爲晉 遂成离喜 ≪上今离≫ 是 冥豫也 處高位而逸樂 謂之冥豫

豫 → 晉 ← 觀

○[豫上六의 之卦인] 晉卦는 觀卦로부터 왔는데 ≪[觀卦의] 5가 4로 감≫ 觀卦는 큰 艮의 형태이며 ≪[觀卦를] 兼畫하여 三畫卦[로 하면 艮이 됨]≫ 艮은 곧 “冥”이 된다.[167] ≪位가 上位에 있음≫ [그런데 觀卦로부터] 推移하여 晉卦가 되면, 마침내 离의 기쁨[168]이 이루어지니 ≪[晉卦의] 上卦가 지금 离≫ 이것이 “冥豫”, 즉 “위에서 즐거워함”인 것이다. [따라서] 높은 지위를 차지하여 [일은 하지 않고] 안일(安逸)하게 즐기기만 하는 것을 “명예(冥豫)”라고 말한 것이다.

---

166) 升卦 上六, “冥升”.
167) “艮冥”은 荀九家의 說.
168) 离喜는 茶山의 ‘今補’를 참조.

○成者 和平之約誓也 《春秋傳 謂之行成》 觀之時 成言乎艮 《說卦文》 以成約誓 移之爲晉 《五之四》 艮言大變 《言 今虛》 成有渝也 《渝 變也》

○ "成"이라고 한 것은 화평(和平)의 서약(誓約)을 가리킨다. 《『春秋左氏傳』에서 "行成",[169] 즉 "和親[조약을 맺음]"이라고 함》 觀卦[즉 大艮]의 때에 艮에서 [和平의] 言約이 이루어졌으니 《「說卦傳」의 글[170]》 맹약(約誓)이 이루어진 것이다. [그런데 觀卦로부터] 推移하여 晉卦가 되면 《[觀卦의] 5가 4로 감》 그 艮의 언약(言約)이 크게 변하니 《[그] 말이 지금 공허하게 됨》 "成有渝", 즉 "화친서약에 변화가 있는 것"이다. 《"渝"는 변함을 뜻한다.》

○自姤至觀 陽道日消 《至于四》 移之爲晉 《五[171]之四》 消者復生 《四今剛》 是 无咎也 《善補過》

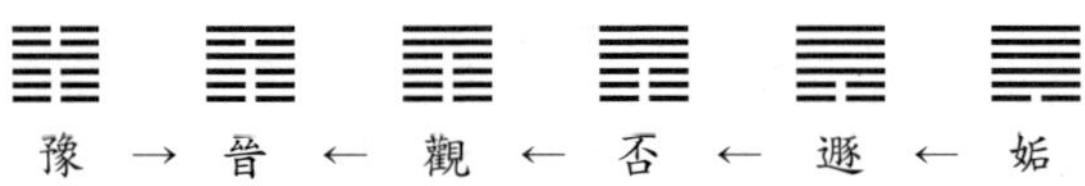

○ 姤卦에서 觀卦에 이르기까지, 陽道가 날로 소멸하였는데 《[陰의 세력이 점차로 증가하여] 제4位에까지 이름》 [觀卦가] 추이하여 晉卦로 되면 《[觀卦의] 5가 4로 감》 소멸했던 것이 [즉 陽氣가] 다시 생겨나니 《[晉卦의] 제4位가 지금 [다시] 剛》 이것이 "无咎"가 되는 이유이다. 《잘못을 잘 보

169) 行成 : 和親을 論議하다, 講和(諸橋轍次, 『大漢和辭典』 卷10, 大修館書店, 昭和 55年, 144면). '行成'이란 용어는 莊公 4年, 僖公 28年, 文公 17年, 宣公 12年, 成公 9年, 襄公 9年, 襄公 11年, 襄公 23年, 昭公 7年, 昭公 16年, 昭公 22年, 哀公 8年 등에 나온다.

170) 『四箋』 卷8, 30가.

171) [校閱] 奎章本에는 "五之四"로 되어 있으나 新朝本과 國中本에는 "上之四"로 되어 있다. 前者가 옳다.

완한 것이다.≫

○巽則爲長 ≪說卦文≫ 今巽旣滅 ≪觀之巽 今亡≫ 何可長也 逸豫在上 樂不知極 天命不祐 ≪失巽命≫ 其能久乎

○ 巽은 곧 "長", 즉 "오래감"의 뜻이 되는데 ≪「說卦傳」에 나오는 말≫ 지금 [晉卦에서는 그] 巽이 이미 소멸되고 없으니 ≪觀卦의 巽이 지금 없어짐≫ "何可長", 즉 "어찌 오래갈 수 있겠는가"라고 한 것이다. 안일하게 즐기며 높은 자리를 차지하여 환락(歡樂)이 그 끝을 모른다면, 天命도 돕지 않을 것이니 ≪[晉卦에서는] 巽의 命을 상실함≫ 어찌 오래갈 수 있겠는가?

○案 鄭玄易云 艮爲冥門 ≪出緯書≫

○ [案] 鄭玄의 易說에는 艮이 명문(冥門)이 된다고 하였다. ≪이는 위서(緯書)에서 나온 설이다.≫

17. 택뢰 수(澤雷 隨)

震下兌上 ○第十卦之正 ≪否一之上≫

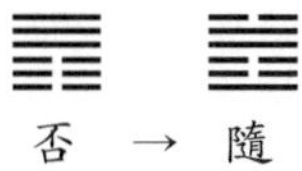

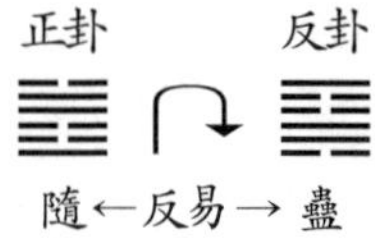

震이 下卦이고, 兌가 上卦이다. ○ 第10卦의 正卦이다. ≪否卦의 1이 上으로 간다.≫

雜卦傳曰 隨 无故也 ≪余芑[172]舒云 從否變 欲捨其故≫

「雜卦傳」에 말하였다. "隨卦는 [이전(以前)의] 연고(緣故)가 없는 것이다." ≪여기서(余芑舒)[173]가 말하였다. "[隨卦는] 否卦로부터 변하였으니, [否卦의 시절의] 그 옛 것을 버리고자 한 것이다."≫

○朱子曰 隨 從也

○ 朱子가 말하였다. "隨는 따르는 것이다."

○鏞案 隨者 墮也 落也 ≪與隋[174]通≫ 卦自否來 乾之上剛 ≪否上乾≫ 本自至高之位 墮落至卑之地 ≪上之一≫ 所以名隨也

○ [鏞案] "隨"는 떨어짐(墮)이고, 몰락함(落)이다. ≪'타(隋)'字와 통한

172) [校閱] "여기서(余芑舒)"의 "기(芑)"가 新朝本과 國中本에는 "파(芭)"로 되어 있는데, 誤記이다.

173) 여기서(余芑舒) : 元나라의 易學家로서, 字는 德新이고, 號는 息齋이며, 저서에 『讀易偶記』가 있으나, 이미 없어졌으며, 다만 『經義考』에 기록이 남아 있다(金勝東, 『易思想辭典』, 부산대 출판부, 1998, 255면).

174) [校閱] "여수통(與隋通)"의 "타(隋)"가 奎章本에는 '따를 隨(수)'로 되어 있는데, 誤記로 의심된다. "타(隋)"는 '떨어질 墮(타)'와 뜻이 같다.

다.≫ 隨卦는 否卦로부터 왔으니, 乾의 上位에 있던 剛이 ≪否卦의 上卦는 乾≫ 본래 지고(至高)한 자리로부터 가장 비천한 지위로 추락하여 떨어지니 ≪[否卦의] 上이 1로 감≫ [이것이 卦名을] "隨"라고 命名한 까닭이다.

又 隨者 壞也 毁也 否之時 乾坤整頓 移之爲隨 則兩體俱壞 ≪乾坤毁≫ 與蠱無異 所以名隨 所以云 无故也

䷋ → ䷐

否 → 隨

䷊ → ䷑

泰 → 蠱

또 '타(隓)'는 무너짐(壞)이고, 훼손됨(毁)을 뜻한다. 否卦인 때에는 乾과 坤이 [가지런하게] 정돈(整頓)된 상태로 있었는데, [否卦로부터] 추이하여 隨卦가 되면, [上体와 下体의] 두 개의 형체(形體)가 모두 파괴되어 ≪乾과 坤이 [모두] 훼손됨≫ [훼손됨을 상징하는] 蠱卦의 경우와 다름이 없으니, [훼손됨이라는 의미에서] "隨"라 이름한 까닭이고, 「雜卦傳」에서 "无故", 즉 "옛 것이 [허물어져] 없음"이라고 한 까닭이다.

又 隨者 從也 自上落下曰 隨 自前落後 亦曰 隨也 否之上剛 ≪最上畫≫ 最在人前 ≪乾爲人≫ 旣而 曰 不如在後而從人也 於是 退而在後 ≪今初剛≫ 隨人以動 ≪震爲動≫ 此之謂 隨也 遂成兌悅 ≪上今兌≫ 所謂 以喜而隨人也 ≪序卦文≫

䷋ → ䷐

否 → 隨

또 "隨"는 '좇음(從)'을 뜻한다. 위에서 아래로 떨어지는 것도 "隨"라고 하고, 앞에서 뒤로 처지는 것도 역시 "隨"라고 한다. [隨卦의 母卦인] 否

卦의 上位의 剛이 ≪제일 위의 획≫ [모든] 사람의 앞에 있다가 ≪乾은 人이 됨[175]≫ 이윽고 말하기를, "[앞에 나서는 것이] 뒤에서 남을 따르는 것보다 못하다"라고 하면서, 이에 물러나서 뒤에 있으면서 ≪지금 隨卦의 初畫은 剛≫ [다른] 사람을 따라서 움직이니 ≪震은 움직임이 됨≫ 이것을 ['따름' 또는 '추종함'의 뜻에서] "隨"라고 하는 것이다. 마침내 兌로써 기뻐하며 따르게 되니 ≪[隨卦의] 上卦가 지금 兌≫ [이것이] 이른바 "기쁨으로써, 남을 따르는 것"이다. ≪「序卦傳」의 글[에 "以喜隨人者"라고 하였다.]≫

艮六二之不拯其隨 ≪艮之蠱≫ 以蠱之初陰爲隨 ≪蠱自泰來 上之一≫ 咸九三之執其隨 ≪三爲卦之主≫ 亦以自上墜下爲隨 ≪咸自否來 上之三≫ 其義 一也

艮卦 六二(艮之蠱)[의 爻辭[176]]에서 "不拯其隨", 즉 "그 [물에] 떨어진 자를 건지지 못한다"라고 한 경우도 ≪艮卦가 蠱卦로 변하는 경우≫ [그 之卦인] 蠱卦의 初位의 陰이 따르는 자(隨)가 되며 ≪蠱卦는 泰卦로부터 왔는데, [泰卦의] 上이 1로 간 것[177]≫ 咸卦 九三[의 爻辭[178]]에서 "執其隨", 즉 "그 뒤따르는 자를 잡는다"라고 한 경우도 ≪이 경우는 제3位가 卦主가 됨[179]≫ 역시 위에서 아래로 떨어진 것을 따르는 자(隨)로 간주하니 ≪咸卦

175) 乾人 : 荀九家, 虞翻의 說.

176) 艮六二 : 艮其腓, 不拯其隨, 其心不快. 그 장딴지(腓)를 멈추게 함이니, 그 [물에] 떨어진 자를 건지지 못하는지라. 그 마음이 불쾌하도다.

177) 물론 推移의 본법은 "一之上"이다.

178) 咸九三 : 咸其股 執其隨 往 吝. 그 허벅다리로 느낀 것이다. 그 뒤따르는 자를 잡으니, 가더라도 인색함(吝)이 있으리라.

179) 否卦와 咸卦 사이의 本象을 말한다는 것을 가리킨다.

는 否卦로부터 왔는데 [세 사람이 同行하다가 그 중 제일 앞에 가던] 上이 3으로 간 것[180]≫ 그 뜻이 같다.

隨, 元亨, 利貞, 无咎.

隨는 군주가 형통함(元亨)이며, 일을 맡아 처리함에 이로우니, 허물이 없을 것이다.

此 隨之不變者也 下震上兌 善之長也 ≪震爲仁≫ 義之和也 ≪兌爲和≫ 下爲大离 ≪初四夾≫ 上爲大坎 ≪三六夾≫ 合禮也 幹事也 ≪與乾同≫ 此之謂 元亨利貞

隨

이것은 隨卦의 변하지 않는 경우이다. [隨卦는] 下卦가 震이고, 上卦가 兌이니, [각각 「文言」에서 말하는] "善之長"[181]이고 ≪震은 仁이 됨≫ "義之和"[182]이다. ≪兌는 和가 됨≫ 아래 부분이 큰 离가 되고 ≪初位에서 제4位까지의 夾卦≫ 윗부분은 큰 坎이 되니 ≪제3位에서 6位까지 夾卦≫ [역시 각각 「文言」에서 말하는] "合禮"이고, "幹事"이다.[183] ≪["元 · 亨 · 利 ·

180) 물론 추이법은 "三之上"이다.
181) "元者, 善之長也." 乾卦 「文言」에 나오는 말.
182) "利者, 義之和也." 乾卦 「文言」에 나오는 말.
183) "嘉會, 足以[合禮]. …… 貞固, 足以[幹事]." 乾卦 「文言」에 나오는 말.

貞"함이] 乾卦와 같다.≫ 이것을 각각 "元・亨・利・貞"이라고 하는 것이다.

○卦自否來 ≪一之上≫ 自姤至否 以陰逐陽 ≪否三陽≫ 今 一陽反于初 ≪上之一≫ 善補過也 ≪又陽得陽位≫ 故曰 无咎

姤 → 遯 → 否 → 隨

○ 隨卦는 否卦로부터 왔는데 ≪[否卦의] 1이 上으로 감≫ 姤卦에서 否卦에 이르기까지 陰이 陽을 쫓아내는 과정이었는데 ≪否卦에서는 陽이 세 개≫ 지금 [否卦에서 隨卦로 推移하게 되면] 한 개의 陽이 다시 初位로 되돌아오니 ≪上이 1로 감≫ [이것은] 허물을 잘 보완한 것이다.[184] ≪또한 陽이 陽의 자리[, 즉 初位]를 얻은 것이다.≫ 그러므로 "无咎"라고 한 것이다.

○案 春秋傳 ≪襄九年≫ 穆姜之筮 遇艮之隨 ≪卽夏商之易≫ 其釋元亨利貞之義 仍與乾之文言同 ≪鄭康成 注[185]此卦 亦兼陳四德≫ 然元亨者 君道之亨也 利貞者 利於幹事也 故彖傳明之 ≪詳乾卦≫

艮 → 隨

○ [案]『春秋左氏傳』의 ≪양공(襄公) 9年≫ 목강(穆姜)의 占筮에서 "艮之隨"를 얻었는데 ≪곧 夏・商代의 易法에 해당됨≫ 그때 "元亨利貞"의 뜻을 풀이한 것이 곧 乾卦의 「文言」과 동일하다.[186] ≪정강성(鄭康成)[187]도

184) "无咎者, [善補過]也."(「繫辭上傳」)

185) [校閱] 新朝本과 國中本에는 "註"로 되어 있으나 奎章本에는 "注"로 되어 있다.

이 卦를 주석하면서 역시 元・亨・利・貞이라는 네 가지 德을 나란히 배열하여 설명하였다.≫ 그러나 [이는 각각 네 가지가 아니고, 두 가지이니] "元亨"이란 [곧] 君主의 道가 형통함을 가리키며, "利貞"이란 일을 주간(主幹)함에 이로움을 가리킨다. 그러므로 [아래] 「彖傳」에서도 그런 점을 밝힌 것이다. ≪乾卦[의 해당 부분]에 상세한 설명이 있음≫

彖曰 : 隨, 剛來而下柔, 動而說, 隨, 大亨, 貞, 无咎, 而天下隨時, 隨時之義,[188] 大矣哉.

「彖傳」: 隨卦는 剛이 [아래로 내려]와서 柔의 아래로 가는 것인데, 움직이고 기뻐함이 隨卦[의 상징]이다. 군주의 道(大)가 형통하고, 바르며, 허물이 없으며, 天下가 [春・夏・秋・冬의] 四時를 따르니, [이렇게] 때를 따른다(隨時)는 의미는 큰 것이다.

---

186) 목강(穆姜)의 占筮에서 "元亨利貞"의 뜻을 풀이한 것이 곧 乾卦의 「文言」과 완전히 동일한 것은 아니지만, 그 뜻은 결국 동일하다고 말할 수 있다. 『春秋左傳』에서 襄公 九年에 있었던 艮之隨의 占例는 다음과 같다. 魯나라 成公의 생모(宣公의 부인)인 목강(穆姜)이 東宮에서 죽기 전에 筮를 하여, 艮之八을 얻었다. 史官이 말하기를, "이것은 艮卦가 隨卦로 변한다는 것인데, 隨는 나간다는 뜻이니, 小君께서는 속히 東宮을 나가십시오"라고 하였다. 穆姜이 말하기를, "그렇게 할 수 없다. 『周易』에 말하기를, "隨, 元亨利貞, 无咎"라고 하였으니, 元은 善의 으뜸(善之長)이요, 亨은 기쁘게 만남(嘉之會)이며, 利는 의로움의 화합(義之和)이요, 貞은 일의 根幹이니, 仁을 체득함이 사람의 어른이 되며, 기쁘게 만남이 禮에 합치되며, 萬物을 이롭게 함이 義理에 조화되며, 바르고 곧은 것이 일을 주장할 수 있는 것이다. 이런 까닭으로, 책망받지 않는 것이고, 이로써 隨卦가 나오더라도 허물이 없는 것이다. 이제 내가 여자이면서 난리에 가담했고, 아래 사람의 지위에 있으면서, 어질지 못했으니, 元이라 할 수 없다. 국가를 편안하게 못했으니, 亨이라 할 수 없고, 나쁜 짓을 하여 몸을 해롭게 했으니, 利라 할 수 없으며, 小君의 지위를 생각하지 않고, 음란한 행동을 했으니, 貞이라 이를 수 없다. 네 德을 가지고 隨卦를 얻으면 허물이 없겠지만, 나는 이러한 德이 하나도 없으니, 어찌 隨卦를 얻었다고 하겠는가? 내가 악한 짓을 했는데, 어찌 허물이 없겠는가? 반드시 죽으리니, 나가서 사람 앞에 설 수가 없는 것이다"라고 말하고는 東宮에 있다가 죽었다.

187) 정강성(鄭康成) : 漢나라 때 역학자, 字는 玄이고, 名은 康成이다.

188) 經文에는 "隨時之義"로 되어 있으나 王肅本에는 "隨之時義"로 되어 있는데, 朱子가 이를 따랐다.

剛來而下柔者 否之上剛 降而在初也

䷋ ䷐

否 → 隨

"剛來而下柔"라고 한 것은 否卦의 上位의 剛이 내려와서, 初位에 있는 것을 가리킨다.

○大者 君道也 言貞 不言利者 主卦德也 以卦德 則貞 ≪貞 正也 固也≫ 以占法 則利貞也 ≪利於行正事≫

○ "大"라고 한 것은 君主의 道를 가리킨다. [彖辭에서는 "利貞"이라고 했음에도 불구하고, 彖傳에서는 단지] "貞"이라고만 하고 "利[貞]"이라고 하지 않은 것은 卦德에 따른 것이다. 卦德에 따르면 곧 "貞"이고 ≪"貞"은 올바름이고, 견고함이다.≫ 占法에 따르면 곧 "利貞(즉 어떤 일을 맡아 처리함에 이로운 것)"이다. ≪물론 바른 일을 수행함에 이로운 것이다.≫

○天下者 乾下有坤也 ≪否之時≫ 震兌 春秋也 坎离 冬夏也 ≪大坎离≫ 四時之象畢具 天下隨時也

䷋ ䷐

否 → 隨

○ "天下"라고 한 것은 乾 아래에 坤이 있음을 가리킨다. ≪[隨卦의 母卦인] 否卦의 때≫ 그리고 [隨卦의 下卦와 上卦인] 震과 兌는 각각 봄과 가을에, 坎과 离는 겨울과 여름에 해당된다. ≪[隨卦의 3·4·5·6과 1·2·3·4에 각각] 大坎과 大离의 형태가 있음≫ 이렇게 四時의 象을 모두 갖추고 있으니, "天下隨時", 즉 "天下가 [春·夏·秋·冬의] 四時를 따른다"라고 한 것이다.

初九 : 官有渝,[189] ≪句≫ 貞, 吉, 出門交, 有功. ○ 象曰 : 官有渝, 從正, 吉也, 出門交有功, 不失也.

初九 : 관공서(官公署)[의 행정(行政)]에 [혁신적인] 변화가 있을 것이니, ≪句≫ 「올바르게」 일을 추진한다면, 吉할 것이다. 문 밖을 나서서 「군자(君子)와」 교제(交際)하면, 공적(功績)을 세우게 될 것이다. ○ 「象傳」 : "관유투(官有渝)"라고 한 것은 [그 공무(公務)를 처리함에 있어] 정도(正道)를 따른다면 吉할 것임을 말한 것이다. "출문교유공(出門交有功)"이라고 한 것은 [그 공적(功績)을] 잃지 않을 것임을 가리킨 것이다.

此 隨之萃也 萃自觀來 ≪上之四≫ 觀者 闕也 ≪兼畫之大艮≫ 百官之所舍也 巽之百工 ≪說卦 巽爲工≫ 處于觀闕 ≪觀上巽≫ 以理官事 ≪觀下坤 致役≫ 移之爲萃 ≪上之四≫ 兌以毁折 ≪上今兌≫ 官有渝也 ≪渝 變也≫

隨 → 萃 ← 觀

이것은 隨卦가 萃卦로 변하는 경우이다. 萃卦는 觀卦에서 나왔는데 ≪[觀卦의] 上이 4로 감≫ 觀卦는 궁궐(闕)이니 ≪[觀卦를] 둘씩 획을 겹치면 큰 艮의 형태가 됨≫ 백관(百官)이 머무는 곳이다. [觀卦에서 보면] 巽의 많은 [하급]관리들이 ≪「說卦傳」에 따르면 巽은 '벼슬아치(工)'가 됨≫ 觀卦의 궁궐에 거처하여 ≪觀卦의 上卦는 巽≫ 官의 공무(公務)를 처리하고 있었는데 ≪觀

189) 官有渝 : "관유투(官有渝)"로 읽는다.

卦의 下卦는 坤인데, "勞役함"을 상징함[190]≫ [觀卦로부터] 推移하여 萃卦가 되면 ≪[觀卦의] 上이 4로 감≫ 兌로 인해 [그 집이] 허물어지니 ≪[萃卦의] 上卦가 지금 兌≫ [이것을 가리켜] "관유투(官有渝)", 즉 "관공서(官公署)[의 行政]에 변화가 있음"이라고 한 것이다. ≪"투(渝)"는 '변한다'는 뜻이다.≫

○萃又自小過來 ≪三之五≫ 小過之時 坎德貞固 ≪兼畫三≫ 移之爲萃 大坎如舊 ≪三六夾≫ 幹事吉也 ≪正事 謂之貞≫

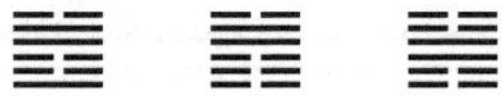

隨 → 萃 ← 小過

○ 萃卦는 또한 小過卦에서 왔다. ≪[小過卦의] 3이 5로 감≫ 小過의 때에는 坎의 德이 바르고 굳건하였는데 ≪[小過卦를] 획을 겹쳐 삼획괘(三畫卦)[로 보면, 큰 坎卦의 형태]≫ 추이하여 萃卦가 되어도 그 큰 坎이 以前과 마찬가지로 있으니 ≪3位에서 上位까지 [연결하면] 夾卦[의 坎卦가 됨]≫ 일을 맡아 처리함에 吉한 것이다. ≪바른 일[正事]을 가리켜 "貞"이라고 한다.≫

○小過之時 下艮門也 ≪見說卦≫ 艮之小人 以門爲限 ≪止[191]於內≫ 與震爲敵 ≪分內外≫ 不肯相交 ≪各爲界≫ 移之爲萃 ≪三之五≫ 則艮之小人 出其門限 以與震交 ≪剛柔之交易≫ 出門交也 ≪交君子≫ 於坎之位 ≪四五六≫ 遂成大坎 ≪三六夾≫ 交有功也 ≪勞乎坎≫

隨 → 萃 ← 小過

190) 「說卦傳」에 "[致役]乎坤"이라 함.

191) [校閱] "止於內"의 "止"가 新朝本에는 "上"으로 되어 있는데, 誤記로 의심된다.

○ 小過卦의 때에는 下卦에 艮의 門이 있어 ≪「說卦傳」에 나옴≫ 艮의 小人이 그 문을 경계(限)로 삼아 ≪안에 머무름≫ [上卦에 있는 君子인] 震과 더불어 적대(敵對)하고 있으니 ≪內外가 나뉨≫ 서로 교제(交際)하는 것을 좋아하지 않았다. ≪각각 [나름대로 독립적인] 구역을 형성함≫ [그런데 小過卦로부터] 推移하여 萃卦가 되면 ≪3이 5로 감≫ 艮의 小人이 그 門의 한계(限界)를 벗어나서 [군자를 상징하는] 震과 교제하니 ≪剛과 柔가 서로 바뀜≫ [이것을 가리켜] "出門交", 즉 "문 밖으로 나서서 交際함"이라고 한 것이다. ≪君子와 사귐≫ 坎의 자리에 ≪上卦인 4·5·6位[는 坎位]≫ 드디어 큰 坎을 이루니 ≪3位에서 6位까지 [연결하여 합치면] 夾卦[인 大坎의 형태가 됨]≫ [이것을 가리켜] "交有功", 즉 "交際하여 功을 이룸이 있다"라고 말한 것이다. ≪「說卦傳」에서 "坎에서 勞力한다"라고 함≫

○ 以小人而從君子 ≪三之五≫ 從正之吉也

隨 → 萃 ← 小過

○ [이렇듯] 小人이 君子를 따르는 상황이니 ≪[小過卦의] 3이 5로 감≫ 올바른 것을 따름(從正)이 吉한 것이 된다.

○ 本以大坎 ≪兼畫三≫ 移不失坎 ≪三六夾≫ 不失功也

隨 → 萃 ← 小過

○ 본래 [小過卦는] 큰 坎의 형태였는데 ≪小過卦를 획을 겹쳐서 삼획괘(三畫卦)로 보면 큰 坎의 형태가 됨≫ [小過卦로부터 萃卦로] 추이하여도 그

坎[의 德]이 상실되지 않으니 ≪[萃卦의] 3에서 6까지 [연결하여 합치면] 협괘(夾卦)[인 大坎의 형태가 됨]≫ 그 공적(功績)[192]을 "잃지 않은 것(不失)"이다.

○蜀才本 作館有渝 ≪字書云 官舍曰 官 賈誼傳 學宮 謂之學官≫

○ 촉재(蜀才)의 책(本)에는 "관유투(館有渝)"라고 나온다. ≪字書에도 '官舍'를 '官'이라 하였다. 또 [『漢書』 「가의전(賈誼傳)」에서도 '學宮'을 [가리켜] '學官'이라 하였다.[193]≫

䷹

六二 : 係小子, 失丈夫. ○象曰 : 係小子, 弗兼與也.

六二 : [전쟁에서 敵이] 소자(小子)를 [포로(捕虜)로 붙잡아서] 묶었으나, 장부(丈夫)를 놓침이로다. ○「象傳」 : "계소자(係小子)"라고 한 것은 [丈夫를 小子와] 함께 [敵에게 포로로 내어] 주지 않음을 가리킨다.

此 隨之兌也 坎寇离兵 ≪上下夾≫ 戰伐之卦也 兌金震木 ≪上下正≫ 彼我之勢也 ≪敵克我[194]≫ 巽繩艮拘 ≪上下互≫ 俘虜之象也 故六二六三 皆言俘虜之占

---

192) 坎功 : 茶山 「其他 物象」.

193) '官'이 꼭 '官吏'나 '官公署'라는 뜻인 것만은 아니라는 것. 물론 茶山은 여기 "官"을 관리나 관공서라는 의미로 보았다.

194) [校閱] 奎章本과 國中本에는 "敵克我"으로 되어 있으나 新朝本에는 "敵克上"으로 되어 있다. 前者가 옳다.

隨 → 兌

이것은 隨卦가 兌卦로 변하는 경우이다. [隨卦에는] 坎의 도둑(寇)과 离의 병사가 있으니 ≪上下를 [연결하여] 합친 夾卦[를 만들면, 3·4·5·6位는 大坎卦가 되며, 1·2·3·4位는 大离卦가 됨]≫ 싸우고 정벌하는 卦이다. [五行의 원리로 보면, 隨卦는] 兌의 쇠(金)와 震의 나무(木)가 ≪[隨卦의] 上下卦의 正卦≫ [각각] 상대방과 我軍으로 [서로 對敵하고] 있는 형세이다. ≪敵[인 兌의 金]이 我軍[인 震의 木]을 이기는 형세≫ [또 隨卦에는] 巽의 밧줄(繩)과 艮의 붙잡음(拘)의 象이 있으니 ≪上互卦[인 巽]과 下互卦[인 艮]≫ [사로잡힌] 포로(俘虜)[195]의 象이다. 그러므로 隨卦 六二와 隨卦 六三에서 모두 포로에 관한 占을 말하고 있는 것이다.

○[196] 兌自中孚來 ≪四之上≫ 互艮 小子也 ≪三五互≫ 互震 丈夫也 ≪二四互≫ 倒巽之繩 ≪自敵而視取倒象≫ 係其艮剛 ≪繫其腰≫ 係小子也 ≪艮少男≫ 震剛在下 ≪中孚第二畫≫ 安然得脫 ≪不被繫[197]≫ 失丈夫也 ≪敵失之≫ 筮而遇是 則元帥得脫 而次將被俘也

隨 → 兌 ← 中孚

○ 兌卦는 中孚卦로부터 왔는데 ≪[中孚卦의] 4가 上으로 감≫ [中孚卦의] 互艮은 "小子"가 되고 ≪[中孚卦의] 3·4·5位의 [上]互卦≫ 互震이 "丈

195) 부로(俘虜): 사로잡은 敵軍, 혹은 사로잡은 포로.

196) [校閱] 新朝本과 國中本에는 "兌自中孚來" 앞에 "○"의 표시가 있으나, 奎章本에는 없다.

197) [校閱] 新朝本과 國中本에는 "不被繫"로 되어 있으나 奎章本에는 "不繫被"로 되어 있다. 여기서는 前者를 따른다.

夫”가 된다. ≪[中孚卦의] 2·3·4位의 [下]互卦≫ [그런데 中孚卦로부터 推移하여, 兌卦가 되면] 뒤집힌 巽의 밧줄로써 ≪[위의] 敵의 입장에서 [내려다] 보는 것이므로, 거꾸로 된 象을 취하는 것이다.≫ 그 艮의 剛을 묶으니 ≪그 허리를 묶음≫ [이것을 가리켜] “係小子”, 즉 “[敵이] 小子를 [포로(捕虜)로 붙잡아서] 묶는 것”이다. ≪艮의 少男[을 묶음≫ [반면에] 震의 剛은 아래에 있어서 ≪中孚卦의 제2획≫ 안전하게 벗어나니 ≪묶임을 당하지 않음≫ [이것을 가리켜] “失丈夫”, 즉 “丈夫를 놓침”이라고 한 것이다. ≪敵이 丈夫를 놓침≫ 점쳐서 이런 점괘를 얻으면, 우두머리 장수(元帥)는 탈출할 수가 있지만, 그 아래 장수(次將)는 포로가 된다.

○弗兼與者 謂一夫得脫也 ≪丈夫脫≫ 求者爲敵 與者爲我 ≪內爲我≫ 謂之弗[198]與 則明係人者 爲敵兵也

隨 → 兌 ← 中孚

○ “弗兼與”라고 한 것은 한 사내(一夫)가 탈출함을 말한다. ≪丈夫가 탈출함≫ [전투에서 포로를] 求하는 쪽은 敵이 되고, 내어주는 쪽은 우리가 되는데 ≪內卦는 我가 됨≫ “弗與([같이] 주지 않는다)”라고 말한 것은 곧 사람을 [잡아] 묶는 자가 敵兵임을 [분명히] 밝힌 것이다.[199]

○案 隨者 從也 鄰國交兵 旄倪係累 隨之道也 卦德本隨 故其占如此

---

198) [校閱] 新朝本에는 “弗與”로 되어 있으나 奎章本에는 “不與”로 되어 있다. “弗與”와 “不與”는 뜻은 같다. 그러나 원래 象傳의 “弗兼與”를 언급한 것이므로, “弗與”로 쓰는 것이 더 적합하다.

199) 다산 특유의 해석이다. 누구와도 같지 않다.

○ [案] 隨는 따름이니, 이웃 나라들이 서로 교전함에 늙은이와 어린이(旄倪)[200]까지도 얽혀들어 고초를 당함이 隨卦의 道이다. 卦의 성격에 본래 따름(隨)의 뜻이 있으므로, 그 占이 이와 같다.

六三 : 係丈夫, 失小子. 隨, 有求, 得. ≪句≫ 利居貞. ○ 象曰 : 係丈夫, 志舍下也.

六三 : [전쟁에서 敵이] 장부(丈夫)를 [붙잡아] 묶더라도, 소자(小子)를 놓치게 될 것이다. 따라가면 구하던 것을 얻을 것이다. ≪句≫ [집안에 가만히] 거처(居處)하는 일은 이로울 것이다. ○「象傳」: "係丈夫"라고 한 것은 [敵의] 뜻이 [장부(丈夫)보다] 아래[의 지위(地位)에 있는 소자(小子)]를 [붙잡는 것을 포기하고] 버리는 데 있음을 말한 것이다.

此 隨之革也 革自遯大壯來 ≪法見上≫ 上震 丈夫也 ≪大壯之上卦≫ 下艮 小子也 ≪遯下艮≫ 移之爲革 則倒巽之繩 ≪兌之倒≫ 係其震剛 ≪繫其腰≫ 係丈夫也 ≪震長男≫ 艮剛在下 ≪遯之第三畫≫ 安然得免 ≪不被繫≫ 失小子也 ≪敵失之≫ 筮而遇是 則元帥被俘 而次將得脫也

200) 旄倪 : 늙은이와 어린이, '깃대장식 旄(모)'字는 '늙은이 耄(모)'字와 통용됨.『孟子』에 '友其旄倪'라는 말이 있음.

이것은 隨卦가 革卦로 변하는 경우이다. 革卦는 遯卦와 大壯卦에서 왔는데 ≪그 방식은 앞에서 나옴[201]≫ [大壯卦의] 上卦인 震은 丈夫에 해당되고 ≪大壯卦의 上卦≫ [遯卦의] 下卦인 艮은 小子에 해당된다.[202] ≪遯卦의 下卦는 艮≫ [그런데 大壯卦와 遯卦로부터] 추이하여 革卦가 되면, 뒤집힌 巽의 밧줄로 ≪兌를 뒤집은 것≫ 그 震의 剛을 묶으니 ≪그 허리를 묶음≫ [이것이] "係丈夫", 즉 "丈夫를 [잡아] 묶는 것"이다. ≪震은 長男≫ [다른 한편] 艮의 剛은 아래에 있어서 ≪遯卦의 제3획≫ [잡혀서] 묶이는 것을 안전하게 면(免)하니 ≪묶임을 당하지 않음≫ [이것이] "失小子", 즉 "小子를 놓친 것"이다. ≪敵이 [小子를 붙잡지 못하고] 놓친 것≫ 점쳐서 이런 占卦를 얻으면, 원수(元帥)는 포로가 되지만, 그 [밑에 있는] 부하 장수(次將)는 장차 탈출하게 된다.[203]

○革自遯來 ≪上之一≫ 遯之時 乾人前行 ≪天山卦≫ 下艮 其隨者也 ≪艮從乾≫ 艮則爲求 ≪義見下≫ 隨者 有求也 ≪有求於乾人≫ 移之爲革 ≪上之一≫ 則乾捨一剛 ≪上一剛≫ 以與艮童 ≪上之一≫ 隨有求而得之也 ≪得一剛≫

遯 → 革 ← 大壯

○ 革卦는 遯卦로부터 왔는데 ≪[遯卦의] 上이 1로 감≫ 遯卦의 때에는 乾의 사람이 앞서 나아가니 ≪[遯卦는] 天과 山으로 구성된 卦≫ 그 아래 艮은 그 [乾人을] 따르는 사람이다. ≪艮이 乾을 따름≫ 艮은 곧 "求함"의 뜻이 되니 ≪이 뜻은 아래에 나옴≫ 따르는 자가 "구함이 있는 것(有求)"이다.

---

201) 「括例表」의 [二陰之卦推移表]를 말한다(『四箋』 卷1, 4가).
202) 「說卦傳」에 따르면 震은 長男이고, 艮은 少男이다.
203) 앞의 九二와 반대의 경우이다.

≪乾의 사람에게 구하는 것이 있음≫ [그런데 遯卦로부터] 推移하여 革卦가 되면 ≪[遯卦의] 上이 1로 감≫ 乾이 剛 하나를 버려서 ≪上位의 한 개의 剛≫ 艮의 아동(兒童)에게 주니 ≪[遯卦의] 上이 1로 감≫ 따라가서 구하던 것을 얻은 것이다. ≪한 개의 剛을 얻음≫

○以大壯則 震足受縶 ≪二之五≫ 不利行動 ≪震爲行≫ 苟以其遯則不出艮門 ≪遯下艮≫ 坐得一陽 ≪上之一≫ 凡居室之事 無不利也 ≪利居貞≫ 大坎爲家 ≪二六夾≫ 离以治事 ≪下今离≫ 居室之事也 ≪屯初九 亦同≫

遯 → 革 ← 大壯

○ 大壯卦로부터 [革卦로] 추이한 경우에는 震의 다리가 묶여 있어서 ≪[大壯卦의] 2가 5로 감≫ 움직이기에 불리하다. ≪震은 돌아다님의 뜻이 됨≫ 그렇지만 그 遯卦로부터 [革卦로] 추이한 경우에는, 艮의 門을 나서지 않아도 ≪遯卦의 下卦는 艮≫ 가만히 앉아서 陽 하나를 얻었으니 ≪[遯卦의] 上이 1로 감≫ [이런 경우는] 무릇 집안에 거처하는 일은 不利할 것이 없는 것이다. ≪그러므로 "利居貞"이라고 한 것이다.≫ [또한 革卦의 卦象을 보면] 큰 坎이 집(家)이 되고 ≪[革卦의] 제2位에서 上位까지 夾卦[가 大坎의 형태]≫ 离로써 일을 처리하는 象이니 ≪[革卦의] 下卦가 지금 离≫ 집안에 거처하는 일을 가리킨다. ≪屯卦 初九의 경우도 역시 동일하다.[204]≫

○志者 离志也 ≪下今离≫ 捨下艮而不顧 ≪棄遯之下艮≫ 志舍

---

204) 屯卦 初九의 爻辭인 "磐桓, 利居貞, 利建侯"에 대하여 茶山은 "居貞"이 "遷居之事"라 하며, 은둔하는 것과는 다소 무관하게 설명하고 있다(『四箋』 卷2, 2나).

下也

遯 → 革 ← 大壯

○ "志"란 离의 志를 가리킨다. ≪[革卦의] 下卦가 지금 离≫ ["失小子" 라고 하였으니] 下卦인 艮을 버려 두고 돌아보지 않으니 ≪遯卦의 下卦인 艮을 버림≫ "志舍下", 즉 "[敵의] 뜻이 아래에 있는 사람을 버린다"라고 한 것이다.

○案 雜卦傳曰 臨觀之義 或與或求 觀者 大艮也 ≪兼畫三≫ 故虞氏易 艮爲求

○ [案] 「雜卦傳」에 말하기를, "臨·觀卦의 뜻은 [각각] 혹은 주고 혹은 求한다"라고 하였다. 觀卦는 큰 艮의 형태이니 ≪[觀卦를] 둘씩 획을 겸하면 삼획괘(三畫卦)[인 艮의 형태가 됨]≫ 그러므로 우번(虞翻)의 易說에 艮을 "求"의 뜻이 된다고 하였다.[205]

九四 : 隨有獲, ≪句≫ 貞, 凶, 有孚, ≪句≫ 在道以明, 何咎. ○ 象曰 : 隨有獲, 其義凶也, 有孚在道, 明功也.

九四 : [아래로 떨어져서, 앞서가는 자를] 뒤쫓아가는 자에게는 얻을 것이 있겠으나, ≪句≫ [사업(事業)을 주관하는 主人에게는] 일(貞)을 맡아

205) 茶山의 아들 학포(學圃)의 說에 따르면, "求"字 자체가 '☶'의 가운데 '亅'이 있는 것이다(『四箋』 卷1, 4나).

처리하더라도 흉함이 있을 것이다. [공로가 있음에도 불구하고 억울하게 죄를 덮어쓰고 체포(逮捕)된 것일 뿐이니] 믿음을 갖고 ≪句≫ [사람들이 다니는 큰] 길 위에서 [떳떳하게] 밝힌다면, 무슨 허물이 있겠는가! ○ 「象傳」: "隨有獲"은 [사업(事業)을 주관하는 主人에게는] 그 뜻이 흉한 것이요, "有孚在道"[206]라고 한 것은 [자신의] 공로(功勞)를 [대중들이 보는 앞에서] 분명히 [떳떳하게] 밝힘을 뜻한다.

此 隨之屯也 屯自觀來 剛自上墮 ≪上之一≫ 是亦隨也 ≪自上落下 曰隨≫ 隨者反內 得民居位 ≪初[207]位剛≫ 隨有獲也

隨 → 屯 ← 觀

이것은 隨卦가 屯卦로 변하는 경우이다. 屯卦는 觀卦에서 나왔는데, 剛이 위에서 아래로 추락(墜落)하니 ≪[觀卦의] 上이 1로 감≫ 이것 역시 "隨"의 뜻이다. ≪위에서 아래로 떨어지는 것을 "隨"라고 한다.≫ [위에서] 떨어진 자가 안으로 되돌아와 백성(坤)을 얻고 자신의 [바른] 위치에 머무르니 ≪初位가 剛≫ "隨有獲(추종하여 얻음이 있는 것)"이다.

○ 隨者之獲 主者之失也 ≪屯卦五爲主≫ 坎雖貞固 其義凶也

隨 → 屯 ← 觀

---

206) 許進雄은 "有孚在道"를 "죄수가 길에 있다"는 뜻으로 풀이하였다. 갑골문의 "孚"자는 한 손으로 한 아이를 잡고 있는 모습을 나타내며, 노예를 데리고 길에서 일하는 모습을 보는 것은 흔히 볼 수 있는 일들 중의 하나였다고 주장하였다(許進雄 저, 홍희 역, 『중국고대사회』, 동문선, 1991, 505면).

207) [校閱] 奎章本과 國中本에는 "初位剛"으로 되어 있으나 新朝本에는 "列位剛"으로 되어 있다. 前者가 옳다.

○ 추종하는 자(隨者)가 획득한 것은 결국 주동하는 자(主者)에게는 상실함이 되니 ≪屯卦에서는 제5爻가 卦主가 됨≫ 坎에 비록 곧고 견실함의 뜻이 있다고 하더라도, 그 뜻이 흉한 것이다.

○ 四之旣變 下與初應 ≪剛柔應≫ 是 有孚也 震則爲道 ≪下本震≫ 有孚在道也

隨 → 屯 ← 觀

○ 隨卦의 제4爻가 이미 변함에, 아래로 初位와 더불어 호응하니 ≪剛과 柔가 서로 호응함≫ 이것이 "有孚"이다. 震은 곧 길(道)이 되니 ≪[隨卦의] 下卦가 본래 震≫ [이것을 가리켜] "有孚在道"라고 한 것이다.

○ 在道以明者 謂於道路之中 ≪下震道208)≫ 自明其功也 ≪坎爲功≫ 有功而被執者 當此占也

隨 → 屯 ← 觀

○ "在道以明"이라고 한 것은 道路 가운데서 ≪[隨卦의] 下卦인 震이 道가 됨≫ 스스로 그 공로(功勞)를 밝히는 것을 말한다. ≪坎은 功이 됨≫ 공로가 있는데도 [억울하게 죄를 덮어쓰고] 체포(逮捕)된 자가 이런 占에 해당한다.

---

208) [校閱] 新朝本과 國中本에는 "下震途"로 되어 있으나 奎章本에는 "下震道"로 되어 있다. 어느 경우나 뜻은 같다.

○四之未變 陽失其位 ≪陽居四≫ 今德稱位 ≪四今柔≫ 是 无咎也 ≪善補過≫

䷐ ䷂ ䷓

隨 → 屯 ← 觀

○ [隨卦의] 제4爻가 아직 변하지 않았을 때에는 陽이 그 자신의 [바른] 자리를 상실하고 있었는데 ≪陽이 [陰의 자리인] 제4位에 자리하고 있음≫ 지금 [隨九四가 爻變하여, 屯卦로 되면] 그 德이 자리에 알맞게 되니 ≪[屯卦의] 제4位가 지금 柔≫ 이것이 "无咎"가 되는 까닭이다. ≪['无咎'는] 잘못을 잘 개선하고 보완한다는 뜻이다.≫

○本以兌義 ≪上本兌≫ 今成坎憂[209] 其義凶也

䷐ ䷂ ䷓

隨 → 屯 ← 觀

○ 본래 兌의 "義"인데 ≪[隨卦의] 上卦가 본래 兌≫ 지금 屯卦의 上卦에 坎의 "근심(憂)"이 생기니, "其義凶也"이라고 한 것이다.

○坎勞之功 离以明之 ≪本大离≫ 是 明功也

䷐ ䷂ ䷓

隨 → 屯 ← 觀

○ 坎으로써 노력(勞力)한[210] 공을 离로써 [그것을] 밝히니 ≪[屯卦의

209) [校閱] 奎章本에는 "今成坎憂"의 "憂"가 "夏로 되어 있는데, 誤記이다.

1·2·3·4·5位는] 본래 大离의 형태≫ [이것을 가리켜] "明功"이라고 한 것이다.

䷐

九五 : 孚于嘉, 吉. ○ 象曰 : 孚于嘉吉, 位正中也.

九五 : [혼사(婚事)를 치를 적에 兩家집이 서로간에] 가례(嘉禮)[211]에 믿음을 두니, 吉할 것이다. ○「象傳」: "孚于嘉吉"이라고 한 것은 [그] 자리가 正中이기 때문이다.

此 隨之震也 隨之兩互 卽成漸卦 ䷴ 漸者 女歸之卦也 ≪漸彖詞≫ 离以嘉會 ≪三五离≫ 坎以歸家[212] ≪二四互≫ 嘉禮之吉也 隨之二五 本相感應 ≪剛柔應≫ 兩互之漸[213] 二五亦應 ≪五亦剛≫ 兩心相應 ≪艮兌之兩心≫ 孚于嘉也 隨者 從人之卦也 女之歸夫 所以從人 故其占如此

210) 坎勞 :「說卦傳」에 "勞乎坎"이라 하였다.

211) 가례(嘉禮) : 五禮 중 하나로서 왕의 즉위나 성혼, 왕세자·왕세손의 탄생이나 책봉 또는 성혼 등의 경사스러운 예식이다. 嘉禮에는 冠·婚·飮·射, 즉 加冠, 結婚, 鄕飮酒, 鄕射의 儀式이 포함된다. 私家에 있어서 가례는 冠禮나 婚禮를 뜻할 뿐이나 王家에 있어서 가례는 그 내용이 복잡하고 다양하다.

212) [校閱] 新朝本과 奎章本과 國中本에 모두 "歸家"라고 나오는데, "歸嫁"일 것으로 생각된다. 坎은 "歸"이고 "家"이기는 하지만, 여기서는 "家"보다는 "嫁"가 적절한 것으로 보인다. 즉 특이하게 쓰인 "歸(시집감)"를 설명하기 위해 "嫁"字를 덧붙인 것으로 보는 것이다. "家"에 남편이라는 뜻이 있어, 굳이 해석을 하자면 동일한 뜻으로 풀이할 수도 있기는 하다.

213) [校閱] 新朝本과 國中本에는 "兩互之漸"으로 되어 있으나 奎章本에는 "兩互之占"이라고 되어 있다. 前者가 옳다.

隨 → 震

隨→兩互作卦→漸

이것은 隨卦가 震卦로 변하는 경우이다. 隨卦의 兩互卦는 곧 漸卦가 되는데, 漸卦는 "여자가 시집가는 것(女歸)"을 상징하는 卦이다. ≪漸卦의 彖詞[214]에 나오는 말≫ 离로써 아름답게 모이고 ≪[漸卦의] 3・4・5가 离≫ 坎으로써 시집가니 ≪[漸卦의] 2・3・4의 互卦≫ 가례(嘉禮)의 吉함이다. 隨卦에서는 2와 5가 본래 서로 감응하고 있었는데 ≪剛과 柔로 호응함≫ [隨卦로부터] 兩互卦를 취하여 만든 漸卦에서도 제2位와 제5位도 역시 서로 호응하니 ≪[隨卦에서와 마찬가지로 漸卦에서도] 제5位가 역시 剛≫ 두 마음이 서로 호응하는 것이다. ≪[少男인] 艮과 [少女인] 兌의 두 마음[215]≫ [이것을 가리켜] "孚于嘉", 즉 "가례(嘉禮)에 [혼례를 치르는 兩家가 서로] 믿음을 둔다"고 한 것이다. 隨卦는 남을 따르는 卦이다. 여인이 지아비에게 시집가는 것도 [역시] 남을 따르는 것에 해당되는 까닭에 그 占이 이와 같다.

○位正中者 陽[216]居五也 ≪隨與漸 皆然≫ 兩互之象 必於五而言之者 五爲兌女之心也 ≪漸之上巽 爲顚兌≫ 婚配之卦 本取倒合

隨→兩互作卦→漸

214) 漸卦의 彖詞: "漸, 女歸, 吉, 利貞(漸은 女子의 시집감이 吉하니, 일을 주관함에 이로울 것이다)."

215) 여기 "兌"라 함은 '巽(☴)'을 거꾸로 보아 하는 말이다. 아래에 "…… ≪漸之上巽, 爲顚兌≫. 婚配之卦, 本取倒合"이라 하였다(『四箋』 卷3, 10나).

216) [校閱] 奎章本과 國中本에는 "陽居五也"라고 되어 있으나 新朝本에는 "陰居五也"라고 되어 있다. 前者가 옳다.

○ “位正中”이란 陽이 [陽의 자리(正)이며, 上卦의 가운데(中) 자리인] 제5位에 있는 것을 가리킨다. ≪隨卦와 漸卦에서 모두 그러하다.≫ [이런] 兩互卦를 취하여 성립한 [혼례와 연관된] 象을 하필 여기 제5位에서 언급한 것은 제5位가 [漸卦의 上卦의 가운데로서 여기서는] 兌의 여인의 마음에 해당되기 때문이다. ≪漸卦의 上卦인 巽은 뒤집힌 兌[로서 少女]가 된다.≫ 혼배(婚配)와 연관된 卦는 본래 뒤집어 결합하는 방식을 취한다.

○案 五禮 昏配屬嘉禮

○ [案] 五禮[217]에서 혼인(昏配)은 가례(嘉禮)에 속한다.

上六 : 拘係之, 乃從維之. 王用亨 ≪享≫ 于西山. ○象曰 : 拘係之, 上窮也.

上六 : [가려는 현자(賢者)를 만류(挽留)하기 위하여, 말의 고삐를] 잡아서 붙들어매고, 바로(乃) 끌어다(從) [말을 나무에] 묶는다.[218] 王이 西山에서 제사를 올린다. ○「象傳」: [가지 못하도록] 잡아서 붙들어 매는 것은 위로 [더 이상 올라갈 수 없도록] 막혀 있기 때문이다.

此 隨之无妄也 无妄自遯來 ≪三之一≫ 遯之時 乾馬外走 ≪見本卦≫ 國內將虛 ≪艮爲邑≫ 於是 艮以拘之 ≪艮爲手≫ 巽以係之 ≪二

---

217) 五禮 : ① 길례(吉禮), ② 흉례(凶禮), ③ 빈례(賓禮), ④ 군례(軍禮), ⑤ 가례(嘉禮).

218) 다산은 “拘係之, 乃從維之”의 句를 ‘이중 삼중으로 만류하는 것’, 즉 현자를 좋아함(好賢)의 상징으로 본다.

四繩≫ 移之无妄 ≪三之一≫ 則引其巽繩 ≪三之一≫ 繫于震木 ≪下今震≫ 馬繫木曰 維也 ≪詩所云 縶之維之≫ 又遯爲卦 乾賓在外 巽主在內 ≪二四互≫ 賓之將往 ≪遯于外≫ 主人留[219]之 則維其馬而不遣 ≪維于木≫ 所以好賢也

隨 → 无妄 ← 遯

이것은 隨卦가 无妄卦로 변하는 경우이다. 无妄卦는 遯卦로부터 왔는데 ≪[遯卦의] 3이 1로 감≫ 遯卦의 때에는 乾의 말이[220] 밖으로 내달려 나가고 ≪[遯卦의] 本卦에 설명이 나옴≫ 나라안이 장차 텅 비게 될 상황에 처해 있다. ≪艮은 邑이 된다.[221]≫ 이런 상황에서 [遯卦의 下卦인] 艮[의 손]으로 그 말을 붙들고 ≪艮은 손(手)이 됨≫ 巽[의 끈]으로 그것을 묶었다. ≪[遯卦의] 2·3·4는 [巽의] 줄(繩)이 됨≫ [그런데 遯卦로부터] 推移하여 无妄卦가 되면 ≪[遯卦의] 3이 1로 감≫ 그 巽의 줄을 당겨서 ≪[遯卦의] 3이 1로 감≫ 震의 나무에 묶으니 ≪[无妄卦의 下卦가 지금 震≫ 말을 나무에 묶는 것을 "維"라고 한다. ≪『詩經』「小雅」「白駒」에서도, "집지유지(縶之維之)", 즉 "발을 동여매고 고삐를 매어"라고 하였음[222]≫ 또 遯卦에서는 乾의 손님이 밖

219) [校閱] 奎章本에는 "留"가 "畱"로 나온다. 뜻은 변함이 없다.

220) 乾馬:「說卦傳」'遠取'.

221) 艮邑: 茶山 今補.

222) 縶之維之:『詩經』「小雅」「白駒」에 나오는 詩句로서, 그 原文은 다음과 같다. "皎皎白駒, 食我場苗. 縶之維之, 以永今朝. 所謂伊人, 於焉逍遙. 皎皎白駒, 食我場藿. 縶之維之, 以永今夕. 所謂伊人, 於焉嘉客(깨끗하고 깨끗한 흰 망아지, 우리 마당의 싹을 먹는다 하여, 발을 동여매고 고삐를 매어, 오늘 아침을 더 오래 있게 하여, 이른바 그 분이 여기에서 소요하게 하리라. 깨끗하고 깨끗한 흰 망아지, 우리 마당의 싹을 먹는다 하여, 발을 동여매고 고삐를 매어, 오늘 저녁을 더 머무르게 하여, 이른바 그 분이 여기에서 아름다운 손님이 되게 하리라)."(成百曉 譯註,『詩經集傳』下, 전통문화연구회, 1999, 19~20면)

에 있고, 巽의 주인은 안에 있는데 ≪2・3・4의 互卦[는 巽]≫ [그] 손님이 갈려고 할 적에 ≪밖으로 나가려고 함≫ 主人이 만류하는데, 즉 그 말을 묶어두고 놓아주지 않으니 ≪나무에 [말을] 묶어 둠≫ [그것은 다름 아닌] 賢人을 좋아하기 때문이다.223)

○ 互艮之山 ≪二四互≫ 在於兌方 ≪上本兌≫ 此 西山也 ≪兌爲西≫ 离誠巽潔 ≪三五巽≫ 本具祭享之象 ≪又坤牛受射≫ 乃上之變爲乾 ≪上今乾≫ 是 祭天也 天子之震 ≪乾天之長子≫ 實主是祭 ≪下今震≫ 王用亨于西山也 ≪震帝 在西山之下≫

否 → 推移 → 隨→ 제6爻變 →无妄←推移←遯

○ [隨卦나 无妄卦에서 보면] 互艮의 山이 ≪2・3・4의 下互卦[가 艮]≫ 兌의 方位에 있으니 ≪[隨卦의] 上卦가 본래 兌≫ 이것이 [바로] "西山"이다. ≪兌는 서쪽이 된다.≫ [隨卦에는] 离의 정성(誠)과 巽의 재계함(潔)이 있으니 ≪[隨卦의] 3・4・5가 巽≫ 본래 제사를 올리는 象을 갖추고 있었는데 ≪또 坤의 소가 화살을 맞음≫ 이에 上爻가 변하여 乾이 되니 ≪[无妄卦의] 上卦가 지금 乾≫ 이는 하늘에 제사지내는 것이 된다. 天子인 震이 ≪乾天의 長子≫ 실제로 이 제사(祭祀)를 주관하니 ≪[无妄卦의] 下卦가 지금 震≫ [이것을 가리켜] "王用亨于西山", 즉 "王이 西山에서 제사를 올린다"라고

223) 『詩經』「小雅」「백구(白駒)」에서 "집지유지(縶之維之)"라고 한 상황도 이와 같다. 朱子는 이 詩를 지은 상황을 다음과 같이 묘사하고 있다. "이 詩를 지은 자는 賢者가 떠나는데 만류할 수가 없었다. 그러므로 그가 타고 온 망아지가 우리 마당의 싹을 먹는다고 칭탁하여, 발을 묶어 매고, 고삐를 동여매어 행여 오늘 아침을 더 머무르게 하여, 그 사람으로 하여금 이 곳에서 逍遙하여, 떠나지 않기를 바란 것이니, 후세 사람들이 손님을 만류하면서, 수레의 굴대빗장을 우물 속에 던져 넣은 것과 같은 것이다."(成百曉 譯註, 위의 책, 19면)

한 것이다. ≪震의 帝가 西山 아래에 있다.≫

○窮[224] 塞也 上窮者 兌口今塞也 又 窮[225]者 極也 上極則反乎下 ≪如剝之爲復≫ 此 否之所以爲隨 ≪上之一≫ 艮之所以爲震也 ≪遯之艮爲震 以成无妄≫

否 → 推移 → 隨 → 제6爻變 → 无妄← 推移← 遯

○ "窮"은 다하여 막힘(塞)인데, "上窮"이란 兌의 입이 지금 [无妄이 되면서] 막힌 것이다. 또한 "窮"은 극한(極限)이니, 위로 [더 이상 올라갈 수 없는] 극한에 이르면 아래로 되돌아가는 법이니 ≪예컨대 剝卦가 復卦로 되는 것과 같은 경우≫ 이것이 否卦가 隨卦로 되는 까닭이며 ≪[否卦의] 上이 1로 감≫ 艮이 震으로 되는 까닭이다. ≪遯卦의 下卦인 艮이 震으로 됨으로써 无妄卦가 성립된다.≫

○案 來易曰 維與係同 但重係之耳 ≪來矣鮮 名知德≫

○ [案] 來氏의 易說에서는 "維"와 "係"를 같은 뜻의 말로 보고, ["拘係之, 乃從維之"를] 단지 거듭 묶는 것(重係)일 따름이라 하였다. ≪[來氏는] 내의선(來矣鮮)을 가리키는데, 이름은 '知德'이다.[226]≫

---

224) [校閱] 奎章本에는 "窮"으로 되어 있고, 新朝本과 國中本에는 "窮"의 本字인 "竆"이 사용되고 있다.

225) [校閱] 앞의 "窮"의 경우와 같다.

226) 내의선(來矣鮮; 1525~1604) : 矣鮮은 明代의 易學者인 내지덕(來知德)의 字이다. 來知德의 저서에 『易經集註』 16卷이 있는데, 「大傳」에 나오는 "錯" · "綜"이라는 두 글자에 착안하여, 錯綜說을 통해 주역을 해석하는 방법론을 수립하였다. 다산은 『易學緖言』 「내씨역주박(來氏易註駁)」에서 來知德의 易說에 관해서 별도로 비평하고 있다.

○[227] 學圃云 无妄自中孚來 ≪四之二≫ 中孚者 祭祀之卦也

○ 學圃가 말하였다. "[隨卦 上六의 之卦인] 无妄卦는 中孚卦에서 왔는데 ≪[中孚卦의] 4가 2로 감≫ 中孚는 제사(祭祀)와 연관된 卦이다."[228]

18. 산풍 고(山風 蠱)

巽下艮上 ○ 第十卦之反 ≪泰一之上≫

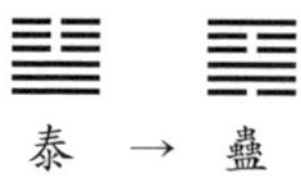

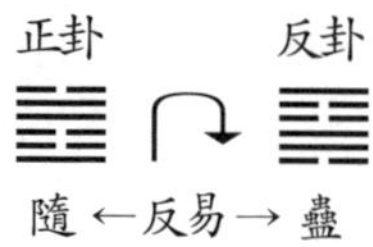

巽이 下卦이고, 艮이 上卦이다. ○ 第10卦의 反卦이다. ≪泰卦의 1이 上으로 간다.≫

序卦傳曰 蠱者 事也

227) [校閱] 新朝本과 國中本에는 "學圃云" 앞에 "○"의 표시가 있으나, 奎章本에는 없다.
228) 中孚者, 祭祀之卦 : 그 卦辭에 "豚魚, 吉"이라 하였는데, 이를 祭物로 보는 것이다.

「序卦傳」에서 말하였다. "蠱는 일(事)[이 생기는 것]이다.[229]

○ 雜卦傳曰 蠱則飭也 ≪蠱 修也 又致堅也≫

○ 「雜卦傳」에서 말하였다. "蠱卦는 [훼손됨이니] 곧 [훼손된 것을 수선하여] 정비함(飭)이다." ≪[茶山] 이런 의미에서 蠱는 '수선함'을 뜻하고 또한 '[부실해진 것을] 견고하게 함(致堅)'을 뜻한다.≫

○ 春秋傳 晉侯有蠱疾 ≪昭 元年≫ 醫和曰 皿蟲爲蠱[230] ≪象器物蛀壞≫ 穀[231]之飛 亦爲蠱 ≪爾雅云 康謂之蠱 郭云 米皮≫ 女惑男 風落山謂之蠱 ≪此 本義≫

○ 『春秋左氏傳』에 따르면,[232] 晉나라 군주가 "蠱"의 질병(疾病)에 걸렸다. ≪昭公 元年≫ …… 의화(醫和)가 [晉나라 군주의 병을 진찰하고 나서 조맹(趙孟)[233]에게 다음과 같이] 말하였다.[234] …… "[文字상으로는] '그릇 皿(명)'字 위에 '벌레 蟲(충)'字가 놓여 있는 것이 '蠱(고)'인데 ≪그릇에 좀이 슬어 부서진 형상≫ 곡식에 생기는 벌레 역시 '蠱'라고 합니다.

229) 결국 여기 "事"는 '사건이 생긴다'는 뜻이며 또한 '발생한 사안을 처리하는 일'이라는 뜻이다.

230) [校閱] 新朝本에는 "醫和曰, 皿蟲爲蠱"라고 되어 있으나 奎章本과 國中本에는 "醫和曰 皿蟲爲蟲"라고 되어 있다. 前者가 옳다.

231) [校閱] "穀"字의 左下部가 新朝本에는 '禾'가 아니라 '釆'으로 나오는데, 여기서는 그냥 奎章本을 따라 "穀"(좌하부가 "禾")으로 한다.

232) 晉侯의 蠱疾에 관련된 배경은 다음과 같다. 晉侯가 병이 들어 秦나라에 의사를 요청했는데, 秦나라에서 醫和를 보냈다. 의사 和(醫和)는 晉나라 군주의 병을 진찰하고 말하기를 "군주의 병은 女色을 가까이 한 까닭에 정신이 착란되어 생긴 병"이라고 하였다. 晉侯는 醫和를 요청하기 앞서, 鄭나라 군주가 공손교(公孫僑)로 하여금 晉侯를 문병하게 하였는데, 공손교(公孫僑)가 晉나라의 叔向에게 말하기를, "晉侯의 병은 晉侯와 同姓인 姬氏의 애첩을 네 명이나 가까이 하였기 때문에 생긴 병"이라고 하였다(文璇奎 역저, 『春秋左氏傳』 中, 명문당, 1987, 544~546면).

233) 趙孟: 春秋시대 晉나라의 귀족으로서 부귀와 권세를 누리던 인물.

234) 晉나라 군주 앞에서 물러간 秦의 의화(醫和)가 조맹(趙孟)에게 결과를 告하면서 한 말이다(文璇奎 역, 『春秋左氏傳』 中, 명문당, 1987, 549면).

≪『爾雅』「釋器」편]에 말하기를, "쌀겨(康=穅 糠)를 '蠱'라고 한다"고 하고, 곽박(郭璞)의 注에 '쌀겨(米皮)'라고 하였다.[235]≫ ……[또 『周易』에서는] 여인이 남자를 유혹(誘惑)하고, 바람[☴]이 山[☶]에 있는 것을 떨어뜨리는 것을 가리켜 '蠱'라고 했습니다." ≪["女惑男, 風落山"이라고 한] 이것은 蠱卦의 본래 의미이다.≫

○程子曰 蠱 非訓事 蠱乃有事也 以卦象言之 所以成蠱也 以卦才言之 所以治蠱也 ≪蘇[236]軾云 器久不用 則蠱生之 人久宴溺 則疾生之 天下久安無爲 則弊生之 皆蠱也≫

○ 程子가 말하였다. "[「序卦傳」에서 '蠱'가 일(事)이라고 했는데, 이는] '蠱'字가 '일(事)'을 뜻한다고 풀이한 것은 아니고, 좀먹고 무너지니 곧 일거리가 생긴다는 의미로 말한 것이다. …… 卦象으로써 말한다면, 그런 좀먹고 무너짐이 발생하는 것이며, 卦가 내포하고 있는 의미(卦才)에 따라 말한다면, 그런 좀먹고 무너짐을 다스려 바로 잡는 것이 된다." ≪소식(蘇軾)[237]이 말하였다. "기물(器物)을 오랫동안 사용치 않으면, 좀이 슬게 되고, 사람이 오랫동안 향락에 젖어 있으면 병이 생기게 되며, 天下가 오랫동안 안정되어 무위로 지내게 되면, 폐단이 생기게 되니, 모두가 '蠱'라고 하였다."[238]≫

---

235) 黎庶昌 輯, 『爾雅』(『古逸叢書』 下), 楊州 : 江蘇廣陵古籍刻印社, 1994, 16면.

236) [校閱] 奎章本에는 "蘇軾"의 "蘇"가 誤記되어 있으나 무슨 글자인지 알 수 없다.

237) 소식(蘇軾, 1036~1101) : 北宋의 文人이며. 唐宋 八大家의 한 사람으로서, 宋代 제1의 詩人이다. 字는 자첨(子瞻)이며. 號는 동파(東坡)이다. 아버지 소순(蘇洵), 아우 소철(蘇轍)과 더불어 삼소(三蘇)라고 불리운다. 22세 때 진사에 급제한 뒤, 벼슬과 귀양을 되풀이하는 곡절 많은 생애를 보냈다. 폭넓은 재능을 발휘하여 시문서화(詩文書畫)에 훌륭한 작품을 남겼다. 그의 작품 가운데 「赤壁賦」는 불후의 명작으로 평가받고 있다. 왕안석(王安石)과 대립하여 좌천되었고, 필화 사건으로 투옥되고, 이어서 황주로 좌천되어, 그 곳에서 세운 서재 이름을 따서 東坡居士라는 호를 썼다. 특히, 이 무렵 쓴 '적벽부(赤壁賦)'는 유명한 작품이다. 후에 哲宗에게 중용되어 구법파(舊法派)의 대표자의 하나가 되었다. 서화(書畫)에도 능하였고, 저서에 『東坡全集』이 있다.

238) 소식(蘇軾)이 저술한 易註를 『東坡易傳』(9卷)라고 하는데, 이는 『蘇氏易傳』이라고도 불리운다. 실제적으로는 소순(蘇洵) · 소식(蘇軾) · 소철(蘇轍)의 세 사람의 공동 저술에 해당된다. 소동파(蘇東坡) 易說의 특징은 대체로 王弼의 설을 계승하였고, 어떤 부

○朱子曰 蠱 壞極而有事也

○ 朱子가 말하였다. “蠱는 무너짐(壞)이 극(極)에 달해서 [고치고 다스려야 할] 일(事)이 있는 것이다.”

○鏞案 卦自泰來 ≪一之上≫ 乾壞其下 ≪下今柔≫ 坤壞其上 ≪上今剛≫ 此蠱 壞也 ≪三陽旣進 一陰復生 此 物將成而壞也≫ 又 以長女 悅彼少男 ≪互兌悅≫ 此蠱 惑也 ≪左傳 莊二十八年 楚令尹子元欲蠱文夫人 ○蠱 惑也≫

泰 → 蠱

○ [鏞案] 蠱卦는 泰卦로부터 왔다. ≪[泰卦의] 1이 上으로 감≫ [泰卦에서 蠱卦로 推移되면서] 乾에서는 그 아래가 무너지고 ≪[蠱卦의] 下卦가 지금 ‘柔’≫ 坤에서는 그 위가 무너지니 ≪[蠱卦의] 上卦가 지금 ‘陽’≫ 이 蠱는 ‘허물어짐’의 뜻이다. ≪[泰卦로 됨에] 세 개의 陽이 이미 앞으로 나아갔다가 [蠱卦로 되면서] 한 개의 陰이 다시 [그 아래에서] 생겨나니, 이는 사물이 장성하였다가 다시 허물어지는 것이다.≫ 또한 [蠱卦의 下卦인 巽의] 長女가 [그 上卦인 艮의] 少男을 좋아하니 ≪[蠱卦의] 2·3·4의 互兌가 “悅樂”의 뜻≫ 이 蠱는 유혹의 뜻이다. ≪『左傳』 ‘莊公 28年’에 楚나라에 영윤(令尹)[239]으로 있던 자원(子元)이 [미망인(未亡人)으로 있던 그 형수] 文夫人[240]을 유혹하고자 하였다. ○

분에는 道家的 혹은 佛家的 해석도 취하고 있다는 데 있다. 象數를 빠지는 것을 경계하였으나, 그렇다고 전적으로 義理 위주로 해석한 것도 아니었다. 이형(李衡)의 『周易義海撮要』, 정역동(丁易東)의 『周易象義』, 동진경(董眞卿)의 『周易會通』(四庫易學叢刊, 上海古籍出版社, 1990) 등의 저술에서 『東坡易傳』의 설을 많이 취하였다(金勝東, 『易思想辭典』, 부산대 출판부, 1998, 272면).

239) 영윤(令尹) : 楚나라 때의 가장 높은 職位의 명칭으로 宰相에 해당됨.

240) 楚나라 영윤(令尹)인 자원(子元)이 楚문왕의 부인이었던 그 형수 文夫人을 유혹하려고, 저택을 궁궐 곁에 짓고, 그곳에서 은나라 탕왕이 처음 추었다는 만의 춤을 추게 했

[여기] “蠱”는 ‘惑’의 뜻이다.≫

秋風所隕[241] ≪兌秋而[242]巽風≫ 山木盡落 ≪艮山 而震木≫ 此 蠱蛀也 ≪如 蟲食木然≫ 物壞則飭 所以爲事也 ≪臨者 大也 頤者 養也 皆 卦德 非字義也≫

가을 바람은 [과실이나 잎새를] 떨어뜨리는 것인데 ≪[蠱卦에는] 兌의 가을에 巽의 바람이 있음[243]≫ [이에 따라] 산의 나무가[244] 모두 [잎이] 떨어지니 ≪[蠱卦에는] 艮의 山에 震의 나무가 있음[245]≫ 이 蠱는 좀벌레(蠱蛀)라는 뜻이다.[246] ≪예컨대 벌레가 나무를 갉아먹는 것과 같다.≫

[한편] 사물이 훼손되면 정비해야 되니 [이것이, “蠱”가] “일(事)”의 뜻이 되는 까닭이다. ≪「序卦傳」에서 “臨은 큰 것”이라고 하고, “頤는 기르는 것”이라고 한 것은[247] 모두 卦德이지 字義가 아니다.≫

以物象 則巽本爲蟲 ≪大傳 尺蠖[248] 亦取巽之象≫ 故風字從虫 ≪巽爲

다. 文夫人은 그 음악소리를 듣고 울면서 말했다. “돌아가신 楚문왕께서는 이 음악을 군대를 훈련하시는데 사용하였다. 그런데 지금 令尹은 이것을 원수를 치는데 사용하지 않고서, 이 未亡人의 곁에서 하고 있다. 이상하지 아니한가?” 未亡人이라는 말은 남편과 함께 죽어야 할 것을, 아직 죽지 못하고 있는 사람이란 뜻으로서, 여기서 유래하였다.

241) [校閱] 奎章本에는 “秋風所隕(추풍소운)”이라고 되어 있고, 新朝本과 國中本에는 “秋風所損(추풍소손)”이라고 되어 있다. 문맥으로 볼 때, 前者가 보다 적합하다.

242) [校閱] 新朝本과 國中本에는 “兌秋而巽風”으로 되어 있으나 奎章本에는 “兌, 秋也, 巽風”이라고 되어 있다. 여기서는 前者를 따른다.

243) 2·3·4의 下互卦가 ‘☱’이다.

244) 앞서 『左傳』의 “風落山”이라는 말도 나오기는 했지만(『四箋』 卷3, 11가) 바람에 산까지 훼손된다는 것은 어색하다.

245) 3·4·5가 震(☳)이다.

246) 이후에서는 “蠱者, 蛀壞也, 訓之爲事”라고 하였다(『四箋』 卷4, 43가).

247) 「序卦傳」(金碩鎭, 『周易傳義大全譯解』 下, 대유학당, 1996, 1476~1477면)과 「雜卦傳」에서도 “頤者, 養正也”라고 함(같은 책, 1487면).

248) [校閱] 新朝本과 國中本에는 “蚇蠖”이라 나오나 뜻은 변함이 없으니 여기서는 奎章本과 그 원문에 따라 “尺蠖”이라 한다.

風≫ 卦有下巽 所以蠱也

[또 한편] 物象에 의거해 본다면, 巽은 본래 벌레(蟲)가 되는데,[249] ≪「大傳」[250]에 나오는 "척확(尺蠖)", 즉 "자벌레"도 역시 巽의 象을 취한 것≫ 그러므로 '風'字가 '虫'字에 의거한 것이기도 한데 ≪巽은 風이 됨≫ 蠱卦의 下卦에는 巽이 있으니, [이것이] '蠱'라는 [벌레의] 이름을 얻게 된 까닭이다.[251]

蠱, 元亨, 利涉大川, 先甲三日, 後甲三日.

蠱卦는 군주[252]가 형통함이다. 큰 河川을 건너는 일은 이롭다. [甲日은 일을 처음으로 시작하는 날인데] 甲日 以前에 3日이며, 甲日 以後에 3日이다. [따라서 일의 근원과 마침을 잘 살피고 신중히 해야 할 것이다.]

此 蠱之不變者也 卦自泰來 ≪一之上≫ 震德方進 ≪自復臨≫ 善之長也 移之爲蠱 ≪一之上≫ 又成嘉會 ≪上大离≫ 二五相應 ≪本相應≫ 君道之亨也

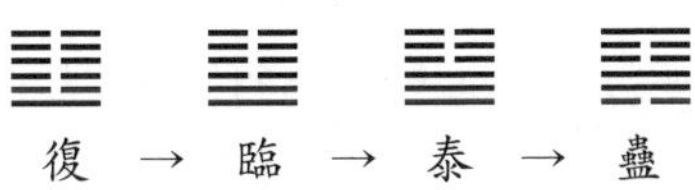

249) 「說卦傳」의 '遠取' 항목의 茶山 '今補'에 "巽 …… 爲蟲이라고 함(『四箋』 卷8, 32나).

250) 「繫辭傳」에 "尺蠖之屈, 以求信也, 龍蛇之蟄, 以存身也"라고 함.

251) 以上의 설명에서 나타난, "蠱"의 의미를 종합해보면, 蠱에는 ①"훼손 · 소멸", ②"유혹(하다)", ③"좀벌레", ④"일(事)"의 뜻이 있다.

252) "元"을 "君(道)"으로 해석한 것이다.

이것은 蠱卦가 변하지 않는 경우이다. 蠱卦는 泰卦로부터 왔다. ≪[泰卦의] 1이 上으로 간 것이다.≫ [泰卦에서 보면, 君子나 龍을 상징하는] 震의 德이 바야흐로 [앞으로] 나아가고 있으니 ≪復卦에서 臨卦를 거침[으로써 泰가 됨]≫ [이것을 가리켜] "善之長", 즉 "善이 자라난 것"[253]이라고 한 것이다. [그런데 泰卦로부터] 추이하여 蠱卦가 되면 ≪[蠱卦의] 1이 上으로 감≫ 또한 "아름다운 모임"[254]을 이루고 ≪[蠱卦의] 上部에 큰 离가 있음≫ 제2位와 제5位가 [각각 陽과 陰으로] 서로 호응하니 ≪泰卦에서도 본래 [제2位와 제5位가 각각 陽과 陰으로] 서로 호응함≫ 君主의 道가 형통한 것이다.

不言利貞者 剛往柔來 ≪一六交≫ 皆失其位 ≪陽居六而陰居一≫ 非其正也 隨則反是 ≪柔往剛來 皆得位≫ 故四德全備

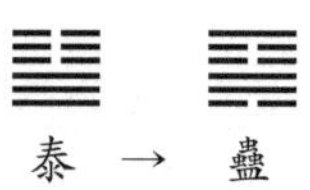

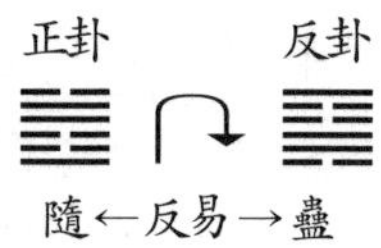

[여기서] "利貞"을 말하지 않은 것은 [泰卦의 初位에 있던] 剛이 나가고, [泰卦의 上位에 있던] 柔가 들어와서 [蠱卦가 됨에] ≪1과 6이 교차(交叉)됨≫ 모두 그 바른 자리를 상실하여 ≪[蠱卦에서] 陽이 [陰位인] 6位에 자리하고 陰이 [陽位인] 1位에 자리함≫ [그 지위가] 바르지 못하기 때문이다. [제10卦의 正卦, 혹은 蠱卦의 反易卦인] 隨卦인 경우는 이와 반대되니 ≪'柔'가 [밖으로] 나아가고 '陽'이 [안으로] 들어오면서 모두 바른 자리를 얻음≫ 그러므로 [隨는 元·亨·利·貞의] 네 가지 德을 모두 갖춘 것이다.[255]

---

253) "元者 善之長也." 乾卦「文言」.
254) "亨者 嘉之會也." 乾卦「文言」.
255) "隨, 元亨利貞, 无咎": 茶山은 "元亨"을 한 句로 보고, "利貞"을 다른 한 句로 본다.

○泰之乾人 ≪泰初剛≫ 早泛震舟 ≪三五互≫ 移之爲蠱 爰得巽風 ≪下今巽≫ 涉此坎川 ≪初四夾≫ 登彼艮岸 ≪上今艮≫ 利涉大川也

泰 → 蠱

○ 泰卦에 있던 乾의 사람이[256] ≪[보다 엄밀히는] 泰卦의 初剛≫ 일찍이 震의 배(舟)[257]를 띄워 놓고 있었는데 ≪3·4·5의 互震≫ [泰卦로부터] 추이하여 蠱卦가 되면, 이에 巽의 바람까지 얻게 되니 ≪[蠱卦의] 下卦가 지금 巽≫ 이 坎의 河川을 건너서[258] ≪[蠱卦의] 初位에서 제4位까지의 협괘(夾卦)[는 大坎의 형태]≫ 저 쪽 艮의 기슭(岸)[259]에 오르게 되므로 ≪[蠱卦의] 上卦가 지금 艮≫ [이것을 가리켜] "利涉大川"이라고 한 것이다.

○卦自泰來 ≪一之上≫ 泰有互震 ≪三五互≫ 居卦中央 ≪間於上下卦≫ 所謂 甲也 ≪東方爲甲乙≫

泰 → 蠱

○ 蠱卦는 泰卦로부터 왔다. ≪[泰卦의] 1이 上으로 간 것이다.≫ 泰卦에는 互震이 있어 ≪3·4·5의 上互卦[는 震]≫ 卦의 중앙(中央)에 머무르고 있

---

256) 乾人은 荀九家 우번(虞翻)의 說.

257) 震舟는 茶山의 '今補'에 나오는데, 茶山은 震(☳)이 "舟車"가 된다고 함.

258) 坎川은 茶山의 「其他 物象」을 참조할 것.

259) 艮岸은 茶山 「其他 物象」이겠는데 艮山의 物象을 응용한 것으로 생각된다. 한편, "岸"이라는 글자는 周易에 나오지 않는다(李正浩, 『周易字句索引』, 국제대학 인문사회과학연구소, 1978, 139면).

으니 ≪上·下卦의 사이≫ [이것이] 이른바 "甲"이다. ≪東方은 [즉 震은] 갑(甲)·을(乙)에 해당된다.[260]≫

據說卦方位 自震而逆 ≪逆數之≫ 歷艮與坎 乃得至乾 ≪歷三宮≫ 先甲三日也 ≪法以一宮爲一日≫ 自震而順 ≪順數之≫ 歷巽與离 乃得至坤 後甲三日也

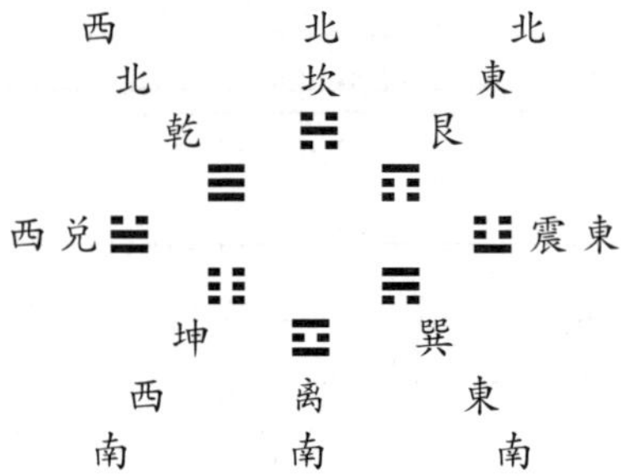

「說卦傳」의 方位에 의거(依據)해 본다면, 震에서 역(逆) 방향으로 나아가 ≪[시계 빈대 방향으로] 거슬러 헤아림≫ 艮과 坎을 지나면 곧 乾에 도달하게 되니 ≪[震과 艮과 坎의] 세 宮을 지나감≫ [이것을 가리켜] "先甲三日", 즉 "甲에 앞서는 3日"이라고 한 것이다. ≪그 방법은 1宮을 1日로 친 것이다.≫ 震에서 순행(順行)하여 ≪[시계 방향으로] 순(順) 방향으로 헤아림≫ 巽과 离를 거치면 곧 坤에 이르게 되니 [이것을 가리켜] "後甲三日", 즉 "甲 이후의 3日"인 것이다.

泰之爲卦 乾在震先 ≪下卦先成 而互卦次之≫ 坤在震後 ≪互卦旣著

260) 천간(天干)인 갑을(甲乙)은 五行상으로 木에 해당되며, 東方과 春色을 주관한다. 이 중에서 甲은 陽木이고, 乙은 陰木이다. 참고로, 십간(十干)의 갑을(甲乙), 병정(丙丁), 무기(戊己), 경신(庚辛), 임계(壬癸)는 각각 목(木), 화(火), 토(土), 금(金), 수(水)에 해당된다.

而上卦乃成≫ 所以爲先後也

泰 → 蠱

泰卦에서는 乾이 震에 앞서고 ≪下卦가 먼저 이루어지고, 互卦는 그 다음≫ 坤이 震의 뒤에 있으니 ≪互卦가 이미 나타나고 나서, 上卦가 이에 성립됨≫ [이것이 乾과 坤이 震의] "先·後"가 되는 까닭이다.

移之爲蠱 震甲如舊 ≪三五互≫ 甲之先後 仍可推也 天地壞亂 ≪乾與坤 皆壞≫ 震主居中 ≪位乎三≫ 此 有事之時也 幹事之法 必先事而慮始 亦後事而愼終 此 所以由震甲而推之 以察乾坤之先後也

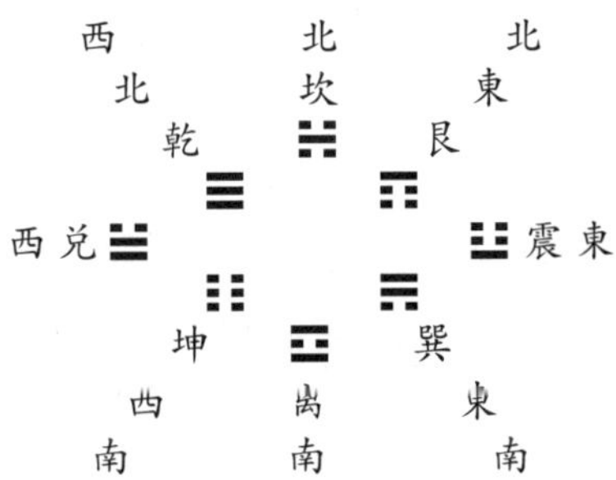

[泰卦로부터] 推移하여 蠱卦가 되어도, 震의 甲은 以前과 마찬가지로 있으니 ≪3·4·5의 上互卦≫ "甲"의 先後를 여전히 미루어 알 수가 있다. [이렇게] 天地가 파괴되고 혼란해졌는데 ≪[蠱卦가 되면서] 乾과 坤이 모두 괴멸됨≫ 震의 君主가 그 가운데 머무르고 있으니 ≪제3位에 자리함≫ 이것은 [시급히 처리해야 할] 일이 발생한 때이다.[261] [이런 유사시(有事時)

에] 일을 처리하는 法은 반드시 먼저 일을 처리하기에 앞서서, 그 근원을 생각해 보고, 또한 일을 처리한 뒤에는 그 끝마침을 신중히 해야 하는 것이다.[262] 이것이 '震甲'으로 말미암아 추론함으로써, 乾・坤까지의 先後를 관찰해야 하는 까닭이다.

○卦亦有兌 《二四互》 兌則爲庚 《西方爲庚辛》 據說卦方位 先庚三日者 巽也 《坤离巽》 後庚三日者 艮也 《乾坎艮》

蠱

○ [한편 蠱]卦에는 또한 兌가 있는데 《2・3・4의 下互卦》 兌는 곧 "경(庚)"이 된다. 《서방(西方)은 [십간(十干)에서] 경(庚)・신(辛)에 해당된다.[263]》 따라서 「說卦傳」의 方位에 따르면, "선경삼일(先庚三日 : 庚에 앞선 3일)"은 巽이 되고 《坤, 离, 巽》 "후경삼일(後庚三日 : 庚 이후의 3일)"은 艮이 된다. 《乾, 坎, 艮》

是卦也 下巽而上艮 其實 先庚三日 後庚三日 乃此卦之今象 《謂現在之象》 先甲三日 後甲三日 卽此卦之本象 《謂泰卦》

泰→推移→蠱

---

261) 有事之時也 : (다른 가능한 해석) [긴급한 상황이 발생한] 유사시에 해당하는 것이다.

262) 巽卦 九五를 설명하는 부분에서도 "慮始而愼終"이라는 말을 함(『四箋』 卷6, 36가). 『論語』에 증자(曾子)의 말로 "愼終追遠"이라는 말이 나온다(장기근 역주, 『論語』, 명문당, 1973, 59면).

263) "庚"은 이른바 十干의 7번째로 '서쪽'과 五行 중에 '金'을 상징한다. "辛"은 十干의 8번째이다. 따라서 "庚"과 "辛"을 묶어서 "서쪽"으로 본 것으로 보인다.

이 蠱卦를 보면, 下卦는 巽이고 上卦는 艮이니, 실제로 "先庚三日, 後庚三日"이 곧 이 蠱卦의 현재 象인 것이며 ≪[蠱卦의] 現在의 象을 말함≫ "先甲三日, 後甲三日"은 곧 이 卦의 본래의 象이다. ≪泰卦를 말한다.≫

聖人引而不發 至巽之九五 始畢其說 ≪云 先庚三日 後庚三日≫ 巽之九五者 巽之蠱也 ≪巽五變 則爲山風≫

䷸ ䷑

巽→5爻變→蠱

聖人이 [즉 周公이 여기 蠱卦에서 말해야 할 것을 짐짓 남겨두고] 끌어오며, 발설하지 않다가, 巽卦 九五에 이르러 비로소 그 말씀을 마치셨으니 ≪"先庚三日 後庚三日"이라고 말함[264]≫ 巽卦의 九五는 巽卦가 蠱卦로 변하는 경우에 해당된다. ≪巽卦의 九五爻가 變하면 山·風 [蠱]卦가 된다.≫

以大義則 慮始愼終之戒 寓於其間 以占法則 凡所謂 三日不食 ≪明夷之初九≫ 七日得 ≪震 既濟≫ 之類 皆以文王卦位 推定日數 ≪詳本卦≫ 則先甲先庚 又所以揭六十四卦 三百八十四爻之通例也.

이 말의 大義로써 본다면, ["先甲三日, 後甲三日"이라는 말에는] "깊이 생각해서 시작(始作)하고, 신중하게 종결(終結)하라"는 경계가 그 사이에 깃들어 있는 것이다. 占法에 따라 본다면, 무릇 이른바 "三日不食", ≪明夷卦의 初九≫ "七日得" ≪震卦[六二]와 既濟卦[六二]≫ 등의 사례가 모두 文王의 卦位[즉 說卦方位]에 따라 그 날짜(日數)를 추정한 것이다. ≪상세한 것은 해당 卦에서 언급하였다.≫ 이런 "先甲"·"先庚"은 또한 [聖人이]

264) 巽卦 九五에 "先庚三日, 後庚三日, 吉"이라고 함.

64卦 384爻의 [日數를 헤아리는] 通例를 보이고자 한 것이다.

○案 先甲後甲之義 先儒解之 不同 馬融云 艮在東北 爲先甲 巽在東南 爲後甲 《甲 東方》 若然 三日 不可解也 鄭玄云 令甲之首 必先令三日 後令三日 以示取信 《又云 前三用辛[265] 取更新之義 後三用丁 取丁寧之義》

○ [案] "先甲" · "後甲"의 뜻에 대해 先儒들이 해석한 것은 동일하지 않다. 마융(馬融)이 말하기를, "艮은 동북쪽에 자리하는 것이니 '先甲'이 되고, 巽은 동남쪽에 자리하는 것이니 '後甲'이 된다"라고 설명하였는데 《"甲"이 동쪽이라는 것》 그렇다면 "三日"을 해석할 수가 없다.

鄭玄은 말하였다. "["先甲三日 後甲三日"이란] 영갑(令甲)[266]에 앞서서, [즉 새로운 제도나 법률(甲)을 시행하기에 앞서서] 반드시 시행령을 내리기 以前 3日 동안, 그리고 시행령을 내린 이후 3日 동안 두루 공시함으로써 [백성들로부터] 믿음을 얻는 것이다." 《또 [鄭玄은 말하였다.] "[甲日이 되기] 以前의 3日은 '辛(신)'日이 되니, '갱신(更新)'의 뜻을 취함이고, [甲日이 된] 이후 3日은 '丁(정)'日이 되니, '정녕(丁寧)'의 뜻을 취한 것이다."[267]》

漢儒 皆主納甲之說 《此 緯書邪說》 而王弼 以先甲後甲 爲漢制甲乙之令 然 令甲之名 起於漢 《漢武帝 冬至 立泰畤于甘泉 詔曰 先甲三

265) [校閱] 新朝本과 國中本에는 "前三用辛"으로 되어 있으나 奎章本에는 "前三用新"이라고 되어 있다. 前者가 옳다.

266) 영갑(令甲) : 漢代에 몇 대의 조령(詔令)을 보존하여 발포(發布)한 차례를 따라, 令甲, 令乙, 令丙이라고 이른데서 나온 말이다. 따라서 영갑(令甲)은 法令의 第一令에 해당된다. 여기서 유래되어, 영갑(令甲)은 政令의 뜻으로 일반적인 의미로 사용하기도 한다.

267) 十干은 甲 · 乙 · 丙 · 丁 · 戊 · 己 · 庚 · 辛 · 壬 · 癸의 순서로 되어 있으므로, 甲에서 癸까지 끝나면, 다시 순환하게 된다. 그러므로 甲 以前의 三日은 [辛 · 壬 · 癸 · 甲의 순서로 본다면] 辛日이 되고, 甲 以後의 三日은 [甲 · 乙 · 丙 · 丁의 순서로 본다면] 丁日이 된다.

日 後甲三日 朕 念年歲未[268]咸登 飭躬齊戒 丁酉 拜況于郊≫ 未必周易 用漢制也

[한편] 漢代의 학자들은 [이의 해석을] 모두 납갑설(納甲說)[269]에 근거하였으며 ≪이는 위서(緯書)의 邪說≫ [이후 이를 이어] 왕필(王弼)은 "先甲·後甲"을 漢나라 법제(法制)에서 영갑(令甲), 영을(令乙) 등의 法令을 가리키는 것이라고 보았다. 그러나 '영갑(令甲)' 등의 명칭은 漢代에 나온 것이니 ≪漢나라 무제(武帝)는 [5년] 동지(冬至)날 감천(甘泉)에 태치(泰畤)[270]를 세우고, 조서(詔書)를 내려 말하기를 "……[『周易』에] '先甲三日 後甲三日'이라고 했거니와, 짐은 올 한해(年歲)의 농사가 두루 잘 되지 못함을 우려함에, 삼가 내 자신을 재계(齋戒)하여 [그 후갑삼일(後甲三日)에 해당하는] 정유(丁酉)날에 '郊'에서 참배하고 축복을 받고자 하노라"라고 하였다.[271]≫ [아무려나, 周나라 시대의] 『周易』이 [시기적으로 周나라보다 後代에 성립한] 漢나라 법제(法制)를 응용할 수는 없었을 것이다.

自此以降 益復紛紜 胡炳文 又以先天方位 ≪离東而坎西≫ 說艮巽之位 未必文王之易 下遵邵子之圖也

---

268) [校閱] 新朝本에는 "歲未"의 "未"가 빠져 있다. 奎章本과 國中本이 옳다.

269) 납갑설(納甲說) : 京房이 처음으로 제창한 설로 팔궁괘를 각각 十干에 배당하고 또한 그 각각의 획(爻)을 12支에 배당하는 것이다. 甲이 十干의 첫머리이므로 納甲이라 하고 또 12支에 배당하므로 "納支"라고도 하는데 통칭하여 "納甲"이라 한다(심경호 역주, 『주역철학사』, 예문서원, 1994, 193면).

270) 태치(泰畤) : 太一에 제사를 올리는 곳 혹은 그 곳에서 올리는 제사를 가리킴. 漢武帝 이후의 봉선(封禪) 의례나 태치(泰畤) 郊祀 역시 하늘의 至高神에 대한 최고제사이었으며, 광무제가 행한 즉위고천(卽位告天)도 하늘의 至高神에 대한 제사이었다. 즉위고천(卽位告天)이 일시적인 祭天儀禮라면, 封禪과 泰畤 郊祀는 정기적인 제천의례이다. 태치교사(泰畤郊祀)는 3년 1교(三年一郊), 봉선제는 5년 1수(五年一修)로 거행되었다.

271) 『漢書』 卷1(班固 撰, 顔師古 注, 中華書局, 1983, 185면)에 "朕[甚]念年歲未咸登"이라 나온다. 『仲氏易』(上海古籍出版社, 1990, 87면) 이후에도 이 대목이 동일하게 인용되고 있다. 또 이 漢 武帝의 故事는 『高亨의 周易』(김상섭 역, 예문서원, 1995, 204면)에서도 인용되고 있다.

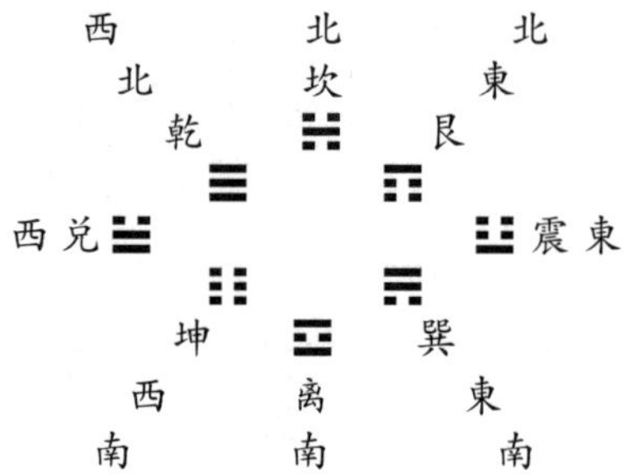

이 이후 더욱 번잡한 이론이 전개되었는데, [元代의] 호병문(胡炳文)은 또한 [복희(伏羲)의] 선천방위(先天方位)에 따라 ≪[先天方位에 따르면] 离가 東쪽이고, 坎이 西쪽≫ [이 "先甲三日 後甲三日"을 풀이하며] 艮과 巽의 자리를 설명하였으니 [아무려나] 文王의 易이 [그보다 훨씬 後代의] 소강절(邵康節)의 先天圖를 추종하지는 않았을 것이다.[272]

○ 唯虞仲翔之言曰 下卦變乾 爲前三甲 ≪下本乾≫ 上卦變坤 爲後三甲 ≪上本坤≫ 此爲近之

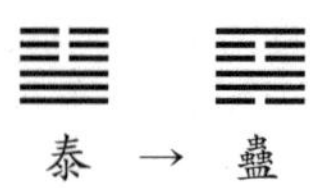

○ 다만 우중상(虞仲翔)만이 [이에 대해 다음과 같이] 말하기를, "[蠱卦의] 下卦는 乾을 변화시켜 성립된 것이니, 前三甲이 되고 ≪[泰卦의] 下卦가 본래 乾≫ [蠱卦의] 上卦는 坤을 변화시켜 성립된 것이니, 後三甲이 된다"라고 하였으니 ≪[泰卦의] 上卦가 본래 坤≫ 이것이 [그래도 본뜻에] 가깝다.

---

272) 앞서도 "[未必]周易用漢制也"라고 말한 바 있다(『四箋』 卷3, 12나).

春秋傳 ≪僖 十五年≫ 秦伯伐晉 卜徒父筮之 遇蠱曰 蠱之貞 風也 ≪內曰 貞≫ 其悔 山也 ≪外曰 悔≫ 歲云秋矣 ≪二四兌≫ 我落其實 ≪艮果 遇巽風≫ 而取其材 ≪兌金克震木≫ 所以克也

『春秋左氏傳』에 ≪僖公 15年≫ 秦나라 백작(伯爵)이 晉나라를 정벌함에 복도보(卜徒父)가 그 일에 대해 占筮하여 蠱卦를 얻었는데 풀이하여 말하기를 "蠱의 貞卦는 바람이고 ≪內卦를 "貞"이라 함≫ 그 悔卦는 山이온데 ≪外卦를 "悔"라고 함≫ 세절(歲)도 이처럼(云) 가을이시니와 ≪2·3·4가 兌≫ 우리가 그 열매를 떨어뜨리고 ≪艮의 과실(果實)이 巽의 바람을 만남≫ 그 재목(材木)을 취하는 격이라 ≪兌의 金이 震의 木을 이김≫ [우리가] 이기는 바입니다"라고 하였다.[273)]

彖曰 : 蠱, 剛上而柔下, 巽而止, 蠱. 蠱, 元亨而天下治也. 利涉大川, 往有事也. 先甲三日, 後甲三日, 終則有始, 天行也.

「彖傳」: 蠱卦에서는 剛이 상승하고, 柔가 하강하는 것이니, 공손(巽)하면서, 그치는 것(止)이 蠱卦[의 卦象]이다. 蠱卦는 君主가 형통하여(元亨), 天下가 잘 다스려지는 것이다. "利涉大川"이라고 한 것은 [나아]가서(往) [할] 일(事)이 있음을 말한 것이다. "先甲三日, 後甲三日"이라고 한 것은 끝나면, [다시] 시작하는 것이 하늘의 운행[의 법칙]임을 말한 것이다.

剛上而柔下者 謂自泰卦 初往而上來也

"剛上而柔下", 즉 "剛이 상승하고, 柔가 하강한다"라고 한 것은 泰卦에서 初가 위로 가고, 上이 아래로 내려오는 것을 말한다.

273) 『四箋』「春秋官占補註」中, "秦伯伐晉之筮"를 참조할 것(『四箋』 卷7, 17나).

○天下者 坤也 泰之上坤 今成离治 ≪今大离≫ 此 元亨而天下治也 ≪震离之故天下治≫

䷊ ䷑

泰 → 蠱

○ [여기서] "天下"라고 한 것은 坤을 가리킨다. 泰卦의 上卦는 坤이었는데, 지금 离의 다스림을[274] 이루니 ≪지금 [蠱卦의 3·4·5·6이] 큰 离의 형태≫ 이것이 "元亨而天下治"의 뜻이다. ≪또한 [蠱卦에는 군자를 상징하는] 震과 [잘 통치됨을 상징하는] 离가 있는 까닭에 "天下治", 즉 "天下가 잘 다스려짐"이라고 한 것이다.[275]≫

○一剛旣升 ≪一之上≫ 遂成坎勞 ≪今大坎≫ 往有事也

䷊ ䷑

泰 → 蠱

○ 한 개의 陽이 이미 상승하여 ≪[泰卦의] 1이 上으로 감≫ 드디어 坎의 노역(勞役)[의 象]을 이루니 ≪지금 [蠱卦의 1·2·3·4位에] 큰 坎이 있음≫ [이것을 가리켜] "往有事", 즉 "가서 할 일이 있다"라고 한 것이다.

○巽之一陰 坤所始也 ≪下今巽≫ 艮之一陽 乾所終也 ≪上今艮≫ 巽以始之 由艮爲坤 ≪泰上坤≫ 震以始之 由兌爲乾 ≪震兌 兩互象≫ 終則有始 天行也

---

274) 离가 治의 뜻이 된다는 것은 茶山의 '今補'에 나옴.

275) 茶山의 '今補'에 따르면 震은 君子를 상징하는데 蠱卦 3·4·5에 互震이 있으니 이렇게 말한 것이다. "天下治"라는 말이 乾卦 用九의 「文言」에도 나온다(『四箋』 卷1, 43나).

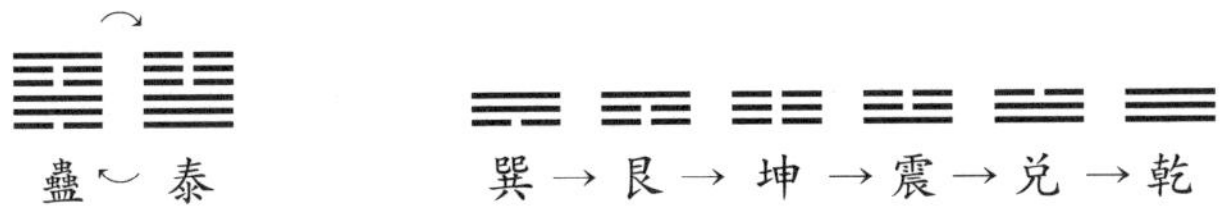

○ 巽의 一陰은 坤이 시작(始作)되는 바이며 ≪[蠱卦의] 下卦가 지금 巽≫ 艮의 一陽은 乾이 종결(終結)되는 바이다. ≪[蠱卦의] 上卦가 지금 艮≫ [蠱卦와 泰卦를 나란히 놓고 보면] 巽으로 시작하여, 艮을 거쳐, 坤이 되고 ≪泰卦의 上卦는 坤≫ 震으로 시작하여, 兌를 거쳐, 乾이 되니 ≪震과 兌는 兩互卦의 象≫ [이것이] "終則有始, 天行"이라고 한 의미인 것이다.[276)]

○案 虞仲翔曰 隨爲否上之初 蠱爲泰初之上

○ [案] 우중상(虞仲翔)이 말하였다. "隨卦는 否卦의 上이 1로 간 것이 되고, 蠱卦는 泰卦의 1이 上으로 간 것이 된다."

初六 : 幹父之蠱, 有子, 考无咎, 厲, 終吉. ○象曰 : 幹父之蠱,

276) 蠱卦에서는 下卦가 巽이고, 上卦가 艮이다. 또 泰卦의 上卦가 坤이며, 上互卦는 震, 下互卦는 兌, 下卦가 乾이 된다. 그리고 그 乾이 다시 蠱卦의 下卦인 巽으로 된다. 다시 말해 蠱卦와 泰卦를 나란히 놓고 볼 때, 巽[☴]⇒艮[☶]⇒坤[☷]⇒震[☳]⇒兌[☱]⇒乾[☰]의 방향, 즉, 위 그림에서는 시계 방향으로, 순환하는 방식을 취하고 있다.

意承考也.

初六 : [자식으로서] 아버지의 허물을 잘 보완함이니, 자식을 [잘] 둔 덕택에, 죽은 아버지(考)가 허물이 없을 것이다. 위태로우나, 마침내 吉할 것이다. ○「象傳」: 아버지의 허물을 잘 보완함("幹父之蠱")이니, 그 [자식의] 뜻한 바(意)가 돌아가신 아버지(考)[의 유지(遺志)]를 [받들어] 계승(繼承)함에 있다.

此 蠱之大畜也 卦從泰來 ≪一之上≫ 乾壞其下 ≪下今柔≫ 父之蠱也 ≪乾爲父≫ 初之旣變 壞者復完 ≪下今乾≫ 如幹夾墻[277] ≪義見下≫ 幹父之蠱也

泰 → 蠱 → 大畜

이것은 蠱卦가 大畜卦로 변하는 경우이다. 蠱卦가 泰卦에서 나오면서[278] ≪[泰卦의] 1이 上으로 감≫ 乾이 그 아래를 훼손하니 ≪아래에서 [蠱卦의 初畫이] 지금 柔로 됨≫ [이것을 가리켜] "父之蠱", 즉 "아버지의 허물어짐"이라고 한 것이다. ≪乾은 아버지가 된다.≫

[그런데] 蠱卦의 初爻가 이미 변하여 [大畜卦가 되면] 훼손되었던 것이 다시 복원되어 완전(完全)하게 된다. ≪[大畜卦의] 下卦가 지금 乾≫ 마치 판목(版木)을 [훼손된] 담장의 [양쪽에] 세워서 지탱함과 같으니 ≪이 뜻은 아래에 나옴[279]≫ [이것을 가리켜] "幹父之蠱", 즉 "[자식이] 아버지의 허물(蠱)을 잘 보완함"이라고 한 것이다.

---

277) [校閱] "墻"이 奎章本에는 "牆"으로 나오는데, "墻"과 同字이다. 新朝本에서도 "墻"과 "牆"이 서로 혼용되고 있다.

278) 보통의 "卦[自]泰來"라 하는데 여기서는 "從"이라 하였다.

279) 아래에서 "幹者 築牆版也. 築墻之法 兩木相夾 而中成堅剛 ……"이라 함(『四箋』 卷3, 13가).

○泰之乾君 前有震男 ≪三五互≫ 是 有子也[280] ≪乾君之長子≫ 移之爲蠱 ≪一之上≫ 乾君乃死 ≪終乎艮≫ 升于艮廟 ≪上今艮≫ 父死曰 考也 ≪見曲禮≫ 初之旣變 乾君又立 ≪下今乾≫ 是 有子也 ≪考有子≫

泰 → 蠱 → 大畜

○ 泰卦의 乾의 군주가 앞에 震의 남아(男兒)를 데리고 있으니 ≪[泰卦의] 3·4·5의 互卦≫ 이것을 [가리켜] "有子(자식이 있다)"라고 한 것이다. ≪[震은] 乾의 [君主의] 長子≫ [그런데 泰卦로부터] 추이하여 蠱卦가 되면 ≪[泰卦의] 1이 上으로 감≫ 乾의 군주가 이에 죽으니 ≪[「說卦傳」에 따르면] 艮에서 [만물은] 종결됨≫ 艮의 종묘(宗廟)에 모시게 된 것이다. ≪[蠱卦의] 上卦가 지금 艮≫ 아버지가 죽으면 "考"라고 부른다. ≪『禮記』「曲禮」에 나옴[281]≫ [蠱卦의] 초효가 이미 변함에 乾의 君主가 또한 새로 즉위하니 ≪[大畜卦의] 下卦가 지금 乾≫ 이것이 "有子"이다. ≪죽은 아버지[考]에게 자식이 있는 것이다.≫

父之所壞 ≪乾體毁≫ 子能完之 ≪下今乾≫ 又何咎焉 ≪善補父之過≫ 鯀之圮族 禹實幹之 姬度壞德 子仲是蓋 ≪蓋[282]父愆≫ 此 蠱初六

280) [校閱] 奎章本에는 "泰之時, 乾君在內. 移之爲蠱 ≪一之上≫ ……"라고 나온다. 이 경우 "是有子也"라는 말이 중복되지 않아 언뜻 간명하게 보이기도 하지만, 의미가 잘 통하지 않는다. 新朝本과 國中本이 보다 뜻이 원활하게 통한다.

281) "生 曰父 曰母 曰妻 死 曰考 曰妣 曰嬪."(李相玉 譯, 『禮記』 上, 명문당, 2003, 127면) "蠱之上剛 自乾爲艮 則以乾爲考 ≪艮爲死 死曰考≫."(『四箋』 卷8, 33나)

282) [校閱] 新朝本과 國中本에는 "盖"라 나오나 여기서는 '蓋'字로 바꾼다. 이 두 글자는 일반적으로 혼용하고 뜻에도 변함이 없지만 '덮다' '가리다'는 의미로는 '蓋'라 하는 것이 글꼴로 보더라도 더 적절할 것이다.

之无咎也

泰 → 蠱 → 大畜

아버지의 허물어진 것을 ≪[泰卦에서 蠱卦로 되며] 乾의 형체가 훼손됨≫ 아들이 잘 보완하였으니 ≪[大畜卦의] 下卦가 지금 [원래대로] 乾≫ 또한 어찌 허물이 되겠는가? ≪아버지의 잘못을 잘 보완함≫ 곤(鯀)의 그릇침(圮族)[283]을 그 아들인 우(禹)가 실로 잘 바로잡아 보완하였고[284] [周公에 반기를 든] 채숙(蔡叔) 도(度, 姬度)의 패덕(壞德)을[285] 그 아들 채중(蔡仲)[286]이 [나중

283) "비족(圮族)"이란 말은 『尙書』「虞書」「堯典」에 나온다. "帝曰 吁 咈哉 方命[圮族](堯임금이 말하기를 '아 아니 되오 [鯀은] 명을 어기고 일을 그르칠 것이오'라고 하였다)."(車相轅 譯著, 『書經』, 명문당, 1973, 361면) 이때, "方"은 '逆' "族"은 '類'이고 '類'는 '善'의 뜻이다. 한편 『史記』에서는 "堯曰 鯀負命毁族 不可"(正義 負 違也 族 類也. 鯀性很戾 違負敎命 毁敗善類 不可用也) "堯曰 鯀爲人 負命毁族 不可"라고 하였는데 (司馬遷 撰, 裴駰 集解, 『史記』 卷1, 中華書局, 1992, 20면과 50면) 따라 "方命[圮族]"과 "負命毁族"이 결국 같은 말이다.

284) 요임금이 홍수를 다스릴 관리를 선발할 때, 곤(鯀)의 품성이 바르지 않다는 생각을 갖고 있었지만, 모든 대신들이 곤(鯀)을 적극 추천하였기 때문에, 곤(鯀)을 등용하게 되었다. 그렇지만, 곤(鯀)은 홍수를 막는답시고 무조건 물길을 틀어 막아버려, 九年이라는 긴 기간이 경과하였음에도 불구하고, 홍수를 다스리는 데 실패하고 만다. 그러나 그 아들인 禹는 그렇게 하지 않아 治水사업에 성공한 것이다. 이른바 "洪範九疇"라는 것은 禹가 治水사업을 훌륭히 하여, 세상을 편안히 함에 하늘이 내린 것이라고 『書經』에서는 전하고 있다.

285) 文王의 아들 武王이 殷을 멸망시킨 후 그 지역을 은(殷)나라 사람이 은(殷) 지역을 다스려야 한다는 원칙 때문에 멸망한 상(商)의 폭군 주왕(紂王)의 아들 武庚을 은왕의 후계로 삼게 된다. 그리고 은을 세 부분으로 나누어 武王의 세 동생인 관숙(管叔), 채숙(蔡叔), 곽숙(霍叔)에게 분할하여 나누어주고, 다스리게 했다. 그런데 武王이 세상을 떠나고 그의 어린 아들 송(誦)이 성왕(成王)이 되자 武王의 동생이며, 송(誦)의 숙부인 周公이 이른바 7년 동안 섭정을 하게 되었다. 周公이 政事를 맡은 지 4년째 되던 해에, 管叔과 蔡叔이 紂王의 아들 무경(武庚)과 결탁하여 반란을 일으켰다. 이에 주공은 성왕(成王)의 명을 받들고, 동으로 출정하여, 商왕조의 잔여 세력을 깨끗이 토벌함과 동시에 관숙과 무경을 죽이고 채숙을 추방하였다.

286) 채숙(蔡叔)은 반란을 일으켜, 周公에 의하여 정벌되었으나, 그 아들 호는 과거의 행동을 고쳐서 덕을 닦았다. 이에 周公은 그를 천거하여 높은 벼슬에 썼다. 成王은 다시

에 덕을 쌓아, 훌륭하게 되어] 감싸 덮으니[287] ≪아버지의 허물을 가려 덮음≫ 이것이 蠱卦 初六의 "无咎(허물없음)"인 것이다.

○大畜自大壯來 ≪四之上≫ 大壯之時 兌德乘剛 ≪本大兌≫ 此左傳所謂 雷乘乾之厲也 ≪昭 三十二年≫ 移之大畜 陽升陰降 ≪上之四≫ 是 終吉也 艮則爲終 ≪上今艮≫

泰 → 蠱 → 大畜 ← 大壯

○ [蠱卦 初六의 之卦인] 大畜卦는 大壯卦로부터 나왔는데 ≪[大壯卦의] 4가 上으로 감≫ 大壯卦의 때에는 [그 3·4·5位의] 兌의 성격이 [陰으로서 분수에 넘치게] 陽을 올라타고 있고 ≪[大壯卦는] 본래 큰 兌의 형태≫ 이것이 『左傳』에서 이른바 "우레가 乾을 올라타고 있는" 위태로움이다. ≪昭公 32年에 나온다[288]≫ [그런데 大壯卦로부터] 추이하여, 大畜卦로 가면, 陽은 상승하고, 陰은 [자신의 분수에 맞게] 하강하니 ≪[大壯卦의] 上이 4로 감≫ 이것을 [가리켜] "終吉(끝내는 길함)"이라고 한 것이다. 艮이 곧 끝마침(終)이 된다. ≪[大畜卦의] 上卦가 지금 艮이다.≫

○意者 离志也 ≪三六夾≫ 巽以順之 ≪下本巽≫ 艮以承之 ≪艮爲手≫ 意承考也

호를 신체로 봉했으니 그가 곧 채중(蔡仲)이었다.

287) 『書經』「蔡仲之命」, "爾尙[蓋]前人之]愆] 惟忠惟孝(네가 앞사람의 허물 즉 아버지 蔡叔의 叛逆罪를 덮고자 한다면 ……)"(車相轅 譯, 『書經』, 명문당, 1973, 263면); "乃使其弟管叔鮮, 蔡叔度 相祿父治殷" "封弟叔鮮於管 弟叔度於蔡."(『史記』 卷1, 中華書局, 1959, 126~127면) 한편 『이야기 중국사』(김구진·김희영 편저, 청아출판사, 1990, 59면 이후)를 참조할 것.

288) "在周易, [雷乘乾]曰大壯."(文璇奎 역, 『春秋左氏傳』 下, 명문당, 1987, 323면)

○ "意"는 离의 志를 가리킨다. ≪[大畜卦의] 3·4·5·6까지의 협괘[는 大离]≫ 巽으로 따르고 ≪[蠱卦의] 下卦가 본래 巽≫ 艮으로 받드니 ≪艮은 손[手]이 됨≫ [이것을 가리켜] "意承考", 즉 "뜻이 돌아가신 아버지를 받들어 계승하고자 함에 있다"라고 한 것이다.

○案 幹者 築牆版也 築墻[289]之法 兩木相夾 而中成堅剛 故 文言 以坎爲幹 ≪貞者 事之幹≫

○ [案] "幹"이란 것은 담장을 축조하는데 사용되는 판목(版木)을 가리킨다. 담장을 쌓는 방법은 양쪽에 목재를 서로 마주 끼워 세우고, 그 속을 [흙이나 돌을 채워] 단단하게 하여 굳게 만드는 것이다. 그러므로 「文言」에서도 [그 속이 剛인] 坎에 의거하여 "幹"이라 하였다. ≪[「文言」에서] "貞者, 事之幹"이라 함[290]≫

又 牆之爲物 兩剛扃外 而用爲防閑 故易例 以离爲牆 ≪見 同人 九四≫ 皆所以扞其壞也 卦有大坎 ≪初四夾≫ 兩巽之木 ≪二四互 倒巽≫ 夾成中剛 此 幹築之象也

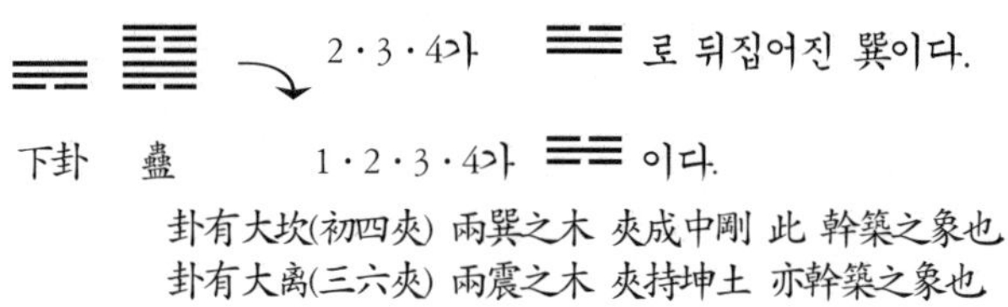

또한 담장이란 물건은 양쪽을 견고하게 만들고, 밖을 막아서, [못 들어오게] 막는데 사용하는 것인 까닭에, 易例에서 离로써 담장(牆)을 삼

289) [校閱] 新朝本과 國中本에는 "墻"으로 되어 있으나 奎章本에는 "牆"으로 되어 있다. "墻"은 "牆"과 同字이다.

290) 『四箋』 卷1, 35나.

았다. ≪同人卦 九四에 이런 사례가 보인다.≫ [따라서 “榦”이나 “墻”은] 모두 그 훼손됨을 막기 위한 것이다. 蠱卦에는 큰 坎이 있는데 ≪[蠱卦의] 1・2・3・4位의 夾卦[는 大坎]≫ [그 아래와 위의] 양쪽에 巽의 나무[291]를 ≪[蠱卦의] 2・3・4의 下互卦가 뒤집은 巽이 됨≫ 끼워서, 그 가운데를 견고하게 하니, 이것이 담장을 축조하는 象이다.

卦有大离 ≪三六夾≫ 兩震之木 ≪上倒震≫ 夾持坤土 ≪中二陰≫ 亦幹築之象也 故 卦之本象 原有幹蠱之形 不待爻變而後方得爲幹也 ≪如 剝之剝牀 漸之鴻漸≫

泰 → 蠱

또 蠱卦에는 큰 离가 있는데 ≪3・4・5・6位의 夾卦[는 大离]≫ 그 상하 양쪽에 震의 나무로써 ≪上卦는 倒震≫ 坤의 흙을 [사이에 두고] 끼워서 지탱하니] ≪[여기서 坤이라고 한 것은 蠱卦의 上卦에 있는] 가운데 두 개의 陰[을 지칭한 것]≫ [이] 역시 담장을 축조하는 象이다. 그러므로 蠱卦의 本象에 원래부터 허물어진 것을 보완하는 형상이 있으니, 爻變한 이후에야 [즉 어떤 다른 괘로 된 뒤라야] 비로소 [보완하거나] 축조하는 것으로 되는 것이 아니다. ≪예컨대 [그 本卦의 象을 말하는] 剝卦의 “剝牀”이나 漸卦의 “鴻漸”과 같은 사례이다.≫

291) 巽木은 「說卦傳」에 나온다. 震木은 茶山의 ‘今補’에 나온다.

九二 : 幹母之蠱, 不可貞. ◯ 象曰 : 幹母之蠱, 得中道也.

九二 : [현명한 자식이 있어] 어머니의 허물(蠱)을 잘 수습함이다. [그러나 남자로서] 일을 맡아 처리하기에는 적합하지 않다. ◯「象傳」: [자식으로서] 어머니의 허물(蠱)을 잘 수습함은 中道를 얻은 것이다.

此 蠱之艮也 艮自觀來 ≪五之三≫ 觀之時 坤母在內 ≪風地卦≫ 移之爲艮 ≪三之五≫ 坤體乃壞 ≪下今艮≫ 母之壞也 ≪坤所毁≫ 雖則壞矣 坎之堅木 ≪二四互≫ 入於坤土之中 ≪在四陰之中≫ 如幹持牆 ≪義見上≫ 幹母之蠱也 孰爲之子 艮少男也 婦人之情 偏愛少子 母之壞德 多由於此 ≪由少男≫ 子苟賢矣 可以幹蠱 ≪補母過≫ 如晉之王覽 ≪王祥弟≫ 當此占也

蠱 → 艮 ← 觀

이것은 蠱卦가 艮卦로 변하는 경우이다. 艮卦는 觀卦에서 나왔는데 ≪[觀卦의] 5가 3으로 감≫ 觀卦의 때에는 坤의 어머니가 안에 [머물고] 있다. ≪風과 地로 구성된 卦≫ [그런데 觀卦로부터] 추이하여 艮卦가 되면 ≪[觀卦의] 3이 5로 감[292]≫ 坤의 형체가 이에 파괴되니 ≪[重山 艮卦의] 下卦가 지금 艮≫ "母之壞(어머니가 허물어진 것)"이다.[293] ≪坤이 훼손된 것이다.≫ 비록 이렇게 허물어지기는 하였으나, 坎의 견고한 나무가 ≪[艮卦의]

292) 이는 誤字가 아니다. 물론 推移의 本法도 아니다. 다만 여기서 ☷을 중심으로 놓고 보기 때문에 이렇게 말한 것이다.

293) "母之[蠱]"를 "母之[壞]"로 즉 "蠱"를 "훼손"으로 풀이한 것이다.

2·3·4의 下互卦≫ 坤의 흙 속에 들어가서 ≪[一陽이] 네 개의 陰 가운데에 있음≫ 마치 그 판목이 담장을 지지(支持)하는 것과 같으니 ≪그 뜻이 앞에서 나옴≫ [이것을 가리켜] "幹母之蠱"라고 한 것이다. [그러면] 누가 그 [어머니의] 아들이 되는가? 艮의 少男이다.

부인(婦人)의 마음은 주로 어린 자식을 편애(偏愛)하기 마련이니, 어머니가 그 德을 무너트리는 것은 주로 이런 일에서 연유(緣由)한다. ≪[坤母의 형체가 파괴된 것은 艮의] 少男으로 말미암은 것이다.≫ 그러나 그 아들이 진실로 현명하다면 이런 허물은 잘 수습할 수가 있으니 ≪어머니의 허물을 잘 보완함≫ 예컨대 晉나라의 왕람(王覽)[294]이 ≪즉 왕상(王祥)[295]의 아우≫ 이런 占에 해당하는 것이겠다.

○ 卦有[296]坎貞 ≪今二四≫ 艮又可貞 ≪事成于艮堅≫ 然 二五之應 ≪本有應≫ 今焉失之 凡男子之事 不可貞也 故曰 幹母之蠱

蠱 → 艮 ← 觀

○ [艮]卦에 坎의 貞이 있으며 ≪지금 [艮卦의] 2·3·4位가 坎≫ 艮도 또한 貞이 될 수 있다. ≪사업(事業)은 艮의 견실함[297]에서 이루어진다.≫ 그러나

294) 왕람(王覽 : 206~278)은 서진(西晉) 원제(元帝) 때 광록대부(光祿大夫)를 지낸 인물로서 태보(太保)를 지낸 왕상(王祥)은 그의 이복형이다. 생모(生母)인 주씨(朱氏)가 왕상에게 독이 든 술을 주어 죽이려고 하였는데, 왕람이 그것을 알고 술을 빼앗았다는 일화가 『진서(晉書)』「왕상왕람전(王祥王覽傳)」과 『世說新語』「德行篇」 등에 전해진다.

295) 왕상(王祥 : 185~269)은 왕람의 이복형이었는데, 생모(生母)가 일찍 죽고, 계모(繼母)인 주씨(朱氏)의 학대에도 불구하고 효도를 다한 것으로 유명하다.

296) [校閱] 新朝本에는 "卦者坎貞"이라고 되어 있으나 奎章本과 國中本의 "卦有坎貞"이 더 자연스러우므로 後者를 따른다.

297) 「說卦傳」에 "艮, 其於木也, 堅多節"이라 했고 茶山의 「其他 物象」에도 "篤實" 등이 언급된다.

제2位와 제5位의 호응함이 ≪[蠱卦에서] 본래 호응함이 있었음≫ 지금 [艮卦에서는] 상실되었으니 대개 [안팎으로 두루 연관되고, 호응이 있어야 하는] 남자의 사업(事業)인 경우에는 일을 맡아 처리하기에 적합하지 않은 것이다. 그러므로 [여기서는 남자의 사업을 언급하지 않고, 단순히 어머니와 자식간의 일에 해당할 뿐인] "幹母之蠱"를 말한 것이다.

○得中道者 坎也 ≪今二四≫ 上下四陰 ≪一二與四五≫ 中銜一幹 ≪三獨剛≫ 得中道也 互震爲道

蠱 → 艮 ← 觀

○ "得中道"는 坎으로 말미암은 것이다. ≪지금 [艮卦의] 2·3·4가 坎≫ 위와 아래로, 네 개의 陰이 있고 ≪[艮卦의] 1·2位와 4·5位≫ 그 가운데, 한 개의 바른 근간(幹)을 품어 간직하고 있으니 ≪[艮卦의] 제3位만 오직 陽≫ "得中道", 즉 "中道를 얻었다"라고 한 것이다. [3·4·5位의] 互震이 길(道)이 된다.

九三 : 幹父之蠱, 小有悔, 无大咎. ○ 象曰 : 幹父之蠱, 終无咎也.

九三 : [자식으로서] 아버지의 허물을 [잘] 보완함이니, 조금 후회가 있기는 하겠으나, 큰 허물은 없을 것이다. ○「象傳」: 아버지의 허물을 보

완하니, 끝내 허물이 없을 것이다.

此 蠱之蒙也 蠱之兩互 卽成歸妹 ䷵ ≪上雷而下澤≫ 歸妹之卦 亦自泰來 ≪三之四≫

泰→ 推移→蠱→爻變→蒙　　　　蠱→兩互作卦→歸妹←推移← 泰

이것은 蠱卦가 蒙卦로 변하는 경우이다. 蠱卦로부터 兩互卦를 만들면 곧 歸妹卦가 되는데 ≪上[互]卦가 雷이고, 下[互]卦가 澤≫ 歸妹卦도 역시 泰卦로부터 [추이하여] 온 것이다. ≪[泰卦의] 3이 4로 간 것이다.≫

泰之乾父 旣移則壞 ≪變爲兌≫ 父之蠱[298]也 ≪乾所毁≫ 三之又變 乾體復完 ≪兌變乾≫ 幹父之蠱也 孰爲之子 震長男也 歸妹而變其三 卽成大壯 ≪雷天卦≫ 震在上也

泰→推移→ 蠱→兩互作卦→歸妹→제3爻變→大壯

泰卦에 있던 乾의 아비지는 이미 蠱卦로 推移하게 되면, 곧 [그 형체가] 허물어지니 ≪[歸妹卦에서 乾이] 변하여 兌가 됨≫ "父之蠱", 즉 "아버지가 허물어진 것"이다. ≪乾이 훼손된 것이다.≫ [그런데] 歸妹卦의 第3爻가 또 변하여 [大壯卦로 됨에] 乾의 형체가 다시 복원되니 ≪兌가 변하여 乾으로 됨≫ [이것을 가리켜] "幹父之蠱", 즉 "아버지의 허물을 보완함"이라고 한 것이다. [그러면] 누가 그 아들인가?[299] 震의 長男이다. 歸妹卦에

298) [校閱] 奎章本과 國中本에는 "父之蠱也"로 되어 있으나 新朝本에는 "父之蟲也"로 되어 있다. 前者가 옳다.

서 그 第3爻가 변하면 곧 大壯卦가 되는데 ≪[大壯卦는] 雷와 天으로 구성된 卦≫ 震이 [그] 上卦에 있다.

○小者 坤陰也 ≪泰之坤≫ 大者 乾陽也 ≪泰之乾≫ 坤體未完 ≪歸妹 大壯 皆上震≫ 小有悔也 ≪陰有變≫ 乾德如舊 ≪如泰時≫ 无大咎也 ≪在乾陽 則无所失≫

泰 →推移→蠱→兩互作卦→歸妹→제3爻變→大壯

○ ["小有悔"에서] "小"는 坤의 陰을 가리킨다. ≪泰卦의 坤을 말한 것이다.≫ ["无大咎"에서] "大"는 乾의 陽을 가리킨다. ≪泰卦의 乾을 말한 것이다.≫ 坤의 형체가 완전치 않으니 ≪歸妹卦나 大壯卦는 모두 上卦가 震≫ "小有悔"라고 한 것이다.[300] ≪[歸妹卦나 大壯卦에 있어서는] 陰에 변화가 있었다.≫ 반면에 [大壯卦에서는] 乾의 德이 여전하니 ≪泰卦의 때와 같음≫ "无大咎", 즉 "큰 허물은 없는 것"이다. ≪乾의 陽에 있어서는 곧 잃은 것이 없다.≫

○終者 下卦之終也 ≪第三爻≫ 壞而善補 又何咎焉

○ "終"이라고 한 것은 [이 九三이] 下卦의 마지막에 있기 때문이다. ≪제3爻≫ 무너졌으나 잘 보완하니 또한 어찌 허물이 되겠는가![301]

---

299) 이후에도 "孰爲之子"라는 말이 나온다(『四箋』 卷3, 40가).

300) 歸妹卦나 大壯卦의 上卦가 완전히 坤이 되지 못하고, 震이 되었으니 "小有悔"라고 한 것이다. 완전히 陰(小)으로 되지 못한 것이므로, 미진함이 있다는 뜻, 결국 "다소 후회가 있다"는 뜻이 된다.

301) 「小象傳」의 "終无咎"에 대한 설명이다.

六四 : 裕父之蠱. 往見, 吝. ◯ 象曰 : 裕父之蠱, 往未得也.

六四 : 아버지의 허물(蠱)을 누그러뜨린다. [나아]가서 [만나]보더라도, [허물을 고치는데] 인색함이 있을 것이다. ◯「象傳」: 아버지의 허물을 누그러뜨리더라도, 나아가(往) [합당한 자리를] 얻지 못할 것이다.

此 蠱之鼎也 鼎自遯來 ≪二之五≫ 遯自姤進 ≪加一陰≫ 姤自乾生 ≪一陰生≫ 爲姤爲遯 乾體大壞 ≪二陽亡≫ 父之蠱也 ≪乾爲父≫ 如蟲蝕木 勢方急迫 ≪將爲否 爲觀 爲剝≫ 將誰寬之也

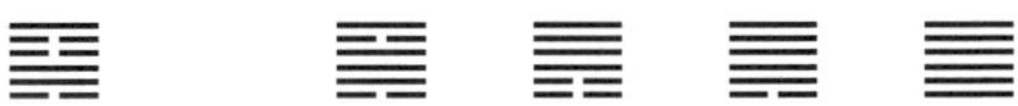

蠱 → 제4효변 → 鼎 ← 遯 ← 姤 ← 乾

이것은 蠱卦가 鼎卦로 변하는 경우이다. 鼎卦는 遯卦에서 온 것인데 ≪[遯卦의] 2가 5로 감≫ 遯卦는 姤卦로부터 전진(前進)한 것이고 ≪한 개의 陰을 더함≫ 姤卦는 乾卦에서 생성된 것인데 ≪[乾卦에서] 陰 하나가 생겨난 것[이 姤卦]≫ 姤卦가 되고, 遯卦가 되면서, 乾의 형체가 크게 파괴되니 ≪두 개의 陽이 없어짐≫ [이것이 바로] "父之蠱"인 것이다. ≪乾은 '父'가 됨≫ [이런 상황은] 마치 벌레가 나무를 파먹어 들어가, 형세가 바야흐로 매우 긴박하니 ≪장차 [遯卦 다음으로] 否卦가 되고 觀卦가 되고 결국은 剝卦로 됨≫ [이런 상황에서] 장차 누가 [나서서] 그것을 누그러뜨리겠는가?[302]

302) 將誰寬之也 : (다른 가능한 해석) 어찌(將) 누구라도(誰) 그것을 느긋하게 관용할 수 있겠는가?

移之爲鼎 ≪二之五≫ 則剛反乎內 ≪五之二≫ 上成离寬 ≪見乾卦≫ 乾步旣回 ≪退一步至二≫ 急勢乃緩 ≪無爲否 爲剝之憂≫ 裕父之蠱也 裕者 寬也 孰爲之子 艮少男也 ≪遯下艮≫ 父或有急 而子能寬之 則當此占也

蠱→4효변→鼎 ← 遯 ← 姤 ← 乾

[그런데 遯卦로부터] 추이하여 鼎卦가 되면 ≪[遯卦의] 2가 5로 감≫ 剛이 안으로 되돌아온다. ≪[遯卦의] 5가 2로 감≫ [鼎卦의] 上卦에 离의 관용을 이루고 ≪[离가 너그러움을 뜻하는 用例는] 乾卦의 「文言」에도 나옴≫ 乾의 발걸음을 이제 되돌리니 ≪[鼎卦는 遯卦보다] 한 걸음 뒤로 물러나 [즉 아래로 내려와] 제2位에 이른 것≫ 급박했던 형세가 이에 완화되므로 ≪[더 이상] 否卦가 되고, 剝卦가 될 우려가 없음≫ [이것을 가리켜] "裕父之蠱", 즉 "아버지의 허물(蠱)을 누그러뜨림"이라고 한 것이다.

裕는 '늦춤' 혹은 '여유롭게 함(寬)'이다. [그러면] 누가 아들이 되는가? 艮의 少男이다. ≪遯卦의 下卦는 艮≫ 아버지가 혹 급한 일을 당함에 자식이 급박한 상황을 완화(緩和)시킬 수 있으면, [그 경우가 바로] 이 占에 해당될 것이다.

○ 遯之一陰 往而成离 ≪上今离≫ 离爲相見 ≪說卦文≫ 是 往見也 本不得位 ≪陰居五≫ 其變亦然 ≪二之五 居陽≫ 不改過也 故曰 吝

蠱→4효변→鼎 ← 遯 ← 姤 ← 乾

○ 遯卦에 있는 한 개의 陰이 [위로 나아]가서 离를 이루는데 ≪[鼎卦

의] 上卦가 지금 离≫ 离는 서로 보는 것(相見)이 되니 ≪「說卦傳」의 글[303]≫ 이것이 "往見", 즉 "나아가서 보는 것"이다. [蠱卦에서 보아도 제5位에 있는 陰이] 본래 바른 자리를 얻지 못하였는데 ≪陰이 [陽의 자리인] 제5位에 머무름≫ 효변하여 [鼎卦로 됨에도] 역시 그러하니 ≪[遯卦의] 2가 5로 감에 [陰이] 陽位에 머무름≫ 그 잘못을 고치지 않은 것이다. 그러므로 "吝"이라고 한 것이다.

○往未得者 陰失其位也 ≪二之五≫

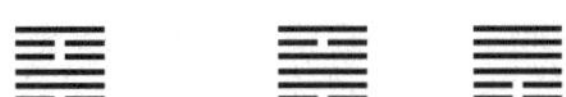

蠱→4효변→鼎 ← 遯

○ "往未得"이란 陰이 그 바른 자리를 잃은 것이다. ≪[遯卦의] 2가 5로 감≫

六五 : 幹父之蠱, 用譽. ○象曰 : 幹父, 用譽, 承以德也.

六五 : [자식으로서] 아버지의 허물을 [잘] 보완하니, 칭송을 받을 것이다. ○「象傳」: 아버지의 허물을 잘 보완하니, 칭송을 받는 것은 德으로써 [아버지의 일을] 계승하였기 때문이다.

此 蠱之巽也 巽自遯來 ≪二之四≫ 遯者 乾壞之卦也 ≪義 與六四

303) 「說卦傳」에 "相見乎离"라고 함.

同≫ 移之爲巽 ≪二之四≫ 則巽木防外 ≪上今巽≫ 如幹築牆[304] ≪義見上≫ 幹父之蠱也

이것은 蠱卦가 巽卦로 변하는 경우이다. 巽卦는 遯卦로부터 왔는데 ≪[遯卦의] 2가 4로 감≫ [앞서 언급했듯이] 遯卦는 乾이 파괴된 卦이다. ≪뜻이 앞의 六四와 동일함≫ [그런데 遯卦로부터] 推移하여 巽卦가 되면 ≪[遯卦의] 2가 4로 감≫ 巽의 목재(木材)로 밖을 막으니 ≪[重風 巽卦의] 上卦가 지금 巽≫ 마치 판자(板子)로 담장을 쌓은 것과 같으니 ≪뜻은 앞에서 나옴≫ [이것을 가리켜] "幹父之蠱"라고 한 것이다.

○ 巽之兩互 爲离爲兌 ≪二四兌≫ 喜而言 則爲譽 ≪离喜 而兌言≫ 是 用譽也

○ 巽卦의 두 互卦는 离와 兌가 되는데 ≪2·3·4는 兌≫ [이는 각각] 기쁨(喜)이고, 말씀(言)이니 곧 "칭찬함(譽)"이 된다. ≪离의 喜이고, 兌의 言이다.[305]≫ 이것이 "用譽(칭송받음)"이다.

---

304) [校閱] 新朝本과 國中本에는 "墻"으로 되어 있으나 奎章本에는 "牆"으로 되어 있다. "墻"은 "牆"과 同字이다.

305) "离喜"는 茶山의 '今補'에 언급되고 있고 "兌言"은 「說卦傳」의 "說言乎兌" 등에서 이끌어낸 茶山의 「其他 物象」이다.

○ 巽以順命 中又剛直 ≪二與五≫ 直心爲德也 ≪見說文≫ 兩巽相承 ≪上今巽≫ 承以德也 ≪下大坎 亦德≫ 本由遯來 ≪二之四≫ 艮則爲承

○ [重風 巽卦는] 巽으로 天命을 따르고, 가운데(中)가 또한 강직한 卦象이니 ≪[重風 巽卦의] 2와 5가 陽≫ '直'字와 '心'字가 합쳐져서 '德, 즉 悳'字가 [즉 "바른 마음(直心)"이] 된다. ≪『說文』에 나온다.306)≫ [重風 巽卦에서는] 두 개의 巽이 서로 이어지고 있으니 ≪[重風 巽卦의] 上卦도 지금 巽≫ [이것을 가리켜] "承以德"307)이라고 한 것이다. ≪[重風 巽卦의] 下部도 큰 坎이니, 역시 '德'을 뜻함≫ [重風 巽卦는] 본래 遯卦에서 나왔는데 ≪[遯卦의] 2가 4로 감≫ 艮이 곧 "承"[의 뜻]이 된다.

○ 案 險言爲讒 故坎而兌則讒也 嘉言爲譽故 离而兌則譽也

○ [案] 험한 말(險言)이란 [곧] 험담(險談)을 뜻하는데, [험난함을 상징하는] 坎과 [말을 상징하는] 兌가 [같이] 있으면 곧 헐뜯는 말이 된다. 좋은 말(嘉言)이란 [곧] 칭송하는 말(譽)이므로 [기쁨을 상징하는] 离와 [말을 상징하는] 兌가 [같이] 있으면 곧 칭송하는 말이 된다.

上九 : 不事王侯, 高尙其事. ○ 象曰 : 不事王侯, 志可則也.

---

306) "悳 外得於人 內得於己也. 從直心."(鄭玄云, 『周禮注疏』, 上海古籍出版社, 1987, 502면) '德'字로는 나오지 않는 것으로 보인다.

307) "承"은 본래 임금에게서 받는 벼슬아치의 신분증명서, 곧 符節을 손(手)으로 받아, 두 손으로 떠받치고 있는 형상을 의미했다. 따라서 삼가 무엇을 받들거나 받는다는 뜻을 나타낸다.

上九 : 임금이나 제후를 섬기지 않고, [세속(世俗)으로부터 벗어나] 그 [자신의] 일을 높이 숭상한다. ○「象傳」: "임금이나 제후를 섬기지 않음(不事王侯)"이니, [벼슬을 뿌리치고 초야(草野)에 은둔해서 살고자 하는] 그 뜻을 본받을 만하다.

此 蠱之升也 卦自泰來 ≪一之上≫ 泰一陽之升于上也 辭乾王而不願[308] ≪下本乾≫ 過震侯而不顧 ≪三五震≫ 以巽爲高 ≪下今巽≫ 坎志是尙 ≪今大坎≫ 高擧遠引 ≪升于上≫ 至于艮山之上 ≪上今艮≫ 玆所謂 不事王侯 高尙其事也 雖有坎事 ≪卦 今餘大坎≫ 非王侯之事也 上爲卦主 故取其本象

泰 → 蠱 → 升

이것은 蠱卦가 升卦로 변하는 경우이다. 蠱卦는 泰卦로부터 왔다. ≪[泰卦의] 1이 上으로 감≫ 泰卦의 한 개의 陽이 위로 올라감에 乾의 임금을 사양하여 원하지 않고 ≪[泰卦의] 下卦가 본래 乾≫ 震의 제후도 지나치고 돌아보지 않는다. ≪[蠱卦의] 3·4·5가 震≫

[蠱卦에서 보면] 巽으로써 고결(高潔)한 삶을 살고 ≪[蠱卦의] 下卦가 지금 巽≫ 坎의 뜻(志)의 올바름을 숭상하여 ≪지금 [蠱卦의] 1·2·3·4位가 큰 坎의 형태≫ [君子가] 세속을 일탈하여 은거(隱居)함으로써, 때를 기다림(遠引)이니[309] ≪[제일 높은] 上位까지 올라감≫ 艮의 山 위에까지 이르는 卦象

308) [校閱] 新朝本과 國中本에는 "불원(不願)"으로 되어 있으나 奎章本에는 "불고(不顧)"로 되어 있다. 여기서는 前者를 따른다.

309) "高擧遠引"이라는 표현은 『周易四箋』의 漸卦 上九의 다산주석에도 나온다. 遠引은 "혼탁한 세상 혹은 暗君이 在位하였을 때, 현인이 때를 기다려 깊이 은둔함"을 말한다. 『文選』에 漢나라 孔融의 「盛孝章을 논하는 글[論盛孝章書]」에 보면 다음과 같은 글이 있다. "昭王이 臺를 쌓아서 郭隗를 존숭하니, 郭隗가 비록 볼품 없는 사람이나 큰

이니 ≪[蠱卦의] 上卦가 지금 艮≫ 이것이 이른바 "不事王侯, 高尙其事"이다. 비록 坎의 사업(事業)이 있다고 해도 ≪[蠱]卦에서, 지금 [上剛을 제외한] 나머지는 큰 坎의 형태≫ 임금이나 제후의 일(事)은 아닌 것이다. 上九가 蠱卦의 主가 되는 까닭에, 그 [蠱卦의] 本象을 취한 것이다.

○志者 坎志也 巽以隱伏 終遂坎志 ≪本大离≫ 是 可法也 表記曰 處其位 而不履其事 則亂也 ≪泰之初剛 得其位 而無坎事≫ 故 君使其臣 得志則 愼慮而從之 ≪升爲大坎 乃得志≫ 否則 熟[310]慮而從之 ≪志 慮也≫ 終事而退 臣之厚[311]也 ≪艮以終坎事≫ 易曰 不事王侯 高尙其事

泰 → 蠱 → 升

○"志"는 坎의 志이다. 巽으로써 은둔(隱遁)하며, 숨어살다가, 마침내

대우를 받음에 마침내 明主의 지극한 마음을 일으켜 낼 수 있었습니다. 그러므로 樂毅가 魏에서 왔고, 劇辛이 趙에서 왔고, 鄒衍이 齊에서 왔습니다. 지난날 郭隗가 거꾸로 매달리는 곤경에 처했을 때 昭王이 풀어주지 않고, 수렁에 빠지게 되었을 때 昭王이 건져주지 않았다면, 선비들은 또한 장차 높이 날아 멀리 가버렸을 것이고, 북쪽 燕나라로 갈 사람이 없었을 것입니다(昭王築臺以尊郭隗, 隗雖小才, 而逢大遇, 竟能發明主之至心. 故樂毅自魏往, 劇辛自趙往, 鄒衍自齊往. 嚮使郭隗, 倒懸而王不解, 臨溺而王不拯, 則士亦將高翔遠引, 莫有北首燕路者矣)." 또『朱子語類』「論語」「微子去之章」에도, '高擧遠引'이라는 말이 나온다. "問 : '三仁, 不知易地而施, 皆能遂其本心否?' 曰 : '都自各就他分上做. 自今觀之, 微子去之, 尙在活地上; 如箕子之囚, 比干之死, 便是在死地上了, 較之尤難! 箕子雖不死, 然便死又到了. 唯是被囚不死不活, 這地位如何處? 直是難! 看三仁惓惓憂國之心, 直是念念不斷. 若如避世之徒, 一齊割斷, 高擧遠引, 這無難. 故孔子曰 : '果哉! 末之難矣.' 若果於忘世, 是不難.'"

310) [校閱] 新朝本과 國中本에는 "孰慮"로 되어 있으나 奎章本에는 "熟慮"로 되어 있다. 여기서는 後者를 따른다.

311) [校閱] 新朝本과 奎章本과 國中本에 모두 "臣之原也"라고 되어 있으나『禮記』「表記」의 原文에는 "臣之厚也"로 되어 있으므로, 原文에 따라 "原"을 "厚"로 고친다.

坎의 뜻(志)을 이루니 ≪[蠱卦에는] 본래 큰 离의 형태[가 있음]≫ 이것이 "본받을 만한 삶"이다.[312] 『禮記』「表記」에서 [다음과 같이] 말하였다.[313] "[신하가 임금을 섬김에 ……] 그 지위(地位)를 맡아, 그 직무(職務)를 수행하지 않으면 곧 혼란이 조성된다. ≪泰卦의 初剛은 그 합당한 지위를 얻었지만, 坎의 사업이 없다.[314]≫ 그러므로 군주가 그 신하를 대할 때에 [만일 신하가 자신의] 뜻[과 부합함]을 얻게 되면, 삼가 신중히 생각하여 따를 것이고 ≪升卦는 큰 坎의 형태가 되니, 곧 "得志", 즉 "뜻을 얻은 것"이 됨[315]≫ [만일 자신의] 뜻[과 부합함]을 얻지 못한 경우에는, 깊이 생각하여 [일단은 임금의 명령을] 따르고 나서 ≪"志"는 "생각(慮)"이다.≫ 일을 마치고 물러나는 것이 신하의 충후(忠厚)한 도리이니 ≪艮으로써 坎의 사업을 끝마침≫ 『周易』에 '不事王侯, 高尚其事'라고 하였다."

---

312) 「小象傳」의 "可[則]"을 "可[法]"으로 풀이한 것이다.

313) 李相玉 譯, 『禮記』 下, 명문당, 2003, 110면; 陳澔, 『禮記集說』, 臺北 : 世界書局, 1979, 457면을 참조할 것.

314) 坎事 : 茶山의 「其他 物象」에 나온다(『四箋』 卷7, 3가).

315) 坎志 : 荀九家의 說.

周易四箋 戊辰本 卷之八

19. 지택 임(地澤 臨)

䷒

兌下坤上 ○第十一卦之正 ≪復一陽進≫

䷗ → ䷒
復 → 臨

正卦 ䷒ ↷ ䷓ 反卦
臨← 反易 →觀

兌가 下卦이고, 坤이 上卦이다. ○第11卦의 正卦이다. ≪復卦에서 한 개의 陽이 [더 축적되어] 전진(前進)한 것이다.≫

序卦傳曰 臨者 大也 ≪項氏曰 以大臨小≫

「序卦傳」에서 말하였다. "臨은 큰 것이다." ≪항평암(項平庵)[1]이 말하였다. "큰 것으로서 작은 것에 임하였다."≫

○雜卦傳曰 臨觀之義 或與或求 ≪朱子曰 以我臨物 曰與 物來觀我 曰求≫

○「雜卦傳」에서 말하였다. "臨卦와 觀卦의 뜻은 혹은 주고, 혹은 구함에 있다."[2] ≪朱子가 말하였다. "내가 사물에 나아가 임하는 것을 '與'라고 하고, 外物이 다가와서, 나를 보는 것을 '求'라고 한다."≫

○朱子曰 臨 進而凌逼於物也 二陽浸長 以逼於陰 故爲臨

○ 朱子가 말하였다. "臨은 前進하여 [상대방의] 事物에 [위협적으로] 가까이 다가가는 것이다. 두 개의 陽이 점점 자라나서, 陰을 압박하는 까닭에, 臨이라고 한 것이다."[3]

○鏞案 臨者 臨淵也 兌澤極深 坤民俯臨 是之謂 臨也 又 臨者 震主 臨坤國也 復之一陽 首出庶物 而其位最卑 未有臨民之象 進而爲臨 則中天下而立 ≪二爲坤之中≫ 莅萬民而爲君 此之謂 臨也 然 臨者 大震也 ≪兼畫三≫ 震之爲卦 以剛而下柔 以尊而降卑 何以爲臨也 聖人之臨民也 謙恭而卑屈也

復 → 臨 → 泰

---

1) 항평암(項平庵, ?~1208) : 항안세(項安世), 南宋의 易學家. 저서에 『周易玩辭』(16권)가 있다.

2) 臨觀之義 或與或求 : (다른 가능한 해석) 臨은 주는 것이고, 觀은 구하는 것이다.

3) 朱子의 『周易本義』 중에서 臨卦 彖辭의 註釋에 나온다.

○ [鏞案] 臨은 [깊은] 연못에 臨하는 것이다.[4] [臨卦의 卦象을 보면] 兌의 연못이 매우 깊어, 坤의 백성이 [다가가] 굽어보니, 이것을 [가리켜] 臨이라고 한다.[5]

또 臨은 [2·3·4의] 震의 君主가 坤의 나라에 군림(君臨)하는 것이다. 復卦에 있는 한 개의 陽은 "많은 무리 중에서도 가장 우두머리(首出庶物)"[6]이기는 하지만, 그 자리가 제일 비천하여 [復卦에는] 아직 백성에게 군림하는 象은 없다. [그런데 復卦로부터 한 단계 더 나아가서] 臨卦가 되면 [震의 君主가] 天下의 중심에 서서 ≪제2位는 坤의 중심이 됨≫ 만백성에게 이르러, 君主가 되니 이것을 [일러] 臨이라 하는 것이다.

그런데 臨卦는 큰 震인데 ≪[臨卦의] 획을 겹쳐서 삼획괘(三畫卦)로 만들면 [臨卦는 震이 됨]≫ 震卦의 형태는 剛이 柔의 아래에 있고 [따라서] 존귀한 신분으로 비천한 자의 밑에 있는데, 어찌 군림함이 된다는 것인가? [그것은] 聖人이 백성들 앞에 임할 때에는 [오히려] 겸손하고 [백성을] 섬기며, 자신을 낮추며 굽히기 때문이다.[7]

書曰 以左右有民 詩曰 湯降不遲 皆 所以下於民也 後世 君道太亢 不知下民之義 則驕溢泰侈 而失其所以爲臨也 孔子 於此卦 曰 君子 以教思无窮 容保民 无疆 臨民之必以卑降 如是也 聖人名卦之義 其不淵矣哉

『尙書』「우서(虞書)」「익직(益稷)」에서 [禹임금이] 말하기를, "以左右有民", 즉 "내가 백성을 [옆에서] 돕고자 함에"[8]라고 하였고 『詩經』「商

4) 한편 臨은 '이행치 않음(不行)'이라 함. 즉 『左傳』에 "不行之謂臨"이라 함(『四箋』 卷3, 15나). 그러나 이는 臨卦의 本旨는 아니다(『四箋』 卷3, 15나).

5) 以上의 설명에서 臨이 ① 臨淵, ② 臨國의 뜻을 가진다고 했는데, 前者는 말 그대로 무엇에 다가가는 의미인 데 반해서, 後者는 '군림하다', '다스리다', '통치하다'라는 보다 추상적이고 파생적인 의미이다.

6) 首出庶物: 乾卦의 「彖傳」에 나오는 말.

7) 謙恭而卑屈也: (다른 가능한 해석) 겸손하게 처신함이며 받듦이며 낮추고 굽힘이다.

頌」「長發」에서도 "湯降不遲", 즉 "湯임금님이 [그 몸을] 낮추심을 게을리 않으시니"[9]라고 하였으니, [이것은] 모두 백성들에게 자신을 낮춘다는 뜻이다. 後世에 군주의 처신이 너무도 교만해져서, 백성의 아래에 처신하는 [깊은] 뜻을 알지 못하고, 오만한 태도를 취하고[10] 자신을 내세우고 사치하여[11] 도리어 백성들에게 임하는 바른 방법을 잃어버린 것이다.

[그래서] 孔子가 이 臨卦에 대해서 [「大象傳」에서] "君子, 以, 教思无窮, 容保民, 无疆", 즉 "君子는 이 臨卦의 취지를 본받아, 가르치고자 하는 생각이 無窮하고, 백성을 포용함에 한계가 없다"라고 하였거니와, [聖人이] 백성들에게 임할 때에는 반드시 [자신을] 낮춰서 [낮은 곳으로] 내려감이 이와 같다. 聖人이 卦를 命名한 취지가 그 어찌 깊다고 아니하겠는가![12]

䷒

臨, 元亨, 利貞, 至于八月, 有凶.

臨卦는 임금(元)이 형통함이며 일을 맡아 처리함에 이로울 것이다. 8

---

8) 『書經』「益稷」, "予欲[左右有民] 汝翼."(車相轅 譯著, 『書經』, 명문당, 1973, 71면) ←"(우임금이 말하기를) 내가 내 백성들을 도와 주려하거든 그대는 나를 도우시오(我想帮助百姓 你補佐我)."(江灝·錢宗武 共譯注, 『尙書全譯』, 貴州人民出版社, 1991, 62면)

9) 탕임금은 꼭 알맞게 나오시어, 그 성스럽고 공경하는 덕을 날로 높이셨네(김학주 역주, 『詩經』, 명문당, 1984, 541면).

10) 驕溢: 교만하여 신분에 맞지 아니하는 일을 함.

11) 泰侈: 뽐내고 사치함.

12) 표면적으로 얼핏보아서는 臨이 아닌데 臨이라 이름한 것에 오히려 이상의 심오한 뜻이 있었다는 뜻이다.

月에 이르러 凶함이 있을 것이다.

此 臨之不變者也 卦有震兌 ≪二四震≫ 善之長也 ≪震爲仁≫ 義之和也 ≪兌爲義≫ 二五相應 震道方通 ≪前無阻≫ 以時則元亨也 剛中而悅 ≪下卦兌≫ 坤民致役 於事則利貞也

䷒

臨

이것은 臨卦가 변하지 않는 경우이다. [臨]卦에는 震과 兌가 있으니 ≪[臨卦의] 2・3・4가 震≫ 善의 으뜸(善之長)이 되고 ≪震은 仁이 됨≫ 정의로운 和合(義之和)이 된다.[13] ≪兌는 義가 된다.≫ [臨卦의] 제2位와 제5位가 [陽과 陰으로] 상응하고, 震의 길이 바야흐로 통해 있으니 ≪앞에 장애가 없음≫ 때의 운세로 볼 때, 곧 임금이 형통한 것(元亨)이 된다. [臨卦의 九二는] 剛으로서 中의 자리에 있으며, 기뻐함이니 ≪[臨卦의] 下卦가 兌[14]≫ 坤의 백성들이 노역(勞役)을 바치니[15] 곧 사업[을 맡아 처리함]에 이로운 것이 된다.

月	1	2	3	4	5	6	7	8	9	10	11	12
卦名	泰	大壯	夬	乾	姤	遯	否	觀	剝	坤	復	臨
卦象	䷊	䷡	䷪	䷀	䷫	䷠	䷋	䷓	䷖	䷁	䷗	䷒
地支	寅	卯	辰	巳	午	未	申	酉	戌	亥	子	丑
	夏正										周正	殷正

○八月者 周正建未之月也 ≪今六月≫ 易有三易 ≪反交變≫ 一曰

13) 善之長, 義之和 : 乾卦 「文言」에 나오는 말이다.
14) 이후 「彖傳」에 "[剛中]而應"이라는 말이 나온다.
15) 「說卦傳」에 致役乎坤이라 함.

反易 如臨之反 爲觀也 ≪倒看之≫ 二曰 交易 如臨之交 爲萃也 ≪地澤爲澤地≫ 三曰 變易 如臨之變 爲遯也 ≪六畫 皆變者≫ 臨之二陽 今雖浸長 若至遯卦之月 ≪卽周正八月≫ 則二陽消亡矣 ≪遯二陰≫ 故曰 至于八月 有凶

○ 八月은 周나라 曆法으로는 간지(干支)로 미월(未月)[16]의 달에 해당된다. ≪지금의 [陰曆] 6月[17]≫ 易에는 삼역(三易)이 있다. ≪[三易이란] 反易과 交易과 變易이다.≫ 첫째는 反易이니, 예컨대 臨卦의 反易은 觀卦가 된다. ≪[臨卦는 觀卦를 뒤집어서] 거꾸로 본 것이다.≫ 둘째는 交易이니, 예컨대 臨卦의 交易은 萃卦가 된다. ≪地澤이 澤地로 된 것이다.≫ 셋째는 變易이니, 예컨대 臨卦의 變易은 遯卦가 된다. ≪여섯 획이 모두 변한 것이다.[18]≫

臨卦의 두 개의 陽이 지금은 비록 점차적으로 자라나고 있지만, 만약 遯卦의 달에 이르게 되면 ≪즉 周나라 曆法으로 8月≫ [도리어] 그 두 개의 陽이 소멸하여 없어지게 된다. ≪遯卦의 두 개 陰≫ 그러므로 "至于八月 有凶", 즉 "8月에 이르러, 凶함이 있을 것"이라고 한 것이다.

○案 左傳 知莊子之言曰 ≪宣十二年≫ 不行之謂臨 ≪水不行≫ 有帥不從 ≪令不行≫ 臨孰甚焉 彼 坎水 變爲兌澤 故謂之不行 非此卦之本旨也

---

16) 建은 월건(月建), 즉 달의 干支를 의미한다.

17) 12월괘에 대한 설명은 金碩鎭의 『周易傳義大全譯解』 上(대유학당, 1996, 555면)을 참조할 것.

18) 虞翻은 臨卦가 遯卦와 旁通이라 함(虞云, 與遯旁通). 이에 대하여 茶山은 "此解極是"라 함(『易學緒言』 「李鼎祚集解論」 卷1, 5나).

䷆ ䷒

師→初爻變→臨

○ [案] 『左傳』의 지장자(知莊子)[19]의 말에 이르기를 ≪宣公 12年[20]≫ "[명령을 따라서] 실행하지 않는 것(不行)이 [師卦 初六의 之卦인] 臨[卦의 卦象]이다.[21] ≪물이 [고여] 흐르지 않는다.≫ 장수(將帥)가 있는데도 불구하고, 따르지 않는다면[22] [규율을 따르지 않는] '臨'이 이보다 더 심한 것이 있으리요?"라고 하였다.[23] 이는 坎의 물이 변하여, 兌의 못이 되는 까닭에 [물이 고여서 흐르지 않는다는 뜻을 취하여] "不行"이라고 말한 것이다. [그러나 이런 뜻은] 臨卦의 本旨는 아니다.

彖曰: 臨, 剛侵而長, 說而順, 剛中而應, 大亨以正, 天之道也. 至于八月, 有凶, 消不久也.

「彖傳」: 臨은 剛이 漸進하여 자라남이며[24] 기뻐하고 순종함이며, 剛이 中의 자리에 있으면서 [제5位의 柔와 더불어] 호응함이니, 올바름으

---

19) 知莊子는 林父의 아우인 '荀首'이다.

20) 『左傳』이 전하고 있는 당시의 역사적 사실은 다음과 같다. 여름에, 楚나라가 鄭나라를 공격함에, 晉나라 군사가 鄭나라를 구원하고자 출정하였다. 荀林父(桓子)가 中軍의 장수가 되었는데, …… 黃河에 이르러, 鄭나라가 楚나라와 화평(和平)을 맺었다는 소식을 듣고, 이에 荀林父(桓子)가 회군(回軍)의 군령(軍令)을 내렸으나, 이때, 彘子(先縠)가 말하기를 "안 됩니다. …… 敵이 강하다는 것을 듣고서 후퇴한다면, 사내가 아닙니다"라고 하면서, 혼자 진격하였다. 따라서 彘子는 荀林父(桓子)가 내린 軍令을 어긴 것이므로, 『周易』에 있는 "師出以律, 否臧, 凶", 즉 "군대의 출병은 軍律에 따라야 함이니, 그 법도에 순종치(臧) 아니하면 凶하다"의 句節로써 경계를 삼은 것이다.

21) "不行之謂臨, 有帥不從, 臨孰甚焉"이 引用句이다(『四箋』 卷3, 15나).

22) "不行"을 "不從"이라 비유한 것.

23) "不行之謂臨, ……, 臨孰甚焉"의 句 앞에 "且律竭, 也 盈而以竭 夭且不整 所以凶也"라는 句가 있다. 이것을 해석한다면, 다음과 같이 된다. "또한 [이는] 軍律이 [무너져] 고갈(枯渴)됨이니, 충만했으나 메말라 버리고, 좌절되고, 정돈(整頓)되지 못함이니, [이것이] 凶한 까닭이다."

24) 遯卦의 「彖傳」에도 "浸而長"이라는 말이 나오며, 다산은 이것이 두 卦가 變易관계임을 나타낸다고 함(『四箋』 卷4, 34가).

로써 크게 형통하니[25] 하늘의 道이다. “至于八月, 有凶”이라고 한 것은 소멸되어 오래가지 못하기 때문이다.

浸者 漸也 大亨以正者 明元亨爲一句 利貞爲一句也

“浸”은 점진함(漸)이다.[26] “大亨以正”이라고 한 것은 “元亨”이 한 句가 되고, “利貞”이 [또] 한 句가 됨을 밝힌 것이다.[27]

○ 自復而臨 將以爲乾 ≪將以爲六陽≫ 震之大道 ≪兼畫三≫ 天之道也

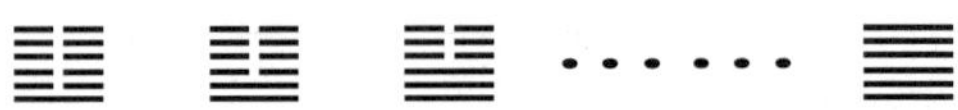

復 → 臨 → 泰 …… → 乾

○ 復卦에서 臨卦로 되며, 장차 乾卦로 되니 ≪장차 여섯 개의 陽으로 됨≫ 震의 大道를 가리켜 ≪[臨卦의 획을] 둘씩 겸하면, 三畫卦[인 震이 됨]≫ “天之道”라고 한 것이다.[28]

○ 消不久者 指遯以爲戒也 方長之勢 而知其消之不久 非聖

---

25) 大亨以正 : “올바름으로써 크게 형통함”, 혹은 “크게 형통하니, 곧음으로써 그런 것”이라는 뜻이다. “大亨以正”이란 말은 臨卦와 革卦와 无妄卦의 「彖傳」에 나온다. 다산은 臨卦의 「彖傳」에 대한 주석에서 “大亨以正者, 明元亨爲一句, 利貞爲一句也;“‘大亨以正’이라고 한 것은 ‘元亨’이 한 句가 되고, ‘利貞’이 또 한 句가 됨을 밝힌 것”이라고 하였다. 즉, 大亨－元亨 그리고 以正－利貞이 각각 대응한다는 말이다. 아래에 나오는 “大亨以正”과 의미가 같다. 『四箋』 「易例比釋」의 ‘元亨利貞例’에서는 “大亨以貞”이라고 함(『四箋』 卷1, 19나).

26) 程伊川의 『易傳』에서도 “浸, 漸也”라고 함(成百曉 譯註, 『周易傳義』 上, 전통문화연구회, 1999, 461면).

27) 大亨－元亨 그리고 以正－利貞이 각각 대응한다는 말(『四箋』 卷3, 15나, 222면). 臨卦 이외 革卦와 无妄卦의 「彖傳」에도 “大亨以正”이라는 말이 나온다.

28) 乾天이고 震道이니 天之道라 말했다는 것.

人 其孰能與於是乎

○ "消不久"라고 한 것은 遯卦를 지목(指目)하여, 경계로 삼은 것이다. [臨卦의 형세는] 바야흐로 장성(將盛)하는 기세인데, [오히려] 그것에서 꺼지고, 오래가지 못할 것을 아는 것이니, 聖人이 아니면, 그 누가 이러한 통찰에 같이 참여(參與)할 수 있겠는가?

○案 胡炳文 以八月 爲觀卦之月 ≪夏正之八月≫ 此 以反易 取象也 若然 消不久 一語 何以解之

○ [案] 호병문(胡炳文)[29]은 "八月"을 觀卦의 달(月)로 보았는데 ≪[현행 음력(陰曆)인] 夏나라 曆法[正朔]에 따른 8月≫ 이는 反易의 논리에 따라 象을 취한 것이다. 만약 [胡氏처럼] 그렇게 본다면, "消不久"라는 말을 어떻게 해석할 것인가?

○又按 孔子於遯之象 亦云 浸而長 ≪陰之長≫ 文相照也 八月之爲遯卦之月審矣

○ [又按] 孔子는 遯卦의 「象傳」에서도 역시 "浸而長"이라고 하였으니 ≪이 경우는 陰의 자라남≫ [遯卦의 「象傳」의 "浸而長"의 句는 臨卦의 「象傳」의 "侵而長"의 句와 더불어] 文句가 서로 대응한다. [이것을 통해서도] 8月이 遯卦에 해당하는 달이 됨을 분명히 살펴야 할 것이다.

29) 胡炳文 : 元代 雲峰胡氏 胡仲虎.

初九：咸臨，貞吉. ○象曰：咸臨貞吉 志行正也.

初九：[백성들을] 감복(感服)시켜 [따르게 함으로써, 백성들 앞에] 군림(君臨)하는 것이다.[30] 일[을 맡아 처리]함에 吉하다. ○「象傳」："咸臨貞吉"이라고 한 것은 올바름을 행하려는 意志가 있음을 말한 것이다.[31]

此 臨之師也 咸也者 感也 二氣感應 以相與也 震主在內 ≪大震也≫ 坤民在外 不有感應 何以爲臨乎 初與四應 ≪四則柔≫ 二與五應 ≪五亦柔≫ 故初二兩繇 皆爲咸臨 咸臨者 感[32]悅以臨民也 程子之義 如此

臨 → 師

이것은 臨卦가 師卦로 변하는 경우이다. "함(咸)"이란 감응함을 뜻하니[33] [陰陽의] 두 기운이 감응하여, 서로 [영향력을] 주는 것이다. [臨卦를 보면] 震의 군주는[34] 안에 있고 ≪[臨卦는] 큰 震의 형태≫ 坤의 백성이[35] 밖에 있어서 [서로 떨어져 있으니, 군주와 백성간에] 감응(感應)이

30) 咸臨：(다른 가능한 해석) 감동하여 다가감이다. …… 다가옴이다. 감응하여(咸) 臨하는 것이다. 감동시킨 다음에 군림함.

31) "志行正"은 결국 "欲行正"의 의미로 보인다.

32) [校閱] 新朝本에는 "咸悅"이라고 나오나, 奎章本에는 "感悅"이라고 나온다. 國中本의 경우는 뚜렷하지는 않으나 "感悅"이라고 쓴 것으로 보인다. 여기서는 奎章本과 國中本을 따른다.

33) 咸卦를 참조할 것(『四箋』 卷4, 26나). '咸'字에는 '速', '交感', '感', '和', '徧(두루)' 등의 뜻이 있다.

34) 震主 荀九家 虞翻의 說.

35) 坤民：荀九家 虞翻의 說에 臣民이라 함.

없다면, 어떻게 군림(君臨)할 수 있겠는가?

[臨卦에서는] 初位와 제4位가 호응하며 ≪제4위가 곧 柔≫ 제2位와 제5位가 호응한다. ≪제5位도 역시 柔≫ 그러므로 初九와 九二의 두 주사(繇詞)가 모두 "함림(咸臨)"이 되는 것이다. "咸臨"이란 [백성들을] 감복시켜(感) 기쁘게 따르게 함(悅)으로써, 백성들에게 臨하는 것을 뜻한다. 程子의 해석도 이와 같다.[36]

○初之變 爲坎 ≪下今坎≫ 坎志堅固 遂當震道 ≪二四互≫ 幹事則吉 ≪貞 事也≫

臨 → 師

○ [臨卦의] 初爻가 변하여, [師卦가 되면] 坎으로 되니 ≪[師卦의] 下卦가 지금 坎≫ 坎의 뜻을 견고(堅固)히 지니고, 마침내 震의 길에 당도(當到)하니 ≪[師卦의] 2·3·4의 互卦[가 震]≫ 일을 맡아 처리함에 吉한 것이다. ≪"貞"은 事의 뜻이다.≫

○志行正者 坎也 坎离者 正卦也 ≪震巽艮兌 偏卦也≫ 故 易例坎离曰 中正 又 震爲行 ≪二四互≫

○ "志行正"은 坎에 따른 것이다. 坎과 离는 正卦[37]이다. ≪[반면에] 震·巽·艮·兌는 偏卦[38]≫ 그러므로 易例에 坎과 离를 가리켜 "中正"이라고 하였다. 한편 震은 行이 된다. ≪[師卦의] 2·3·4의 下互卦[가 震]≫

36) 伊川은 『易傳』에서 "咸, 感也, 陽長之時, 感動於陰, 四應於初, 感之者也, 比他卦, 相應,尤重, 四, 近君之位, 初得正位, 與四感應, 是, 以正道, 爲當位所信任, 得行其志, 獲乎上而得行其正道, 是以吉也"라고 함.

37) 正卦 : 모양이 방정한 괘를 지칭함.

38) 偏卦 : 모양이 치우친 괘.

九二 : 咸臨, 吉, 无不利. ○ 象曰 : 咸臨吉无不利, 未順命也.

九二 : [군주(君主)가 백성들을] 감복(感服)시켜 군림하니, 吉하며 이롭지 않음이 없을 것이다. ○「象傳」: [군주(君主)의 입장에서는] "咸臨, 吉, 无不利"이지만, [신하(臣下)의 입장에서는] 命에 순종(順從)하지 않는 것이다.

此 臨之復也 咸臨之義 與初九同 兩繇皆言者 明兩剛爲卦主也

復 → 臨 → 復

이것은 臨卦가 復卦로 변하는 경우이다. [咸卦 九二의] "咸臨"의 뜻은 [咸卦] 初九와 같은데, 이 두 점괘의 괘사에서 모두 "咸臨"이라고 말한 것은 [初位와 제2位의] 두 개의 剛이 [모두] 卦主가 됨을 밝힌 것이다.

○ 自復而臨 利物和義 ≪乃成兌≫ 无不利也

復 → 臨

○ 復卦에서 臨卦로 되면서, 만물을 이롭게 하고, 正義를 조화롭게 실현함이 이루어지니[39] ≪[臨卦로 되면서] 이에 兌가 성립함≫ "无不利", 즉

39) 乾卦「文言」에 "[利物] 足以[和義]"라 함.

"이롭지 않음이 없다"고 말한 것이다.

○臨之反 觀也 ≪倒看之≫ 觀之爲卦 坤順巽命 ≪風地觀≫ 今卦旣倒 ≪地澤臨≫ 未順命也 以之君臨 則无不利也 以言臣道 則未爲吉也 故孔子明之

臨←反易→觀

○ 臨卦의 反易卦는 觀卦이다. ≪[觀卦는 臨卦를] 거꾸로 뒤집어 본 것≫ 觀卦에는 坤의 순종함과 巽의 命[의 卦象]이 있는데 ≪風과 地가 觀卦를 구성함≫ 지금 臨卦는 그런 觀卦가 뒤집어진 형태이니 ≪地와 澤이 臨卦를 구성함≫ [이것은] "未順命", 즉 "命을 따르지 않는 것"이 된다. [이 臨卦를] 군림(君臨)하는 [君道의] 입장에서 본다면 불리할 것이 없지만 [命에 따라야 하는] 臣道의 관점에서 본다면 [臨卦는 君臨하는 象이지, 順命의 象이 아니므로] 吉하다고 할 수만은 없다. 그러므로 孔子가 그것을 [분명히] 밝힌 것이다.

○案 兩爻之並云 咸臨者 明物象旣同 卦位未遷 ≪三才位≫ 其占亦同 他卦之逐繇異詞者 亦其中 有可以彼此相備者 故 一詞而兩用之以爲通例也

○ [案] [初九와 九二의] 두 爻에서 모두 "咸臨"이라고 한 것은 物象이 이미 같고, 卦位에 아직 변함이 없기 때문에 ≪[天地人의] 3才位[가운데 初九와 九二는 여전히 地位에 있으니, 변화가 없음]≫ 그 占도 역시 동일함을 밝힌 것이다.[40] [반면에] 다른 卦에서 주사(繇詞)마다 다른 말이 나오는 경

40) 物象과 卦位가 같으면, 그 占도 같을 수 있다는 通例를 제시한 것이다. 일반적으로,

우라도 또한 그 가운데에는 피차(彼此)가 서로 보완하는 것인 경우가 있을 수 있다. 그러므로 여기서 같은 말(一詞)을 거듭 사용하여 [物象과 卦位가 같으면 그 占도 같을 수 있다는 일반적] 通例를 제시한 것이다.[41]

䷊

六三 : 甘臨, 无攸利, 旣憂之, 无咎. ○ 象曰 : 甘臨, 位不當也, 旣憂之, 咎不長也.

六三 : [탐관오리(貪官汚吏)가 봉록(俸祿)의] 달콤함을 탐하면서, [백성들에게] 군림(君臨)하니,[42] 이로울 것이 없을 것이다. 이미 근심하고 있는지라, 허물이 없을 것이다.[43] ○「象傳」: "甘臨"은 그 地位에 합당치 않게 처신함을 말한 것이다. 이미 근심하고 있는지라, 허물이 오래 가지 않을 것이다.

此 臨之泰也 坤土震稼 厥味作甘 ≪洪範 土爰稼穡 以作甘≫ 兌啓其口 ≪下本兌≫ 以臨其民 ≪坤爲衆≫ 此 甘臨也 亦又何利 貪官汚吏 唯祿是甘 靦然臨民者 有此象

䷒ ䷊
臨 → 泰

동일한 繇詞가 반복되는 경우는 그러한 例에 해당된다. 예컨대 蹇卦에서 往蹇이 여러 차례 반복되는 경우가 그러하다.

41) 「讀易要旨」의 제10則 疊現을 참조할 것(『四箋』 卷1, 16가).

42) 甘臨 : (다른 가능한 해석) 감언이설(甘)로 [기만하여] 군림하는 것(臨)이니.

43) 茶山은 "甘臨, 无不利"와 "旣憂之, 无咎"를 완전히 다른 사태로 보고 있다.

이것은 臨卦가 泰卦로 변하는 경우이다. [臨卦와 泰卦에는] 坤의 흙에 震의 농사를 짓는 象이 있으니, 그 맛이 단 맛이 된다.[44] ≪『書經』「홍범(洪範)」에 "흙은 거기에 심고 농사지음으로써, 단맛을 만든다"라고 하였다.[45]≫ 兌의 입을 벌리고 ≪[臨卦의] 下卦가 본래 兌[46]≫ 그 백성들에게 臨하니 ≪坤은 衆이 됨≫ 이것은 "甘臨", 즉 "[利益의] 달콤함을 탐하면서 군림(君臨)하는 것"이다. 이것이 또한 어찌 이롭겠는가? 탐관오리(貪官汚吏)가 오직 그 봉록(俸祿)만을 달콤하게 탐하면서 뻔뻔스럽게 백성들에게 군림하는 경우가 이런 象이다.

○ 兌則爲悅 ≪下本兌≫ 憂之反也 三之旣變 兌悅遂去 ≪下今乾≫ 能憂者也 以陽居陽 ≪三位陽≫ 能勝其任者也 亦又何咎 生於憂患 死於安樂 旣憂則无咎也

臨 → 泰

○ 兌는 곧 기쁨이 되니[47] ≪[臨卦의] 下卦가 본래 兌≫ 근심의 반대이다. 제3효가 이미 변하여 [泰卦로 되면 그] 兌의 기쁨이 마침내 사라지니 ≪[泰卦의] 下卦가 지금 乾≫ 근심스러운 상황이다.[48] [그러나] 陽으로서, 陽

44) 茶山의 '今補'에 따르면, 坤이 단맛(甘)을 상징한다. 그러나 坤만으로는 단맛(甘)이 성립되지 못하고, 兌의 혀(舌)가 함께 있어야, 단맛(甘)이 성립된다(『四箋』 卷8, 35나).

45) 『書經』에 "土爰稼穡, …… 稼穡作甘(흙은 심고 거두는 것입니다. …… 심고 거두는 것은 단 것을 만듭니다)"이라고 함(車相轅 譯, 『書經』, 명문당, 1973, 1871면). 여기서 '爰'字는 語氣助詞이다("爰. 史記作曰. 句中語氣助詞"; 江灝・錢宗武 共譯注, 『尙書全譯』, 貴州人民出版社, 1991, 235면).

46) 「說卦傳」에 따르면 兌는 입이다.

47) 兌悅 茶山 其他物.

48) 乾자체에 憂라는 卦德이나 物象이 있는 것은 아니다. 다만, 乾卦 九三에 "君子, 終日乾乾"이라는 말이 있다. 따라서 乾의 君子가 근심(憂)을 갖는 것으로 해석하는 것이 타당할 것으로 생각된다(乾을 君子로 보는 것은 茶山의 「其他 物象」에 나옴).

의 자리에 [올바로] 위치하니 ≪[泰卦의] 제3位가 陽≫ 그 [맡은 바] 임무(任務)를 완수할 수 있는 사람이니, 또한 어찌 허물이 되겠는가! 우환(憂患)을 당하면 [오히려] 살고, 안락(安樂)함에 빠지면 [도리어] 죽는 법이니[49] 이미 근심하고 있다면, 곧 허물이 없을 것이다.

○位不當者 本象也 ≪柔居陽≫ 咎不長者 爻變也 ≪剛居陽≫

臨 → 泰

○ "位不當"이라고 한 것은 臨卦의 本象을 가리킨다. ≪柔가 陽의 자리[인 제3位]에 머무름≫ "咎不長"이라고 한 것은 爻變하기 때문이다. ≪[臨卦 六三이 효변하여 泰卦가 되면] 剛이 陽位[인 第3位]에 [합당하게] 머무른다.≫

六四 : 至臨, 无咎. ○ 象曰 : 至臨无咎, 位當也.

六四 : [백성들에게] 다가가서 임하니, 허물이 없을 것이다. ○「象傳」: "至臨, 无咎"는 그 地位가 합당하기 때문이다.

此 臨之歸妹也 歸妹自泰來 ≪三之四≫ 坤國在外 國且無主 ≪上無陽≫ 乾遣一剛 ≪三之四≫ 俾作震主 ≪上今震≫ 以臨坤民 譬如 坤陰

49) 生於憂患而死於安樂 :『孟子』「告子下」에 "然後知生於憂患而死於安樂也"라고 함(차주환 역,『孟子』下, 명문당, 2002, 93면).

旣純 一陽乃生 ≪震反生≫ 以爲冬至也 ≪如晉爲冬至≫ 此之謂 至臨

臨 → 歸妹 ← 泰

이것은 臨卦가 歸妹卦로 변하는 경우이다. 歸妹卦는 泰卦로부터 왔다. ≪[泰卦의] 3이 4로 간 것이다.≫ [泰卦에서 보면] 坤의 나라가 [王畿의] 外部에 있고, 그 나라에 또한 主人이 없는 상황이었다. ≪[泰卦의] 상부에 陽이 없다.≫ [이런 상황에서 天子를 상징하는] 乾이 한 개의 剛을 파견하여 ≪[泰卦의] 3이 4로 감≫ 震의 군주로 삼아서 ≪[歸妹卦의] 上卦가 지금 震≫ 坤의 백성들에게 臨하게 한 것이다.

이는 비유컨대 [사시(四時)의 순환에서] 이미 坤의 陰氣로 순전히 [충만하게] 되면 [도리어] 한 개의 陽이 이에 [다시] 생겨나 ≪震은 되살아남의 뜻이 됨[50]≫ 동지(冬至)가 되는 것과 같다. ≪[震이 冬至에 해당함은] 예컨대 진괘(晉卦)가 동지(冬至)에 해당하는 것과 같은 경우이다.[51]≫ 이런 측면을 두고 "至臨"이라고 한다.

○臨之未變 兌以乘剛 泰之旣移 陰乃卑降 ≪四之三≫ 是 无咎也

臨 → 歸妹 ← 泰

50) 「說卦傳」에 "震 …… 其於稼也, 爲反生"이라고 함.

51) 茶山은 "晉者 兩至之日"이라 하였는데, 따라서 晉卦는 夏至와도 연관된다(『四箋』 卷4, 37가).

小過 → 晉 ← 觀

小過의 上震이 一陽始生으로 冬至이며 觀卦의 上巽이 一陰始生으로 夏至인데, 이런 震과 巽이 추이하여, 晉의 上卦인 离日이 되니 陽至之日인 것이다.

○ 臨卦가 아직 爻變하지 않았을 때에는, [도리에 어긋나게] 陰이 剛을 올라타고 있는 兌의 象이 있었는데, 泰卦에서 歸妹로 추이하게 되면, 陰이 곧 자신을 낮추어 아래로 내려가니 《[泰卦의] 4가 3으로 감》 이것이 "无咎"가 되는 까닭이다.[52)]

○陽升陰降 男上女下 《震在上》 其位當也

臨 → 歸妹 ← 泰

○ [泰卦와 歸妹卦의 관계에서 보면] 陽은 상승한 반면에, 陰은 하강하였으며 [그래서 歸妹卦에서] 남자는 위에 있는 반면에, 여자는 아래에 있으니[53)] 《震이 [歸妹卦의] 上卦에 있음》 그 자리가 합당한 것이다.

六五 : 知臨, 大君之宜, 吉. ○象曰 : 大君之宜, 行中之謂也.

六五 : [총명예지(聰明睿智)의] 지혜로써 군림(君臨)함이니, 大君의 正義(宜)를 베푸는지라, 吉할 것이다. ○「象傳」: "大君의 正義를 베푼다(大君之宜)"라고 함은 中道를 행함을 가리킨 것이다.

---

52) 부연하면 臨卦에서 咎가 있으나 泰卦에서 歸妹로 되는 과정에서 无咎가 되는 것이다. 「繫辭傳」에 "无咎者, 善補[過]也"라고 하였다(『四箋』 卷7, 5가). 따라서 "无咎"란 처음에는 咎가 있었다가 이후 그 咎를 없앤 것이다.

53) 「說卦傳」에 따르면 震은 長男, 兌는 少女이다.

此 臨之節也 節自泰來 ≪三之五≫ 泰之乾君 本自臨民 ≪地天卦≫ 移之爲節 ≪三之五≫ 以其坎知 ≪北方之水德≫ 正此坤民 是 知臨也 中庸曰 聰明睿知 足以有臨 此之謂也

臨 → 節 ← 泰

이것은 臨卦가 節卦로 변하는 경우이다. 節卦는 泰卦에서 왔는데 ≪[泰卦의] 3이 5로 감≫ 泰卦의 때에는 乾의 군주가 본래부터 백성들 앞에 君臨하고 있었다. ≪[泰卦는] 地와 天으로 구성된 卦≫ [그런데 泰卦로부터] 추이하여 節卦가 되면 ≪[泰卦의] 3이 5로 감≫ 그 坎의 지혜로써 ≪[坎은] 北方의 水德[으로서, 四德 중 智를 상징함][54]≫ 그 坤의 백성들을 바르게 다스리니, 이것이 "知臨"이다. 『中庸』에서 "聰明睿知, 足以有臨"이라고 한 것도[55] 이것을 말한 것이다.

○乾君旣升 ≪三之五≫ 五位乃正 是 大君也 ≪五君位≫ 下有兌義 ≪義之和≫ 大君之宜也 ≪宜 義也≫

---

54) 茶山의 '今補'에 따르면, 坎은 北方의 水德에 해당되며, 또 仁·義·禮·智의 四德 중에서 智에 해당한다. 水德과 知(또는 智)가 직접적으로나 본질적으로 또는 의미상으로 연관되는 것은 아니고 周代人들이 그렇게 짝지어 설정한 것일 것이다. 다만 孔子가 "知者樂水"(장기근 역주, 『論語』, 명문당, 1973, 165면)라고 한 것을 볼 때 周나라 사람들은 그것이 어떤 의미나 본질에 있어 서로 연관된다고 보았던 것 같기도 하다.

55) 『中庸』에 "唯天下至聖, 爲能[聰明叡知, 足以有臨]也 寬裕溫柔, 足以有容也 發强剛毅, 足以有執也 …… 文理密察, 足以有別也(오직 천하의 至聖이어야, 총명하고 예기가 있음으로써 족히 임함이 있을 수 있는 것이다)"라고 함(金學主 譯, 『中庸』, 명문당, 1972, 291면). 한편, 성백효 역주, 『大學·中庸集註』, 전통문화연구회, 1999, 110면에서는 이 구절을 "오직 천하의 지극한 성인이어야, 총명예지가 족히 임할 수 있으니, ……"로 번역하고 있다.

臨 → 節 ← 泰

○ [泰卦에서 節卦로 되면서] 乾의 군주가 이미 상승함에 ≪[泰卦의] 3이 5로 감≫ 제5位가 이에 바로 잡히니, 이것이 "大君"이다.[56] ≪제5위는 君位≫ 아래에 兌의 義[57]가 있으니 ≪義之和[58]≫ [이것이] "大君之宜"인 것이다. ≪宜는 義이다.≫

○坎道之通 其位得中 ≪五爲中≫ 是 行中也

臨 → 節 ← 泰

○ [節卦에서 보면] 坎의 길이[59] [上下로 두루] 통하여[60] 있고, 그 [六五의] 자리가 가운데(中位)를 얻었으니 ≪제5位는 上卦의 中≫ 이것이 "行中", 즉 "中道를 행함"이다.

---

56) 泰卦에서는 陰이 陽位인 제5位에에 있으므로 '正'이라고 할 수 없다. 그러나 泰卦에서 節卦로 추이(推移)하게 되면 제5位에 陽이 있으므로, "乃正"이라고 한 것이다.

57) 仁·義·禮·智의 四德에서 兌가 義에 해당된다. 茶山은 '今補'에서 "兌義"를 언급하고 있다.

58) 乾卦의 「文言」에 "利者, 義之和也"라고 하였는데, 다산은 이를 兌의 德으로 설명한다(『四箋』 卷1, 35나).

59) 坎道: 茶山의 「其他 物象」에 나온다.

60) 坎通: 「說卦傳」에 나온다.

上六 : 敦臨, 吉, 无咎. ○ 象曰 : 敦臨之吉, 志在內也.

上六 : [백성들에게] 돈독(敦篤)하게 [후덕(厚德)을 베풀면서] 군림(君臨)함이니, 吉하고, 허물이 없을 것이다. ○「象傳」: "敦臨"의 吉함은 [백성들이] 뜻(志)을 내부(內部)[의 군주(君主)]에 두기 때문이다.

此 臨之損也 損自泰來 ≪三之上≫ 泰之乾君 損其盈富 ≪乾爲富≫ 以益坤民 ≪三之上≫ 厚之至也 坤德本厚 ≪上本坤≫ 山阜加之 ≪艮爲山≫ 是 敦臨也 ≪敦丘 敦阜 皆厚也≫ 以厚臨民 何往不吉

臨 → 損 ← 泰

이것은 臨卦가 損卦로 변하는 경우이다. 損卦는 泰卦에서 나왔는데 ≪[泰卦의] 3이 6으로 감≫ 泰卦에서 乾의 군주가 그 가득한 재산을 덜어내어서 ≪乾은 富가 됨[61]≫ 坤의 백성을 도우니 ≪3이 6으로 감≫ 그 후덕함이 지극한 것이다. 坤의 德이 본래 두터운데 ≪[泰卦의] 上卦가 본래 坤≫ 山의 언덕이 거기에 더해지니 ≪艮은 山이 됨≫ 이것이 "敦臨"이다. ≪"敦丘"나 "敦阜"는 모두 두터움을 나타내는 말이다.[62]≫ 이런 후덕(厚德)으로 인민(人民)에게 임(臨)한다면, 어찌 길하지 않겠는가!

---

61) 乾이 富를 뜻함은 茶山의 '今補'에 나온다.

62)『爾雅』에 "丘一成爲敦丘(成 猶重也)"이라고 함(黎庶昌 輯,『古逸叢書』下, 楊州 : 江蘇廣陵古籍刻印社, 1994, 23면; 洪業 等 編纂,『爾雅』(周易等十種引得本), 上海古籍出版社, 1988, 21면). 즉, 成이 重이므로, 一成이라는 말은 이미 중복되었다는 뜻이다. 또 한편 "如覆敦者 敦丘(敦 盂也)"라는 말도 나온다(黎庶昌 輯, 같은 책, 23면). 한편『爾雅』에 '敦阜'는 확인되지 않는다. 다만 "高平曰陸 大陸曰[阜] 大阜曰陵 大陵曰阿(黎庶昌 輯, 같은 책, 22면; 洪業 等 編纂, 같은 책, 21면)"라는 말은 나온다.

○ 四陰乘剛 驕之至也 今戴一陽 ≪上今艮≫ 是 无咎也 ≪善補過≫

臨 → 損

○ [臨卦에서는] 네 개의 陰이 剛을 올라타고 있어, 그 교만함이 極에 달하였다. [그런데] 지금 損卦로 되면 [그 陰들이] 한 개의 陽을 위에 이고 있으니 ≪[損卦의] 上卦가 지금 艮≫ 이것이 "无咎"가 되는 까닭이다 ≪잘못을 잘 보완함이다.≫

○ 內者 乾君也 志者 离志也 ≪上大离≫ 君澤旣厚 民志乃誠 ≪离爲誠≫ 志在內也

臨 → 損 ← 泰

○ "內"란 乾의 군주이고, "志"는 离의 志이다. ≪[損卦의] 윗 부분이 큰 离≫ 군주가 은택(恩澤)을 이미 두텁게 펴니, 백성들의 마음(志)도 이에 誠實하게 되어 ≪离는 誠實함을 뜻함≫ 그 마음(志)을 내부(內部)[의 乾의 君主]에 두는 것이다.

○ 敦復 敦艮 宜參看

○ [復卦 六五의] "敦復"과 [艮卦 上六의] "敦艮"의 경우를 마땅히 참고하여야 할 것이다.[63)]

---

63) 朱子도 "敦復 · 敦艮"에 대해 언급하고 있다(백은기 역해, 『譯註 周易本義』, 여강출판사, 1999, 207면 註 124).

20. 풍지 관(風地 觀)

坤下巽上 ○ 第十一卦之反 ≪姤三陰進≫

坤이 下卦이고, 巽이 上卦이다. ○ 第11卦의 反卦이다. ≪姤卦로부터 세 개의 陰이 [점진적으로 축적되어] 前進한 것이다.≫

序卦傳曰 物大然後 可觀

「序卦傳」에서 말하였다. "사물은 커진 다음에야, 볼 수가 있다."[64]

○程子曰 觀 如樓觀之觀 人君上觀天道 下觀民俗 則爲觀 修德行政 爲民瞻仰 則爲觀

○ 程子가 말하였다. "觀은 …… 누관(樓觀)[65]의 觀(guàn)과 같다. …… 人君이 위로는 天道를 관찰하고, 아래로는 民俗을 살피는 것도 觀의 뜻이 된다. 德을 닦고, [바르게] 정무(政務)를 수행하여, 백성들이 우러러보고 따르는 것도 곧 ['보여준다'는 뜻의] 觀이 된다."[66]

---

64) 「序卦傳」의 관련 문장은 다음과 같다. "臨者 大也. 物大然後 可觀故 受之以觀. 可觀而後 有所合故 受之以噬嗑."

65) 樓觀: 누각(樓閣), 사방을 볼 수 있게 높게 지은 집을 가리킨다.

66) 程子는 觀卦에 나오는 여러 '觀'은 모두 '볼 觀'字의 뜻을 취한 것이라고 하였다("在

○朱子曰 自上示下曰 觀 自下觀上曰 觀 ≪卦名之觀 去聲 六爻之觀 皆平聲≫

○ 朱子가 말하였다. "위에서 아래로 보여 주는 것(示)[67]을 [去聲인] '觀(guàn)'이라 하고, 아래에서 위를 [우러러] 쳐다보는 것도 [平聲인] '觀(guān)'이라 한다."[68] ≪[朱子가 다음과 같이 말하였다.] "卦名의 觀은 ['보여준다'는 뜻으로] 거성(去聲)이나, 여섯 爻辭에 나오는 '觀'字는 ['본다'는 뜻으로] 모두 平聲이다."[69]≫

○鏞案 通卦爲大艮 ≪兼三才而兩之≫ 艮爲門闕 ≪說卦文≫ 門闕者 觀也 爾雅曰 觀謂之闕 ≪左傳云 兩觀≫ 又 此卦象 上有巽眼 在於君位 可以觀下 ≪臨坤民≫ 下有坤民 在於离位 ≪一二三≫ 可以

諸爻 則唯取觀見"). 그런데 觀의 의미는 ① 上觀 …… 下觀 ……이라 하였으니, 먼저 쳐다보는 것과 내려다보는 것을 통틀어 무엇을 보는 것이 觀의 뜻이 되고 ② 다음으로 아래에 또는 상대에게 보여주는 것이 또한 觀의 뜻이 된다는 것이다.

67) '示(shì)'字는 위에서 아래로 보여 주는 것이지, 아래를 내려다보는 것이 아니라는 뜻이다. 즉 '示'字는 '보이다', '나타내다', '가리키다', '알리다' 등의 뜻이다. 『康熙字典』에서는 '示'字의 뜻을 다음과 같이 풀이한다. "玉篇 示者 語也 以事告人 曰示也 以目視物 以物示人 同作視字. …… 示視 古字通. ……『漢書』 多以視爲示."(『康熙字典』, 中華書局, 1992, 839면)

68) 『朱子語類』 卷5(中華書局, 1986, 1778면)와 『周易傳義大全譯解』 上(金碩鎭, 대유학당, 1996, 568면)을 참조할 것. 여기 朱子의 말만 놓고 보면 일단 ① 위에서 아래에 보여주는 것과 ② 아래에서 위를 쳐다보는 것이 觀의 뜻이 된다는 것이다. 이는 결국 위에서 모범을 보이고, 아래에서 그것을 보고 본받는 것이 되므로, 동일한 事案에 대하여, 취하는 두 개의 관점이다. 그렇다면 여기서는 觀의 가장 기본적인 뜻인 '위에서 아래를 내려다본다'는 뜻이 지적되지 않은 셈이다.

69) 四聲의 체계는 다음과 같다.

ˉ ˇ ˊ ˋ
1 2 3 4 聲
陰平 陽平
↖↗ ↑ ↑
平聲 上聲 去聲

陰平(1聲)은 다른 말로 上平에 해당하고, 陽平(2聲)은 下平에 해당한다. 그리고 平上去入에서 入聲(rù shēng)은 현대 중국어에는 독자적으로 설정하지 않는다.

觀上 ≪瞻君位≫ 卽闕之名觀 亦以自上而觀下 ≪如樓觀≫ 又令自下[70]而觀上也 ≪如象魏≫ 此 觀之所以得名

䷓

觀

○ [鏞案] [觀卦의 형태를 전체적으로 볼 때] 그 卦가 통틀어 큰 艮[71]이 되는데 ≪이른바, 天地人 三才를 아우르고, 각각 두 개씩 짝을 지었다는 것[72]≫ 艮은 궁문(宮門)의 양쪽 옆에 세운 두 개의 臺, 즉 '문궐(門闕)'이 되며 ≪「說卦傳」에 나오는 글≫ 문궐(門闕)을 '觀'이라 한다. 『爾雅』에 말하기를, "觀[73]은 '궐(闕)'[74]을 일컫는 것"이라고 하였다.[75] ≪『左傳』에 양관(兩觀)이라는 말이 나온다.[76]≫

또한 이 觀卦의 象을 보면, 上卦에는 巽의 눈(眼)이 있으니, 군주(君主)의 지위에 있으면서[77] 아래를 살필 수 있으며 ≪坤의 백성에게 임함≫ 下卦에는 坤의 백성이 있으니, 离의 자리에 있으면서 ≪[下卦의 位인] 1·2·3位[는 奇數·偶數·奇數이므로 ☲, 즉 离位가 됨]≫ 위를 볼 수 있는 것이다.

---

70) [校閱] 新朝本에는 "令下"로 되어 있으나, 奎章本과 國中本에는 "令自下"로 되어 있다. 여기서는 後者를 따른다.

71) 觀卦가 큰 艮이 되니, 「雜卦傳」에서도 "臨觀之義, 或與或[求]"라 한 것이다. 荀九家인 우번(虞翻)의 說에 따르면, 艮은 '求'가 된다(『四箋』 卷8, 40나).

72) 이는 「繫辭下傳」과 「說卦傳」에 나오는 말이다.

73) 門闕을 뜻하는 '觀'字는 去聲이다.

74) 闕 : 宮門의 양옆에 세운 두 개의 臺.

75) 『爾雅』 「釋宮」 「觀謂之闕」(黎庶昌 輯, 『古逸叢書』 下, 楊州 : 江蘇廣陵古籍刻印社, 1994, 14면; 洪業 等 編纂, 『爾雅』(周易等十種引得本), 上海古籍出版社, 1988, 16면).

76) 定公 2年 經曰 夏五月壬辰 雉門及[兩觀]災(여름철 5월 임진날에 치문(公宮의 南門)과 그 양쪽의 높은 다락(樓)이 화재를 만났다). 冬十月 新作雉門及[兩觀](文璇奎 譯著, 『春秋左氏傳』 下, 명문당, 1987, 335면). "'兩觀'은 雉門의 양쪽 곁에 세운 觀臺를 가리킨다(兩觀雉門兩旁之觀臺)."(楊伯峻·徐提 編著, 『春秋左傳詞典』, 中華書局, 1985, 352면)

77) 第5位가 이른바 君位인데, 여기서는 그 5位가 포함된 上卦에 巽眼이 자리해 있으니 이렇게 말한 것이다.

≪君位를 우러러 봄≫ 즉, 누각(闕)을 觀이라고 부르는 것도 역시 [누각(闕)이] 위에서 아래를 내려다보는 것이기 때문이며 ≪[주로 아래를 내려다보기 위해 설치한 누각인] 누관(樓觀)과 같음≫ 또한 아래에서 위를 올려다보게 하는 것이기 때문이다. ≪[교령(敎令)을 게시하는 용도로 쓰였던 대궐문인] 상위(象魏)[78]와 같다.≫ 이것이 觀卦가 그렇게 이름을 얻은 까닭이다.[79]

䷓

觀, 盥而不薦. 有孚顒若.

觀은 손을 씻었으나,[80] [아직] 제물(祭物)을 올리지 못한 것이다. 감복(感服)하여 호응함이 있을 것이니 [백성들이] 온화하게 [윗사람을] 우러러 보는 듯 하다.[81]

此 觀之不變者也 卦爲大艮 ≪兼畫三≫ 艮爲宗廟 ≪鬼所居≫ 巽爲潔齊 ≪說卦文≫ 下陳坤牲 ≪坤爲牛≫ 祭祀之象也 ≪與渙同≫

---

78) 상위(象魏) : 대궐(大闕)의 門으로서, 여기에 敎令을 게시하였다. 따라서 敎令의 뜻으로 쓰이기도 한다.

79) 以上 茶山의 '觀'字의 해석을 요약하면, 다음과 같다. ① 위에서 내려다보는 것과 아래에서 위로 쳐다보는 것을 통틀어서, 무엇을 보는 것이 '觀'의 뜻이 된다. ② '樓觀'의 '觀'은 위에서 아래에 보여 준다는 뜻을 가지는 것이 아니라, 위에서 내려다보는 것에 해당된다(程子와 다름). ③ '象魏'로서의 '觀'은 '아래에서 위를 올려다보게 하는 것', 즉 '위에서 아래에 보여줌'(모범을 보임)에 해당한다. 程子와 朱子와 茶山의 '觀'字 풀이에는 語義에 약간씩의 차이가 있음을 볼 수 있다. 茶山의 '觀'字說은 程朱의 설에 대한 단순한 부연이라고 볼 수도 있겠지만, 그에 대한 비판적 보완설명으로서 反論的 성격도 띠고 있다.

80) 降神祭(盥)까지 지내고 齋戒함을 가리킴.

81) 有孚顒若 : (다른 가능한 해석) 군주의 온화한 덕을 백성들이 우러러 봄과 같다.

䷓

觀

이것은 觀卦가 변하지 않는 경우이다. 觀卦는 큰 艮의 형태인데 ≪[觀卦를] 획을 둘씩 겹쳐서 삼획괘(三畫卦)[로 만들면, 艮이 됨]≫ 艮은 종묘(宗廟)가 된다. ≪[종묘(宗廟)는] 죽은 귀신이 거처하는 곳이다.[82)]≫ [그리고 觀卦의 上卦인] 巽은 깨끗하게 재계(齋戒)함의 뜻이 되는데 ≪「說卦傳」의 글[83)]≫ 그 아래에 坤의 희생(犧牲)을 늘어놓으니 ≪坤은 牛가 됨≫ 제사(祭祀)의 象이다. ≪渙卦의 경우와 같다.[84)]≫

乃互艮之手 ≪三五互≫ 上當坎水 ≪四五六≫ 以巽潔之 ≪上本巽≫ 潔手曰 盥也 ≪澡潔也≫

䷓

觀

이에 互艮의 손이 ≪[觀卦의 3・4・5의] 上互卦≫ 위로 坎의 물을 만나 ≪4・5・6位[는 본래 짝・홀・짝수로서 坎位]≫ 巽으로써 [그 손을] 깨끗이 씻으니 ≪[觀卦의] 上卦가 본래 巽≫ 손을 씻는 것을 '관(盥)'이라고 한다.[85)] ≪[盥은] 물로 씻어서, 깨끗이 하는 것이다.≫

---

82) 鄭康成은 觀卦의 互艮을 보아 門闕宗廟를 설명하고 있다("觀互體有艮, 艮爲鬼門, 又爲門闕, 地上有木, 而爲鬼門宮闕者, 天子宗廟之象."『易學緖言』 卷1 「鄭康成易注論」, 18가).

83) 「說卦傳」에 "齊乎巽 …… 齊也者, 言萬物之[潔齊]也"라고 함.

84) 渙卦는 風[☴]과 水[☵]로 이루어진 것인데, "渙, 亨, 王假有廟"라 하였으며, 역시 艮廟와 巽潔齊 등의 象이 나타난다.

85) 우번(虞翻)은 坤이 器라고 하는데, 『易學緖言』에 "虞云, 艮手臨坤器, 坎水沃之, 盥之象也"라는 우번(虞翻)의 설이 소개되고 있다.

坤牛在下 未及受射 ≪坤無傷≫ 是 薦血 薦爓 薦孰之禮 ≪見禮記≫ 皆未及行也 ≪渙則坤牛受矢[86] 故爲牲已薦之象≫ 故曰 盥而不薦

䷓

觀

[이 卦를 보면] 坤의 소가 아래에 있는데, 아직 화살을 맞지는 않았으니 ≪그 坤에 손상된 것이 없음[87]≫ 이는 제사(祭祀)에서 [희생(犧牲)의 피를 올리는] 천혈(薦血)[88]과 [살짝 데친 고기를 올리는] 천섬(薦爓)[89]과 [완전히 익힌 고기를 올리는] 천숙(薦孰)[90] 등의 의식(儀式)이[91] ≪『禮記』에 나옴[92]≫ 모두 아직 시행되지 않은 것이다. ≪渙卦의 경우는 坤의 소가 화살을 맞았으니, 그러므로 희생(犧牲)을 이미 제단(祭壇)에 올린 象이 된다.[93]≫ 그러므로

---

86) [校閱] 奎章本에는 "失"로 되어 있는데, "矢"의 誤記이다.

87) 觀卦가 벽괘(辟卦)이므로, 별도로 母卦에서 推移한 것이 없어서, 화살이 날아가 꽂히는 象이 나타나기 어렵다.

88) 천혈(薦血)의 교제(郊祭)에서는 희생의 피를 쓴다(李相玉 譯, 『禮記』 中 「郊特牲」, 명문당, 2003, 10면; 같은 책 上, 501면).

89) 천섬(薦爓) : [社稷의 제사인] 三獻의 예에서는 반숙의 고기를 쓴다(위의 책 中, 10면 「郊特牲」; 같은 책 上, 501면).

90) 여기 孰은 熟의 뜻이다. 위의 책 上, 502면. (注釋) [小祭와 소례의] 一獻에서는 완전히 익은 고기를 쓴다(一獻 孰). 위의 책 中, 10면 「郊特牲」; 같은 책 上, 501면.

91) 薦血薦爓薦孰가 ① 일련의 이어지는 절차과정이라기보다는 ② 여러 종류의 제사에서 동일한 수준의 단계에 해당하는 것으로 보인다.

92) 『禮記』 「禮器」(第十)와 「郊特生」(第十一)에 "郊血, 大饗腥, 三獻爓, 一獻孰"에 대한 언급이 있다.

93) 觀卦에서 渙卦로 추이하는 경우 또는 觀卦 六二가 爻變하는 경우 이런 坤牛受矢의 象이 나타난다. 그러나 실제 渙卦 卦辭나 觀卦 六二의 『周易』 원문에는 이런 상이 명시적으로 지적되고 있지 않으며 다산도 언급하고 있지 않다.

䷓ ䷺ ←乾의 화살(陽)이 날아가 坤牛☵에 박힌 것.

觀 → 渙

다만 渙卦가 觀卦로 변하는 渙卦 九二에 渙奔 其机라 하였는데 이를 설명하면서 다산이 "坤牛受射, ≪乾矢來射之≫ …… 牛今死矣. 二之旣變, 坎剛遂渙, ≪二今坼≫ 坤牛復生, 巽以遯之, 渙奔其机也"라고 하였다.

"관이불천(盥而不薦)", 즉 "손은 씻었으나 [아직] 제물을 올리지는 못함" 이라고 한 것이다.

◯ 二與五應 ≪剛柔應≫ 兩心相假 ≪上下卦之心≫ 是 有孚也

䷓
觀

◯ 제2位와 제5位가 호응하여 ≪각각 剛과 柔로 서로 호응함≫ 두 마음이 서로 이르니[94] ≪[제2位와 제5位는] 上卦와 下卦의 속마음에 해당됨≫ 이것이 "有孚"이다.

◯ 顒顒者 仰也 ≪廣韻云≫ 又顒顒者 溫也 ≪爾雅云≫ 坤衆仰觀 ≪坤在下≫ 其德溫溫 ≪說卦 乾爲寒 左傳 以坤爲溫≫ 有孚顒若也

䷓
觀

◯ "옹옹(顒顒)"은 우러러 보는 것(仰)을 뜻한다. ≪『광운(廣韻)』[95]에서 이

94) 假(격) : '이르다', '다다르다'의 뜻.
95) 광운(廣韻) : 본래 명칭은 『大宋重修廣韻』으로서, 宋 1008년에 진팽년(陳彭年)에 의하여 편수된 韻書인데, 切韻系韻書를 집대성한 저작으로 중국언어학사에 있어 최초의 완전한 韻書라고 할 수 있다. 음운학의 여러 개념을 종합한 것으로 中古音韻을 연구하는 데 있어 가장 기본이 되는 자료가 되기 때문에, 古音을 연구할 때에도 『廣韻』으로부터 시작하여야 하며, 현대음을 연구할 때도 역시 『廣韻』을 중심으로 연구해야 한다. 26,000여 字로 聲調의 平上去入에 따라 구성하였으며, 206韻의 韻目의 배열 순서와 四聲의 계승은 李舟의 『切韻』에서 따온 것이다. 비록 韻書이지만, 字義를 해석하고, 字形을 분석하였으며, 字音半切을 분명히 하고, 同音字도 함께 나열하여 音韻전문서인 동시에 文字와 訓詁 방면에 있어서도 귀중한 저서이다. 『廣韻』을 연구한 주요 저작으로는 진례(陳澧)의 『切韻考』, 등현학(鄧顯鶴)의 『玉篇廣韻校刊札記』, 유반농(劉半農)의 『十韻彙編』, 장세록(張世祿)의 『廣韻硏究』, 주조모(周祖謨)의 『廣韻校勘記』 등

렇게 말했다.[96]≫ 또 "옹옹(顒顒)"은 온화함을 뜻한다. ≪『詩經』「大雅」에 ["顒顒"이라는 표현이] 나온다.[97]≫ 坤의 군중이 위로 우러러 쳐다보는데 ≪坤이 下卦에 있음≫ 그 태도가 온화하고 유순하니 ≪「說卦傳」에 따르면, 乾은 차가움의 뜻이 된다.[98] 또 『左傳』에서는 坤을 따뜻함의 뜻으로 간주하였다.[99]≫ [이것을 가리켜] "有孚顒若", 즉 "감복하여 호응함이 있으니 온화하게 우러러 보는 듯하다"라고 한 것이다.

○ 筮祭祀 而遇是卦者 既濯既盥 未及薦獻 或因事而罷也

○ 제사(祭祀)에 관하여 점쳐서 이 卦를 만난 경우, 이미 손을 씻고 재계(齋戒)하였지만[100] 제물(祭物)을 올리지 않았으면[101] 혹 경우에 따라서는 그만 둘 수도 있겠다.

○案 漢儒並云 盥與祼通 ≪馬融 鄭玄 虞翻 荀爽說 皆同≫ 祼與瓘灌又相通 ≪郊特牲作瓘 論語作灌≫ 至朱子本義 始有潔手之解

○ [案] 漢儒들은 모두(並) [여기] '대야 盥(관)'字와 '강신제 祼(관)'字가 通한다[102]고 말한다. ≪마융(馬融)과 정현(鄭玄)과 우번(虞翻)과 순상(荀爽)의

이 있다.

96) 『廣韻』(黎庶昌 輯, 『古逸叢書』 下, 楊州 : 江蘇廣陵古籍刻印社, 1994, 171면, 312면). ←『康熙字典』, 中華書局, 1992, 1407면에 인용된다. 『仲氏易』, 上海古籍出版社, 1990, 94면에서도 언급.

97) 『爾雅』「釋訓」에 "顒顒者, 溫也"라는 말이 나오는 것이 아니고, "顒顒卬卬, 君之德也"라는 말이 나온다. "顒顒卬卬"이라는 말은 『詩經』「大雅」「卷阿」에 나오는 말이다. 『康熙字典』(中華書局, 1992, 1407면)에 "詩大雅, 顒顒卬卬, 傳顒顒溫貌, 箋體貌則顒顒然敬順"이라고 나온다.

98) 乾寒은 「說卦傳」 11장의 총괄 부분에 나온다(『四箋』 卷8, 33나).

99) 이른바 "南蒯之筮"에 나오는데, 「說卦傳」의 茶山의 '今補'에서도 언급되고 있다. 『四箋』(卷8, 35나)에서도 언급되고 있다.

100) 既濯既盥이란 다른 두 가지 절차가 아니라 같은 말을 다산이 거듭하여 쉽게 풀이한 것이다. 즉 盥이 곧 濯으로 盥을 보다 용이한 濯字로 풀이한 셈이다.

101) 이를 볼 때 다산의 경우는 "盥而不薦"을 "손을 씻었으나, 제물을 올리지는 못한다"기보다는 "…… 않는다"라고 보는 듯 하다.

說이 모두 동일하다.[103]≫ 이 '강신제 祼(관)'字는 '옥이름 瓘(관)'字와 '물댈 灌(관)'字와 더불어 또한 서로 통하는데 ≪[『禮記』의] 「교특생(郊特牲)」에서는 '瓘'字로 썼고[104] 『論語』에서는 '灌'字로[105] 썼다.[106]≫ 朱子의 『주역본의(周易本義)』에 이르러 비로소 [祭禮에서] 손을 씻는 것(潔手)이라는 해석이 나왔다.

○ 又案[107] 漢儒之說 或作朝會 ≪周禮 大宗伯 諸侯始至 祼以鬯酒 ○ 禮器云 諸侯相朝 祼用鬱鬯≫ 或作貢士 ≪以六四≫ 或作祭祀 ≪馬融 王肅 王弼 等≫ 今讀孔子之傳 旣謂之神道設教 則祭祀之義爲正

○ [又案] 漢儒의 說에는 혹 [이 "盥而不薦"을 천자와 제후의] 조회

---

102) 祼으로 본다고 해서 제사의 뜻으로만 보는 것이 아니고, 천자와 제후가 朝會하는 것으로 보는 것일 수도 있다.

103) 馬融, 鄭玄, 虞翻의 설은 孫星衍의 『周易集解』 上(上海書店, 1993, 186면)에서 확인되는데, 荀爽의 설은 확인되지 않는다. 陸德明의 『經典釋文』 上(上海古籍出版社, 1985), 87면에도 李道平의 『周易集解纂疏』(潘雨廷 點校, 中華書局, 1994), 227면에도 보이지 않는다. 다만 『仲氏易』(上海古籍出版社, 1990, 93면)에 荀爽이 언급된다. 다만, 『集解』 「大象傳」 부분에 "九家易" 운운한 대목이 있기는 한데 盥과는 무관하다.

104) 郊特牲 作瓘 : 『仲氏易』(上海古籍出版社, 1990, 93면)에 이렇게 말하고 있다. 다른 곳에서는 확인되지 않는다. [灌]用鬱鬯 [灌]用臭也(李相玉 譯, 『禮記』 中, 명문당, 2003, 10면; 陳澔, 『禮記集說』(新刊四書五經), 中國書店, 1994, 216면) [灌]用鬱臭(李相玉 譯, 같은 책, 39면) [灌]以圭璋(같은 책, 같은 면) 旣[灌]然後迎牲(같은 책, 같은 면; 먼저 술을 땅에 뿌린 뒤에 祭物을 맞았고, ……) 婦[盥]饋(같은 책, 37면) 『漢文大系』본에도 모두 '灌'字로 나온다. 高亨도 『高亨의 周易』(김상섭 역, 예문서원, 1995, 215면)에서 灌字로 인용하고 있다.

105) 『論語』 「八佾」. 禘自旣灌而往者(체(禘) 제사를 지낼 때, 울창주부터 뿌린 다음부터).

106) 『春秋』에 '瓘'字와 '灌'字를 통용한 사례가 나온다(楊伯峻 編著, 『春秋左傳注』(修訂本) 卷4, 中華書局, 1993, 1391~1392면). 『春秋左傳詞典』(楊伯峻 · 徐提 編著, 中華書局, 1985, 1015면)에 "若我用[瓘斝]玉瓚 …… 案 [瓘]當作[灌] 灌斝卽灌尊"이라고 함. 『論語』 「八佾」篇에서는 "作灌禘自旣[灌]而往者, 吾不欲觀之矣"라고 하였다(장기근 역주, 『論語』, 명문당, 1973, 96면). 茶山의 『論語古今註』에서는 "[灌]與[祼]通(六書之諧聲)"이라고 말하고 있다(『論語古今註』, 97면; 번역본 II, 102면; 奎章本, 39면). 『易學緖言』에서 虞翻은 이 『論語』의 구절을 '盥'字로 표기하였는데 다산은 論語之別本이라 하였다(『易學緖言』 卷1, 5나).

107) [校閱] 奎章本에는 '案'이 '按'으로 되어 있다.

(朝會)라고 해석하기도 하였고 ≪『周禮』에 따르면, 대종백(大宗伯)은 제후(諸侯)가 처음 도착할 때, 울창주(鬱鬯酒)를 따라 준다고 함[108] ◯『禮記』「禮器」에 이르기를, 諸侯들이 서로 회합함에 울창주(鬱鬯酒)를 따라 준다고 함≫ 혹은 선비를 천거하는 것(貢士)으로 해석하였으며[109] ≪觀卦의 六四爻의 뜻에 의거함[110]≫ 혹은 제사(祭祀)를 지내는 것으로 해석하기도 하였는데 ≪마융(馬融)과 왕숙(王肅)과 왕필(王弼) 등[111]≫ 지금 孔子의 「彖傳」을 읽어보면 이미 "신도설교(神道設敎)"라고 말씀하고 있으니, 제사(祭祀)의 뜻으로 풀이하는 것이 올바르겠다.

彖曰: 大觀在上, 順而巽, 中正以觀天下, 觀盥而不薦有孚顒若, 下觀而化也. 觀天之神道而四時不忒, 聖人以神道設敎而天下服矣.

「彖傳」: 큰 누각(樓閣)이 위에 있으니, [그 누각의 아래에서 백성들이] 순종하고 공손한데, [그 君王이] 중정(中正)의 道로써 天下를 관찰(觀察)하는 것이다. "觀, 盥而不薦, 有孚, 顒若"은 아랫사람이 [윗사람의 모범을] 보고 교화되는 것을 가리킨 것이다. 하늘의 신묘(神妙)한 道를 관찰함에, 그 四時가 어긋나지 않으니, 聖人이 그를 본받아, 신묘한 도리(神道)로써 敎化를 베푸니, 天下가 복종(服從)하는 것이다.

艮爲門闕 ≪說卦文≫ 大觀者 大艮也 觀之兩剛 實爲卦主 ≪易例

108) 原文 인용이 아닌 것으로 보인다. 『周禮』「春官大宗伯」(陳戍國 點校, 『周禮·儀禮·禮記』, 岳麓書社, 1995, 53면; 鄭玄云, 『周禮注疏』, 上海古籍出版社, 1987, 269면 이후)을 참조할 것. 李道平의 『周易集解纂疏』(潘雨廷 點校, 中華書局, 1994, 228면)에 大宗伯이 언급된다.

109) 鄭玄이 이렇게 본 셈이다(孫星衍, 『周易集解』 上, 上海書店, 1993, 186면).

110) 觀卦 六四의 爻辭에 "觀國之光, 利用賓于王"이라고 하고, 「小象傳」에 "觀國之光, 尙賓也"라고 함.

111) 王弼의 설은 임채우 역, 『周易王弼注』, 길, 2006, 170면을 참조.

以少者 爲主≫ 大觀在上也 中正者 五剛也 ≪正君位≫ 下臨坤土 ≪下本坤≫ 觀天下也

䷓

觀

艮은 궁문(宮門)의 양쪽 옆에 세운 두 개의 臺(門闕)를 상징한다. ≪「說卦傳」의 글[112]≫ "大觀"은 큰 艮의 형상이다. 觀卦의 [上卦에 있는] 두 개의 剛은 실제로 卦主가 되니 ≪易例는 적은 것을 主로 삼음≫ [이것을 가리켜] "大觀在上", 즉 "큰 누각(樓閣)이 위에 있다"라고 한 것이다. "中正"이란 제5位의 剛을 가리킨다. ≪임금의 자리가 바로 잡힘≫ [그 군왕이] 아래로 坤의 땅에 군림하니 ≪[觀卦의] 下卦가 본래 坤≫ [이것을 가리켜] "觀天下", 즉 "천하를 살핌"이라고 한 것이다.

○顒顒者 君德也 ≪爾雅云≫ 五位旣正 ≪君位正≫ 坤衆仰瞻 ≪坤在下≫ 是 濟濟多士 仰君德之齊潔 ≪巽爲潔≫ 而莫不感化也 其位在离 ≪一二三≫ 离則爲化 ≪南方之火德≫

䷓

觀

○ "옹옹(顒顒)"은 [또한] 君主의 덕성(德性)[을 형용(形容)하는 말]이다. ≪『爾雅』에 그렇게 말함[113]≫ 제5位가 [陽으로] 이미 올바름에 ≪君位가 올바름≫ 坤의 군중들[114]이 그를 우러러 쳐다보는데 ≪坤이 아래에 있음≫ 이는

112) 『四箋』 卷8, 40가.

113) 『爾雅』 「釋訓」에 "顒顒. 卬卬, 君之德也"라고 함. 黎庶昌 輯, 『古逸叢書』 下, 楊州 : 江蘇廣陵古籍刻印社, 1994, 10면; 洪業 等 編纂, 『爾雅』(周易等十種引得本), 上海古籍出版社, 1988, 12면; 『仲氏易』, 上海古籍出版社, 1990, 94면에서도 언급되고 있다.

많은 사람들과 선비들(濟濟多士)[115]이 군왕의 德이 고결함을 우러러 ≪巽은 潔이 된다.[116]≫ 感化되지 않음이 없는 것이다. 坤의 군중(其)이 离의 자리에 위치하고 있는데 ≪1·2·3位는 본래 离位≫ 离는 곧 化가 된다. ≪[离는] 南方의 火德에 해당된다.[117]≫

○ 兩曜迭運 七政循度 而四時之序不忒 聖人觀乎此而知造化之有神也 以卦象則五六天位也 ≪三才位≫ 重剛上覆 亦天象也

䷓

觀

○ 해와 달(兩曜)이 교대로 운행하고, 칠정(七政)[118][의 여러 성신(星辰)]이 [질서 있게 운행함으로써] 그 도수(度數)에 따르니, [春·夏·秋·冬의] 四時의 차례가 어긋나지 않는다. 聖人이 이것을 관찰하여, [천지의] 조화(造化)에 그 어떤 신묘함이 있음을 아는 것이다.[119] 卦象으로 따져 보아도, 5·6位는 天位인데 ≪天地人 3才의 자리≫ [이 觀卦는] 두 개의 剛

---

114) 坤衆은 「說卦傳」에 나온다.

115) 『詩經』 「大雅」篇의 "文王"이라는 詩 가운데, "濟濟多士, 文王以寧(훌륭한 선비들이여, 문왕이 그대들로써 편안하시겠도다)"의 句에 나오는 표현이다. '제제(濟濟)'란 많은 인재들이 있기 때문에 文王의 혼령도 편히 계시게 되었다는 뜻이다.

116) 여기 巽은 觀卦의 上卦를 말하는 것인데, 「說卦傳」에 "齊乎巽 …… 齊也者, 言萬物之[潔齊]也"라고 하였다.

117) 离化는 茶山의 「其他 物象」에 나오는데, 說卦方位에 따르면 离는 남쪽에 해당한다. 물론 离는 火이다.

118) 칠정(七政)이란 해(日)와 달(月) 그리고 수성·화성·목성·금성·토성의 다섯 행성을 가리킨다. 즉 日, 月에 水, 金, 火, 木, 土를 보탠 것이 七政이다. 『書經』 「舜典」에 말하기를, "선기옥형(璿璣玉衡)이 있어서 7정을 다스렸다"고 했으니, 7政은 7요(七曜)를 뜻한다. 天地는 만물의 부모인 동시에 정사(政事)를 행하는 주체가 되며, 日月과 五星은 그 명령을 받아 정사가 실행되도록 하는 관리가 된다. 즉 하늘과 땅의 기운이 쌓여 만물을 化育할 때에, 해와 달 및 오성은 생하고 극하는 실질적 작용을 한다.

119) 知造化之有神也 : (다른 가능한 해석) [천지의] 造化에 神이라는 주재자가 있음을 아는 것이다.

이 위에서 덮고 있으니 역시 天象이다.

艮則爲神 又爲鬼道 ≪非人之所行≫ 此 神道也 十二辟卦 本配四時 ≪觀亦辟≫ 此 四時不忒也 陽德居五 此 聖人也 ≪五爲君≫ 巽命下施 ≪口向下≫ 此 設敎也 坤民咸順 此 天下服也

䷓

觀

艮은 곧 神이 되며[120] 또한 귀도(鬼道)가 되는데 ≪사람의 所行이 아님≫ 이것이 신도(神道)이다. 12辟卦는 본래 [春・夏・秋・冬의] 四時에 짝하니 ≪觀卦도 역시 辟卦≫ 이것이 四時가 어긋나지 않는 까닭이 된다. [觀卦에서는] 陽의 德이 제5位에 있으니, 이는 聖人이다. ≪제5位는 군주가 된다.≫ 巽의 명령이 아래로 시행되니 ≪巽[☴]은 [兌가 뒤집어진 형태이니] 그 입이 아래로 향하고 있음≫ 이것이 "設敎", 즉 "敎化를 베풂"이다.[121] [아래에서] 坤의 백성이 [巽德으로써] 모두 유순하게 순종하니, 이것이 "天下服", 즉 "天下가 복종함"이다.

○程子曰 天道至神 故運行四時 化[122]育萬物 無有差忒 至神之道 莫可名言 唯聖人默契 體其妙用 設爲政敎 故天下之人 自然仰觀 而戴服也

○ 程子가 말하였다. "天道는 지극히 신묘하므로, 四時를 운행하고 萬物을 化育함에 어긋남이 없으니, [이런] 지극히 신묘한 道는 말로 할

120) "大艮, 神也 ≪觀卦云, 神道設敎≫."(『四箋』 卷2, 6나)

121) 『四箋』에서 "巽則設敎 ≪見觀卦≫"라고 함(『四箋』 卷1, 39나).

122) [校閱] 新朝本과 國中本에는 "化育萬物"이라고 되어 있으나 奎章本에는 "此育萬物"이라고 되어 있다. "此"는 "化"의 誤記이다.

수가 없는 것이다. 오직 聖人만이 말없는 가운데 天道에 부응하여(默契)[123] 그 오묘한 運用을 체현(體現)하여, 정치적 교화(敎化)를 위해 설정하였다. 그러므로 天下의 사람들이 …… [天道에 입각한 聖人의 가르침을] 자연히 우러러 보고, 받들어 복종하는 것이다."

䷓

初六 : 童觀, 小人无咎, 君子吝. ○ 象曰 : 初六童觀, 小人道也.

初六 : [君主의 德이 밝지 못하니, 君子가 있어도 알아보지 못하고, 다만] 동자(童子)로 볼 따름이다. 小人은 허물이 없겠으나, 君子에게는 [잘못을 고치지 않는] 인색함이 있다. ○「象傳」: 初六의 "童觀"은 小人의 道를 가리킨 것이다.

此 觀之益也 易例 內卦爲我 外卦爲彼 ≪如主客≫ 觀卦則不然 觀以兩剛爲卦主 ≪大傳云 陽卦多陰≫ 觀者在上也 自上觀下 卦宜倒也 ≪視勢順≫ 故六爻之詞 多取倒象

䷓ ䷩ ䷋

觀 → 益 ← 否

이것은 觀卦가 益卦로 변하는 경우이다. 『周易』의 일반적 용례(易例)로 볼 때, 內卦는 자신이 되고 外卦는 상대가 된다. ≪[內卦와 外卦의 관계는] 마치 주인과 손님의 관계와 같다.≫ [그러나] 觀卦의 경우는 그렇지 않다.

---

123) 묵계(默契) : 말 없는 가운데 뜻이 서로 맞음=默約.

觀卦는 [반대로 外卦에 있는] 두 개의 剛이 卦主가 된다. ≪「大傳」에 陽卦는 陰이 많다고 하였다.124)≫ 보는 자가 위에 있으니, [당연히] 위에서 아래를 내려다보게 된다. [따라서] 그 卦를 [일반적인 경우와는 달리] 뒤집어 보는 것이 당연하며 ≪[괘를 뒤집어 보아야 오히려] 보는 방향으로서는 순(順) 방향이 됨≫ 그러므로 여섯 개의 爻詞에서 주로 뒤집어진 象을 취한 것이다.

○益自否來 ≪一之四≫ 震之君子 ≪下今震≫ 本自上墜 ≪四之一≫ 此 大臣失位 ≪四爲大臣位≫ 遠於乾君也 ≪否上乾≫ 乃乾君下觀 ≪自上視≫ 視爲艮童 ≪爲倒艮≫ 是 童觀也 當否之時 君德不明 則視君子爲小人也 卦有巽眼 所以觀也

觀 → 益 ← 否

○ 益卦는 否卦로부터 왔다. ≪[否卦의] 1이 4로 간 것이다.≫ 그 震의 君子는 ≪[益卦의] 下卦가 지금 震≫ 본래 위에서 추락(墜落)한 것이니 ≪[否卦의] 4가 1로 감≫ 이는 大臣이 그 지위를 상실하여 ≪제4位는 大臣의 자리≫ 乾의 군주로부터 멀어진 것이다. ≪否卦의 上卦는 乾≫ 이에 乾의 군주가 아래를 내려다보는데 ≪위에서 내려다 봄≫ 그 보여지는 것은 艮의 어린아이가 되니 ≪[益卦의 下卦가 震으로] 倒艮이 됨≫ 이것이 "童觀"이다. 비색(否塞)한 시기를 당하여, 군주의 德이 밝지 않으면, 君子를 小人으로 보게 된다.125) 卦에 巽의 눈(眼)이 있으니, [그것으로써] 보는 것이다.

---

124) 「繫辭下傳」에 "陽卦多陰, 陰卦多陽其故何也, 陽卦奇, 陰卦偶"라고 함.

125) 視君子爲小人也 : (다른 가능한 해석) 군자를 보고는 소인이라 여긴다.

○小人者 艮也 本以大艮 ≪兼畫三≫ 變而從道 ≪下今震≫ 在小人 則无咎也 ≪善補過≫ 君子者 震也 賢路本窮 ≪卦本艮≫ 變亦失道 ≪下倒艮≫ 在君子 則吝也 ≪疵不改≫

觀 → 益 ← 否

○ [易例에 따르면] 小人은 艮이다.[126] [觀卦는] 본래 큰 艮의 모양이었는데 ≪[觀卦를] 겸획하여 三畫卦[로 보면 艮이 됨]≫ [觀卦 初六이 효변하여, 益卦로] 변하여도, 길(道)을 따르니 ≪[益卦의] 下卦가 지금 震[127]≫ 小人에게 있어서는 허물이 없는 것이다. ≪[小人이] 잘못을 잘 보완한다.≫ 君子는 震인데, 현인(賢人)의 길이 본래부터 곤궁하더니 ≪[觀]卦가 본래 큰 艮[128]≫ [益卦로] 변하여도 역시 길을 잃으니 ≪[益卦의] 下卦가 [震으로서] 뒤집힌 艮≫ 君子에게 있어서는 곧 인색함(吝)이 되는 것이다. ≪[君子가] 잘못을 고치지 않는다.≫

○小人道也者 明此爻當倒看也 初六之動 明明爲震 而訓之曰小人道 則倒之爲艮 亦已明矣

○ "小人道"라고 한 것은 이 爻를 응당 뒤집어 관찰해야 한다는 것을 밝힌 것이다. 初六의 변동으로 명명백백(明明白白)하게 [군자를 상징하는] 震이 되는데 오히려(而) 그것을 풀이하여 "小人道"라고 하였으니, [震을] 뒤집어 艮으로 본 것이 또한 이미 분명한 것이다.

126) 茶山의 '今補'에 艮이 小人을 뜻한다고 함(『四箋』 卷8, 40나).
127) 「說卦傳」에 震은 大塗라 하였다.
128) 「說卦傳」에 艮은 徑路(좁은 길)라 하였으며 茶山의 「其他 物象」에 艮에 '窮'의 뜻이 있다고 하였다.

六二 : 闚觀, 利女貞. ○ 象曰 : 闚觀女貞, 亦可醜也.

六二 : [여자가] 몰래 [문틈으로] 엿봄이니, 여자의 일에는 이로울 것이다. ○「象傳」: [여자가] 몰래 [문틈으로] 엿봄이니, [합당한 배필(配匹)과 맺어지지 못하고 부적절한 관계에 빠진] 여자의 일은 또한 추할 수 있다.

此 觀之渙也 渙自否來 《二之四[129]》 剛之旣移 《四之二》 乾君已歿 《乾今亡》 巽妃在上 《易例[130] 巽爲后》 而艮門之下 《本大艮》 坎盜隱伏 《下今坎》 巽白之眼 《妃之目》 從門隙而竊視 《坎爲竊》 非闚觀乎 《闚窺通》 闚者 竊視也 《又小視》 其字從門 《艮爲門》

觀 → 渙 ← 否

이것은 觀卦가 渙卦로 변하는 경우이다. 渙卦는 否卦에서 나왔는데 《[否卦의] 2가 4로 감》 剛이 이미 [渙卦로] 옮겨감에 《[否卦의] 4가 2로 감》 乾이 군왕이 이미 죽고 《乾이 지금 없어짐》 巽이 왕비가 위에 있다. 《易例에 巽은 후비(后妃)가 된다.[131]》 [그런데] 艮門 아래에 《본래 큰 艮》 坎의 도적이 은밀히 숨어 있으니 《[渙卦의] 下卦가 지금 坎[132]》 [왕비가] 巽의 흰 눈동자[133]로 《왕비의 눈》 문틈으로 [도둑을] 몰래 엿보니 《坎

129) [校閱] 新朝本과 國中本에는 "二之四"로 되어 있으나 奎章本에는 "二人四"로 되어 있다. "人"은 "之"의 誤記이다.

130) [校閱] 新朝本과 國中本에는 "易例"로 되어 있으나 奎章本에는 "易倒"로 되어 있다. "倒"는 "例"의 誤記이다.

131) 茶山의「其他 物象」을 참조할 것.

132)「說卦傳」에 坎이 隱伏이 되고 盜가 된다고 하였다.

은 '竊', 즉 '몰래'의 뜻이 됨[134])≫ [이것이] "규관(闚觀)"이 아니고 무엇이겠는가! ≪'엿볼 闚(규)'字는 '엿볼 窺(규)'字와 通한다.≫ '闚(규)'字는 몰래 보는 것을 뜻하니 ≪또한 흘낏 보는 것이 됨[135])≫ 그 글자가 '門'字에 의거하고 있다. ≪艮은 門이 된다.≫

○ 女位旣尊 ≪巽在上≫ 下成坎貞 ≪堅固也[136])≫ 婦人之事 皆利也 ≪貞 事也≫

䷓ ䷺ ䷋
觀 → 渙 ← 否

○ 여인의 지위가 이미 존귀하고 ≪[長女인] 巽이 上卦에 있음≫ 下卦에는 坎의 貞을 이루니 ≪[이 貞은] 견실함을 뜻함≫ 婦人의 일은 모두 이롭다. ≪[爻辭의] 貞은 일[事]을 뜻함≫

○ 巽與震配 ≪序 皆長≫ 坎非其匹 ≪中男也≫ 亦可醜也 如宣姜穆姜之等 當此占也

䷓ ䷺ ䷋
觀 → 渙 ← 否

○ [원래는] 巽과 震이 배필이 되는 것으로 ≪[각각 長女와 長男으로] 그 차례가 모두 맏이 된다.≫ [지금 下卦인] 坎은 그 [長女인 巽의 합당한] 배

---

133) 「說卦傳」에 巽은 白이 되고 多白[眼]이라 하였다. 역시 「說卦傳」의 近取 항목에서 "巽股, 离目"이라 하였다.

134) 坎竊은 茶山의 「其他 物象」에 속한다. '竊'字는 『周易』에 나오지 않는다.

135) 이는 『廣韻』의 설이다(『康熙字典』, 中華書局, 1992, 1341면).

136) [校閱] 新朝本과 國中本에는 "堅固也"로 되어 있으나 奎章本에는 "堅固之"라고 나온다.

필이 못되니 ≪[坎은] 中男≫ [이것을 가리켜] "亦可醜"라고 한 것이다. 예컨대 [젊은 남자와 놀아난] 선강(宣姜)[137]이나 목강(穆姜)[138] 등이 이런 占에 해당한다.

○案 童觀 闚觀者 象也 其下 一二句 占也 孔子於象傳 每通括而爲之詞 此 象傳之文例也 此云 亦可醜也者 以其象也 非必女貞爲可醜也 且貞事也 若訓爲正 便不可通

○ [案] [觀卦 初六에서] "동관(童觀)"이라고 한 것과 [觀卦 六二에서] "규관(闚觀)"이라고 한 것은 象에 해당되고, 그 아래 나오는 구절들은 占에 해당된다. 孔子는 「小象傳」에서 매번 [효사(爻辭)의 해당 구절만 따오지 않고 그 앞뒤를] 통괄하여 글을 엮었는데, 이는 「小象傳」의 문장형식이다.[139] 여기서 "亦可醜也"라고 한 것은 그 象에 의거한 것인데, 여자의 일이라고 해서, 반드시 추악한 것은 아니다. 한편 "貞"은 일(事)이니, 만약 ["貞"을] 바름(正)으로 해석한다면 ["女貞亦可醜也"가 '여자가 바른 것도 또한 추악하다'는 식의 말이 되어] 곧(便) 뜻이 통할 수가 없다.

○毛甡云 坤爲闔戶 ≪胡炳文 亦云≫ 故爲闚觀其義 非也 ≪坤之卦

137) 선강(宣姜) : ① 衛나라 宣公의 夫人인 宣姜; 與公子朔 構急子(文璇奎 譯, 『春秋左氏傳』 上, 명문당, 1987, 140면) 齊人 使昭伯 烝於宣姜 不可 強之(같은 책, 227면). ② 衛나라 襄公(春秋官占補註)에 나오는 靈公과 孟縶의 父이다. 물론 이들은 주압(姛姶)이 낳았다.

138) 목강(穆姜) : 魯나라 成公의 母. 淫行을 일삼으며 成公을 폐위하려고까지 하다가 東宮에 유폐됨. 「春秋官占補註」의 이른바 목강동궁지서(穆姜東宮之筮)의 주인공.

139) 원래 「小象傳」이 해당 經文(즉 爻辭) 아래에 있었던 것이 아니기 때문에 먼저 해당 경문을 밝힐 필요가 있었던 것인데 다음과 같은 이유에서 해당 경문만 언급하지 않고 그 전후 구절을 같이 언급한 것으로 보인다. 첫째 해당 경문의 전후를 같이 언급하는 것이 분명 그 이해에 도움이 될 것이다. 둘째 傳文에 해당하는 경문만 떼어내어 언급하는 경우 傳文과 그 經文이 분명하게 구분되지 않아 혼동될 소지가 있다. 셋째 「小象傳」이 쭉 같이 이어져 있다고 할 때 그 해당 經文(爻辭)이 어떤 卦의 것인지를 확인 기억하는 데 있어 해당 경문의 전후를 같이 언급하는 것이 분명 유리할 것이다.

形 中無阻≫ 易例 震爲閉門 ≪見豫復≫ 渙有互震 所以闚也

觀 → 渙 ← 否

○ 모신(毛甡)[140]이 말하기를, "坤은 [「繫辭傳」에 나오듯이] 문을 닫음이 되며[141] ≪호병문(胡炳文)[142]도 역시 이렇게 말했다.[143]≫ 그래서 몰래 엿봄이 된다"라고 하였는데[144] 이 해석은 그릇된 것이다. ≪坤卦의 형태는 가운데 막힌 것이 없다. [따라서 닫힌 문이 되지 못하며 따라서 어디 숨어서 틈새로 몰래 엿본다는 뜻도 되지 못한다.]≫ 易例에 [따르면] 震은 닫힌 문[145]이 되는데 ≪이런 象은 豫卦와 復卦에 보임[146]≫ 渙卦에 互震이 있으니, 닫힌 문틈으로 엿보는 것이 된다.

---

140) 모신(毛甡): 毛奇齡이 明이 멸망한 뒤에 淸軍을 피해다니면서 사용한 假名이다. 모기령은 한때 淸兵에게 잡혔으나 머리를 깎은 덕분에 목숨을 구하였다. 다시 여러 곳을 전전하다가, 崇山으로 가서 도사의 土室에 숨어 지내면서 모신(毛甡)이라는 假名을 사용하였다. 모기령의 생애에 관하여는 문인 唐盛이 지은 「西河先生傳」을 참조할 것.

141) 『仲氏易』, 上海古籍出版社, 1990, 95면. ←"坤爲闔戶 ≪見繫詞≫ 此重門又闔者也(…… 이는 중문에 또한 그것을 닫은 것이다)."

142) 胡炳文(胡仲虎)은 元代 사람이다.

143) "雲峯胡氏曰, 闚, 坤闔戶象柔居內, 而觀乎外, 有闚觀象."(朝鮮圖書株式會社 編輯部 編纂, 『備旨具解原本周易』 上, 410면)

144) 이는 형식상으로는 毛奇齡(毛甡)의 仲兄인 與三의 말이다(『仲氏易』, 上海古籍出版社, 1990, 2면).

145) 茶山의 '今補'에 "震은 閉"라고 하였다(『四箋』 卷8, 36나). 茶山의 「其他 物象」에 艮이 開門을 상징한다고 함(『四箋』 卷8, 37가).

146) 復卦의 「大象傳」에 至日[閉]關이라 하였으며(『四箋』 卷7, 37가), 豫卦에서 茶山은 "卦自剝來 ≪上之四≫ 謹其門闕"이라 하였는데 즉 문을 닫아(閉門) 미리 혼란에 豫備하는 것이 豫卦의 한 가지 뜻이라 하였다(『四箋』 卷3, 4나). 또한 坤卦 六四는 豫卦로 되는 것인데 그 「文言」에 震에 근거하여 天地[閉]라 하였다(『四箋』 卷1, 49가).

六三 : 觀我生, 進退. ◯ 象曰 : 觀我生進退, 未[147]失道也.

六三 : [君子인] 내가 [백성들을] 살려내는 것을 [내려다]보니, [어진 자(賢者)를] 나아가게 하고, [간사(奸邪)한 자를] 물러나게 함이로다. ◯「象傳」: "觀我生進退"라고 한 것은 [政治의 올바른] 道를 잃지 않음을 말한 것이다.

此 觀之漸也 漸自否來 ≪三之四≫ 剛之旣移 ≪四之三≫ 坤國之民 ≪下本坤≫ 宜以艮死 ≪下今艮≫ 自上而觀 ≪義見上≫ 乃成倒震 ≪艮之反≫ 震則反生 ≪說卦文≫ 觀我生也 我者 震也

이것은 觀卦가 漸卦로 변하는 경우이다. 漸卦는 否卦로부터 왔다. ≪[否卦의] 3이 4로 감≫ [否卦의] 剛이 [漸卦로] 옮겨감에 ≪[否卦의] 4가 3으로 감≫ 坤의 나라의 백성들이 ≪[否卦의] 下卦가 본래 坤≫ 艮의 죽음을 당하게 되어 있는 상황이었다.[148] ≪[漸卦의] 下卦가 지금 艮[149]≫ [그런데 觀卦의] 위에서 내려다보면 ≪[이렇게 위에서 아래로 내려다보는 이유, 즉, 뒤집어 보아 도상(倒象)을 취하는 이유는] 앞서 설명함[150]≫ 곧 倒震이 이루어져 있고

147) [校閱] 奎章本에는 "未(미)"가 "末(말)"로 되어 있는데, 誤記이다.

148) 艮死 : 茶山「其他 物象」.

149) 이는 君子가 물러나고(退), 小人이 나섬(進)에 백성들이 다 죽게 된 것이다. 이는 물론 正看에 따른 말이며, 倒看하면 반대의 상황으로 된다. 즉 茶山이 아래에서 말하듯이 "進賢退邪(否之乾君與震賢相見)"이 된다(『四箋』 卷3, 19나).

150) 앞서 初六을 설명하는 부분에서, "觀者 在上也. 自上觀下 卦宜倒也(視勢順). 故 六爻之詞 多取倒象"이라 하였으며(『四箋』 卷3, 18나), 또 "闕之名觀 亦以自上而觀下 又

≪艮의 반대≫ 震은 곧 되살아남(反生)의 뜻이니 ≪「說卦傳」의 글[151]≫ [이것은] "觀我生", 즉 "내가 살려냄을 보는 것"이 된다. [이때, 生의 주체가 되는] 我는 [下卦인 艮을 뒤집은] 震이다.

○陰自內出 ≪三之四≫ 陽自外入 ≪四之三≫ 進退之卦也 本有巽命 ≪上本巽≫ 進退之象也 ≪見說卦≫ 進賢退邪 ≪否之乾君 與震賢相見≫ 民所生也

觀 → 漸 ← 否

○ 陰이 안에서 밖으로 나가고 ≪[否卦의] 3이 4로 감≫ [다른 한편에서] 陽이 밖에서 안으로 들어오니 ≪[否卦의] 4가 3으로 감≫ 進退를 상징하는 卦이다. 본래 巽의 命이 있었으니 ≪[觀卦의] 上卦가 본래 巽≫ 進退의 象이다.[152] ≪「說卦傳」에 나온다.[153]≫ 어진 사람을 나아가게 하고, 사악한 자를 물리치니 ≪否卦의 乾君이 震의 어진 사람과 서로 만나봄[154]≫ [이로 말미암아] 백성들이 살아나는 것이다.

○未失道者 明下卦 當倒看也 艮爲徑路 ≪又爲迷≫ 非失道乎 倒之爲震 ≪艮之倒≫ 震爲大途 ≪說卦文≫ 未[155]失道也

○ [「象傳」에서] "未失道"라고 한 것은 下卦를 마땅히 거꾸로 뒤집어

令下而觀上也"라 하였다(『四箋』 卷3, 17나).

151) 「說卦傳」에 "震 …… 其於稼也 爲[反生]"이라고 함.

152) 「繫辭上傳」에 "變化者, 進退之象也"라고 하였다.

153) 「說卦傳」에 "巽 …… 爲[進退]"라 하였는데 巽命(荀九家 虞翻의 說)에 따라서 이렇게 進退한다는 것.

154) 漸卦의 下艮을 倒看하면 震이 된다.

155) [校閱] 奎章本에는 "未(미)"가 "末(말)"로 되어 있는데, 誤記이다.

보아야 함을 [분명히] 밝힌 것이다. 艮은 좁은 길(徑路)이 되니 ≪[艮은] 미로(迷路)가 됨≫ 길을 잃은 것(失道)이 아니겠는가? [이 艮을] 뒤집으면 震이 되는데 ≪艮이 전도(顚倒)된 것≫ 震은 큰 길을 상징하니 ≪「說卦傳」의 글[156]≫ "未失道", 즉 "길을 잃지 않은 것"이다.

○ 巽初六 當參看 ≪彼 亦云 進退≫

○ 巽卦 初六[157]을 마땅히 참고해 보아야 할 것이다. ≪거기 [巽卦 初六]에서도 역시 "進退"를 말하였다.≫

䷓

六四 : 觀國之光, 利用賓于王. ○ 象曰 : 觀國之光, 尙賓也.

六四 : 국가의 [문물제도(文物制度)의] 광채(光彩)를 관람(觀覽)함이니, 왕에게 손님이 되는 일은 이로울 것이다.[158] ○ 象曰 : "국가의 [문물제도(文物制度)의] 광채(光彩)를 관람(觀覽)하게 하는 것"은 손님을 [접대하여] 높이는 것이다.[159]

此 觀之否也 否有乾天 ≪上今乾≫ 本以坤國 ≪下本坤≫ 上受天光 ≪左傳文≫ 中成巽眼 ≪三五互≫ 觀國之光也

156) 「說卦傳」에서 "震 …… 爲大塗"라고 함. 途와 塗는 통용된다.
157) 巽初六 : 進退利武人之貞.
158) 왕을 알현할 일이 있음에 그에 대해 점을 쳐보니 그 일이 이롭다는 점괘.
159) 손님을 대접하여 自國의 문물제도를 시찰하게 한다는 것이겠다.

䷓ ䷋

觀 → 否

이것은 觀卦가 否卦로 변하는 경우이다. 否卦에는 乾의 하늘(天)[160]이 있는데 ≪[否卦의] 上卦가 지금 乾≫ 본래 坤의 나라[161]로서 ≪[否卦의] 下卦가 본래 坤≫ 위로 그 하늘의 빛(天光)을 받고 ≪["天光"은] 『左傳』에 나오는 말[162]≫ 가운데 巽의 눈(眼)[163]의 형상을 이루니 ≪[否卦의] 3·4·5의 上互卦≫ [이것이] "觀國之光", 즉 "국가의 [문물제도(文物制度)의] 광채(光彩)를 보는 것"이다.

○禮 主人坐於東南 ≪見鄕飮酒義≫ 坐賓於西北 ≪卽西階之北≫ 故易例 巽爲主人 ≪東南方≫ 乾爲賓也 ≪西北方≫

○ [古]禮에 따르면, 主人은 동남쪽에 앉고 ≪『禮記』「鄕飮酒義」에 나옴[164]≫ 서북쪽에 손님을 모셔 앉힌다. ≪즉 서쪽 계단(西階)의 북쪽[165]≫ 그러므로, 易例에 [따르면] 巽이 主人이 되며 ≪[「說卦傳」에 따르면, 巽은] 東南쪽≫ 乾은 빈객(賓客)이 된다. ≪[「說卦傳」에 따르면, 乾은] 서북쪽≫

---

160) 乾天 : 說卦傳에 나온다.

161) 坤國 : 荀九家인 虞翻의 說.

162) 『左傳』의 '陳敬仲의 占筮'에 "有山之材, 而照之以天光. 故曰, 觀國之光"이라고 함(『四箋』 卷7, 16가).

163) 巽眼 : 「說卦傳」에 多白眼이라 함.

164) 『禮記』 下 「鄕飮酒義」(이상옥 역, 명문당, 2003, 248면). 이후 「說卦傳」에서, 巽의 主人을 설명할 때에는 『儀禮』 「鄕飮酒[禮]」(胡培翬 撰, 殷熙仲 點校, 『儀禮正義』 卷1, 江蘇古籍出版社, 1993, 276면 이후; 楊天宇, 『儀禮譯註』, 上海古籍出版社, 1994, 103면 이후)에 의거하여 설명하고 있다(『四箋』 下, 1118면). 한편 「說卦傳」에서 乾賓을 설명할 때는 또한 鄕飮酒[義](즉 『禮記』)를 언급하고 있다. 이상에서 鄕飮酒義나 鄕飮酒禮를 꼭 『禮記』나 『儀禮』의 편명으로 볼 필요가 없기도 하겠다. 즉 '鄕飮酒하는 儀式'의 뜻으로도 볼 수도 있다.

165) "西階" 운운하는 구절은 『儀禮』 「鄕飮酒禮」에 나온다(이상옥 역, 『禮記』 下, 명문당, 2003, 247면의 주석).

卦之未變 巽在高位 ≪在上卦≫ 變而爲否 則巽降一級 ≪上巽 今互巽≫ 以自卑讓 ≪巽讓之≫ 乾乃在上 ≪上今乾≫ 致其尊敬 ≪尊尙之≫ 利用賓也 ≪賓在上≫

觀 → 否

卦가 효변하지 않았을 때는 [主人인] 巽이 높은 지위에 있었는데 ≪[觀卦의] 上卦에 있음≫ 효변하여 否卦가 되면, [그] 巽이 한 계단을 내려와 ≪[觀卦에서는] 上卦에 있던 巽이 지금 [否卦로 되면] 互卦의 巽이 됨≫ 스스로 낮추어 자리를 양보함에 ≪공손하게 높은 자리를 사양함≫ [손님인] 乾이 곧 위에 자리하여 ≪[否卦의] 上卦가 지금 [손님인] 乾≫ [주인이] 그 존경을 바치니 ≪[손님을] 존중하여 높임≫ [이것을 가리켜] "利用賓"이라고 한 것이다. ≪빈객(賓客)이 [제대로 대접을 받아] 위에 있다.≫

坤國之上 乾本爲王 ≪天地否≫ 賓于王也 古者 諸侯朝王助祭 ≪卦本有祭象≫ 必具三恪之賓 ≪見左傳≫ 此 其占也

[否卦에서는] 坤의 나라의 위에서, 乾이 본래 王이 되니 ≪天과 地가 否卦를 형성함≫ [이것을 가리켜] "빈우왕(賓于王 : 왕의 손님이 됨)"이라고 한 것이다. 古代에는 諸侯가 천자를 알현하고, 祭禮를 보조함에 ≪觀卦에는 본래 제사의 象이 있음[166]≫ 반드시 삼각(三恪)[167]의 빈객(賓客)의 禮를 갖추

166) 앞에서 "卦爲大艮, 艮爲宗廟, 巽以潔齊, 下陳坤牲, 祭祀之象也 ≪與渙道≫"이라 함(『四箋』 卷3, 17나). 그리고 觀이 祭祀卦라 함(『四箋』 卷7, 16나).

167) 삼각(三恪) : 前王朝의 세 후손국을 특별히 예우하여 부르는 명칭이다. 삼각(三恪)이라는 명칭은 周나라의 무왕(武王)이 3대의 후손을 봉하여 '삼각(三恪)'이라고 한 데에서 유래하였다고 하는데, 그 3대의 후손이 무엇을 가리키느냐에 관해서는 우(虞)·하(夏)·은(殷)을 지칭한다는 설과 黃帝·堯·舜을 지칭한다는 설의 두 가지 說이 있다. 『春秋左傳詞典』에서는 "三恪, 虞夏商之後爲周初所封國"이라고 하였다(楊伯峻·徐提 編著, 『春秋左傳詞典』, 中華書局, 1985, 15면).

니 ≪『左傳』에 나옴[168]≫ 이 六四爻는 그런 占인 것이다.

○尙 上也 尙賓者 升賓也 ≪尊賓而上之≫

○ ["尙賓"의] '尙'은 높임(上)을 뜻하니, "尙賓"이란 손님을 위로 높임이다. ≪손님을 존중하여 위로 받들어 올림≫

○案 鄭玄以貢士[169]賓興之說 釋此爻 謬矣 大司徒 賓興之文 本是假借爲文者 豈有周公之詞 反用摘句之法哉

○ [案] 鄭玄은 [선비를 천거하고 등용하는] 공사(貢士)[170]와 빈흥(賓興)[171]의 說로써 이 爻를 해석하였는데 잘못이다. [『周禮』「地官」에 있는] 대사도(大司徒)[172]의 빈흥(賓興)의 文句[173]는 본래 [後代에 여기저기

168) 『左傳』(襄公 25年)에 "我先王, 賴其利器用也, 與其神明之後也, 庸以元女大姬配胡公, 以封諸陳, 以備三恪(鄭子産이 말하였다. 우리 선왕께서 그의 재주가 나라에 이롭다는 것과 신령한 사람의 후예라는 것을 보고 큰따님을 호공의 배필로 삼으시고 陳나라에 봉하여 [諸侯에 봉하여(명문당본)] [三恪]을 갖추었습니다)"라고 함(文璇奎 역저, 『春秋左氏傳』 中, 명문당, 1987, 402면; 楊伯峻 編著, 『春秋左傳注』(修訂本) 卷3, 中華書局, 1993, 1105면).

169) [校閱] 新朝本에는 "공토(貢土)"로 되어 있는데, "공사(貢士)"의 誤記이다.

170) 貢士 : 지방의 州郡에서 선발하여 추천해 올린 준수한 인재.

171) 빈흥(賓興) : 周代에 선비를 채용하던 법, 鄕飮酒의 禮로써, 賓客을 삼아 추천하는 일.

172) 大司徒 : 周나라 육경(六卿)의 하나로, 지도(地圖)·인구(人口)·교육(敎育)·부세(賦稅) 등의 직무를 맡았던 벼슬의 명칭이다. 육경(六卿)은 ① 천관총재(天官冢宰), ② 지관사도(地官司徒) 大司徒, ③ 춘관종백(春官宗伯) 大宗伯, ④ 하관사마(夏官司馬) 大司馬, ⑤ 추관사구(秋官司寇) 大司寇, ⑥ 동관사공(冬官司空)을 가리킨다. 육관(六官: 천, 지, 춘, 하, 추, 동)은 대개 후대의 六部(이, 호, 예, 병, 형, 공)에 해당한다.

173) "『周禮』, 大司徒 以鄕三物, 敎萬民而賓興之. 一曰 六德, 知仁聖義忠和. 二曰 六行, 孝友睦婣任恤 三曰 六藝, 禮樂射御書數(『周禮』에, 大司徒가 마을에 세 가지 일로써, 만백성을 가르쳤으며, 그 중에서 우수한 자를 뽑아서 향음주례(鄕飮酒禮)의 빈(賓)으로 대우하고 어진 선비로 나라에 천거하였다. 첫째는 여섯 가지 덕(六德)이니, ① 지혜(知)와 ② 어짊(仁)과 ③ 착함(聖)과 ④ 의리(義)와 ⑤ 충성(忠)과 ⑥ 화평(和)이고, 둘째는 여섯 가지 행실(六行)이니, ① 효도(孝)와 ② 우애(友)와 ③ 가족에게 화목함과 친척에게 화목함(睦)과 ④ 벗에게 믿음(婣)과 ⑤ 친구를 사귐에 信義를 지킴(任), ⑥ 가난한 이에게 구휼함(恤)이고, 셋째는 여섯 가지 재주(六藝)이니, 예문(禮)과 음악(樂)과 활쏘기(射)와 말몰기(御)와 글씨(書)와 산수(數)이다)."

서] 가차(假借)하여, 글을 엮은 것이니, 어찌 [그보다 앞선] 周公의 [즉 『周易』의] 말이 도리어 그것을 빌려 따오는 法이 있겠는가?

○ 需上六 姤九二 當參看

○ [巽主－乾賓과 연관하여] 需卦 上六[174]과 姤卦 九二[175][의 卦辭]를 마땅히 참고해 보아야 할 것이다.

春秋傳 ≪莊 二十二年≫ 陳厲公生敬仲 周史筮之 遇此爻曰 坤土也 風爲天於土上 ≪巽變乾≫ 山也 ≪二四艮≫ 有山之材 ≪巽木在艮山≫ 而照之以天光故曰 觀國之光 ≪坤爲國≫ 庭實旅百 ≪見補注≫ 奉之以王帛 ≪乾玉[176]而坤帛≫ 天地之美 具焉 ≪天地否≫ 故曰 利用賓于王

觀 → 否

『春秋左傳』에 보면 ≪莊公 22年條[177]≫ 陳나라 여공(厲公)이 경중(敬仲)을 낳음에 周나라 太史가 [『周易』으로] 그에 대해 점쳐서 이 爻를 얻었는데[178] 풀이하여 [다음과 같이] 말하였다.[179] "坤은 땅(☷)이며, …… [觀

---

174) 需卦 上六 : …… 有不速之[客]三人來(『四箋』 卷2, 11나).

175) 姤卦 九二 : 不利[賓](『四箋』 卷5, 27나).

176) [校閱] 奎章本에는 "옥(玉)"이 "왕(王)"으로 되어 있는데, 誤記이다.

177) 『春秋左傳』의 占筮 중에서 "陳敬仲之筮"(莊公 22年)에 해당됨.

178) 原文에는 "觀之否"라 나온다(『四箋』 卷7, 21나). 文璇奎 譯, 『春秋左氏傳』 上, 명문당, 1987, 188면.

179) 周 太史가 觀卦(䷓)가 否卦(䷋)로 變하는 경우를 얻고 풀이한 내용은 다음과 같다. "이 卦는 [觀卦 六四의 易詞에서] 이른바 "觀國之光 利用賓于王", 즉 "나라의 빛을 볼 것이요, 王의 賓客이 됨에 이롭다"라고 한 것을 가리킵니다. 이는 그가 陳나라 대신에 [어떤 다른] 나라를 차지하게 될 징조인데, [그는] 이 곳이 아니라 다른 나라에서 살

之否의 경우는] 바람[☴]이 땅[☷] 위에서 하늘(天)로 변한 것이고 ≪[효변하여 觀卦에서 否卦로 되면] 巽이 [坤의 土 위에서] 乾으로 변함≫ [또한 땅 위에] 山[☶]이 있는 것입니다. ≪[否卦의] 2·3·4의 互艮을 말함≫

山에는 [갖가지] 材木[180]이 있고 ≪巽의 나무[☴]가 艮의 山[☶]에 있음≫ 하늘의 햇빛(天光)이 그것을 비추고 있습니다. …… 그러므로 "觀國之光, [利用賓于王]", 즉 "나라의 빛을 볼 것이요, [王의 賓客이 됨에 이롭다]"라고 한 것입니다.[181] ≪坤은 國이 된다.[182]≫ …… 조정의 뜰에는 禮物(庭實)[183]이 수백 가지 벌려져 있고 ≪이에 대한 [卦象과 연관된] 설명은 「춘추관점보주(春秋官占補註)」를 참조할 것[184]≫ 옥과 비단을 바치니 ≪乾은 玉이고, 坤이 비단이 됨≫ 天地의 귀한 것(美)이 모두 갖추어진 것입니다. ≪天과 地로 否卦가 형성됨≫ [이는 諸侯가 天子를 알현하는 모습이니] 그러므로 "利用賓于王", 즉 "王의 빈객(賓客)이 됨에 이롭다"라고 한 것입니다.

게 될 것이며, ['代陳有國'의 일을] 그 자신[敬仲]이 하는 것이 아니라 그 자손이 그렇게 할 것이옵니다. 빛(光)은 멀리 다른 곳으로부터 빛나는 것입니다.

180) '材'란 否卦의 3·4·5의 巽의 木을 말함이겠는데, 여기서 '材'는 반드시 나무에만 해당되는 것이 아니라, 山에 있는 여러 동식물과 그 경치나 風光까지를 지칭한다.

181) 엄밀히 말한다면, 『左傳』과 杜預의 언급은 "觀國之光"에만 적용되는 설명이고, "利用賓于王"에는 해당되지 않는다(楊伯峻 編著, 『春秋左傳注』(修訂本) 卷1, 中華書局, 1993, 223면). 그리고 "有山之材, 而照之以天光, 於是乎, 居土上"의 구절의 뜻은 "태양 아래서 빛나는 山川境界(山之材)와 그 風光을, 그 누가, 낮은 땅 위에 자리 잡고, 쳐다보고 있다"라는 의미로 이해될 수 있으므로, 이것도 역시 "觀國之光"에 대한 설명으로 볼 수 있다.

182) 坤國 : 荀九家 虞翻의 說.

183) 庭實 : 뜰 가운데 진열해 놓는 禮物을 말한다. 말·가죽·생체(牲體)·쌀·젓 등이 이에 해당한다. 『儀禮』「聘禮」에서 "정실(庭實)"이 자주 언급되고 있다(吳江原 譯註, 『儀禮』 卷3, 청계, 2000, 799면).

184) 『四箋』 卷7, 16가.

九五 : 觀我生, 君子, 无咎. ◯ 象曰 : 觀我生, 觀民也.

九五 : [君子인] 내가 [백성들을] 살려내는 것을 보니, 君子에게는 허물이 없을 것이다. ◯「象傳」; "[君子인] 내가 [백성들을] 살려내는 것을 보는 것(觀我生)"은 백성들[의 삶]을 관찰(觀察)하는 것이다.

此 觀之剝也 剝之上艮 萬物所死 ≪萬物 終乎艮≫ 倒之爲復 ≪義見上≫ 震則爲生 ≪爲反生≫ 觀我生也 ≪卦德 本爲觀≫ 我者 震也 坤民之命 ≪上本巽≫ 迫於艮死 而震主之仁 援之使生 此所謂 民匪后罔生也

觀 → 剝←反易→復

이것은 觀卦가 剝卦로 변하는 경우이다. 剝卦의 上卦인 艮은 萬物이 죽는 곳이다. ≪萬物은 艮에서 종결된다.[185]≫ 이 剝卦를 뒤집어서 보면, 復卦가 된다. ≪이렇게 뒤집어 보는 것[186]에 대한 설명은 앞에 나온다.≫ [復卦의 下卦의] 震이 곧 生이 되니 ≪되살아나는 것[反生]이 됨[187]≫ [이것을 가리켜] "觀我生"이라고 한 것이다. ≪卦德이 본래 觀이 된다.≫ '我'라고 한 것은 震을 가리킨다.

[觀卦나 剝卦의 형태를 보면] 坤의 백성의 목숨이[188] ≪[觀卦의] 上卦가

185) 「說卦傳」에 "艮, 東北之卦也, 萬物之[所成終]而成始也, 故曰, 成言乎艮"이라고 함.
186) 倒看은 이른바 交易·變易·反易의 三易 중에서 反易에 해당된다.
187) 「說卦傳」에 "震 ……其於稼也, 爲[反生]"이라고 함.
188) 巽命 : 荀九家인 虞翻의 說이다.

본래 巽≫ 艮의 죽음에 임박한 상황이었는데 [觀卦나 剝卦를 뒤집어 보면] 震의 主君의 仁德으로 그들을 구원하여 살리는 것이 되니[189] ≪소생(蘇生)하게 하니≫ 이것이 [『書經』「太甲」에] 이른바 "民, 匪后罔生", 즉 "백성들은 임금이 아니면 …… 살 수 없다"는 것이다.[190]

○君子者 震也 震失其道 爲否爲觀 ≪艮之迷≫ 今震好生 ≪上倒震≫ 以觀萬民 君子无咎也

姤 → 遯 → 否 → 觀 → 爻變 → 剝

○ 君子는 震이다. [벽괘(辟卦)의 소장지세(消長之勢)에서 보면] 震이 그 바른 길을 잃어, 否卦가 되고, 觀卦가 되었는데 ≪艮의 혼미함≫ 지금 剝卦에서 보면, 震이 되어, 생명[이 있는 것]을 살리는 것을 좋아하여 ≪[剝卦의] 上卦가 뒤집어진 震≫ 萬民을 살피니, [이것을 가리켜] "君子无咎"라고 한 것이다.

○觀民者 明自上而觀下也 自上觀下 故得以震生也

○ [「小象傳」의] "觀民"이란 ["觀我生"의 "觀"이] 위에서 아래를 내려다보는 것임을 [분명히] 밝힌 것이다. 위에서 아래를 내려다보는 까닭에, 震의 생명을 얻는 것이 된다.

---

189) 茶山은 '今補'에서 "震은 仁"이라고 함. 또 荀九家인 虞翻의 說에 따르면, 震은 主가 된다.

190) 民匪后罔生:『書經』中「太甲」에 "伊尹 …… 作書曰, 民 [非]后, 罔克胥匡, 以[生], 后, 非民, 罔以辟四方", 즉 "백성들은 임금이 아니면, 서로 바로잡아 주며 살 수 없는 것이요, 임금은 백성이 아니면 세상을 다스릴 수가 없습니다"라는 구절이 있다(罔=無 克=能 胥=相이다. 즉 罔克胥……은 無能相……의 뜻이다. 車相轅 譯,『書經』中, 명문당, 1973, 128면;『漢文大系』卷12 第四, 19면).

上九 : 觀其生, 君子无咎. ◯ 象曰 : 觀其生, 志未平也.

上九 : [君子인] 그가 [백성들을] 살려내는 것을 보니,[191] 君子에게는 허물이 없을 것이다. ◯「象傳」: [君子인] 그가 [백성들을] 살려내는 것을 보니, [백성들을 돌보느라, 君子의] 마음이 편안하지 못함이로다.

此 觀之比也 比倒爲師 ≪義見上≫ 震主居中 ≪剛在中[192]≫ 其德好生 ≪爲反生≫ 觀其生也 ≪卦德 本爲觀≫ 其者 震也 震主在五 非此爻之主 ≪此上爻≫ 故不稱我而稱其也

觀 → 比←反易→師

이것은 觀卦가 比卦로 변하는 경우이다. 比卦를 뒤집으면 師卦가 된다. ≪이렇게 도상(倒象)을 취하는 뜻은 앞에 나온다.[193]≫ [師卦에서는] 震의 主君이 가운데 머무르고 있는데 ≪剛이 中位[즉 제2位]에 있음≫ 그 震의 德이 생명을 아끼고 사랑함에 있으니 ≪震은 [「說卦傳」에 따르면] 되살아남[反生]이 됨≫ "觀其生"인 것이다. ≪卦德이 본래 觀, 즉 보는 것에 해당된다.[194]≫ 여기서 "其"라고 한 것은 震을 가리킨다. 震의 主君이 제5位에 있어, 이 爻의 주체가 아니다. ≪[이 爻는] 上爻[즉 제6爻]≫ 그러므로 [六三이나 九五처럼]

191) 이런 해석이 가능한 이유는 다산이 주석에서 "今震臨下, 以活坤民, 君子无咎也"라고 했기 때문이다.

192) [校閱] 奎章本에는 "剛在中"으로 되어 있으나, 新朝本과 國中本에는 "剛在二"로 되어 있다.

193)『四箋』卷3, 18나.

194) 즉, "觀其生"의 '觀'은 卦德에 해당되고, '生'은 震의 反生(「說卦傳」의 物象)의 뜻에서 나온 것이다.

"我"라고 하지 않고, "其"라고 말한 것이다.

○震失其道 爲否爲觀 ≪艮之迷≫ 今震臨下 以活坤民 君子无咎也 兩爻皆言者 明兩爻之象 皆取倒體也

否 → 觀 → 比←反易→師

○ [앞서 九五에서도 언급했듯이[195]] 震이 그 바른 길을 잃음에, 否卦가 되고, 觀卦가 되었다. ≪艮의 혼미함[이 계속된 과정]≫ [그런데] 지금 [觀卦 上九의 지괘(之卦)인 比卦를 反易한 師卦의 경우는] 震이 낮은 데로 임하여, 坤의 백성들을 소생(蘇生)시키니, [이것을 가리켜] "君子无咎"라고 한 것이다. [九五와 上九의] 두 爻에서 모두 "君子无咎"라고 말한 것은 이 두 爻의 象이 모두 도체(倒體[196])를 취한 것임을 [분명히] 밝힌 것이다.

○志未平者 坎也 ≪上今坎≫ 坎則爲憂 憂在民也 君道憂勤 民乃樂生 先王之義也

觀 → 比← 反易→師

○ "志未平"이라고 한 것은 坎으로 말미암은 것이다. ≪[比卦의] 上卦가 지금 坎≫ 坎은 곧 근심을 상징하니, 그 근심하는 바는 백성에 있다. 군왕의 처신이 근심하고 부지런하다면, 백성들이 곧 즐겁게 살게 될 것이니,

195)『四箋』卷3, 20가.
196)『四箋』卷1, 10나.

이는 先王들의 바른 도리였다.

○案 京房易傳 釋此爻曰 大臣之義 當觀賢人性行 以貢于庭 ≪生之謂性 如告子≫ 否則聞善不終 ≪艮爲終≫ 厥異黃 ≪坤之比 曰 黃裳 此爻 亦之比≫ 厥咎聾 ≪以坎爲耳痛≫

觀 → 比

○ [案] 경방(京房)의 『易傳』[197]에서 이 爻를 해석하여 [다음과 같이] 말하였다. "[조정에 몸담고 있는] 大臣의 도리는 마땅히 [재야(在野)의] 현인(賢人)의 성품과 행실을 살펴서[198] [탁월한 인물이 있으면] 조정에 천거해야 하는 것이다.[199] ≪이는 '生을 性'이라 한 것으로 [『孟子』에서 타고 태어난 기질을 性이라고 한] 告子의 說과 같다.[200]≫ 만일 이렇게 [현인(賢人)을 찾아 조정에 천거하지] 못하면[201] 선인(善人)을 탐문하여 찾을 때까지 그치지 않는 것이다.[202] ≪[觀卦를 兼畫하거나 또는 3·4·5의] 艮은 끝마침이 된다.≫ …… 그 이변

197) 京房의 『易傳』과 『漢書』 「五行志」에 나온다(『朱子語類』 卷5 「志二」, 中華書局, 1986, 1450면 이후. 『仲氏易』, 上海古籍出版社, 1990, 96면). 이상의 인용문은 『漢書』의 구절과는 다소 다른데 『仲氏易』의 구절과 같다. 따라서 다산이 『漢書』를 확인하여 인용한 것은 아닌 듯하다. 또한 『易林』에 나오는 구절이 아님.←何楷, 『古周易訂詁』(景印 文淵閣四庫全書 第三六冊), 111면 이후에도 이 내용이 인용되는데 否則[謂]聞善不[與]라고 나온다. 丁壽昌, 『讀易會通』, 鄭州 : 中州古籍出版社, 1992, 299면에서도 앞부분이 인용된다.

198) 이는 일단 "觀其生"을 觀其[性]으로 보아 벼슬에 등용 또는 천거하기 위해 그 성품을 살핌이라 풀이하는 것이다.

199) 毛奇齡은 "當觀賢人性行 [然後貢之]"라고 하였고(『仲氏易』, 上海古籍出版社, 1990, 96면), 『漢書』의 원문에는 "當觀賢人, [知其]性行, [推以貢之]"라고 나온다. 다산이나 모기령은 모두 文句를 보다 간명하고 용이하게 바꾸어 인용한 셈이다.

200) "告子曰, 生之謂性"이라고 함. 告子의 說은 『孟子』 下(차주환 역주, 명문당, 2002, 18면 이후)를 참조할 것.

201) 否則 : (다른 가능한 해석) ① 만일 大臣이 그리하지 않는다면. ② 현인이 없으면.

202) 『仲氏易』(上海古籍出版社, 1990, 97면)에는 역시 "否則聞善不[終]"이라 나오지만, 『

(異變)은 黃色으로 나타나며 ≪'坤之比'의 경우에도 "[黃]裳(황색 치마)"이라 하였는데, 이 [觀卦 上九의] 爻도 역시 比卦로 변하는 경우이다.[203]≫ 그 재앙(災殃)은 귀머거리가 되는 것이다." ≪[比卦의 上卦인] 坎을 이통(耳痛)으로 본 것이다.≫

其說主於爻變 此 古學之有師承者也 其災咎之說 仍是讖緯之祖 ≪漢成帝 封[204]王氏五侯[205] 黃雲四塞 哀帝 封[206]外戚丁氏 亦然 故楊宣對策引京房≫ 且 其貢士之義 謬戾不典

觀 → 比

[위에서 설명된] 경방(京房)의 해석은 爻變에 [주로] 근거한 것이니, 이런 효변법은 그 연원이 오랜 학설로서 스승에서 제자로 면면히 이어져 내려온 것이다. [다만] 그 재이(災異)에 관한 說은 곧 [허무맹랑한] 참위(讖緯)설[207]의 기원이 된다.[208] ≪漢나라 성제(成帝)가 [외척(外戚)인] 왕씨(王氏) 일족 다섯을 제후(諸侯)에 봉함에 누런 구름이 사방을 가리었다. [그런데] 애제(哀帝)가 외척(外戚)인 정씨(丁氏)를 작위(爵位)에 封했을 때에도 역시 그러하였다. 그러므로

漢書』의 原文에는 "否則[爲]聞善不[與]"라 나온다.

203) 이는 坤卦 六五에 해당하는데 그 爻辭에 黃裳元吉이라 하였다(『四箋』 卷1, 49나). 부연하면 比는 復卦에서 나왔으며 復의 下震의 색깔은 玄黃(「說卦傳」)인데 이것이 比卦로 추이하면서 下卦(裳에 해당)가 坤이 되어 黃색(中土의 색)이 되는 것이다.

坤 → 比 ← 復

한편 坤卦 上六의 「文言」에 "天玄而[地黃]"이라 하였으니(『四箋』 卷1, 50나), 坤이 황색이 되는 것이기도 하다.

204) [校閱] 奎章本의 '괘(卦)'는 '봉(封)'의 誤記이다.

205) [校閱] 國中本에는 "侯"가 "候"로 되어 있는데, 誤記이다.

206) [校閱] 奎章本의 '괘(卦)'는 '봉(封)'의 誤記이다.

207) 讖緯 : 미래의 길흉화복의 조짐이나 그에 관한 예언.

208) 그래서 爻變說이 異端視되는 빌미가 되었다는 뜻이다.

양선(楊宣)이 「對策」에서 경방(京房)을 인용한 것이다.209)≫ 또 한편 여기서 말하는 [선비를 천거한다는 식의] 공사(貢士)의 풀이는 잘못된 오류이며, [고전(古典)에] 전거(典據)가 없는 것이다.

21. 화뢰 서합(火雷 噬嗑)

震下离上 ○第十二卦之正 ≪否一之五≫

震이 下卦이고, 离가 上卦이다. ○第12卦의 正卦이다. ≪否卦의 1이 5로 간다.≫

序卦傳曰 嗑者 合也

「序卦傳」에 말하였다. "합(嗑)은 합(合)치는 것이다."

○雜卦傳曰 噬嗑 食也

○「雜卦傳」에 말하였다. "서합(噬嗑)은 먹는 것이다."

209) 『仲氏易』(上海古籍出版社, 1990, 97면)에도 以上의 구절이 나온다.

○程子曰 口中有物間之 齧而後 合之也[210] 在天下則爲有强梗或讒邪 間隔於其間故 天下之事 不得合 當用刑法 小則懲戒[211] 大則誅戮 以除去之然後 天下之治 得成矣

○ 程子가 [다음과 같이] 말하였다. "[서합(噬嗑)이란] 입안에 어떤 것이 그 사이에 있어서, 그것을 씹은 이후에, [입을] 다무는 것이다.[212] ……[이런 상황은] 인간사(人間事)에 빗대어 보면(在天下則) 강폭한 자 혹은 이간질하는 사악한 자가 그 사이를 가로막고 있기 때문에, 인간사가 화합(和合)을 얻지 못하는 것이니, [이런 경우에는] 마땅히 형법(刑法)을 써서 다스려야 한다.[213] [罪가] 작으면, 징계(懲戒)에 그치지만, [罪가] 크면, [목을 베어 죽이는] 주륙(誅戮)의 형벌을 써서, [그런 사악(邪惡)한 자들을] 제거한 뒤라야, 세상이 올바르게 다스려질 것이다."

○鏞案 兩剛扃合 ≪初與上≫ 其象爲合口 ≪兌則上坼爲開口≫ 一剛中橫 其象爲列齒 ≪口中之剛骨≫ 三陰爲肉 ≪二三五≫ 其所噬也

䷋ ䷔

否 → 噬嗑

○ [鏞案] [이 噬嗑卦는] 두 개의 剛이 [위와 아래에서] 닫아 덮고 있으니 ≪初位와 上位≫ 그 象이 [고기를 물고] 입을 [꽉]다문 것(合口=嗑)이 된다. ≪兌의 경우는 곧 위가 열려 있으니 [이와 반대로] 입을 벌리고 있는 것이 된

210) [校閱] 奎章本에는 "合之"로 되어 있으나 新朝本과 國中本에는 "合之也"로 되어 있다. 程伊川의 『易傳』의 原文에는 "合之也"로 되어 있다.

211) [校閱] 新朝本과 國中本에는 "懲戒"로 되어 있으나 奎章本에는 "徵戒"로 되어 있다. 程伊川의 『易傳』의 原文에는 "懲戒"로 되어 있다.

212) 입(口)을 合하는 것이지, 입안에 있는 것(口中有物)의 物을 合하는 것이 아니다. 왜냐하면 그 物은 필시 어떤 덩어리일 것이니, 새삼 씹어서 合할 것이 없다. 씹어서는 오히려 깨어져 分離될 것이다.

213) 아래 卦辭에 "利用獄"이라 나온다(『四箋』 卷3, 21가).

다.≫ 한 개의 剛이 그 가운데 가로지르고 있으니, 그 象이 가지런히 늘어선 치아(列齒)가 되며 ≪[치아는] 입안에 있는 딱딱한 뼈[剛骨]를 가리킴[214]≫ [그 속의 세 개의 陰은 꽉 물려 있는] 고기 덩어리(肉)가 되니 ≪제2畫과 제3획과 제5획[가 陰畫으로서 "肉"에 해당됨]≫ 그 씹히는 것이 된다.

卦自否來 ≪一之五≫ 坤肉受噬 ≪否下坤≫ 截爲二段 ≪坤今分≫ 含在頤中 ≪卦似頤≫ 此 噬嗑之所以名也

否 → 噬嗑 頤

噬嗑卦는 否卦로부터 왔다. ≪[否卦의] 1이 5로 감≫ 坤의 고기덩어리(肉)가 씹혀져서 ≪否卦의 下卦인 坤[이 고기의 살에 해당됨]≫ 잘려서, 두 조각으로 되어 ≪[否卦] 坤이 지금 [서합괘에서 두 부분으로] 나누어짐≫ [위아래의] 턱 가운데 물려 있으니 ≪卦의 형태가 頤卦와 비슷함[215]≫ 이것이 噬嗑卦가 [그렇게] 命名된 까닭이다.

然 噬肉嗑口 其在此卦 不過萬象之中一象 故彖詞不言噬肉 如歸妹彖詞之不言嫁妹也

그러나, 고기를 씹고 입을 다물음은 이 [噬嗑]卦에 있어 수 만가지 象 중의 한 가지 象일 따름이다. 그러므로 彖詞에서는 고기를 씹는 象을 언급치 않았으니, 歸妹卦의 彖詞에서 "누이를 시집보냄(歸妹)"의 象을 언급하지 않은 것과 같다.

---

214) 以後에서는 이를 고기살 속에 붙어 있는 뼈로 풀이하기도 한다(『四箋』 卷3, 23가).
215) 아래 「彖傳」에서 "[頤]中有物曰, 噬嗑"이라 하였다.

噬嗑, 亨, 利用獄.

서합(噬嗑)은 형통함이니, 옥사(獄事)를 처리함에 이로울 것이다.

此 噬嗑之不變者也 卦自否來 ≪一之五≫ 柔往得中 ≪上之中≫ 遂以嘉會 ≪上今离≫ 其占亨也

否 → 噬嗑

이것은 噬嗑卦가 변하지 않는 경우이다. [噬嗑]卦는 否卦로부터 왔는데 ≪[否卦의] 1이 5로 감≫ 柔가 나아가서, 中의 자리를 얻고 ≪[제5位는] 上卦의 中≫ 마침내 禮에 맞게 회합하니 ≪上卦가 지금 离≫ 그 占이 형통한 것이다.

○ 乾斷赫然 ≪否上乾 今斷爲离≫ 震仁好生 ≪出獄而爲震≫ 坎法正罪 ≪上互坎≫ 艮節有止 ≪下互艮[216]≫ 利用獄也 离則爲獄 ≪防外而虛中≫

○ 乾이 절단(切斷)되어 혁혁(赫赫)하게 빛나는데 ≪否卦의 上卦인 乾이 지금 [서합괘에서는] 절단(切斷)되어 离가 됨≫ 震의 인자(仁慈)함으로써 뭇 생명을 사랑하면서 ≪[噬嗑에서 보면, 위에 있는 离의] 감옥을 벗어나면 震이 됨≫ 坎의 법률로써, 죄를 바로 잡고 ≪[서합괘의] 上互卦가 坎≫ 艮의 節度로써 멈춤이 있으니 ≪[서합괘의] 上互卦가 艮≫ "利用獄"이라고 한 것이다. 离는 곧 獄이 된다. ≪[离卦의 형태를 보면] 밖을 막고 있고, 가운데가 비어 있다.≫

216) [校閱] 新朝本과 國中本에는 "下互艮"으로 되어 있고, 奎章本에는 "上互艮"으로 되어 있다. 前者가 옳다.

○案 虞翻 侯果 盧氏之易 並云 卦從否來 此 推移之正脈也

否 → 噬嗑

○ [案] 우번(虞翻)[217]과 후과(侯果)[218]와 노경유(盧景裕)[219]의 易說에서 모두 이 卦가 否卦로부터 왔다고 하였으니, 이것이 추이(推移)의 정맥(正脈)이다.

彖曰 : 頤中有物曰, 噬嗑, 噬嗑而亨. 剛柔分, 動而明, 雷電合而章, 柔得中而上行, 雖不當位, 利用獄也.

噬嗑 頤

「彖傳」: [위아래] 턱(頤) 안에 [飮食]物이 있는 것을 "噬嗑"이라고 하니, 씹어서 [입을 다물어] 합침에 형통하다. 剛과 柔가 [각각 그 자신의 무리에서] 분리되니, 움직여서 밝고, 우레[☳]와 번개[☲]가 합쳐져서, 빛난다. 柔가 中의 자리를 얻어, 위로 가니 [陰이 陽의 자리인 제5位에 있으니] 비록 합당한 자리에 있는 것은 아니지만, 옥사(獄事)를 처리함에 이

217) 우번(虞翻; 164~233) : 三國時代의 吳나라의 역학자, 今文의 孟氏易에 입각하여 象數易의 이론을 전개하였다.

218) 후과(侯果) : 唐나라 초기의 易學者, 자는 行果, 벼슬은 國子博士를 지냈고, 周易을 정밀하게 연구하였다. 그의 易學은 鄭玄에게서 연원하며, 荀爽, 虞翻의 괘변설을 널리 참고하였다. 저서에 『周易注』가 있다.

219) 노씨(盧氏) : 노경유(盧景裕)를 가리킴, 노경유(盧景裕)는 중국 남북조 시대의 역학자, 서준명(徐遵明)에게 易을 배웠는데, 노경유의 易注는 이치가 정미하고, 뜻이 고아하여 크게 칭찬을 받았다고 전해진다. 그는 생도를 모아 교수하지는 않았으나, 그의 역주는 세상에 크게 행해졌다. 노경유의 『周易注』는 이미 없어졌으나, 그 학문은 권회(權會)와 곽무(郭茂)에게 이어졌다.

롭다.

卦形似頤 ≪山雷卦≫ 唯一剛在中 ≪剛在四≫ 頤中有物也 ≪齒囓肉≫ 開口曰 口 ≪古文ㅂ≫ 闔口曰 頤 ≪古文𦣝≫

噬嗑卦의 형태는 頤卦와 비슷한데 ≪[頤卦는] 山과 雷로 된 卦≫ 단지 한 개의 剛이 가운데 있는 것[이 차이점]이니 ≪[噬嗑卦에서는] 剛이 제4位에 자리함≫ [이것을 가리켜] "頤中有物"이라고 한 것이다. ≪그 이빨(齒)로 고기를 물고 있는 것이다.≫ 입을 벌린 상태(開口)를 'ㅁ'라고 하고 ≪古文은 'ㅂ' 字≫ 입을 다문 상태를 '頤'라고 한다. ≪古文은 '𦣝'[220]字이다.≫

○否之時 陰陽各聚 不相錯雜 ≪不分散≫ 今乃分之 ≪一之五≫ 剛柔分也

否 → 噬嗑

○ 否卦의 때에는 陰과 陽이 각각 따로 모여 있어, 서로 뒤섞이지 않았는데 ≪分散되지 않음≫ 지금 [噬嗑卦에서는] 곧 [陰과 陽이] 분리되니 ≪[否卦의] 1이 5로 감≫ [이것을 가리켜] "剛柔分"이라고 한 것이다.[221]

○電者 离也 ≪說卦文≫ 卦自否來 天發其陽 ≪五之剛≫ 電耀於上 ≪上今离≫ 而雷已擊下 ≪下今震≫ 此 王者用刑之象也 ≪李舜臣云 天地生物 有爲造物之梗者 必用雷電擊之≫ 离震旣合 又成一离 ≪初四

---

220) "頤"의 古文은 "頤"字의 좌부만 있는 형태이다.

221) 否卦도 "剛柔分"의 경우로 볼 수도 있겠지만, 여기서 "剛柔分"의 의미는 剛과 柔가 각각의 무리로부터 분리된다는 것이다.

夾≫ 合而章也

○ [「象傳」의 “雷電”의] “電”은 [噬嗑卦의 上卦인] 离를 가리킨다. ≪「說卦傳」의 글[222]≫ 噬嗑卦는 否卦로부터 왔는데, 하늘이 그 陽氣를 발산하여 ≪제5位의 剛을 가리킴≫ 위에서 번개(電)가 번쩍이고 ≪[噬嗑卦의] 上卦가 지금 [번개를 상징하는] 离≫ 우레(雷)가 이미 아래로 내리치니 ≪[噬嗑卦의] 下卦가 지금 震≫ 이것은 임금이 형벌을 내리는 象이다. ≪이순신(李舜臣)[223]이 말하였다. “天地가 만물을 생성함에 그 창조 행위에 방해가 되는 것이 있으면 반드시 우레와 번개로써 격파한다.”[224]≫ [噬嗑卦에서] 离와 震이 이미 결합하고 있는데, 또 다른 离가 이루어지니 ≪[噬嗑卦의] 初位에서 제4位까지 협괘(夾卦)[는 大离의 형태]≫ [이것을 가리켜] “合而章”, 즉 “우레와 번개가 합쳐져서 빛난다”라고 한 것이다.

○ 卦自否來 柔乃上行 ≪一之五≫ 得彼五位 ≪上之中≫ 柔得中也

否 → 噬嗑

○ 噬嗑卦는 否卦로부터 왔는데, 柔가 곧 위로 나아가 ≪[否卦의] 1이 5로 감≫ 그 제5位를 차지하니 ≪上卦의 中[225]≫ [이것을 가리켜] “柔得中”, 즉 “柔가 中의 자리를 얻은 것”이라고 한 것이다.

○ 本不當位 ≪初位陽≫ 移亦不當 ≪五亦陽≫ 然 柔道得中 遂成

---

222) 「說卦傳」에 “离 …… 爲電”이라고 함.
223) 이순신(李舜臣) : 南宋 때 經學家, 字는 子思, 호는 융산(隆山)이다. 저술로 『易本傳』·『群經義』·『書小傳』·『家塾編次論語』 등이 있다(최석기, 『中國經學家事典』, 경인문화사, 2002, 164면).
224) 朝鮮圖書株式會社 編輯部 編纂, 『備旨具解原本周易』, 417면.
225) 中은 물론 2位와 5位 모두에 해당한다.

离明 利用獄也

否 → 噬嗑

○ [否卦의 初位는 陰이니] 본래 [합당한] 자리라고 할 수 없었는데 ≪初位는 [본래] 陽位≫ [噬嗑卦로] 推移한 경우에도 [제5位가 陰이니] 역시 [그 地位가] 합당하지 않다. ≪제5位도 역시 [본래] 陽位≫ 그러나 柔의 道가 中을 얻어, 마침내 离의 밝음(明)을 이루었으니, [이것을 가리켜] "利用獄"이라고 한 것이다.

○案 賁亦似頤 ≪亦頤中有物≫ 然 賁則下防 ≪上艮而下离≫ 能嗑而不能噬 ≪動而後可噬≫ 此卦下動 ≪震動之≫ 故唯[226]此卦爲噬嗑也 人之方噬 頤必下動

噬嗑 → 頤 ← 賁

○ [案] 賁卦도 역시 頤卦와 유사한 형태이다. ≪[賁卦도] 역시 [上下의] 턱 안에 음식물이 들어 있는 象이다.≫ 그러나 賁卦의 경우는 [下卦가 离이니] 아래가 막혀 있기 때문에[227] ≪上卦는 艮이고, 下卦는 离≫ [입을 다물고, 음식을] 물고(嗑) 있을 수는 있지만, 씹을(噬) 수는 없다. ≪[아래턱을] 움직인 이후에야 씹을 수 있다.≫ [반면에] 이 噬嗑卦는 아래가 움직이니 ≪震으로써 [그 아래턱을] 움직임[228]≫ 그러므로 오직 이 卦만이 噬嗑(입에 있는 것을 씹음)

226) [校閱] 新朝本과 國中本에는 "惟"로 되어 있으나 奎章本에는 "唯"로 되어 있다. 서로 같은 뜻으로 통용된다.
227) 离防 : 茶山의 '今補'에 防閑이라 함.
228) 震動 : 「說卦傳」의 卦德.

이 되는 것이다. 사람이 바야흐로 씹으려고 할 때는, [두] 턱에서 반드시 아래턱이 움직이게 되어 있다.

初九 : 屨校, 滅趾, 无咎. ◯ 象曰 : 屨校滅趾, 不行也.

初九 : 차꼬(校)[229]를 차서 [마침내] 발(趾)까지 잘리게 되지만 [이렇게 죄값을 치렀으니, 이제는] 허물이 없을 것이다. ◯「象傳」: 차꼬를 차서 [마침내] 발까지 잘리게 되니, [이제 걸어] 다니지 못할 것이다.[230]

此 噬嗑之晉也 晉自小過來 ≪三之上≫ 小過者 兩震也 ≪下倒震≫ 兼畫則大坎也 坎之堅木 ≪說卦文≫ 關此[231]兩足 ≪震爲足≫ 繫[232]以巽繩 ≪上下互≫ 屨校之象也 ≪屨校謂 加校於足≫ 移之爲晉 ≪三之上≫ 則离刃用法 ≪上成离≫ 震足遂滅 ≪上下震 皆亡≫ 此 屨校之餘 竟遭滅趾之刑也 滅趾者 刖也

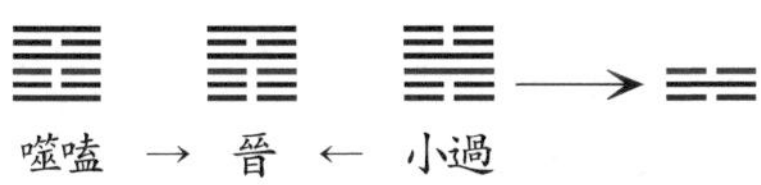

229) 校 : 족쇄, 차꼬.

230) 不行也 : (다른 가능한 해석) 어떤 일을 수행할 수는 없다.

231) [校閱] 奎章本과 國中本에는 "關此兩足"으로 되어 있으나 新朝本에는 "關北兩足"이라고 되어 있다. 前者가 옳다.

232) [校閱] 新朝本에는 "繫以巽繩"으로 되어 있으나 奎章本과 國中本에는 "擊以巽繩"으로 되어 있다. 前者가 옳다.

이것은 噬嗑卦가 晉卦로 변하는 경우이다. 晉卦는 小過卦로부터 왔는데 ≪[小過卦의] 3이 上으로 감≫ 小過卦에는 두 개의 震이 있으며[233] ≪[小過卦의] 下卦는 [艮인데, 이는] 뒤집힌 震≫ 畫을 둘 씩 겹쳐 보면 큰 坎이다. [따라서 小過卦에서는] 坎의 견고한 나무가 ≪「說卦傳」에 나오는 글[234]≫ [족쇄(차꼬)가 되어] 그 두 다리에 채워지고 ≪震은 다리가 됨≫ 巽의 밧줄(繩)로 묶으니 ≪上·下互卦가 巽[235]≫ "구교(屨校)",[236] 즉 "족쇄를 발에 차는 것"의 象이다.[237] ≪"屨校"는 다리에 족쇄를 채운 것을 말한다.≫

[그런데 小過卦로부터] 推移하여 晉卦가 되면 ≪[小過卦의] 3이 上으로 감≫ 离의 칼날로써 [3·4·5의 坎에 따른] 刑法[238]을 적용하니 ≪晉卦의 上卦가 离를 형성함≫ 震의 다리가 마침내 잘리게 된다.[239] ≪上·下의 震이

---

233) 이후 上九에서는 "小過者, 兩艮也 ≪上倒艮≫"라고 함(『四箋』 卷3, 23나).

234) 「說卦傳」에 "堅多心"이라고 한 데서 나온 것.

235) 물론 上互卦는 倒巽이다.

236) 屨 : 신 (구), ① 짚신, 미투리, 가죽신 등의 신발, ② 신다. 신을 신다. ③ 자주, 여러 번.

237) 『書經』 「呂刑」에서는 肉刑에 대해 서술하고 있다. 신체에 손상을 가하는 형벌을 肉刑이라고 한다. 「呂刑」에서는 ① 黥(얼굴에 새기는 문신), ② 劓(코베기), ③ 刖(발을 자르는 것), ④ 宮(남근을 절단해 거세함)의 네 종류의 형벌이 있었다. 이 네 종류의 육형에 死刑이 덧붙여져 五刑으로 총칭된다. 五刑이란 말은 『書經』 「呂刑」을 비혹하여, 『禮記』·『周禮』 등의 유교경전에 보이는데, 개별적인 각 형벌 등이 五刑이라는 범주로 묶여진 것은 주나라 말기 전국시대 경부터라고 생각된다(도미야 이따루, 임대희 역, 『유골의 증언－고대중국의 刑罰』, 서경문화사, 1995, 100면). 以後, 秦나라 때에는 경(黥), 의(劓), 월(刖) 등의 세 종류의 형벌이 있었다. 秦나라의 肉刑은 육형만으로 끝나는 것이 아니라, 노역형이 수반되었다(같은 책, 67면). 秦의 형벌제도는 그 이전의 형벌제도의 관습을 부분적으로 계승한 것으로 보인다. 劓刑이나, 刖刑처럼 가혹한 형벌은 특별히 중범죄에만 적용되었다(같은 책, 70면). 周代에 어떤 경우에 다리에 족쇄를 채웠는지 분명히 알 수는 없지만, 『史記』를 보면, 허가 없이 철기를 만들고 소금을 제조한 경우에 족쇄를 채웠다는 기록이 있다(같은 책, 75면). 肉刑은 前漢 문제 시대에 폐지되었다(같은 책, 99면).

238) 중국의 法制 가운데 가장 먼저 발달한 것이 刑法이라고 말할 수 있다. 통치수단으로서 형벌제도에 대한 기록은 『周禮』·『尙書』·『易』 등의 문헌사료나 청동기금문, 갑골문, 기타 발굴자료 등에 나타나고 있다(도미야 이따루, 임대희 역, 위의 책, 207면). 중국 고대의 刑書와 律典의 대부분은 이미 散失되어 없어진 상태이기 때문에, 현재 문자로 구체적인 刑律을 확인할 수 있는 것은 秦律에 불과하다(같은 책, 208면).

239) 중국 고대의 肉刑이 어떤 성격을 지녔는가에 대해서는 흥미로운 설이 있다. 육형이라는 신체적인 손상을 가하는 것은 사회의 일원으로 간주하지 않고, 나쁜 짓을 한 자를

모두 없어짐≫ 이것은 차꼬를 찬(屨校) 뒤에 마침내 다리를 잘리는 형벌(滅趾)까지 당하게 됨을 말한 것이다. "멸지(滅趾)"란 발뒤꿈치를 자르는 형벌, 즉 '월형(刖刑)'[240]을 가리킨다.

○卦自否來 ≪一之五≫ 陰升陽降 貴賤易位 ≪五之一≫ 今坤如初 ≪如否時≫ 此 无咎也 罪之旣勘 又何尤焉

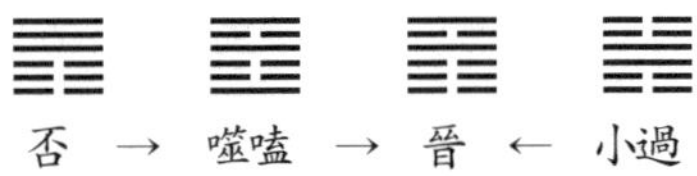

○ 噬嗑卦는 否卦로부터 왔는데 ≪[否卦의] 1이 5로 감≫ 陰이 상승하고, 陽이 하강하였으니, 貴함과 賤함이 그 자리를 서로 바꾼 것이다. ≪5가 1로 감≫ 그런데 지금 晉卦에서는, 坤이 처음과 같으니 ≪否卦의 때와 같음≫ 이것이 "无咎"이다. 죄(罪)를 이미 처벌(勘)[241]받았는데 또한 어찌 허물(尤=咎)이 되겠는가?

○震足旣滅 行不得也

○ [小過卦에서 나오는] 震의 다리가 이미 모두 잘렸으니, 다닐 수 없는 것이다.

○吳澄云 屨 謂著於其足 如納履然[242] 校足械也

사회에서 배제하기 위해 만들어낸 방법이라는 견해이다(도미야 이따루, 임대희 역, 위의 책, 105면). 이 견해에 따른다면, 死刑은 생물계로부터 추방을 당하는 것이라고 한다면, 궁형(宮刑)은 동물계로부터 추방하는 것이며, 월형(刖刑)은 발 있는 동물로서의 자격의 박탈이며 동시에 치명적인 불구로의 추방이기도 하다. 그리고 의형(劓刑)은 정상적인 모습의 박찰로서, 인간사회로부터의 추방의 첫 단계라고 한다(같은 책, 108면).

240) 刖 : 발을 자르는 것, 왼발과 오른 발을 각각 자르는 것을 말한다. 그것을 秦나라 때에는 참좌지(斬左趾), 참우지(斬右趾)라고 불렀다.

241) 勘 : 헤아릴 '감', 죄인을 힐문할 '감'.

○ 오징(吳澄)이 말하였다. "구(屨)는 [족쇄를] 그 다리에 착용하여, 마치 신발을 신은 듯 한 것을 말함이다.[243] 교(校)는 족쇄(足械)이다."

○案 噬嗑之卦 本有震足 今震旣滅 ≪初九變≫ 亦滅趾也 然 噬嗑之時 震足自在 ≪不與堅木接≫ 本無屨校之象 必取小[244]過之象 方爲密切

否→推移→噬嗑→初爻變→晉←推移←小過

○ [案] 噬嗑卦에 본래 震의 다리가 있었으나, 지금 [晉卦에서] 그 震이 이미 소멸하였으니 ≪初九가 효변함≫ 역시 "滅趾"인 것이다. 그러나 噬嗑卦의 때에는 震의 다리를 자유롭게 쓸 수 있으니 ≪[다리가] 단단한 나무와 접하여 [묶여] 있지 않음≫ 본래 "屨校"의 象이 없다.[245] 따라서 반드시 小過卦의 象을 취해야만 비로소 치밀하게 설명된다.

○又按 易例 初爲趾 上爲首 如賁其趾 艮其趾 皆以位而用象 然 其取象則 皆以震足 又 不必震在下也 讀者詳之 ≪又詳賁與艮≫

○ [又按] 易例에 初位는 발(趾)이 되고, 上位는 머리(首)가 된다.[246] 예컨대 [賁卦 初九의] "賁其趾"와 [艮卦 初六의] "艮其趾"는 모두 그 位에 의거하여, 象을 응용한 것이다. 그러나 그 象을 취함에 있어서는 모두 震의 다리에 따른 것이니, 또한 震이 반드시 下位에 있을 필요는

242) [校閱] 新朝本과 奎章本에 모두 如納[履]然으로 나오는데, 屨라고 나오는 판본도 있다. 뜻은 변함이 없다.

243) '屨'는 다리에 착용하는 것을 말함이니, 족쇄를 찬 것이 마치 신을 신은 것과 같다.

244) [校閱] 新朝本에서는 "小過"의 "小"가 "少"로 되어 있는데, 誤記이다.

245) "坎之法律, 而艮手震足, 以當堅木者, 爲桎梏."(『四箋』 卷8, 42가)

246) 『四箋』 卷2, 22나.

없다. 讀者는 이런 점을 잘 파악해야 할 것이다. ≪또한 賁卦와 艮卦에서 상세히 설명되었다.≫

孔子曰 小人 ≪否之艮≫ 不恥不仁 ≪否無震≫ 不畏不義 ≪否無兌≫ 不見利不勸 ≪不見兌利 故巽爲進退≫ 不威不懲 ≪卦無震威 故坤爲[247]吝嗇≫ 小懲而大誡 ≪懲在下坤而上乾亦誡≫ 此 小人之福也 ≪离爲福≫ 易曰 屨校滅趾无咎 此之謂也

否→推移→噬嗑→初爻變→晉←推移←小過

孔子께서 말씀하셨다. "小人은 ≪否卦의 [2·3·4의] 艮을 가리킴≫ 어질지 못함을 부끄러워하지 않으며 ≪否卦에는 [仁을 상징하는] 震이 없음≫ 의롭지 못함을 두려워하지 않으며 ≪否卦에는 兌가 없음≫ 이익을 보지 않으면, 즐기지 않으며 ≪["不見利"라고 한 것은 否卦에] 兌의 이익[의 象]이 나타나지 않는 까닭이다. [否卦의 上互卦인] 巽은 進退가 됨≫ 위력(威力)을 보이지 않으면, 잘못을 뉘우치지 않으므로[248] ≪["不威"라고 한 것은] [否]卦에 震의 위엄이 없는 까닭이다. [否卦의 下卦인] 坤은 인색함이 됨[249]≫ [小人을] 적게 징계(懲戒)함으로써, 크게 훈계(訓戒)하는 효과를 거두는 것이다. ≪징계함이 下卦인 坤에 있고, 上卦인 乾[250]에도 역시 訓戒함의 뜻이 있음≫ 이것은 [결

---

247) [校閱] 新朝本과 國中本에는 "坤爲吝嗇"이라고 되어 있으나 奎章本에는 "坤無吝嗇"이라고 되어 있다. 前者가 옳다.

248) 損卦의 「大象傳」의 "[懲]忿窒慾"의 懲에 대해, 茶山은 "鄭玄云, 淸也 此是正義"라고 하였다(『四箋』 卷7, 40나).

249) 坤의 인색함을 일종의 "不懲"의 상태로 본 것이다. 잘못을 뉘우칠 줄 모르므로, 강력하게 위엄을 보이지 않으면 고치지 않게 된다. 다산은 損卦의 「大象傳」에서도 "懲忿窒[慾]"과 연관하여 "坤性太柔, 柔則多慾"이라고 하고, 또 그 細註에서도 "坤爲吝嗇"이라고 하였다(『四箋』 卷7, 40나).

250) 다산의 '今補'에 乾은 忿이라 하였다.

국] 小人에게는 福이 된다.[251] ≪离는 福이 된다.≫ 『周易』에 말하기를, "屨校, 滅趾, 无咎"라고 하였으니, 이런 [즉, "小懲而大誡"하게 되는] 측면을 이르는 것이다.

○案 卦自否來 否者 泰之反也 泰之仁義 ≪震與兌≫ 否皆無之 此之謂 不仁不義也

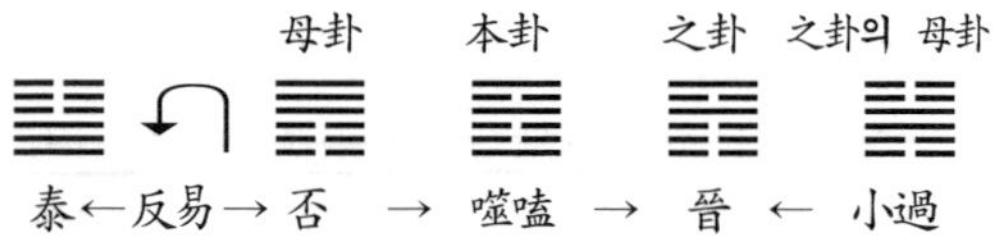

○ [案] 噬嗑卦는 否卦에서 나왔는데, 否卦는 泰卦의 反易卦이다. 泰卦의 仁과 義가 ≪각각 震과 兌를 말함[252]≫ 否卦에는 모두 없으니, 이것을 두고 "不仁"이라고 하고, [또] "不義"라고 말한 것이다.

六二 : 噬膚, 滅鼻. 无咎. ○ 象曰 : 噬膚滅鼻, 乘剛也.

六二 : [부귀(富貴)를 탐하는 자가 탐욕스럽게] 고기를 씹다가, [마침내] 코를 잘리는 형벌에 처해질 것이다. 허물이 없을 것이다. ○「象傳」: "서부멸비(噬膚滅鼻)"라고 한 것은 [陰으로서] 剛을 올라탔기 때문이다.

---

251) 중국의 형벌은 기본적으로 장래에 예상되는 죄의 발생을 예방하는 위협장치로서의 역할을 했다(도미야 이따루, 임대희 역, 『유골의 증언－고대중국의 刑罰』, 서경문화사, 1995, 160면).

252) 震仁兌義 : 茶山의 '今補'에 나온다. 仁義禮智의 四德 중에서 仁은 震에, 義는 兌에 해당된다.

此 噬嗑之睽也 卦自否來 《一之五》 凡柔畫 《二三五》 皆 坤膚也 《否下坤》 否之時 艮則爲鼻 《二四互》 二之[253]旣變 离刃用法 《二四离》 艮鼻遂滅 《變爲离》 此 噬膚而滅鼻也 滅鼻者 劓也 肉食者 貪吝無厭 竟陷刑辟 有是象也

否 → 噬嗑 → 睽 ← 大壯

이것은 噬嗑卦가 睽卦로 변하는 경우이다. 噬嗑卦는 否卦로부터 왔다. 《[否卦의] 1이 5로 간 것이다.》 대개 유획(柔畫)은 《噬嗑卦의 2·3·5位가 柔畫》 모두 坤의 고기(膚)에 해당된다.[254] 《否卦의 下卦는 坤》 否卦의 때에, 艮은 곧 코를 상징하는데 《[否卦의] 2·3·4의 下互卦》 [噬嗑卦의] 六二爻가 이미 변함에 离의 칼을 써서 [3·4·5의 坎의] 형법(刑法)을 적용함에 《[睽卦의] 2·3·4의 离를 가리킴》 艮의 코가 마침내 잘리게 되니 《[噬嗑卦의 六二爻가] 爻變하여 [艮이었던] 2·3·4가 离가 됨》 이것이 고기를 씹다가, 코를 잘리는 것에 해당된다. "멸비(滅鼻)"란 코를 베는 형벌(劓)[255]을 뜻한다. [그 부귀한 덕택으로] 고기를 먹는 자가 탐욕스럽고, 인색하며, 만족할 줄 모르니, 끝내 형벌(刑辟)에 처해짐에 이런 象이 있는 것이다.

○ 兌今乘剛 《下今兌》 然 睽自大壯 剛往乘陰 《三之上》 乘乾之厲 《大兌亦乘剛》 今不見矣 故曰 无咎

253) [校閱] 新朝本과 國中本에는 "二之旣變"으로 되어 있으나 奎章本에는 "二人旣變"으로 되어 있다. 前者가 옳다.

254) "坤膚"(『四箋』 卷8, 33가).

255) 劓刑 : 古代 五刑의 하나로서, 코를 베는 형벌을 가리킨다(도미야 이따루, 임대희 역, 『유골의 증언-고대중국의 刑罰』, 서경문화사, 1995, 67면).

大壯 → 睽

○ [睽卦의 下卦인] 兌는 지금 柔가 剛을 올라타고 있는 象이다. ≪[睽卦의] 下卦가 지금 兌≫ 그러나 睽卦는 大壯卦로부터 왔는데, 剛이 위로 가서, 陰 위에 올라타니 ≪[大壯卦의] 3이 上으로 감≫ [陰이] 乾 위에 올라타고 있는 위태로움은 ≪[大壯卦는] 큰 兌로서, 역시 [柔가] 剛을 올라타고 있음≫ 지금은 보이지 않는다. 그러므로 "无咎"라고 한 것이다.256)

○乘剛者 兌也 ≪一柔乘二剛≫ 柔之乘剛 其德爲厲 故致此滅鼻之禍 ≪下今兌≫

否 → 噬嗑 → 睽 ← 大壯

○ "乘剛"은 兌를 가리킨 말이다. ≪[兌는] 柔 하나가 두 개의 剛을 올라타고 있음≫ 柔가 剛을 올라타고 있으니, 그 성격(德)이 위태로운 것이다. 그러므로 이런 "멸비(滅鼻)", 즉 코를 잘리는 형벌의 재앙을 초래한 것이다. ≪[睽卦의] 下卦가 지금 兌이다.≫

---

256) 睽卦의 卦象 중에서, 下卦의 兌는 "乘剛"하는 위태로움을 보여준다. 다산은 바로 아래의 주석에서, "一柔乘二剛"하는 위태로움이 "滅鼻"의 재앙을 초래한 것이라고 말하고 있다. 그렇지만, 爻辭에서는 "无咎"라고 말하고 있기 때문에, 한편으로, "乘剛"하는 위태로움이 있으면서도, "无咎"의 허물없음이 되는 모순적인 해석에 부딪치게 된다. 이런 모순에 당면하여. 다산은 大壯卦로부터 睽卦로 추이하는 象으로부터, 剛이 가서, 陰을 타는 象을 추출함으로써, 모순을 회피하려고 시도하고 있다. 이런 해석에는 자연스럽지 못한 측면이 있는 것은 사실이다. 그러나 "滅鼻之禍"와 "无咎"가 독립된 별개의 경우라고 본다면, 이해 불가능한 것은 아니라고 하겠다. 즉 이것은 噬嗑自否來와 睽自大壯來를 별개의 경우로 보고, 前者를 "滅鼻之禍"의 경우로, 後者를 "无咎"의 경우로 보는 것이다.

○案 禮例 太[257]牢 少牢 皆有膚鼎 古人貴骨 ≪七體皆骨也≫ 膚其無骨者也[258]

○ [案] 『儀禮』의 [여러] 例[259]를 보면, 태뢰(太牢)[260]나 소뢰(少牢)[261]에는 모두 부정(膚鼎)[262]이 사용된 例가 있는데, 옛 사람들은 祭物의 뼈(骨)를 귀하게 여겼거니와 ≪희생(犧牲)에서 이른바 [예식에 사용하는] 일곱 부위(七體)[263]의 경우는 모두 뼈를 중심으로 한 것≫ [7體 이외에] "膚"란 그런 부위 중에서 뼈가 없는 고기덩이[264]를 가리킨다.

○又案[265] 荀九家以艮爲鼻 蓋以鼻者[266]中嶽也

○ [又案] 순구가(荀九家)는 艮을 코(鼻)로 보는데, 아마도 [관상학(觀相學)으로 볼 때] 코(鼻)가 [얼굴에 있어] 中嶽(가운데 산)에 해당되기 때문이겠다.

---

257) [校閱] 奎章本에는 "太牢"로 되어 있으나 新朝本과 國中本에는 "大牢"로 되어 있다. 어느 경우나 가능하며, 誤記는 아니다. 여기서는 일반적인 용례에 따라서 前者를 따른다.

258) [校閱] 奎章本에는 "膚無其骨者"라 나오고, 新朝本과 國中本에는 "膚其無骨者"라고 나오는데, 여기서는 後者를 따랐다.

259) 牢禮 : 희생(犧牲)을 잡아 빈객을 향응하는 禮.

260) 太牢 : ① 제사에 소·양·돼지의 세 犧牲이 갖추어짐을 이름. ② 맛좋은 음식, 또는 성대한 잔치를 이르는 말.

261) 少牢 : 제사에 쓰기 위하여 잡은 양과 돼지.

262) 膚鼎 : 살코기만을 담아 두는 그릇.

263) 일곱 부위(七體) : 앞다리가 2부분, 뒷다리가 2부분, 등골이 1부분, 갈비가 2부분이다. 따라서 합치면, 7體가 된다.

264) "膚無骨故在下也."(胡培翬 撰, 殷熙仲 點校, 『儀禮正義』 卷3, 江蘇古籍出版社, 1993, 2262면)

265) [校閱] 奎章本에는 '案'이 '按'으로 되어 있다.

266) [校閱] 奎章本에는 "蓋以鼻自中嶽也"라고 되어 있고, 新朝本과 國中本에는 "蓋以鼻者中嶽也"라고 되어 있다. 여기서는 後者를 따르기로 한다.

六三 : 噬腊肉, 遇毒. 小吝, 无咎. ○ 象曰 : 遇毒, 位不當也.

六三 : 마른 육포(腊肉)[267]를 씹다가, 독(毒)을 만나게 될 것이다. [과오를 고침에 있어] 小人의 인색함이 있으나, 허물이 없을 것이다. ○「象傳」: 독(毒)을 만난 것은 그 지위에 합당(合當)하지 않기 때문이다.

此 噬嗑之離[268]也 三以坤肉 ≪否之坤≫ 上接离晅 以成乾肉 ≪說卦 离爲乾≫ 乾肉爲腊 ≪見禮注≫ 又坎爲鹿 ≪三五坎≫ 鹿肉爲腊 ≪祭禮大夫 腊用麋[269]≫ 噬腊肉也

이것은 噬嗑卦가 離卦로 변하는 경우이다. [否卦의] 제3획은 [본래] 坤의 고기(肉)인데 ≪否卦의 坤≫ 위로 [햇빛과 불인] 离와 접촉하여 건조시키게 되면[270] 마른 육포(乾肉)[271]가 되는데 ≪「說卦傳」에 따르면 离는 乾이 됨[272]≫ 마른 고기포가 '석(腊)'이다. ≪『禮記』의 注에 나옴≫ 또 坎은 사슴(鹿)인데 ≪[噬嗑의] 3·4·5位의 坎≫ 사슴고기(鹿肉)가 또한 "석(腊)"이니 ≪제례(祭禮)에 따르면, 大夫는 말린 육포(腊)로 사슴고기를 사용함≫ [이것을 가리켜] "噬腊肉(마른 고기를 씹음)"이라고 한 것이다.

---

267) 腊肉 : 석(腊)은 '육포', '마른 고기'를 뜻한다. 다산은 "腊"이 사슴의 육포를 뜻하기도 한다고 말한다.

268) [校閱] 新朝本과 國中本에는 "离"로 되어 있으나, 奎章本에는 "離"로 되어 있다. 重卦일 경우에는 "離"로 표기하기로 한 원칙에 따라, 여기서는 後者를 따른다.

269) 麋 : 큰 사슴.

270) 离가 '晅(말릴 훤)'의 뜻이 됨은 茶山의 「其他 物象」에 나온다.

271) 六五에서는 "噬[乾肉]得金矢"라 하였다(『四箋』 卷3, 22나~23가).

272) 「說卦傳」 离爲乾卦 ≪乾音干≫.

三之既變 遂成大坎 《二五夾》 坎則爲毒 《師卦 以坎毒天下》 噬遇毒也 晉獻公受胙[273]肉而遇毒 《見左傳》 當此占也

六三爻가 이미 변하여, 드디어 큰 坎을 이루니 《2·3·4·5의 夾卦는 大坎》 坎은 곧 독(毒)의 뜻이니 《師卦[의 「彖傳」]에, 坎의 뜻에 의거해서, "毒天下"라고 함》 씹다가 독(毒)을 만난 것이다. 晉나라 헌공(獻公)이 제사지낸 고기(胙肉)[274]를 받아 [먹으려는데] 독살(毒殺) 당할 뻔한 일이 《『左傳』에 나온다.[275]》 이런 占에 해당한다.

○三本匪據 《陰居陽》 離自遯移 《一之五》 又不當位 《陰之五》 小者 吝也 《陰者 不改過》

噬嗑 → 離 ← 遯

273) [校閱] 奎章本에는 "晉獻公受腊肉"으로 되어 있고, 新朝本과 國中本에는 "晉獻公受胙肉"으로 되어 있다. 『左傳』 원문에는 '조(胙)'라고 나온다.

274) 胙 : 제사 지낸 고기 조(肉－총9획 zuò).

275) 『左傳』 '僖公 4年'에 나온다. 진헌공(晉獻公)이 여희(驪姬)를 夫人으로 삼았는데, 여희(驪姬)는 자신이 낳은 아들 해제(奚齊)를 태자로 책립하려고 大夫와 음모를 꾸며, 태자인 申生을 제거하려고 하였다. 진헌공(晉獻公)이 사냥을 나갔다가 돌아오자, 태자가 제사를 지낼 때, 올린 음식 안에 毒을 넣어 진헌공(晉獻公)에게 바쳤는데, 진헌공(晉獻公)이 먹기 전에 술을 땅에 부어 고시레를 하니, 땅이 부풀어올랐고, 그것을 개에게 먼저 먹이니, 개가 죽었으며, 잡일을 하는 자에게 먹이니 그 역시 죽어 버렸다. 이에 태자 申生은 누명을 쓰고 목을 매어 자살하였다. 기원전 655년 여희(驪姬)가 다른 두 공자인 중이(重耳)와 이오(夷吾)도 역시 모함하자, 이에 중이(重耳)는 포(蒲)로 도망가고, 이오(夷吾)는 굴(屈)로 도망하였다. 나중에 重耳는 어머니 나라인 적(狄)으로, 동생 이오(夷吾)는 양(梁)나라로 각각 망명하였다(文璇奎 譯著, 『春秋左氏傳』 上, 명문당, 1987, 248~ 250면). 한편, 기원전 651년 獻公이 죽자, 해제(奚齊)와 동생 도자(悼子)는 왕위에 올랐으나 살해되고, 이오(夷吾)가 秦 목공(繆公)의 도움으로 왕위에 올라 혜공(惠公)이 되었다. 중이(重耳)는 狄나라에 계속 머물렀으나, 기원전 644년 혜공(惠公)이 중이(重耳)를 암살하기 위해 자객을 보내자 중이(重耳)는 이를 피해 衛→齊→曹→宋→楚 등 무려 19년간을 망명생활을 보내야 했다. 기원전 637년 혜공(惠公)이 죽자 다음해 역시 진秦 목공(繆公)의 도움으로 62세에 왕위에 올랐으니, 이가 진문공(晉文公)이다.

○ [噬嗑卦의] 제3획은 본래 [陰畫이] 있을 만한 자리가 아니다. ≪陰이 陽의 자리에 위치함≫ [噬嗑卦 六三의 之卦인] 離卦는 遯卦로부터 추이되었으니 ≪[遯卦의] 1이 5로 감≫ [離卦의 제5획도] 역시 바른 자리가 아니다. ≪[遯卦의 初位에 있는] 陰이 제5位로 감≫ 따라서 작은 것이 [잘못을 고침에] 인색한 것이다. ≪陰이 잘못을 고치지 않는 것이다.≫

○雖然 爻之既變 三則得位 ≪三今剛≫ 是 无咎也

○ 그러나 [서합괘의 六三]爻가 이미 변하여 [離卦가 되면] 제3位에서 곧 바른 자리를 얻으니 ≪[離卦의] 제3位는 지금 剛≫ 이것이 "无咎"가 되는 까닭이다.[276]

○位不當者 本象也 ≪陰居三≫ 亦變象也 ≪遯一之五≫

○ "位不當"이란 本卦[인 噬嗑卦]의 象이며 ≪陰이 제3位에 있음≫ 또한 變象이기도 하다. ≪遯卦의 1이 5로 간 것≫[277]

○虞氏云 震爲鹿

○ 우번(虞翻)이 말하였다. "震이 사슴(鹿)이 된다."

九四 : 噬乾胏, 得金矢,[278] 利艱貞, 吉. ○象曰 : 利艱貞吉, 未

276) "无咎"란 "善補過"이니(『四箋』 卷8 「繫辭上傳」, 5가) 일단 허물이나 과실이 있었지만 개과천선함을 말하는 것이다. 즉 처음부터 善美했던 것이 아니다.

277) 제5位는 본래 剛에 합당한 자리이지만, 離卦의 第五畫은 柔이다.

光也.

九四 : 뼈가 붙어 있는 마른고기(乾胏[279])를 씹다가, [고기 속에서] 쇠화살[촉]을 얻으니, 어려운 일[을 맡아 추진함]에 이로울 것이며, 吉할 것이다. ○「象傳」: "利艱貞, 吉"이라고 한 것은 [명예가] 빛나지 않음을 말한 것이다.

此 噬嗑之頤也 胏與胾通 ≪見字書≫ 肉之帶骨者 ≪朱子云≫ 四之一剛 介於坤肉之中 ≪否之坤≫ 上當离燥 ≪爲乾卦≫ 噬乾胏也 ≪卦本噬[280]≫

噬嗑 → 頤 ← 臨

이것은 噬嗑卦가 頤卦로 변하는 경우이다. '胏(자)'字는 '고기점 胾(자)'字와 더불어 통하는데 ≪字書에 나옴≫ 고기에 뼈(骨)가 붙어 있는 것을 뜻한다. ≪朱子도 그렇게 말함≫ [噬嗑卦의] 제4位의 剛 하나가 坤의 고기(肉) 가운데 끼여 있고 ≪否卦의 坤[281]≫ [그 고기가] 위로 离[의 불]에 [쪼여져] 건조(乾燥)되니 ≪离는 幹卦가 됨≫ "噬乾胏(뼈가 붙은 마른 육포를 씹는 것)"이다. ≪卦가 본래 씹는 卦이다.≫

○頤自臨來 ≪二之上≫ 臨之一矢[282] ≪凡剛畫爲矢[283]≫ 歷此坎弓

---

278) [校閱] 奎章本에는 "得金失"로 되어 있으며, 國中本에는 "得今矢"로 되어 있는데, "得金矢"의 誤記이다.

279) 乾胏 : 뼈가 붙은 마른고기, 마른고기, 육포.

280) [校閱] 新朝本에는 "卦噬本"으로 되어 있는데, 이는 그 줄(行)의 배열이 잘못된 것이므로, 奎章本과 國中本에 따라 "卦本噬"로 하였다. 이는 앞의 文例로 보아, 물론 "卦德本爲噬"의 뜻이다(卦德本爲觀; 『四箋』 卷3, 20가).

281) 앞서는 이를 "一剛中橫, 其象爲列齒(口中之剛骨)"이라고 함(『四箋』 卷3, 21가).

282) [校閱] 奎章本에는 "失"로 되어 있는데, "矢"의 誤記이다.

≪三五坎≫ 自南之北 ≪上爲北≫ 北得一矢[284]也 本自兌來 ≪臨下兌≫ 兌則爲金 ≪西方卦≫ 得金矢也 四者上卦也 上卦得之 故謂之得

噬嗑 → 頤 ← 臨

○ 頤卦는 臨卦로부터 왔다. ≪[臨卦의] 2가 上으로 감≫ 臨卦의 화살 하나가 ≪대개 陽畫은 화살이 됨≫ 이 坎의 활(弓)을 거쳐 ≪[噬嗑卦의] 3·4·5의 坎을 말함≫ 남쪽에서 북쪽으로 가니 ≪[下卦는 남쪽이 되고] 上卦는 북쪽이 됨[285]≫ 북쪽에서는 한 개의 화살을 얻은 것이다. [그런데] 그 화살이 본래 兌에서 나왔고 ≪臨卦의 下卦는 兌≫ 兌는 곧 쇠(金)가 되니 ≪[兌는] 서쪽을 상징하는 卦[286]≫ [이것은] "得金矢", 즉 "쇠화살[촉]을 얻은 것"이다. 제4位는 上卦에 있으니, 上卦에서 [화살을] 얻은 까닭에, "得"이라고 말한 것이다.

○ 坎險旣滅 ≪互坎亡≫ 艮以終之 ≪上今艮≫ 艱險之事 皆利也 ≪貞 事也≫

○ 坎의 험난함이 이미 소멸되었고 ≪[噬嗑卦의 3·4·5의] 互坎이 [九四爻가 변하게 되면] 없어짐≫ 艮으로써 [일을] 종결지으니 ≪[臨卦의] 上卦가 지금 艮≫ 어렵고 험난한 일이 모두 이로운 것이다. ≪貞은 [사업 혹은] 일을 뜻한다.≫

○ 离光旣散 ≪上本离≫ 未有光也

---

283) [校閱] 奎章本에는 "失"로 되어 있는데, "矢"의 誤記이다.

284) [校閱] 奎章本에는 "失"로 되어 있는데, "矢"의 誤記이다.

285) 「易例比釋下」의 [9. 東西南北例]의 "下南而上北"이라고 한 것을 참조(『四箋』 卷4, 25나).

286) 兌金 茶山 今補. 五行에서 이렇게 배당된다.

䷔ ䷚

噬嗑 → 頤

○[九四爻가 변하여] 离의 빛(光)[287]이 이미 흩어졌으니 ≪[噬嗑卦의] 上卦가 본래 离≫ "未有光"이다.[288]

○案 說文胏作𦚧 ≪以肉而仕聲≫ 又或作脯 ≪子夏傳≫ 非也

○ [案] 『說文』에는 이 '자(胏)'字가 '𦚧'字로 나온다. ≪이 글자는 '肉'字에 의거하고, '사(仕)'가 발음이다.[289]≫ [한편] 혹자는 ['胏(자)'字를] '脯(포)'字라고 하기도 하나 ≪『子夏(易)傳』의 경우[290]≫ 이는 잘못이다.

王肅云 金矢 所以獲野禽 故食之反得金矢 ≪今食田肉而得箭鏃者有之≫

왕숙(王肅)[291]이 말하였다. "'金矢', 즉 '쇠로 된 화살촉'은 들짐승을 사

287) 离光 : 茶山의 「其他 物象」에 해당된다. 「說卦傳」에 따르면, 离는 "日化"가 된다고 했는데, 다산은 여기서 明·光 등의 의미를 끌어내고 있다.

288) 이것은 원문의 "未光"을 "未[有]光"으로 풀이한 것이다. 그러나 頤卦가 大离가 되기 때문에, 이처럼 효변하여 离의 빛(光)이 흩어진 것으로 풀이하는 것에는 해석의 자의성(恣意性)의 문제가 따른다.

289) "食所遺也. 從肉仕聲. 易曰噬乾胏."(許愼 撰, 段玉裁 注, 『說文解字注』, 上海古籍出版社, 1993, 176면) 意符가 肉이고, 音符가 仕이다.

290) 『四庫全書』의 『子夏易傳』에는 그대로 胏字로 나온다(7~35면). 다만 陸德明의 陸德明의 『經典釋文』 上(上海古籍出版社, 1985, 89면)과 毛奇齡의 『仲氏易』(上海古籍出版社, 1990, 99면)에 이런 말이 나온다(毛氏는 반박하지는 않는다). 따라서 『子夏易傳』에 異本이 있는 것으로 보인다(孫星衍, 『周易集解』 上, 上海書店, 1993, 197면).

291) 왕숙(王肅, 195~256) : 三國時代 魏의 학자. 字가 자옹(子雍)이다. 왕숙(王肅)은 삼국시대 魏의 건국자인 조조(曹操)와 그의 아들 조비(曹丕) 아래에서 높은 관직에 있었던 왕랑(王朗)의 아들이었다. 자주 정견(政見)을 상주(上奏)하여 정사(政事)에 관여하였고, 시중(侍中)·태상(太常)·중령군(中領軍)을 지냈다. 晉나라의 사마소(司馬昭, 文帝)는 그의 사위이다. 형주(荊州)의 송충(宋忠)에게 사사하였고, 후한(後漢) 전기의 가규(賈逵)·마융(馬融)의 학문에 뛰어났으며, 국가의 禮制를 위한 새로운 설을 제창하여 다음의 晉나라 때에 채용되었다. 『周易』·『毛詩』·『春秋三傳』·『國語』 등의 주석서를 지었고,

냥하는데 쓰는 도구이다. 따라서 쇠화살촉(金矢)을 써서 사냥한 들짐승의 고기를 먹다보면, 다시금(反) 그 쇠화살촉을 얻게 되는 경우가 있다."[292] ≪茶山 : 지금도 들판에서 사냥한 고기를 먹다가, [그 짐승을 잡을 때 사용한] 화살촉을 얻는 경우가 있다.≫

○太平御覽云 君子于味 必思其毒 此 六三之无咎也 ≪五行志云 厚味腊毒 ○張協 七命云 甘腊毒之味≫ 于利 必備其難 此 九四之貞吉也 ≪矢[293]所以備難者≫

○『태평어람(太平御覽)』[294]에 말하기를, "君子는 맛있는 음식을 대할 적에는 반드시 그 독(毒)을 생각해야 한다"라고 하였는데, 이는 六三의 无咎를 가리킨 것이다. ≪『漢書』「五行志」에 말하기를, "厚味腊毒", 즉 "맛있는 음식은 결국 심한 毒[일 뿐]"[295]이라고 하였다.[296] ○장협(張協)[297]의 「七命」에 "甘

그 무렵의 뛰어난 유학자 정현(鄭玄)과 그의 제자 손염(孫炎)의 학설에 반대하여 자기가 의작(擬作)한 『孔子家語』를 인용하여 논박한 것을 모아 『聖證論』(12권)을 지었다.

292) 李道平의 『周易集解纂疏』(中華書局, 1994, 242면)에는 '反'字가 없다. 한편, 孫星衍의 『周易集解』 上(上海書店, 1993, 198면)에는 '金[象]'으로 나오는데 誤字로 생각된다.

293) [校閱] "矢(시)"가 新朝本에는 "失"로 되어 있는데, 誤記이다.

294) 『太平御覽』: 중국 宋나라 학자 이방(李昉) 등이 편찬한 유서(類書). 태종의 칙명을 받아 977년 편집에 착수해 983년 완성하였다. 처음에는 『太平總類』라 하였으나 태종이 하루에 3권씩 읽어 1년 만에 모두 읽었다 하여 『太平御覽』이라 개칭하였다. 천(天)・지(地)・황왕(皇王)・주군(州郡)・봉건(封建)・관직・예(禮)・악(樂)・도 (道)・석(釋)으로부터 사이(四夷)・질병・요이(妖異)・동식물에 이르기까지 55門 4558類가 열거되어 있으며, 인용서는 1,660종이나 된다. 주로 송나라 이전의 잡서에서 채록한 것이나 많은 일서(逸書)의 이야기를 담고 있으며, 인용서의 다수가 현존하지 않아 자료의 보고(寶庫)로서 귀중한 책이다. 또한 사이부(四夷部)에 신라・고구려 등에 관한 기록이 있어 한국사 연구에도 도움이 되고 있다.

295) 腊毒 : 심한 독, '석(腊)'에는 '포'의 뜻 이외에, '심하다'는 뜻도 있다.

296) 『漢書』「五行志」에서 "厚味實腊毒"이라고 하였음(『漢書』 卷27 中之上 「五行志」 第七 中之上).

297) 장협(張協) : 사마염(司馬炎)이 晉 무제(武帝)가 되어, 천하를 평정한 후, 西晉의 280년부터 289년까지 대략 10년 간은 태평시대를 맞이하여 문학도 전아하고 화려한 색채를 띠었는데, 이를 '태강(太康)문학'이라 칭한다. 태강(太康)문학의 작풍은 대체로 화려하고 수식적인 분위기를 띠고 있는데, 그 대표적 작가로는 삼장(三張)・이륙(二陸)・양반(兩

腊毒之味", 즉 "심한 毒이 되는 맛을 달게 여긴다"라고 하였다.[298]≫ 또 "이로움을 보면 반드시 그 어려움을 대비해야 한다"라고 하였는데, 이는 [서합괘(噬嗑卦)의] 九四의 貞吉에 해당된다. ≪화살은 위급할 때를 대비한 것이기 때문이다.[299]≫

○或曰 頤者 小過之交易也 故曰 利艱貞 ≪彼大坎之險≫

頤　　小過

○ 혹자가 말하였다. "頤卦는 小過卦로부터 交易된 괘인 까닭에, '利艱貞', 즉 '어려운 일[을 추진함]에 이로운 것이다." ≪小過卦는 큰 坎이니, 험난함을 뜻한다.≫

六五 : 噬乾肉, 得黃金, 貞厲, 无咎. ○象曰 : 貞厲无咎, 得當也.

潘)·일좌(一左)가 있다. 이는 장화(張華)·장재(張載)·장협(張協)·육기(陸機)·육운(陸雲)·반악(潘岳)·반니(潘尼)·좌사(左思) 등 여덟 명을 가리키는데, 이 중에서 장화(張華)·장재(張載)·장협(張協)의 세 사람을 삼장(三張)이라고 한다.

298) 甘腊毒之味 : 「七命」은 『文選』(卷18)에 실려 있다. "甘腊毒之味"는 다음 문장의 한 부분이다. "公子曰, 耽口爽之饌, 甘腊毒之味, 服腐腸之藥, 御亡國之器, 雖子大夫之所榮, 故亦吾人之所畏, 余病未能也."(蕭統 編, 李善 注, 『文選』 卷35 七下 七命八首 張景陽, 文選硏究會, 1983, 497면)

299) 위의 「五行志」와 장협의 「七命」에 腊은 분명 이상의 다산의 해석과는 달리 해석한다. 즉 이상 인용구는 일반적 해석에 따른다면, 腊을 乾肉이란 뜻으로 말한 아니라, 久極의 뜻으로 말한 것이다.

六五 : 마른 육포(肉脯)를 씹다가, 황금(黃金)을 얻게 되리니, [맡아서 하는] 일(貞)이 위태로우나, 허물이 없을 것이다. ○「象傳」: "貞厲无咎"라고 한 것은 [그 地位가] 합당(合當)함을 얻었기 때문이다.

此 噬嗑之无妄也 本以坤肉 ≪否之坤≫ 离以乾之 ≪上本离≫ 噬乾肉也

否 → 噬嗑 → 无妄

이것은 噬嗑卦가 无妄卦로 변하는 경우이다. 본래 坤의 고기[300]였는데 ≪否卦의 [下卦인] 坤≫ 离로 건조되니 ≪[서합괘의] 上卦가 본래 离≫ "噬乾肉(마른 고기포를 씹는 것)"이 된다.

○ 五之既變 乾卦復成 ≪上今乾≫ 乾則爲金 ≪說卦文≫ 其色中黃 ≪左傳云 黃者 中之色也 ○ 坤黃裳 亦陽居五≫ 得黃金也

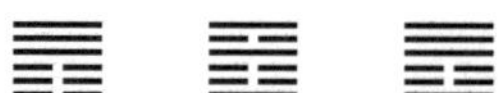

否 → 噬嗑 → 无妄

○ 제5爻가 이미 변함에 [否卦에서 噬嗑卦로 추이하면서 없어졌던] 乾卦가 다시 생기는데 ≪[无妄卦의] 上卦가 지금 乾≫ 乾은 곧 쇠(金)가 되며 ≪「說卦傳」의 글[301]≫ [제5位는 上卦의 中位라] 그 [금속의] 色은 중앙의 황색이 되니 ≪『左傳』에 이르기를, 황색은 중간의 色이라 하였다.[302] ○ 坤卦 六五

300) 坤肉 : 茶山의 '今補'에 坤膚라 하였는데, 膚가 곧 肉이다. 물론 陰畫이 膚肉이 되기도 한다.

301) 「說卦傳」에 "乾 …… 爲金"이라고 함.

302) "黃者, 中之色也" : 『春秋左氏傳』 下(文璇奎 역, 명문당, 1987, 116면)의 南蒯之筮에

의 "황상(黃裳)"도 역시[303] 陽이 [中位인] 제5位에 있는 경우≫ [이것을 가리켜] "得黃金"이라고 한 것이다.

○ 无妄自中孚來 ≪二之四≫ 中孚之時 坎位中剛 ≪五本剛≫ 兌德乘剛 是 貞厲也 移之无妄 兌形遂亡 ≪下今震≫ 乃无咎也

否 → 噬嗑 → 无妄 ← 中孚

○ 无妄卦는 中孚卦로부터 왔다. ≪[中孚卦의] 2가 4로 감≫ 中孚卦의 때에는 坎位[304]의 中位가 剛이고 ≪[中孚卦의] 제5位가 본래 剛≫ [下卦인] 兌의 성격은 陰이 剛을 올라타고 있는 데 있으니, 이것을 "貞厲(일이 위태롭다)"라고 말한 것이다. [그런데 中孚卦로부터] 추이하여 无妄卦로 되면, 兌의 형태가 결국 소멸되니 ≪[无妄卦의] 下卦가 지금 震≫ 곧 "허물이 없어지게 되는 것(无咎)"이다.

○ 五之既變 剛乃得位 ≪噬嗑陰居五≫ 乾體復完 ≪否之乾≫ 又何咎焉 ≪善補過≫

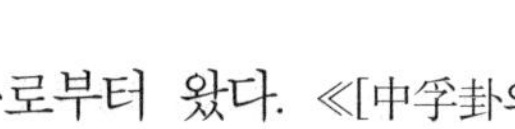

否 → 噬嗑 → 无妄

○ [噬嗑卦의] 제5爻가 이미 변하게 되면, 剛이 이에 [无妄卦에서 자신의 바른] 자리를 얻고 ≪噬嗑卦에서는 陰이 [陽의 자리인] 5位에 있음≫ 乾의

나오는 말인데, 原文에는 '者'字가 없다.

303) 여기 '亦'이란 坤土=黃色이기도 하지만, 陽이 5位(中位=黃)에 자리한 측면과도 연관될 수 있음을 말하는 것이다.

304) 上卦는 4·5·6位이므로, 짝수, 홀수, 짝수, 즉 陰·陽·陰이 되어, 坎位에 해당됨.

형체도 다시 복구되니 ≪否卦에 있던 乾[이 噬嗑卦에서 亡失되었다가 无妄卦가 되면 다시 복구됨]≫ 또한 어찌 허물이 되겠는가! ≪잘못을 잘 보완한 것이다.[305]≫

○得當者 位得當也 ≪陽居五≫

噬嗑 → 无妄

○ "得當"이라고 한 것은 [그 地位가] 마땅함을 얻었기 때문이다. ≪陽이 제5位에 있다.≫

○案 周禮 大司寇 禁民訟 令入束矢 ≪百矢也≫ 禁民獄 令入鈞[306]金 ≪三十斤≫ 然後 聽之 鄭玄云 不入矢 不入金 是 自服其不直者也 ≪矢直而金堅≫

○ [案] 『周禮』「秋官」「大司寇」에서, "백성들이 [함부로] 송사(訟事)[307]를 일으키는 것을 엄금(嚴禁)하기 위하여 [재판을 하려면 먼저] 속시(束矢)[308]를 들이게 하였으며 ≪[속시(束矢)는] 100개로 된 화살묶음≫ 백성

---

305) 无咎는 善補過이다(『四箋』 卷8, 5가).

306) [校閱] 新朝本과 奎章本과 國中本에 모두 "鈞"이 "釣"로 보이는데(아래에도 이렇게 나온다), 『周禮』 원문에 따라서 '鈞'으로 하였다.

307) 西周의 法制에서는 형사사건과 민사사건을 명확히 분리함으로써, 이미 비교적 완전한 심판제도를 건립하였다. 예를 들어 명덕신벌(明德愼罰)의 원칙, 군신부자(君臣父子) 무소송(無訴訟)의 원칙, 정죄양형(定罪量刑)의 원칙, 법관책임제의 원칙 등의 심판원칙을 확립하였다. 또 죄를 다투는 것은 '옥(獄)'이라 부르고, 재물을 논쟁하는 것은 '訟'이라고 불렀다. 형사소장은 '제(劑)'라 칭한 반면에, 민사소장은 "부별약제(傅別約劑)"라 칭했다. 형사소송비는 '균금(鈞金)'이라 칭한 반면에, 민사소송비는 '속시(束矢)'라 칭했다.

308) 속시(束矢) : 西周에서 민사소송을 치를 때 드는 비용으로서, 箭(화살) 백 개에 상당(相當)한다.

들이 [쓸데없이 서로의] 죄악을 고발하는 것(獄)을 엄금(嚴禁)하기 위하여 [그렇게 고발하려면 먼저] 30근의 균금(鈞金)[309]을 들이게 하였으니 ≪[균(鈞)은] 30근에 상당함≫ 그런 연후에 재판을 하였다"라고 하였다.[310] 鄭玄이 말하였다. "화살을 들이지 않거나, 균금(鈞金)을 들이지 않는 경우는 스스로 자신이 바르지 않다고 자복(自服)하는 것[이나 마찬가지] 이다." ≪화살은 바르고, 金은 견고한 것이다.≫

朱子 以九四之金矢 六五之黃金 皆作鈞[311]金 束矢解 ≪謂得用刑之道≫ 此卦 彖詞 爻詞 皆取用獄之象 故解之如是 然 王子雍之說 於詞理爲順 ≪解九二 田獲三狐 得黃矢 王說有據≫

朱子는 九四의 "금시(金矢)"와 六五의 "황금(黃金)"을 모두 [『周禮』의] 균금(鈞金)과 속시(束矢)의 說로써 해석하였는데 ≪[朱子가 말하기를] "형법(刑法)을 다스리는 [바른] 도리를 얻었다"라고 함[312]≫ 이는 [서합]卦의 彖詞와 爻辭에서 모두 형벌을 다스리는 象을 취하였으므로 그 해석이 이와 같다. 그러나 [앞서도 소개한] 왕자옹(王子雍)[313]의 說이 문맥의 이치에 더 부합된다. ≪解卦 九二에서도 "田獲三狐, 得黃矢", 즉 "사냥에서 여우 세 마리를 잡고, 금화살도 얻는다"라고 하였으니, 王氏의 說은 근거가 있는 것이다.≫

---

309) 균금(鈞金) : 西周의 法制에서 형사소송에 드는 비용으로서, 균금(鈞金)은 곧 동 삼십 근에 상당한다.

310) 『周禮』「秋官」「大司寇」에 "以兩造, 禁民訟, 入束矢於朝然後聽之. 以兩劑, 禁民獄, 入鈞金三日乃致于朝然後聽之. 以嘉石平罷民"라고 함.

311) [校閱] 新朝本과 奎章本과 國中本에 모두 "鈞"이 "釣"로 보이는데, 『周禮』 원문에 따라서 '鈞'으로 하였다.

312) 朱子는 『周易本義』의 噬嗑卦 九四에서 "周禮獄訟, 入鈞金束矢而後聽之, 九四, 以剛居柔, 得用刑之道"라고 함(『周易集註』, 명문당, 1976, 130면).

313) 왕자옹(王子雍)은 왕숙(王肅)을 가리킨다.

上九 : 何校, 滅耳, 凶. ○ 象曰 : 何校, 滅耳, 聰不明也.

上九 : 형틀을 쓰고, [또한 이형(刵刑)에 처해져서] 귀까지 잘리게 될 것이니, 흉하다. ○「象傳」: 형틀을 쓰고, [또한] 귀까지 잘리는 이형(刵刑)에 처해지는 것은 [남의 의견을 경청하는 귀가 밝지 않아] 총명하지 않기 때문이다.

此 噬嗑之震也 震自小過來 ≪三之一≫ 小過者 兩艮也 ≪上倒艮≫ 兼畫則大坎也 坎之堅木 ≪說卦文≫ 關此兩肩 ≪艮爲手≫ 繫以巽繩 ≪上下互≫ 何校之象也 ≪何負也 字與荷通≫

이것은 噬嗑卦가 震卦로 변하는 경우이다. 震卦는 小過卦로부터 왔는데 ≪[小過卦의] 3이 1로 감≫ 小過卦는 두 개의 艮이며 ≪上卦는 뒤집힌 艮[314]≫ 그 획(畫)들을 겹쳐 보면 큰 坎의 형상이 된다. 坎의 견고한 나무가 ≪「說卦傳」의 글[315]≫ 그 두 어깨에 빗장을 채우듯 걸리고(關)[316] ≪艮은 손[317]≫ 巽의 [굵은] 줄로 묶으니 ≪[小過卦의] 上互卦는 뒤집힌 巽이며, 下互卦도 巽≫ [刑具를 씌우는] "何校"의 象이다. ≪'何'는 등에 지는 것(負)이며, '짐을 멜 荷(하)'字와 통하는 글자이다.≫

---

314) 앞서 初九에서는 "小過者, 兩震也"(下倒震)이라 함(『四箋』 卷3, 21나).

315) 「說卦傳」에 坎이 堅多心이라 함.

316) 關 : 문빗장 '관', 당길 '완'.

317) 손으로 이렇게 한다는 것이 아니고, 艮手에 따라서 肩이라 하였다는 것이다.

移之爲震 ≪三之一≫ 則离刃用法 ≪初四夾≫ 坎耳偏落 ≪大坎割其下≫ 此 何校之餘 竟遭滅耳之刑也 滅耳者 刵也

[그런데 小過卦로부터] 推移하여 震卦가 되면 ≪[小過卦의] 3이 1로 감≫ 离의 칼로써 형법(刑法)을 시행하여 ≪[重雷 震卦의] 初位에서 제4位까지가 离≫ 坎의 귀(耳)가 한 쪽이 떨어져 나가니 ≪큰 坎의 아래가 잘린 것≫ 이는 [목에] 칼(項鎖)을 차는 형벌(何校)을 당한 나머지, 마침내 귀를 잘리는 형벌까지 당하게 된 것이다. "滅耳"란 형벌은 [육형(六刑) 중의 하나인] 이형(刵刑)[318]을 말한다.

○明者 雙明也 ≪字從日從月≫ 坎耳偏落 ≪大坎一偏缺≫ 聽不明也 於坎之位 ≪四五六≫ 离明今滅 ≪离上坼≫ 聽不明也 ≪坎爲耳≫

噬嗑 → 震

○ "明"이란 두 쪽 모두의 밝음을 뜻한다. ≪'밝을 明(명)'字는 '日'字와 '月'字에서 나왔다.≫ [지금] 坎의 귀의 한 쪽이 떨어져 나가 ≪大坎의 한 쪽이 떨어짐≫ [양쪽이 모두 밝은 것이 되지 못하니] "聽不明"이라고 한 것이다. 또한 [귀를 상징하는] 坎의 자리에서 ≪4·5·6位[는 坎位]≫ 离의 밝음이 지금 없어지니 ≪离의 위쪽이 터짐≫ 역시 "聽不明"인 것이다.[319] ≪坎은 귀이다.≫

○案 初九上九 皆取小過之象 而初爲屨校者 其位 卑也 ≪初爲足≫ 上爲何校者 其位 尊也 ≪上爲首≫

---

318) 刵刑 : 귀를 베는 형벌.

319) 한 쪽이 떨어졌으니, 두 쪽 모두의 밝음인 明이 되지 않는다는 것이며, 또한 坎位(聽)에 离(明)가 있었는데, 이제 그것이 상실되니, "聽不明"이라는 것이다.

○ [案] 初九와 上九가 모두 小過卦의 象을 취하였는데, 初九에서 "屨校"라 한 것은 그 지위가 낮기 때문이고 ≪初位는 다리≫ 上九가 "何校"가 되는 것은 그 지위가 존귀하기 때문이다. ≪上位는 머리이다.≫

孔子曰 善不積 不足以成名 ≪謂泰卦≫ 惡不積 不足以滅身 ≪否三陰之積≫ 小人以小善爲無益而弗爲也 ≪否小人≫ 以小惡爲无傷而弗去也 ≪陰進至於五≫ 故惡積而不可掩 ≪上九之變 上無覆≫ 罪大而不可解 ≪自二至上爲大坎≫ 易曰 何校滅耳凶

泰←反易→否 → 噬嗑 → 震

孔子께서 말씀하시기를, "善이 [충분히] 쌓이지 않으면, 명성을 이룰 수가 없고 ≪[噬嗑卦의 母卦는 否卦인데, 否卦의 反易卦인] 泰卦를 말한 것≫ 惡이 [충분히] 쌓이지 않으면, 그 몸을 망치지 않는 것이니 ≪否卦에 세 개의 陰이 쌓인 것≫ 小人은 작은 善이 무익하다고 여겨서, 실천하지 않으며 ≪否卦의 小人≫ 작은 惡이 해로울 것이 없다고 여겨서, 버리지 않는다. ≪[否卦와 噬嗑卦에서 보면, 剝卦에서] 陰이 전진하여 제5位에까지 이른 것이다.≫

그러므로 결국 惡이 쌓여서, 은폐할 수 없으며 ≪上九가 변하여, 위에 가릴 것이 없음≫ 罪가 커져서 풀 수가 없으니 ≪[震卦의] 제2位에서 上位까지 [합치면, 죄를 상징하는] 큰 坎의 형태가 됨≫ 易에 이르기를 '何校, 滅耳, 凶', 즉 '형틀을 쓰고, [또한] 귀까지 잘리니, 흉하다'라고 한 것이다."

○案 漢昭烈云 勿以善小而不爲 勿以惡小而爲之 蓋本於此

○ [案] 漢나라 소열(昭烈)320)이 말하기를, "선행(善行)이 적다고 하여,

320) 유비(劉備)를 가리킨다. 소열황제(昭烈皇帝)는 劉備(161~223)가 사망한 뒤 내려진 시

아니하지 말 것이며, 악행(惡行)이 적다고 하여, 하지를 말라"[321]고 한 것도 대개 이 [噬嗑卦의 上九爻의] 취지(趣旨)에 근거한 것이다.[322]

22. 산화 비(山火 賁)

離下艮上 ○ 第十二卦之反 ≪泰二之上≫

離가 下卦이고, 艮이 上卦이다. ○ 第12卦의 反卦이다. ≪泰卦의 2가 上으로 간다.≫

序卦傳曰 賁者 飾也 ≪致飾然後 亨≫

『序卦傳』에서 말하였다. "賁는 꾸미는 것이다." ≪꾸밈을 이룬 뒤라야 형

호(諡號)이다.

321) 漢나라의 昭烈 황제가 죽을 때 유선(劉禪)에게 조칙을 내려서 한 말이라고 하며, 『三國志』「先主劉備傳」에 나온다. "勿以惡小而爲之, 勿以善小而不爲(惡이 작다고 해서 하지 말며, 善이 작다고 해서 아니치 말라)"는 對句로 되어 있다. 또 『小學』「嘉言」에는 "勿以善小而爲之, 勿以惡小而不爲"라는 말이 있다. 그밖에 『明心寶鑑』「繼善編」에도 "漢昭烈, 將終, 勅後主曰, 勿以善小而不爲, 勿以惡小而爲之"라고 한 구절이 있다.

322) 소열황제(昭烈皇帝)의 이 말은 地風 升卦의 「大象傳」의 주석에서 다시 언급되고 있다.

통하다.≫

○雜卦傳曰 賁 无色也

○『雜卦傳』에서 말하였다. “賁는 色이 없는 것이다.”

○朱子曰 內离而外艮 文明 各得其分 ≪艮以止≫

○ 朱子가 말하였다. “안에는 [밝음·文化·禮를 상징하는] 离가 있고, 밖에는 [절도·멈춤을 상징하는] 艮이 있으니, 문화적 교화를 유지하면서도, 각기 그에 맞는 분수를 얻은 것이다.” ≪艮으로써 [분수에 맞게] 멈춘다.≫

○鏞案 賁者 斑然 有文章之貌 ≪陸氏釋文云 賁 古斑字≫ 周官有虎賁氏 亦此義也 ≪音異而義同≫

○ [鏞案] 賁는 [얼룩무늬의] 반점(斑點)이 있는 것이니, 문채(文彩)가 화려한 모양이다. ≪육덕명(陸德明)의 『經典釋文』에서 말하기를, ‘賁(비)’字는 ‘얼룩 斑(반)’字의 古字라고 하였다.[323]≫ 『周禮』「周官」「夏官」「司馬」[324]에 호분씨(虎賁氏)[325]라는 직책이 있는데, 역시 이런 뜻이다. ≪발음은 다르나 뜻

323) 陸德明이 『經典釋文』에서 傅氏의 설을 인용하여, “賁, 古斑字, 文章貌”라고 함.

324) 『周禮』의 「夏官·司馬」에서는 호분씨(虎賁氏)의 직책에 대하여 다음과 같이 서술하고 있다. “虎賁氏는 王이 출병할 때, 앞과 뒤를 관장하여 卒과 伍를 거느리고, 호위하는 일을 맡는다. 군대의 일이나, 회동에서도 왕의 앞과 뒤를 호위하여 따르는 일을 똑같이 하고, 왕이 막사에 있으면, 왕의 막사를 울타리처럼 둘러싸 수비한다. 왕이 나라에 있을 때에는 왕궁을 수비하고 국가에 큰 변고가 있을 때에는 왕궁의 문을 지키며, 大喪 때에도 똑같이 한다. 葬地에 이르러서는 영구수레를 호위하여 따르며 곡한다. 사방으로 사신을 보낼 때, 사신으로 가는 士나 大夫를 호위하여 따른다. 만약 도로가 적에게 막혀 군사를 징집할 일이 있으면, 글을 받들고, 사방에 사신으로 간다(虎賁氏, 掌先後王, 而趨以卒伍, 軍旅會同, 亦如之. 舍則守王閑, 王在國則 守王宮, 國有大故, 則守王門, 大喪 亦如之, 及葬 從遣車而哭, 適四方使則 從士大夫. 若道路不通, 有徵事, 則奉書, 以使於四方).”(『周禮』, 자유문고, 2002, 360~361면).

325) 호분씨(虎賁氏) : 왕이 출타할 때 앞뒤를 호위할 군사를 선발하고 관리하는 직책.

은 같다.[326]≫

卦在泰時 上下無文 ≪皆[327]無离≫ 今成兩离 ≪上大离≫ 所以爲賁也

泰 › 賁

[賁卦의 母卦인] 泰卦의 때에는, 위아래로 문채(文彩)가 없었는데 ≪[泰卦의 上下卦에] 모두 离가 없음≫ 지금 [賁卦에서는] 두 개의 离를 이루니 ≪[3·4·5·6位의] 윗부분이 大离≫ [이것이 卦名이] 賁가 되는 까닭이다.

○又按 家語 孔子筮得賁 愀然有不平之色 子張曰 何也 賁非正色之謂也 夫質也 黑白宜正焉 今得賁 非吾兆也 ≪說卦 坤爲黑 又巽多白 以此言之 坤黑而乾白≫

○ [又按] 『공자가어(孔子家語)』「호생(好生)」편에 보면, 孔子가 占筮하여 비괘(賁卦)를 얻었는데, 안색(顔色)이 변하면서, 편안치 못한 기색을 지었다. [그래서] 자장(子張)이 "무슨 일입니까"라고 여쭈었다. …… 孔子가 대답하기를, "賁卦는 [여러 색이 섞여 있으니] 바른 色을 가리키는 것이 아니다. [그 본래의] 바탕색(質)으로 본다면, 검은 색과 흰색이 바른 색이 되어야 하거늘, 지금 [여러 색이 혼합되어 있는] 비괘(賁卦)를 얻었으니, 내가 바랐던 [좋은] 조짐이 아니다"라고 하였다.[328] ≪「說卦傳」에 따르면,

---

326) 호분씨(虎賁氏)의 경우는 賁字의 발음이 '분'인 데 반해서, 賁卦에서는 '비'로 읽힌다.

327) [校閱] 新朝本과 國中本에는 "皆無离"로 되어 있으나 奎章本에는 "卦無离"로 되어 있다. 두 경우 모두 가능하지만, 文例로 판단할 때, 前者가 더 적합해 보인다.

328) 『孔子家語』 卷2 「好生」篇에 나온다. 原文에서 축약된 문장이다. 原文은 다음과 같다. "孔子常自筮其卦, 得賁焉, 愀然, 有不平之狀, 子張, 進曰, 師聞卜 者得賁卦, 吉也, 而夫子之色有不平, 何也, 孔子對曰, 以其離耶, 在周易, 山下有火 謂之賁, 非正色之

坤은 검은 색을 뜻하고, 또 巽은 [눈(眼)에] 흰색이 많은 것이라 하였는데[329] 이에 따라서 말하면 坤은 혹색(黑色)이 되고, 乾은 백색(白色)이 된다.≫

呂氏春秋曰 孔子卜得賁曰 不吉 子貢曰 何也 孔子曰 夫白而白 黑而黑 賁亦安吉乎 ≪賁則艮土黃≫

泰 → 賁

『여씨춘추(呂氏春秋)』 「일행(壹行)」편[330]에 보면, 孔子가 점을 쳐서 賁卦를 얻었는데, "불길하구나!"라고 하니, 자공(子貢)이 "[무릇 賁卦도 역시 좋은 괘인데] 어째서 그렇게 [不吉하다고] 말씀하십니까?" 하고 물었다. 孔子가 답하기를, "무릇 희면 희고, 검으면 검어야 하거늘[331] [이도 저도 아닌] 賁卦가 또한 어찌 吉하겠는가!"라고 하였다.[332] ≪賁卦에는 艮

卦也, 夫質也, 黑白宜正焉, 今得賁, 非吾兆也."(이민수 역, 『孔子家語』, 을유문화사, 2003, 116~117면)

329) 坤이 黑을 뜻한다는 것은 「說卦傳」에 나온다. 또 「說卦傳」에 "巽多白眼"이라고 함.

330) 『呂氏春秋』는 중국 秦나라 때의 사론서(史論書)로서, 秦나라의 여불위(呂不韋)가 빈객(賓客) 3,000명을 모아서 편찬하였다. 『四庫提要』에서는 「子部」의 「雜家」篇에 수록되었는데, 道家사상이 중요한 부분을 차지하나, 儒家·兵家·農家·刑名家 등의 說도 볼 수 있다. 또한 春秋戰國시대의 時事에 관한 것도 수록되어 있어, 그 시대를 알 수 있는 중요한 사론서이다. 내용은 '十二紀', '八覽', '六論'으로 나누어, '십이기'는 춘하추동 4계절을 맹(孟)·중(仲)·계(季)의 3紀로, '팔람'은 유시(有始)·효행(孝行)·신대(愼大)·선식(先識)·심분(審分)·심응(審應)·이속(離俗)·시군(恃君)으로, '육론'은 개춘(開春)·관행(慣行)·귀직(貴直)·불구(不苟)·사순(似順)·사용(士容)으로 나누어 논하고 있다. 이것이 완성되자, 여불위는 咸陽의 市門에 걸어놓고, 이 책의 내용을 한 자라도 고칠 수 있는 사람이 있으면 千金을 주겠다고 하여 완벽한 내용을 과시하였다.

331) 흰색과 검은 색을 섞은 雜色은 아름답게는 보이지만, 本質이 가리어져서 그것이 아름다운지 추한지를 알 수 없기 때문에, 孔子가 賁卦를 얻고는 불길하다고 말한 것이다. 또한 法家에서 가장 혐오스러워 하는 것이 수식하고 꾸미는 것이므로, 『呂氏春秋』가 法家의 작품임을 방증하고 있다(김근 譯註, 『呂氏春秋』 卷3 六論, 민음사, 1995, 92면).

332) 『呂氏春秋』 「愼行論」(第二) 「凡六」篇 卷第22 「四曰壹行」에 나온다. 原文에서 축약·변형된 글이다. 원문은 다음과 같다. "孔子, 卜得賁, 孔子曰, 不吉, 子貢曰, 夫賁

山의 흙이 있으니, [賁卦의 色은 혼합색인] 황색이다.≫

京房易傳 ≪云 五色不成 謂之賁≫ 揚雄玄經 ≪礥首次二曰 黃不純 屈于根≫ 又[333]鄭玄王肅 ≪皆云 賁者 黃白色≫ 孔氏[334]正義 ≪云 以火照山之石有黃白色≫ 黃白之說 蓋本於此 然 京房之說 最與古合 餘不可信

京房의 『易傳』과 ≪[京房의 『易傳』에서는] 오색(五色)[335]으로 이루어지지 않은 것을 "賁"이라고 한다고 함≫ 揚雄[336]의 『太玄經』[337]과 ≪[『太玄經』의] 현

亦好矣, 何謂不吉乎, 孔子曰, 夫白而白, 黑而黑, 夫賁又何好乎, 故賢者所惡於物, 無惡於無處."

333) [校閱] 新朝本과 國中本에는 "及(급)"으로 되어 있으나, 奎章本에서는 "又(우)"로 되어 있다.

334) [校閱] "孔氏正義"의 "氏"가 奎章本에는 "子"로 되어 있는데, 誤記이다.

335) 五色은 靑, 赤, 黃, 黑, 白의 五方色을 나타낸다. 푸른색은 東, 붉은 색은 南, 흰색은 西, 검정색은 北, 노란색은 中央에 배당된다. 다섯 가지 색채들은 공간의 방향을 가리킬 뿐만 아니라, 춘하추동(春夏秋冬)과 그 계절의 변화를 일으키는 중심, 즉 우주의 시간을 상징하기도 한다. 오방색은 자연과 인간의 현상을 木, 火, 土, 金, 水의 다섯 요소로 구조화한 음양오행설에 뿌리박고 있다.

336) 揚雄(B.C.53~A.D.18) : 西漢 末의 인물로서, 왕망(王莽)이 서한의 마지막 왕인 平帝를 죽이고 新나라를 세운 후, 자기의 신분에도 넘치게도 15년 동안이나 자칭 왕이라고 할 때에, 새 정권을 찬미하는 글을 써 올리고 大夫의 벼슬을 지내기도 한 사람이다. 이 때문에 宋代의 新儒家사상이 정립된 이후에는 비난의 대상이 되기도 하였다. 양웅이 태현경을 쓴 시기는 B.C.6년부터 A.D.2년 사이이며, 왕망이 前漢의 정권을 찬탈한 시기는 A.D.8년으로 되어 있음을 살펴볼 때, 그의 나이 55세 때에 태현경을 완성한 것으로 생각된다. 양웅은 『太玄經』뿐만 아니라, 『論語』를 모방하여 『法語』를 저술하기도 하였다.

337) 『太玄經』 : 西漢 末에 楊雄(B.C.53~A.D.18)이 易經을 모방하여 지은 저술이다. 『周易』에 비기어 우주만물의 근원을 논하고, 음양이원론(陰陽二元論) 대신 시(始)·중(中) · 종(終)의 삼원(三元)으로써 설명하고, 여기에 역법(曆法)을 가미하였다. 현(玄)은 눈에 보이지 않는 우주의 본체이고, 태(太)는 그 공덕을 형용한 미칭(美稱)이다. 인간의 모든 현상은 노자(老子)가 주창한 '玄(無)'을 근원으로 하고, 天 ·地·人을 기본요인으로 하여 이를 짜맞춤으로써 포착될 수 있다고 보고, 81種의 圖式을 만들고, 다시 그 하나하나에 현상의 전개를 상징하는 9찬(贊)을 만들어 덧붙였으며, 이 729찬이 인간 매사의 전개를 남김없이 나타낸다는 것이다. 『太玄經』의 내용을 살펴본다면, 易의 이치는 陰과 陽으로 되어 있으나 太玄의 이치는 始, 中, 終의 三數에 근거를 두고 있다. 始, 中, 終을 다시 네 가지로 나누어서 方, 州, 部, 家로 구성하여, 方은 三變, 州는 9變, 部는 27變, 家는 81變하여 우주만물을 전부 이 가운데에 포함시켰다. 玄은 天 地 人을 낳고, 천지인도 三數에 의하여 지배를 받는다고 하여, 天은 始·中·終, 地는 上·中·下, 人은

(礥)338)首339)의 次二340)에서 말하기를, "黃不純, 屈于根", 즉 "黃色[의 陽氣]가 순수하지 않다면, [萬物이 자기의 本性을 잃고] 뿌리가 굽혀질 것이다. [따라서 생겨날 수가 없다]"라고 함341)≫ 또 鄭玄과 王肅의 說과 ≪모두 賁이 黃白色이라고 함≫ 그리고 공영달(孔穎達)의 『周易正義』342)에 나오는 ≪[『周易正義』에서는, 黃色의] "불(火)로 山의 [흰] 돌을 비추니, 黃白色을 띤다"라고 함343)≫ 황백(黃白)의 說은 대개 『孔子家語』와 『呂氏春秋』의 이러한 說에 근거를 둔 것으로 생각된다. 그러나 경방(京房)의 說이 가장 古義와 부합하며, 나머지는 믿을 만한 것이 못된다.

思·福·禍의 三數의 변화 속에서 생성 발전한다고 보았다. 『太玄經』의 편명을 『周易』과 관련시켜 비교하여 보면, 家는 卦辭, 玄首은 彖辭에, 玄贊은 爻辭에, 玄測은 象辭에, 玄文은 「文言傳」에, 玄告는 「繫辭傳」에, 玄數는 「說卦傳」에, 玄衝은 「序卦傳」에, 玄錯은 「雜卦傳」에 해당하는데, 玄數篇에 五行을 집중적으로 거론하고 있으며 오행에 관한 배속이 50여 가지로 되어 있다.

338) 礥 : ① 딱딱할 (현), ② 어려울 (흔). '현(礥)'은 『太玄經』에 나오는 卦名의 하나이다. 『太玄經』의 註에 音은 현(賢)이라고 하였다. 『太玄經』에서는 "陽氣微動, 動而礥, 礥, 物生之難也"라고 하였다. 따라서 '礥'은 『周易』의 屯卦에 상응하는 괘라고 할 수 있다.

339) 『太玄經』에서 '首'는 『周易』의 '卦'에 해당된다. 『太玄經』에 따른다면, 먼저 삼찬(三贊)의 부호가 성립하고, 네 개의 三贊이 결합하여, 一首를 구성한다. 즉 一首가 一卦가 되는 셈이다. 전체 괘의 숫자는 3의 4乘=81首가 된다. 四重贊의 명칭은 위에서 아래로, 方, 州, 部, 家로 불리운다.

340) 『太玄經』에서 '次二'는 『周易』에서 '六二'나 '九二'라고 말하는 것에 상응한다.

341) 揚雄의 『太玄經』의 '礥(현)'首의 '次二 : 黃不純 屈于根, 測曰 : 黃不純 失中適也"라고 함(『太玄經』 卷1, 臺灣中華書局印行, 中華民國 63年, 5면). 鈴木由次郎에 따르면, 黃色은 中正의 色이므로, "黃不純"은 中正을 잃는다는 것을 뜻하며, 따라서 萬事가 中正을 잃으면 成就될 수 없다는 것을 의미한다고 함(鈴木由次郎 著, 『太玄易의 硏究』, 明德出版社, 昭和 39年, 107면). 그러므로 "黃不純"을 黃色은 뒤섞인 色이기 때문에 순수한 色이라고는 할 수 없다는 뜻으로 해석하면 안 된다. '礥(현)'首의 初一에서는 "黃純于潛"이라고 하였으니, 그것은 陽氣가 땅 속에서 잠재(潛在)되어 있어, 純粹廣大한 상태로 있는 것을 뜻한다. 따라서 黃色이라고 해서 순수하지 않은 것으로 해석되는 것은 아니다. 그러나 茶山은 문맥으로 볼 때, 黃色이 순수하지 않은 色이라는 뜻으로 해석하고 있는 것처럼 보인다.

342) 공영달(孔穎達)이 지은 『周易正義』를 가리킨다.

343) 『周易正義』의 賁卦의 「大象傳」의 注에서 "正義曰, 山下有火, 賁者 欲見火上照山有光明文飾也, 又取山含火之光明, 象君子內含文明 以理庶政故云, 山有火賁也"라고 함(李學勤 主編, 『十三經注疏 整理本 周易正義 上經』, 臺灣古籍出版有限公司, 2001, 124면).

賁, 亨, ≪句≫ 小利有攸往.

賁卦는 형통하며, ≪句≫ 작은 일로 [어디] 갈 일이 있으면, 이로울 것이다.

此 賁之不變者也 卦自泰來 ≪二之上≫ 柔來成离 ≪上之二≫ 遂以嘉會 其占亨也

泰 → 賁

이것은 賁卦가 변하지 않는 경우이다. 賁卦는 泰卦로부터 왔는데 ≪[泰卦의] 2가 上으로 감≫ 柔가 [아래로 내려]와서 离를 이루어 ≪[泰卦의] 上이 2로 감≫ 마침내 예(禮)에 맞게 아름답게 회합하니, 그 占이 형통한 것이다.

○ 泰之時 坤陰純虛 ≪泰上坤≫ 小事不利 ≪陰曰小≫ 移之爲賁 一剛上升 ≪二之上≫ 柔乃成文 ≪上大离≫ 利有攸往也 利於坤陰 ≪上卦得一陽≫ 小事之利也

○ 泰卦의 때에는 坤의 陰氣로 완전히 텅 비어 있으니 ≪泰卦의 上卦는 坤≫ 작은 일은 不利하다. ≪陰을 小라고 함≫ 그런데 [泰卦로부터] 추이하여 賁卦가 되면, 한 개의 剛이 상승하여 ≪[泰卦의] 2가 上으로 감≫ 柔가 이에 문채(文彩)를 이루니 ≪[賁卦의] 윗부분에 큰 离≫ [이것을 가리켜] "利有攸往(갈 일이 있으면, 이로움)"이라고 한 것이다. 坤의 陰에 이로움이 되니 ≪[泰卦의] 上卦는 坤의 陰이었는데, 한 개의 陽을 얻음≫ 작은 일에 이로운 것이다.

彖曰 : 賁亨, 柔來而文剛故, 亨, 分剛, 上而文柔, 故小利有攸往, 天文也, 文明以止, 人文也, 觀乎天文, 以察時變, 觀乎人文, 以化成天下.

「彖傳」: 賁卦는 형통함이다. 柔가 와서 剛을 문채(文彩)내기 때문에 형통한 것이며, 剛을 분리시켜, 상승시켜, 柔를 꾸미는 까닭에, "小利有攸往"이라고 한 것이니, [이는] 天文을 가리킨다. [인간의] 문화를 開明시켜, 머무르게 하니, [이는] 人文을 가리킨다. 天文을 관찰(觀察)하여, 四時의 변화를 살피고, 人文을 관찰(觀察)하여, 天下를 교화하고 육성한다.

泰之時 下乾太剛 上坤太柔 ≪地天泰≫ 今 一陰來而成离 ≪上之二≫ 此 柔來而文剛也 ≪离爲文≫ 一陽升 ≪二之上≫ 而成离 ≪三六夾≫ 此 分剛上而文柔也

泰 → 賁

泰卦의 때에는, 下卦인 乾이 지나치게 강건(剛健)하고, 上卦인 坤이 지나치게 유순(柔順)하였다. ≪泰卦는 地와 天으로 구성됨≫ [그런데] 지금 賁卦에서는, 한 개의 陰이 [아래로] 내려와서 [문화를 상징하는] 离를 이루니 ≪[泰卦의] 上이 2로 감≫ 이것이 "柔來而文剛"이다. ≪离는 文이 된다.≫ 한 개의 陽이 상승하여 ≪[泰卦의] 2가 上으로 감≫ 역시 离를 이루니 ≪3·4·5·6의 협괘(夾卦)는 离≫ 이것이 "分剛上而文柔"이다.

○ 以乾天而成离 ≪下本乾≫ 此 天文也 以坤民而成离 ≪三六夾≫ 此 人文也

䷊ ䷕

泰 → 賁

○ 乾의 하늘로써 [文을 상징하는] 离를 이루니 ≪[泰卦의] 下卦가 본래 乾≫ 이것이 "天文"이다. 坤의 백성으로 [文化를 상징하는] 离를 이루니 ≪3·4·5·6의 夾卦≫ 이것이 "人文"이다.

○ 下爲离目 可觀可察 上爲离艮 ≪大离而上艮≫ 可化可成也 ≪离化而艮成≫ 昔之乾寒 ≪說卦文≫ 變而爲炎 ≪下今离≫ 昔之坤溫 ≪見左傳≫ 變而爲冷 ≪艮爲東北方≫ 离日坎月 ≪二四坎≫ 行于天地之間 ≪震爲行≫ 此 可以察時變也 ≪离以察≫ 离文旣治 艮以節之 ≪艮爲止≫ 禮興於內 ≪乾王 本在內≫ 而坤民之逸欲 ≪坤多欲[344]≫ 有防 ≪上大离爲防≫ 此 可以化成天下也 ≪离化而艮成≫

䷊ ䷕

泰 → 賁

○ [賁卦의] 下卦가 离의 눈(目)이 되니, [자세히] 볼 수 있으며, 살필 수 있는 것이며, 위에 离와 艮이 있으니 ≪큰 离가 있고 上卦는 艮≫ 교화하고 육성할 수 있는 것이다. ≪离로써 教化하고, 艮으로써 이룬다.≫ 옛날(泰卦)에는 乾의 차가운 기운(寒氣)이었는데 ≪「說卦傳」의 글≫ [지금 賁卦에서는] 변하여 [뜨겁게] 타오르며 ≪[賁卦의] 下卦가 지금 离≫ 옛날(泰卦)에는 坤의 따뜻한 기운이었는데 ≪『左傳』에 나옴[345]≫ [지금 賁卦에서는] 변하여 차가워진다. ≪艮은 [한기(寒氣)가 강한] 동북쪽이 된다.[346]≫ 离의 해와 坎

344) [校閱] 新朝本과 國中本에는 "慾"으로 되어 있으나 奎章本에는 "欲"으로 되어 있다.

345) 坤이 '溫'의 뜻이 된다는 것은 茶山의 '今補'와 『左傳』의 南蒯之筮에 나온다(『四箋』 卷7, 28가; 文璇奎 역, 『春秋左氏傳』 下, 명문당, 1987, 11면).

의 달이 ≪2·3·4가 坎≫ 하늘과 땅 사이를 운행하니 ≪上互卦인 震은 行이 됨[347]≫ 이로써 四時의 변화를 관찰할 수 있는 것이다. ≪离[의 눈으]로써 관찰함≫

离의 文化가 이미 베풀어짐(治)에, 艮으로써 절제(節制)하여 ≪艮은 止가 됨≫ 禮法이 안으로 융성하게 됨에 ≪[泰卦에서 보면 王道를 구현한] 乾王이 본래 안에 있음≫ 坤의 백성들의 안일(安逸)함[348]과 [지나친] 욕심이 ≪坤은 욕심이 많음을 상징함[349]≫ 방지되니 ≪[賁卦의] 위에 있는 큰 离는 막음이 됨[350]≫ 이로써 天下를 교화하고, 육성할 수 있는 것이다. ≪离는 化이고, 艮은 成이다.[351]≫

○或曰 山火者 衣裳之繪繡也 ≪見虞書≫ 乾衣坤裳 ≪泰之物≫ 文之以山火 ≪又 离日 坎月 震爲龍 离爲雉≫ 此之謂 人文 恐未必然

泰 → 賁

○ 或者가 말하기를, "[賁卦에 있는] 산[☶]과 불[☲]은 의상(衣裳)에 그리거나, 수놓는 문양(繪繡)이다. ≪『尙書』「虞書」「益稷」에 나옴[352]≫ 乾의 옷과 坤의 치마에 ≪泰卦의 物象≫ 산[☶]과 불[☲]의 무늬를 수놓으니 ≪또 离는 해이며, 坎은 달이고, 震은 龍이 되며, 离는 꿩이 됨≫ 이것을 가리켜 人文

346) 「說卦傳」에 "艮, 東北方之卦也"라고 함.

347) 震行: 荀九家 虞翻의 說.

348) 逸: 편안할 일, 즐길 일, 음탕할 일, 잃을 일, 달아날 일, 숨을 일(辶-8획 yì).

349) 茶山의 '今補'에 坤은 慾이라 하였다. 損卦의 「大象傳」의 "懲忿窒慾"과 연관되어 설명되고 있다(『四箋』 卷7, 40가).

350) 茶山의 '今補'에 离는 防閑이 된다고 함.

351) 离化: 茶山의 「其他 物象」을 참조할 것, 艮成; 說卦傳에 [成]言乎艮이라 함.

352) 『尙書』「虞書」「益稷」에서 "予欲觀古人之象. 日月星辰, 山龍華蟲, 作會宗彝藻火粉米黼黻絺繡以五采彰施于五色, 作服"이라고 함.

이라고 한다"고 하였는데, 아마도 꼭 그러한 뜻은 아닐 것으로 생각된다.

初九 : 賁其趾, 舍車而徒. ◯ 象曰 : 舍車而徒, 義弗乘也.

初九 : [君子는 한 걸음을 내딛더라도, 감히 禮가 아닌 것을 밟지 않는 법이니] 그 발[로써 실천함]을 [禮로써 아름답게] 꾸미되, [禮에 맞지 않는다면, 차라리] 수레를 버리고, 걸을 것이로다. ◯「象傳」: "수레를 버리고 걸어가는 것(舍車而徒)"은 도의(道義)로써 판단하여, [예(禮)에 맞지 않는 수레를] 타지 않기 때문이다.

此 賁之艮也 艮自小過來 ≪四之上≫ 小過之時 震之君子 雖在上位 ≪震在上≫ 不能賁然 ≪上無离≫ 移之爲艮 則震足外移 ≪四之上≫ 賁然成离 ≪三六夾≫ 賁其趾也 君子一擧足 不敢蹈非禮 ≪离爲禮≫ 此 所謂賁其趾也

이것은 賁卦가 艮卦로 변하는 경우이다. 艮卦는 小過卦로부터 왔다. ≪[小過卦의] 4가 上으로 간 것이다.≫ 小過卦의 때에는, 震의 君子가 비록 上位에 있어도 ≪震이 위에 있음≫ [문채(文彩)를 상징하는 离가 없으니] 빛날 수가 없었다. ≪상부에 离가 없다.≫ [그런데 小過卦로부터] 추이하여 艮卦로 되면, 震의 다리가 밖으로 옮겨짐에 ≪4가 上으로 감≫ 아름답게

离가 성립되니 《[艮卦의] 3·4·5·6의 협괘(夾卦)[는 大离]》 [이것을 가리켜] "賁其趾"라고 한 것이다. 君子는 한 걸음을 내딛더라도, 감히 禮가 아닌 것을 밟지 않으니 《离는 禮가 됨》 이것이 이른바 "賁其趾"인 것이다.

○小過之時 震之君子 乘此坎車 《本大坎》 旣而曰 小人在內 《艮在下》 禮貌不誠 《离位不成离》 吾何爲乘此車哉 於是 棄坎車而弗乘 《四與三相離》 移震足而前行 《四之上》 止於其所當止而步焉[353)] 《艮爲止》 此所謂 舍車而徒也 《徒者 步行也》 曷然哉 賁之所以爲賁 以有离禮也 初九之動 离禮云亡 《下今艮》 非君子乘車之時也

賁 → 艮 ← 小過

○ 小過卦의 때에는 震의 君子가 이 坎의 수레를 탔었는데 《[小過卦는] 본래 큰 坎》 이윽고 말하기를, "小人이 [수레] 안에 타고 있는데 《[小人을 상징하는] 艮이 [小過卦의] 아래에 있음》 예절을 지키는 태도에 성의(誠意)가 없으니 《[1·2·3位는 본래] 离位인데도 离가 형성되지 않음》 내가 어찌 이 수레를 탈 수 있겠는가!"라고 하였다.

이에 坎의 수레를 버리고 타지 않고 《[小過卦의] 4와 3이 [艮卦로 推移하게 되면] 서로 떨어짐》 震의 다리를 옮겨서, 앞으로 나가 《[小過卦의] 4가 上으로 감》 그 마땅히 멈추어야 할 곳에 멈추고, 걸어가니 《艮은 止가 됨》 이

353) [校閱] 新朝本과 奎章本과 國中本에 모두 "止於其所當止而止焉"이라 나오는데 분명 말이 되지 않는다. 따라서 ① 止於其所當止焉로 뒤의 而止를 빼는 방법이 있겠고 ② 止於其所當止而[步]焉으로 맨 뒤의 止를 步字로 고칠 수가 있겠는데 여기서는 후자를 취했다. 혹 ③ 止於其所當止 而[正]焉으로도 可하겠다.

것이 소위 "舍車而徒"이다. ≪徒는 발로 걸어가는 것이다.≫

어째서 그러한가? 賁卦가 賁卦로 된 이유는 离의 禮[354]가 있기 때문이다. 그런데 初九爻가 변동함에, 그 离의 禮가 이렇게(云)[355] 상실되니 ≪[重山 艮卦의] 下卦가 지금 艮≫ [지금은] 君子가 수레를 탈 때가 아닌 것이다.

○義者 兌之宜也 小過之時 本有兌義 ≪三五互≫ 義不乘無禮之車也

䷕ ䷳ ䷽

賁 → 艮 ← 小過

○ ["義弗乘"의] 義란 兌의 宜[의 마땅한 도리]를 가리킨다. 小過卦의 때에는, 본래 兌의 義가 있었는데 ≪[小過卦의] 3·4·5의 上互卦≫ 따라서 도의적으로 볼 때, 禮에 맞지 않는 수레를 타지 않는 것이다.

○案 易例 初爲趾 ≪艮大壯≫ 三四爲腰腹 ≪艮明夷≫ 上爲首 ≪此旣濟未濟≫ 故初爻必言趾 然 其取象 則必以震足 又不必震在下卦 讀者詳之

○ [案] 易例에 따르면, 初位는 발(趾)이 되며 ≪艮卦와 大壯卦[에 그 用例가 나옴]≫ 제3位와 제4位는 허리·복부(腰腹)가 되며 ≪艮卦와 明夷卦에 그 用例가 나옴≫ 上位는 머리(首)가 된다. ≪이는 旣濟·未濟卦에 그 用例가 나옴≫ 그러므로 初爻에서는 "趾"를 언급하게 마련이다. 그러나 그 [발(趾)의] 象을 취함에 있어서는 반드시 震의 다리에 의거하며, 또한 震이 반

354) 离禮 : 茶山의 '今補'에 나온다.
355) 云 : 이와 같이 이렇게 하면.

드시 下卦에 있어야 할 필요는 없는 것이다. 讀者는 이런 점을 잘 살펴야 할 것이다.

○鄭張本 車作輿

○ 鄭玄과 張氏의 책에는 '수레 車(거)'字가 '수레 輿(여)'字로 되어 있다.

六二 : 賁其須. ○象曰 : 賁其須, 與上興也.

六二 : 그 수염을 아름답게 꾸미게 될 것이다. ○「象傳」: "그 수염을 아름답게 꾸밈(賁其須)"이니, [그 수염은] 위와 더불어 일어난다.

此 賁之大畜也 大畜自大壯來 《四之上》 大壯者 大兌也 《兼畫三》 兌口之上 震草蕃鮮 《雷天卦》 此 鬚毛也 《草木曰 地毛》 移之大畜 《四之上》 賁然有容 《上大离》 賁其須也 《須鬚通》 凡官人任人之筮 或遇此爻 則以多髥[356]者爲吉

賁 → 大畜 ← 大壯

이것은 賁卦가 大畜卦로 변하는 경우이다. 大畜卦는 大壯卦로부터

356) [校閱] 新朝本에는 '髥(염)'字의 아랫부분이 '冄'로 나오는데 同字이다. 여기서는 奎章本을 따른다.

왔는데 ≪[大壯卦의] 4가 上으로 감≫ 大壯卦는 큰 兌의 형태이다. ≪획을 겹쳐 삼획괘(三畫卦)로 봄≫ [그] 兌의 입 위에, 震의 풀[357]이 무성하니[358] ≪[大壯卦는] 雷와 天으로 구성된 卦≫ 이것은 입가에 난 수염(鬚毛)[359]이다. ≪초목(草木)을 지모(地毛)라고 부른다.≫

[그런데 大壯卦로부터] 推移하여 大畜卦로 변해 가면 ≪[大壯卦의] 4가 上으로 감≫ 아름답게 빛나는 용모(容貌)가 있으니 ≪[大畜卦의] 상부가 큰 离≫ [이것을 가리켜] "賁其須", 즉 "그 수염을 아름답게 꾸민다"라고 한 것이다. ≪'須(수)'字는 '수염 鬚(수)'字와 통한다.≫ 대개 관리의 임용에 관한 占筮에서, 혹 이 爻를 얻으면, 수염이 많은 사람이 吉할 것이다.

○大畜之卦 兌口之上 ≪二四兌≫ 上止下動 ≪三五震≫ 其象 頤也 鬚之爲物 與頤俱動 ≪程子云≫ 與上興也 震則爲起 ≪雜卦文≫

賁 → 大畜 ← 大壯

○ 大畜卦의 형태를 보면, 兌의 입 위에 ≪[大畜卦의] 2·3·4가 兌≫ 위는 [艮으로] 정지(停止)되어 있고, 아래는 움직이니 ≪[大畜卦의] 3·4·5位가 [動을 상징하는] 震≫ 그 象이 턱(頤)이다. 수염(鬚)이란 것(物)은 [본래] 턱(頤)과 함께 움직이도록 되어 있으므로 ≪程子가 그렇게 말함≫ "與上興"이라고 한 것이다. 震은 곧 일어남(起=興)이 된다. ≪「雜卦傳」에 나오는 말이다.[360]≫

---

357) 震草 : 茶山의 '今補'에 震은 草木이 된다고 함.
358) 兌口之上, 震草蕃鮮 : 『四箋』(卷3, 25나)에서도 언급되고 있다.
359) 鬚 수염 수(髟-총二二획 xū).
360) 「雜卦傳」에 "震, 起也, 艮, 止也"라고 함. 이때 震은, 艮은 重卦를 두고 하는 말이다.

○案 說卦 巽爲寡髮 故九家 以巽爲髮 然 震巽俱 是地毛 ≪皆草木≫ 巽爲寡髮 則震爲多髮也 ≪陰畫多≫ 故此卦之六二 ≪鬚 亦髮≫ 睽之六三 皆以震爲髮 ≪朱[361]震云 毛 在頤曰鬚 在口曰髭 在頰曰髥≫

○ [案] 「說卦傳」에 巽이 '털이 적음(寡髮)'이 된다고 했다.[362] 그래서 순구가(荀九家)들은 巽을 '터럭(髮)'으로 보았다. 그러나 [巽만 털이 되는 것이 아니라] 震과 巽이 모두 大地의 모발(毛髮)이 된다. ≪[震과 巽이 모두 [대지(大地)의 모발인] 초목(草木)이 된다.≫ 그리고 巽은 '털이 적은 것(寡髮)'이 되는 반면에, 震은 '털이 많은 것(多髮)'이 된다. ≪[震에는] 음획(陰畫)이 많다.≫

그러므로 이 賁卦 六二와 ≪수염도 역시 모발≫ 睽卦 六三[의 "天且劓"의 '天']의 경우는[363] 모두 震을 모발(毛髮)로 본 것이다. ≪주진(朱震)이 말하였다. "털이 턱에 있는 것을 '수염 鬚(수)'이라고 하고, 입 주위에 있으면 '코밑수염 髭(자)'라고 하며, [얼굴 옆에 귀밑의] 뺨(頰)에 있으면 '구레나룻 髥(염)'이라고 한다."≫

䷚

九三 : 賁如濡如, 永貞, 吉. ○象曰 : 永貞之吉, 終莫之陵也.

九三 : [禮로써] 아름답게 문채(文彩)내는 것을 [물이 서서히] 적셔들듯이 하니, 오랜 시일이 걸리는 일은 吉할 것이다. ○「象傳」: 오랜 시일이 걸리는 일이 吉한 것은 [禮에 의한 점차적 敎化를] 끝내 능멸(陵蔑)하

361) [校閱] 朱震云"의 "朱"가 奎章本에는 "震"으로 되어 있는데, 誤記이다.

362) 『四箋』 卷8, 37가.

363) 睽卦六三에 "[天]且劓 ……"이라고 함. 여기서 天은 머리털을 깎아버리는 형벌이다.

지 못하기 때문인 것이다.

此 賁之頤也 頤自臨來 ≪二之上≫ 兌澤浸潤 ≪臨下兌≫ 以善坤民 ≪臨上坤≫ 移之爲頤 通卦爲离 ≪上下夾≫ 坤民混一 ≪中四陰≫ 咸囿离化之中 ≪堯典云 南訛≫ 此 導之以禮 ≪离爲禮≫ 如水浸漬 成此大同之治也 ≪見禮運≫ 賁如濡如 非謂是乎

賁 → 頤 ← 臨

이것은 賁卦가 頤卦로 변하는 경우이다. 頤卦는 臨卦로부터 왔다. ≪[臨卦의] 2가 上으로 감≫ [그 臨卦를 보면] 兌의 연못[의 물]이 점차로 [사물을] 윤택하게 적시듯이 ≪臨卦의 下卦는 兌≫ 坤의 백성을 [教化하여] 착하게 하였다. ≪臨卦의 上卦는 坤이다.≫

[그런데 臨卦로부터] 추이하여 頤卦가 되면, 전체 卦의 형태가 离가 되는데 ≪위와 아래를 모두 합친 夾卦≫ 坤의 백성들이 섞여서 하나로 되어 ≪가운데 네 개의 陰≫ 모두 그 离의 교화의 영역 속으로 들어가게 된다. ≪『尙書』「堯典」에 이르기를, "남와(南訛)"라고 하였다.≫ 이는 禮로써 [그 백성들을 教化하여] 인도(引導)할 적에 ≪离는 禮가 됨≫ 마치 물이 점차로 스며드는 것처럼 [자연스럽게] 이런 大同의 政治를 이루는 것이니 ≪[大同의 정치에 대해서는] 『禮記』「禮運」에 나옴≫ "賁如濡如"라고 한 것은 [바로] 이것을 말하는 것이 아니겠는가!

賁之爲卦 本以离禮 善彼坤民 ≪泰上坤[364]≫ 中有坎水 ≪二四互≫

364) [校閱] 新朝本에는 "泰上坤"으로 되어 있으나 奎章本과 國中本에는 "否上坤"으로 되어 있다. 前者가 옳다.

以之漸染 故其變如此

䷊ ䷕ ䷚ ䷒

泰 → 賁 → 頤 ← 臨

賁卦에는 본래 离의 禮로써 저 坤의 백성들을 선하게 다스리는 象이 있으니 ≪[賁卦의 母卦인] 泰卦의 上卦는 坤≫ 가운데 坎의 물이 있어 ≪[賁卦의] 2·3·4의 互卦≫ 그에 따라서 [물이 스며들 듯] 점차로 적셔나가니, 그러므로 그 [백성들이 교화되어] 변화됨이 이와 같다.[365)]

○永貞者 永久之事也 化民成俗 非一朝一夕之所能 故曰 聖人久於其道而[366)]天下化成 ≪恒之象≫ 禮樂必百年而後興 非過語也

○ "永貞"이란 오래도록 지속되는 일을 가리킨다. 백성들을 교화하고, 풍속(風俗)을 이루는 일은 [결코] 하루 아침이나 하루 저녁에 가능한 일이 아니다. 그러므로 聖人이 그 道를 오래도록 지속하여, 天下가 교화되고, 성숙되도록 한다라고 말하는 것이니 ≪恒卦의 「象傳」에 나오는 말≫ 예악(禮樂)이란 반드시 [시행한 지] 백 년이 지난 다음에야, [제대로 효과가 나타나서] 융성(隆盛)한다는 말은 [결코] 지나친 말이 아니다.

頤之兩互 卽成兩坤 ≪中四陰≫ 地數之十 ≪坤爲旬≫ 以十乘十 其數百也 ≪兩互 故 乘十≫ 震始艮終 ≪山雷頤≫ 其間甚遠 ≪初與上≫ 永久用功 ≪本坎勞≫ 其事竟成 永貞 吉也

---

365) 以之漸染 故其變如此: (다른 가능한 해석) 이처럼 물이 알게 모르게 스며들 듯 점진적으로 오래 걸리는 것이다.

366) [校閱] "而"가 新朝本과 國中本에는 있으나, 奎章本에는 없다.

賁 → 頤→兩互作卦→坤

[賁六三의 之卦인] 頤卦의 兩互卦는 곧 두 개의 坤을 이루는데 ≪가운데 네 개의 陰이 있음≫ 地數인 10에 ≪坤은 [10일, 10년, 10번이라는 뜻의] 순(旬)이 됨[367]≫ [坤이 2개이니] 10에 10을 곱하면, 그 數가 100이 된다. ≪두 互卦가 坤이므로, 10을 곱한다.≫ 震은 시작이고 艮은 끝인데 ≪山과 雷로 구성된 頤卦≫ 그 [震의 시작과 艮의 끝의] 사이가 매우 머니 ≪初位와 上位의 사이가 지극히 먼 것≫ 오랫동안 공덕을 쌓아야 ≪본래 [賁卦의 2·3·4位에] 坎의 勞苦가 있음≫ 그 일(事)이 마침내 이루어질 수 있다. 따라서 "永貞吉"이라고 말한 것이다.

○陵者 轢也 乘也 犯也 侵也 頹靡也 ≪見字書≫ 离爲防閑 ≪義見前≫ 以此防民 ≪禮以防≫ 三之旣變 离防遂毁 ≪上剛坼≫ 不知者以爲防潰也 然 至卦之終 ≪終於六≫ 艮限至堅 ≪艮爲終≫ 遂成大离 ≪一六夾≫ 禮之大防 不可踰也 故曰 終莫之陵

賁 → 頤

○ "능(陵)"이란 짓밟음(轢)[368]이며, 위에 올라탐(乘)이며, 욕보임(犯)이며, 침범함(侵)이며, 쇠퇴하여 쓰러짐(頹靡)이다. ≪字書에 이렇게 나온다.[369]≫ 离는 방비하고 막음이 되는데 ≪[离의 이런 뜻은] 앞서도 나왔음[370]≫

---

367) 坤旬 : 茶山의 「其他 物象」에 언급된다(『四箋』 卷2, 13나).

368) 轢(력) : 삐걱거리다. 바퀴 밑에 깔아 갈아 부수다. 짓밟다. 치다. 업신여기다.

369) 『康熙字典』에서는 陵의 뜻을 ① 大阜, ② 冢, ③ 犯(玉篇), ④ 侮(廣韻), ⑤ 侵(廣韻)으로 풀이하고 있다(『康熙字典』, 中華書局, 1992, 1354면).

370) 義見前 : 앞서 离爲防閑(剛禦外)라고 하였고(『四箋』 卷2, 43가). 噬嗑卦의 卦辭인

이것으로 백성들을 보호하였다. ≪禮로서 보호하는 것이다.≫ [그런데 이 賁卦의] 九三爻가 이미 변하여 [頤卦로 됨에 그] 离의 방비(防)가 마침내 무너지니 ≪[賁卦의 下卦의] 上部에 있던 剛이 터짐≫ 알지 못하는 자는 그런 방비(防備)가 무너졌다고 생각한다.

그러나 卦의 마지막에 이르러 ≪한 卦는 上位에서 종결됨≫ 艮의 제한(限)[371]이 매우 견고하고 ≪또 艮은 終이 됨≫ 마침내 [역시 防止·禮를 뜻하는] 큰 离를 이루니 ≪初位에서 上位까지의 夾卦≫ 禮라는 커다란 [방어막인] 둑(防)을 [결코] 넘어 설 수가 없는 것이다. 그러므로 "終莫之陵", 즉 "끝내 [禮에 의한 점차적 教化를] 능멸(陵蔑)하지 못한다"라고 한 것이다.

○ 永貞之義 詳坤卦

○ "永貞"의 뜻은 坤卦[의 用六]에서 상세하게 다루었다.[372]

六四 : 賁如皤如, 白馬翰如, 匪寇婚媾. ○ 象曰 : 六四, 當位疑也, 匪寇婚媾, 終无尤也.

六四 : [저기 멀리서 다가오는 모습이] 아름답게 빛나는 듯 하고, [그 하얗게 센 백발(白髮)의 모습이] 희끗희끗하니, [마치] 백마(白馬)가 [흰 날

"利用獄"과 연관하여 "离則爲獄(防外而虛中)"이라 하였다(『四箋』 卷3, 21가). 이 九三에서나 賁卦에서는 여기서 처음 "离防閑"이 언급된다.

371) 艮限 : 茶山의 「其他 物象」에 나옴. 艮城(荀九家 虞翻의 說)에서 도출된 것이다(『四箋』 卷8, 40나).

372) 『四箋』 卷1, 50나.

개를 펼치면서] 날아오는 듯 하다. [처음에는 도적이 아닌가 의심하겠지만] 도적이 아니라 [오히려] 혼인(婚姻)을 맺을 상대로다. ○「象傳」: 六四의 제4位는 본래 그 자리가 의심이 많은 자리에 해당하기 때문에, 의심하는 것이다. "匪寇婚媾"라고 하였으니, 마지막에는 허물이 없다.

此 賁之離也 離自大壯來 《二之上》 一剛旣升 离文斑斑 《上下离》 是 賁如也 《如泰移爲賁》 昔之震髮 《本上震》 今以巽白 《今互巽》 是 其人皤如也 《震老人》 昔之乾馬 《大壯之下乾》 今以巽白 亦其馬翰如也 《如白羽》 昏禮乘白馬

泰 → 賁 → 離 ← 大壯

이것은 賁卦가 離卦로 변하는 경우이다. 離卦는 大壯卦로부터 왔는데 《[大壯卦의] 2 上으로 감》 하나의 剛이 상승하여, 离의 문채[373]가 화려하니 《上下卦가 모두 离》 이것이 "賁如"이다. 《[賁卦의 母卦인] 泰卦가 추이하여 賁卦가 되는 것과 같다.》

옛날의 震의 [머리]털이 《본래 大壯卦의 上卦는 震》 지금은 巽의 흰 색이 되었으니 《지금 [離卦의 2·3·4位에 흰색을 상징하는] 互巽이 있음》 이는 그 사람이 머리가 하얗게 센 것이다.[374] 《震은 老人[375]》 옛날의 乾의 말이 《大壯卦의 下卦는 乾[376]》 지금은 [離卦의 下互卦인] 巽의 白色으로 되니, 역시 그 白馬가 [흰 날개를 펼치면서] 나는 듯 한 것이다. 《'翰'은 흰 날개와 같다.》 혼례에는 白馬를 탄다.[377]

373) 离文: 茶山「其他 物象」.
374) 皤: ① 머리가 센 모양 (파), ② 말옆걸음질할 (반).
375) 震老人: 茶山의 '今補'에 나옴(『四箋』 卷8, 36나).
376) 乾馬: 「說卦傳」에 乾馬에 속하는 例로서 '良馬', '老馬', '瘠馬'가 제시되며, 이른바 遠取에서는 乾馬라 함.

○賁之爲卦 离女在內 震男外至 ≪婚媾之卦 取倒合≫ 中女之再嫁也 老夫之再娶也 ≪合獨之禮 見管子≫

䷕

賁

○ 賁卦의 형태는 离의 여인이 안에 있고, 震의 남성이 밖에서 들어오는 象이니 ≪혼인에 연관된 괘는 [어느 하나를] 뒤집어 결합시키는 방식을 취함≫ 중년 여인이 재가(再嫁)하는 것이고, 늙은 남자가 재취(再娶)하는 것이다. ≪[홀아비와 과부 등의] 독신자(獨身者)가 혼인하는 禮는 『管子』 「入國」편에 보인다.[378]≫

惟坎在中 ≪賁互坎≫ 疑其爲寇 ≪坎爲盜≫ 四之旣變 坎則有渝 ≪四今剛≫ 外來之震 亦以离禮 ≪上今离≫ 匪則爲寇 乃婚媾也 怨耦爲敵 嘉耦爲配 故寇與婚媾 得相疑也 ≪屯睽 宜參看≫

䷊ → ䷕ → ䷝ ← ䷡

泰 → 賁 → 離 ← 大壯

다만 [賁卦에는 의심을 상징하는] 坎이 가운데 있기 때문에 ≪賁卦의 [2·3·4位의] 互坎을 말함≫ 그 방문객이 도적이 아닌가 의심하지만 ≪坎은 또한 盜가 됨≫ 이 六四爻가 이미 변하게 되면, 그 坎이 곧 변하고 ≪[離卦

377) 殷人尙白 : 이상옥 역, 『禮記』 上, 명문당, 2003, 140면.

378) 合獨 : 중매를 관장하는 자가 홀아비와 과부를 모아 결합시켜 주는 것을 '합독(合獨)'이라고 하였다. 春秋戰國時代에 홀아비와 과부의 재혼은 국가적 차원에서 장려되었다. '합독(合獨)'은 『管子』의 제54편 「入國」에서 소위 五行九惠之教의 하나로서 언급되고 있다. 『管子』 「入國」篇의 '합독(合獨)'에 관련된 문장은 다음과 같다. "所謂合獨者, 凡國, 都皆有掌媒, 丈夫無妻曰鰥, 婦人無夫曰寡, 取鰥寡而合和之, 予田宅而家室之, 三年然後事之, 此之謂合獨"

의] 제4位가 지금 剛≫ 밖에서 들어오는 震도 또한 离에 따른 禮를 갖추게 된다. ≪[離卦의] 上卦가 지금 离≫ 만일 예를 갖추지 않았더라면(匪) 도적이 되겠지만, 이에 [오히려] 혼인하고자 하는 상대가 되는 것이다. 미워하는 상대(怨耦)는 敵이 되고, 좋아하는 상대(嘉耦)는 배필이 되니, 그러므로 도적이나 혼인하려는 사람(婚媾)은 [외부에서 누가 들어와, 내가 상대하게 된다는 점에서 유사하므로] 서로 [혼동될 수도 있기 때문에] 의심하게 되는 것이다. ≪[이와 연관하여] 屯卦와 睽卦를 참조해야 한다.≫

○當位疑者 四多懼也 其位多懼 故疑爲寇也

○ "當位疑"라고 한 것은 제4位가 [본래] 근심이 많은 자리[379]이기 때문이다. 그 자리가 근심이 많은 자리이므로, 도적(寇)이 아닐까 의심하는 것이다.

○大壯之時 二陰乘剛 ≪本大兌≫ 移之爲離 陰降陽升 ≪二之上≫ 終无尤也 ≪上爲終≫ 老夫中女 成其再婚 無可咎也

賁 → 離 ← 大壯

○ 大壯卦의 때에는, 두 개의 陰이 위에서 剛을 올라타고 있었는데 ≪[离卦는] 본래 큰 兌≫ [大壯卦로부터] 추이하여 離卦가 되면, 陰이 하강하고, 陽이 상승하니 ≪[大壯卦의] 2가 上으로 감≫ "마침내 허물이 없게 된다(終无尤)"고 한 것이다.[380] ≪上位는 終位≫ 늙은 남성(老夫)과 중년여인(中女)이 재혼하니, 허물이 없는 것이다.[381]

---

379) "四多懼"는 「繫辭下傳」에 나오는 말이다.

380) 처음에는 乘剛이라 도리에 맞지 않게 자리하고 있던 것이 추이하여, 마침내 바르게 자리잡게 되었다는 것이다.

○學圃云 離之兩互 寔爲大過 故有再婚之象

賁 → 離→兩互作卦→大過

○ 學圃가 말하였다. "離卦의 兩互卦는 곧(寔) 大過卦가 된다. 그러므로 재혼(再婚)의 象이 있다.[382]"

○案 易例 婚配之占 必以艮兌 ≪少男女≫ 然 若當再娶之禮[383] 而必求艮兌之合 則物象不合 故大過以震而娶兌 ≪九二詞≫ 此爻以震而娶离 ≪賁之上艮 爲倒震≫ 皆所以前民用而示占例也

○ [案] 易例에 따르면, 혼인에 관한 占은 [원칙적으로는] 반드시 艮과 兌에 의거한다. ≪각각 [젊은 男女인] 少男과 少女를 상징≫ 그러나 만약 재취(再娶)로 혼례를 올리면서 [占을 쳐서] 굳이 그런 艮과 兌의 결합을 구하고자 하면, 物象이 부합하지 않는다. 그러므로 大過卦에서는 [늙은 남자를 상징하는] 震으로 [어린 처녀인] 兌를 취한 것이고 ≪大過卦 九二의 爻辭[384]≫ [賁卦의] 이 六四爻도 震으로써, 离를 취한 것이다. ≪賁卦의 上卦인 艮은 뒤집힌 震이 됨≫ 이런 用例는 모두 民生의 용도(用度)에 대비하여(前), 점치는 방식을 제시한 것이다.

○又案[385] 翰與鶾通 ≪見禮疏≫ 檀弓云 戎事乘翰 是也 ≪殷禮

381) '无尤'를 '無可咎'로 부연한 것이다.

382) 大過 九二의 爻辭에, "老夫, 得其女妻"라는 구절이 있으므로, 大過卦에 再婚之象이 있는 것으로 본 것이다.

383) [校閱] 若[當]再娶之禮가 奎章本에는 若[作]再娶之禮라고 나온다.

384) 大過卦 九二의 爻辭: "枯楊生稊, 老夫 得其女妻 无不利(마른 버드나무에 싹이 나며, 늙은 지아비가 처를 얻으니, 이롭지 않음이 없으리라)."

385) [校閱] 新朝本과 國中本에는 "案"으로 되어 있으나 奎章本에는 "按"으로 되어 있다.

也[386]≫ 翰者 羽也 ≪馬白 如白鳥之羽 曰翰≫ 离爲飛鳥 故得稱翰如

○ [又案] '깃 翰(한)'字는 '鶾(한)'字와 통용된다. ≪『禮記』의 疏에 나온다.[387]≫ 『禮記』「檀弓」에 이르기를, "戎事乘翰",[388] 즉 "전쟁에 나가는 일(戎事)에는 白馬를 탄다"라고 하였는데, 바로 이것을 가리킨다. ≪殷나라 예법이다.[389]≫ '한(翰)'이란 [본래] 날개(羽)를 뜻한다. ≪말이 흰 것이 마치 백조(白鳥)의 깃처럼 희므로 [그런 백마를 가리켜] '한(翰)'이라고 하는 것이다.≫ 离는 나는 새(飛鳥)가 된다. 그러므로 "翰如", 즉 "[흰 날개를 펼치면서] 나는 듯 하다"라고 말한 것이다.

䷕

六五: 賁于丘園, 束帛戔戔, 吝, 終吉. ○ 象曰: 六五之吉, 有喜也.

六五: [은자(隱者)의] 구원(丘園)에서 [예(禮)가] 찬연(燦然)히 빛남이니, [초야(草野)에 묻힌 현자(賢者)를 초빙하기 위해 늘어놓은 비단 열 필의] 속백(束帛)[의 예물(禮物)]이 약소(略少)하다. 비록 [예물(禮物)을 마련함에 있어] 인색함은 있으나, [정성이 두터우니] 끝에 가서는 吉할 것이다. ○「象傳」: 이 六五의 吉함은 기쁨이 있기 때문이다.

---

386) [校閱] 奎章本과 國中本에는 "殷禮也"로 되어 있으나 新朝本에는 行의 배열이 잘못 되어, "殷也禮"로 되어 있다.

387) 『禮記』「檀弓」의 "戎事乘翰"에 대한 注에 나온다.

388) 戎事乘翰: 『禮記』「檀弓上」(第三)에 나오는 말이다. 原文에는 "殷人尙白, 大事斂用日中, 戎事乘翰, 牲用白"이라고 함.

389) "殷人尙白"하는 禮法을 가리킨다(『禮記』「檀弓上」).

此 賁之家人也 家人自遯中孚來 ≪下四晝 升降≫ 遯者 隱遯之士也 ≪大巽 以遁世≫ 中孚者 丘園之卦也 陰道浸長 ≪遯二陰≫ 君子外走 ≪乾君子≫ 非隱遯乎 艮山之下 ≪中孚之互艮≫ 震木蕃鮮 ≪中孚之互震≫ 非丘園乎 ≪樹果曰 園也≫ 移之家人 ≪升降之≫ 离禮燦然 ≪上下离≫ 賁于丘園也

이것은 賁卦가 家人卦로 변하는 경우이다. 家人卦는 遯卦와 中孚卦에서 나왔는데 ≪[두 경우 모두 위의 두 개 획은 변동이 없고] 하부의 네 개의 획들이 오르고 내림≫ 遯卦는 은둔한 선비를 상징하는 卦이고 ≪큰 巽이므로, 세상을 피하는 것이 됨[390]≫ 中孚卦는 동산 또는 과수원(丘園)을 상징하는 卦이다.

[먼저 遯卦를 보면] 음도(陰道)가 점차로 자라남에 ≪遯卦의 두 개의 陰≫ 君子가 밖으로 달아나니 ≪乾의 君子[391]≫ 은둔함이 아니겠는가? [또 중부괘(中孚卦)의 경우는] 간산(艮山)의 아래에 ≪中孚卦[의 3·4·5位]의 互艮≫ 震의 나무가 무성하니 ≪中孚卦[의 2·3·4位]의 互震≫ 과수원이 아니겠는가? ≪과일나무를 심은 곳을 '원(園)', 즉 '과수원'이라 한다.≫

[그런데 遯卦와 中孚卦로부터] 추이하여 家人卦로 변해 가면 ≪각각 상승·하강함≫ 离의 禮가 찬연히 빛나니 ≪上互卦와 下卦가 离≫ [이것을 가리켜] "賁于丘園", 즉 "[隱者의] 동산(丘園)에서 찬란히 빛난다"라고 한 것이다.[392]

---

390) 「說卦傳」에 巽은 進退라고 하였고, 茶山의 '今補'에는 隱伏이라 함.

391) 「說卦傳」에 乾은 君이라 하였다. 또한 茶山의 '今補'에 따르면, 震이 君子이므로, 乾도 君子인 것이다(『四箋』 卷8, 36나).

392) 다산의 말은 결국 賁于丘園이 단순히 아름다운 동산(또는 과수원)을 말하는 것이 아니고 君子가 田園생활로 돌아가 은거하고 있는 상황이라는 것이다.

○卦自泰來 ≪上之二≫ 坤以爲帛 ≪荀九家≫ 其數 十也 ≪坤爲均≫ 物十曰 束 ≪見禮注≫ 是 束帛也

䷊ ䷕
泰 → 賁

○ 賁卦는 泰卦로부터 왔다. ≪[泰卦의] 上이 2로 간 것이다.≫ [그 泰卦의 上卦인] 坤은 비단(帛)인데 ≪荀九家의 說≫ 그 數가 열 개이니 ≪坤은 균(均=旬)이 됨393)≫ 열 개들이 한 묶음을 '속(束)'이라 하니 ≪『禮記』의 注에 나옴394)≫ 이것이 "속백(束帛)"395)이다.

卦旣再變 ≪爲賁爲家人≫ 坤帛甚殘 ≪與戔同≫ 餘者唯二 ≪二與四≫ 是[396] 戔戔也 ≪二陰故雙文397)≫ 物之殘薄 坤德之本吝也 ≪說卦云 坤爲吝嗇≫ 雖然 本以大离 ≪中孚之兼畫≫ 今爲兩离 ≪上互离≫ 誠意旣孚 ≪离爲孚≫ 禮文無虧 ≪离爲禮≫ 此所謂 物薄而誠厚也 所以終吉

---

393) 「說卦傳」에 坤은 均이 된다고 했는데, 다산은 均=旬이라 함(『四箋』 卷8, 34나).

394) 『禮記』 「檀弓上」(第三)의 注를 말한다. 즉, 『禮記』 「檀弓」篇에 "伯高之喪, 孔氏之使者未至, 冉子攝束帛乘馬而將之(伯高의 喪에 孔子가 賻儀를 전하라고 보낸 使臣이 아직 喪家에 이르지 않았다. 그러자. [공자의 제자인] 冉有가 공자의 명의를 빌어 다섯 필의 명주와 네 필의 말을 가지고 조상하였다)"라는 구절이 나오는데, 그 중에서 "冉子攝束帛"에 대한 주석에 "十箇爲束(10箇가 1束이 된다)"라고 함(송명호 역, 『禮記集說大全』 제1권, 높은밭, 2002, 386면).

395) 束帛 : 비단 5필을 각각 양끝에서 마주 말아 한 묶음으로 한 것을 가리킨다. 나라 사이에 빙문(聘問)하던 禮物로 많이 쓰였다. 1束은 마주 말은 한 묶음이 좌우 2장씩 5兩이므로, 총 10箇가 된다(송명호 역, 『禮記集說大全』 제1권, 높은밭, 2002, 388면).

396) [校閱] 奎章本에는 "是"가 "早"로 되어 있는데, 誤記이다.

397) [校閱] 新朝本과 國中本에는 "雙文"으로 되어 있으나 奎章本에는 "雙目"으로 되어 있다. "戔戔"이라고 글자를 겹쳐서 쓴 것에 대한 설명이므로, 前者를 따르기로 한다. 그러나 家人卦에 두 개의 离가 있으므로 그것을 "雙目"이라고 볼 수도 있다.

泰 → 賁 → 家人　　　遯 → 家人 ← 中孚

卦가 두 번 변함에 ≪泰卦에서 賁卦로 되었다가, 또 家人卦로 됨≫ 坤의 비단이 심히 [잘려져] 자잘한 조각이 되었고 ≪'殘(잔)'字는 '戔(잔)'字와 同字≫ 남은 것도 오직 두 조각이니 ≪[家人卦의] 제2位와 제4位≫ 이것이 "잔잔(戔戔)"이다. ≪두 개의 陰이 있으므로, ["잔잔(戔戔)"이라고] 똑같은 글자를 겹쳐서 쓴 글이다.≫

[이렇게] 사물이 자잘하고 엷은 것은 坤의 성격이 본래 인색하기 때문이다. ≪「說卦傳」에, 坤은 인색함이 된다고 하였다.[398]≫ 그렇지만 [中孚卦는] 본래 큰 离의 형태이었는데 ≪家人卦의 母卦인 中孚卦를 획을 겹쳐 본 것≫ 지금 家人卦에서도 두 개의 离가 되니 ≪[家人卦의 下卦와] 上互卦가 离≫ 성의(誠意)가 이미 믿음직스러워 ≪离는 '孚', 즉 '미쁨'이 됨≫ 禮文에는 결여(缺如)됨이 없다. ≪离는 禮가 된다.≫ 이는 이른바 禮物은 약소하지만 정성은 두터운 것에 해당되니, "終吉(마침내는 길한 것)"이 된다.

○有喜者 上下皆离也 ≪离爲喜≫

泰 → 賁 → 家人　　　遯 → 家人 ← 中孚

○ "有喜"라고 한 것은 [賁卦나 賁六五의 之卦인 家人卦에서] 위아래가 모두 离이기 때문이다.[399] ≪离는 기뻐함[喜]이 된다.[400]≫

---

398)『四箋』卷8, 34나.
399) 賁는 下卦와 3·4·5·上位가 离이고, 家人은 下卦와 上互卦가 또 离이다.
400) 离喜 : 茶山의 '今補'에 나온다.

○案 字書云 戔 委積貌 此 因漢儒誤解此文 而承訛不改也 戔者 薄小也 水薄小則爲淺 金薄小則爲錢 絲薄小則爲綫 財薄小則爲賤 人薄小則爲俴[401] ≪多不能悉指≫ 其爲殘薄之意 審矣 子夏傳 戔作殘

○ [案] 字書에는 '戔(잔)'字가 겹쳐서 쌓아 올린 모양(委積[402])을 뜻한다고 하였는데, 이런 풀이는 漢儒들이 이 ["束帛戔戔, 吝"의] 문구(文句)를 오해한 것에 근거한 것으로서, 그 오류를 계속 되풀이하고 [잘못을] 고치지 않은 것이다. '적을 戔(잔)'字는 얇고 작은 것을 의미한다. 물(水)이 얕고 적으면, '淺(천)'이 되고, 쇠붙이가 얇고 적으면, '錢(전)'이 되고, 실(絲)이 가늘고 미세하면, '綫(선)'이 되고, 재물이 적으면, '賤(천)'이 되고, 사람이 왜소하면, '俴(천)'이 되니 ≪이런 사례는 [너무] 많아서, 모두 지적할 수가 없음≫ 그것이 '얇고 작음(殘薄)'의 의미가 됨을 잘 살펴야 한다. 『子夏易傳』에는 '戔(잔)'字가 '殘(잔)'字로 되어 있다.

○案 衛風云 素絲紕之 良馬四之 正是招賢之禮 原有束帛也 ≪張衡 東京賦云 聘丘園之耿介 旅束帛之戔戔≫

○ [案] 『詩經』「衛風」「干旄」[403]에서도, "소사비지(素絲紕之), 양마필지(良馬四之)", 즉 "흰 명주실로 [그 깃발을 짜서] 매달고, 좋은 말 네 필(匹)을 수레를 매네"[404]라고 [초야의 어진 사람을 초빙하러 가는 광경을]

---

401) [校閱] 新朝本에는 "戔"이라고 되어 있으나 奎章本과 國中本에는 "俴"으로 되어 있다. 後者가 옳다.

402) 委積 : 저축(貯蓄), '委'字에는 쌓을 (위), 축적할 (위)의 뜻이 있다. '積'字에는 쌓을 (적), 저축할 (자)의 뜻이 있다.

403) 간모(干旄) : 물소 꼬리를 깃대 머리에 매달아서, 수레 뒤에 꽂는 것.

404) 『詩經』의 관련되는 詩는 다음과 같다. "孑孑干旄, 在浚之郊, 素絲紕之, 良馬四之, 彼姝者子, 何以畀之(펄럭이는 干旄여, 浚邑의 郊外에 있도다. 흰 실로 짜서 매달고, 좋은 말 네 필을 멍에하니, 저 아름다운 그대는 무엇으로써 보답해 주려는고)." 이 詩에 담긴 뜻은 "衛나라 大夫가 이 車馬를 타고, 이 간모(干旄)를 꽂고서, 賢者를 만나보니, 저 만나보려는 賢者는 장차 무엇을 주어서, 그 禮意의 부지런함에 보답하려는가"하는

노래하였거니와, 이것은 바로 현자(賢者)를 초빙하는 禮에 원래 속백(束帛)이 사용되었음을 말해주고 있다. ≪[東漢의] 장형(張衡)[405]의 『東京賦』[406]에 말하기를, "聘丘園之耿介, 旅束帛之戔戔", 즉 "전원(丘園)에 은거하면서 살고 있는 고결한 선비(耿介)[407]를 초빙하기 위해 늘어놓은(旅)[408] 속백(束帛)이 겹겹히 쌓여 있네(戔戔)"라고 하였다.≫

○ 男學稼云 本以艮手 ≪上本艮≫ 變爲巽繩 ≪上今巽≫ 繩以束之 ≪手束之≫ 故謂之 束帛

賁 → 家人　　　遯 → 家人 ← 中孚

○ [내] 아들 학가(學稼)가 말하였다. "본래 艮의 손(手)[409]이었는데 ≪[賁卦의] 上卦가 본래 艮≫ [賁卦의 六五爻가] 변하여 巽의 줄(繩)[410]이 되니

것이다(成百曉 譯註, 『詩經集傳』上, 전통문화연구회, 1999, 134~135면).

405) 장형(張衡, 78~139)은 字가 평자(平子)로서, 河南省 南陽 출신이며, 유명한 과학자이자, 문학가였다. 장형은 사람됨이 청렴하고 강직하였는데, 이로 말미암아 환관들의 모함을 받아 벼슬에서 물러나 뜻을 펴지 못한 채 일생을 마쳤다. 後漢 中期의 태평성대를 풍자한 『二京賦』·『歸田賦』 등을 지었다. 天文과 曆學의 大家로서, 혼천의(渾天儀)를 비롯하여, 일종의 地震計라고 할 수 있는 후풍지동의(候風地動儀)를 만들었다. 만년에는 하간왕(河間王)의 宰相으로서 호족들의 발호를 견제하는데 큰 공을 세웠다.

406) 부(賦)는 西漢 중엽에 유행한 長篇의 韻文양식이다. 楚辭와는 다른 새로운 장편의 한부는 서한 경제(景帝, B.C.157~B.C.142 재위) 때의 文人이었던 매승(妹乘, ?~B.C.141)의 칠발(七發)이라는 작품에서 비롯되었다고 전한다. 반고(班固, 32~92)는 西都의 長安과 東都인 洛陽의 성대함을 노래한 양도부(兩都賦)를 지었는데, 장형(張衡)은 반고의 양도부(兩都賦)를 본뜬 「西京賦」와 「東京賦」의 「二京賦」를 지었다. 장형의 부(賦)는 당시 저자거리의 모습과 각종 잡기의 관한 자세한 묘사, 깔끔한 풍경묘사 등이 잘 되어 있는 것으로 평가되고 있다.

407) 경개(耿介): ① 德이 빛나고, 큰 모양, ② 세속과 어울리지 않고 절개와 志操를 지킴.

408) 旅: ① 무리, 많은 사람, ② 많은, 많이, ③ 함께, 여럿이 같이, ④ 늘어서다.

409) 艮手: 說卦傳 近取.

410) 巽繩: 「說卦傳」에 "巽 …… 爲[繩]直"이라 함.

≪[家人卦의] 上卦가 지금 巽≫ 그 [巽의] 줄로 묶었는지라 ≪손으로 묶음≫ 그러므로 '속백(束帛)'[411]이라고 말한 것이다."

上九 : 白賁, 无咎. ◯ 象曰 : 白賁, 无咎, 上得志也.

上九 : 흰색으로 아름답게 꾸미니, 허물이 없을 것이다. ◯「象傳」: "白賁无咎(흰색으로 아름답게 꾸미니, 허물이 없을 것이다)"라고 한 것은 위로 올라가서[412] 뜻을 얻음을 말한 것이다.

此 賁之明夷也 卦自泰來 ≪二之上≫ 今之上剛 ≪今卦主≫ 乾中剛之升者也 ≪泰下乾≫ 本以坤黑 ≪見說卦≫ 得受乾白 ≪義見下≫ 以成离文 ≪三六夾≫ 是 白賁也 上爲卦主 故言其本象

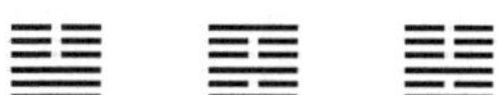

泰 → 賁 → 明夷

이것은 賁卦가 明夷卦로 변하는 경우이다. 賁卦는 泰卦로부터 왔는데 ≪[泰卦의] 2가 上으로 감≫ 지금 [賁卦의] 上位의 剛은 ≪지금 賁卦의 卦主≫ [泰卦의 下卦인] 乾의 中剛이 상승한 것이다. ≪泰卦의 下卦는 乾≫ 본래 [泰卦의 上卦는] 坤의 흑색이었는데 ≪「說卦傳」에 나옴[413]≫ [泰卦의

411) 束帛 : 비단 다섯 필을 각각 양끝에서 말아서 한 묶음으로 한 禮物.
412) 관리가 승진한다는 함축을 갖고 있다.
413) 「說卦傳」에 "坤 …… 爲黑"이라고 함.

2가 上으로 옮겨가니] 乾의 백색을 얻어 ≪이런 뜻은 아래 설명됨[414]≫ 离의 문채(文彩)를 이루니 ≪[賁卦의] 제3位에서 上位까지 협괘(夾卦)[는 大离]≫ 이것을 가리켜 "白賁(흰빛으로 아름답게 꾸민다)"라고 한 것이다. 이 上位는 卦主가 되므로, [이렇게] 그 本象[415]을 말한 것이다.

○ 泰之爲卦 以陰乘陽 剛之旣升 ≪二之上≫ 柔乃卑降 ≪上之二≫ 是 无咎也

泰 → 賁

○ 泰卦는 陰이 陽을 올라타고 있는 象인데[416] [泰卦로부터 賁卦로 추이하면서] 剛이 상승하고 ≪[泰卦의] 2가 上으로 감≫ 柔가 낮은 곳으로 하강하니 ≪[泰卦의] 上이 2로 감≫ 이것이 "无咎(허물이 없다)"라고 말한 까닭이다.

○ 泰剛旣升 ≪二之上≫ 乃成离志 ≪上大离≫ 上得志也 ≪升得离≫

泰 → 賁 → 明夷

○ 泰卦의 剛이 이미 상승함에 ≪[泰卦의] 2가 上으로 감≫ 곧 离의 志를 이루니[417] ≪[賁卦의] 상부는 큰 离≫ [이것을 가리켜] "上得志"이라고 한 것이다. ≪상승하여 离를 얻은 것이다.≫

---

414) 乾白 : 茶山의 '今補'에서 乾은 純白이라고 함(『四箋』 卷8, 34나). 또 「說卦傳」의 乾卦의 '今補' 항목에서도 설명되고 있다. 아울러 「說卦傳」에서는 巽이 白이라고 하였다.

415) 本象은 어떤 괘와 그 母卦의 관계에서 나타나는 象이다. 반면에, 變象은 어떤 괘와 그 之卦의 관계에서 나타나는 象을 말한다.

416) 이후에 "泰之爲卦, 以[柔]乘[剛]"이라 하였다(『四箋』 卷5, 18가).

417) 离志 : 茶山 「其他 物象」. 离만 志가 되는 것이 아니라, 坎도 역시 志가 된다.

○案 坤黑則乾白也 又 巽爲多白 ≪說卦文≫ 凡陽畫 皆白也 故家語 呂覽之文 如彼 ≪已見上≫

○ [案] 坤은 흑색이 되니, 곧 [그 반대인] 乾은 백색이며, 또한 巽은 흰색이 많은 것(多白)이 된다. ≪「說卦傳」의 글≫ [일반적으로] 대개 양획은 모두 백색이 된다. 그러므로 [앞서 보았듯이] 『孔子家語』와 『呂覽』[418]의 글이 그와 같다. ≪이는 이미 위에서 언급하였다.≫

418) 여람(呂覽)은 『呂氏春秋』를 가리킨다.

周易四箋 戊辰本 卷之九

〖23. 산지 박(山地 剝)〗

坤下艮上 ○ 第十三卦之正 ≪姤四陰進≫

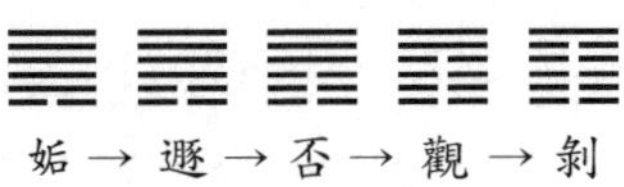

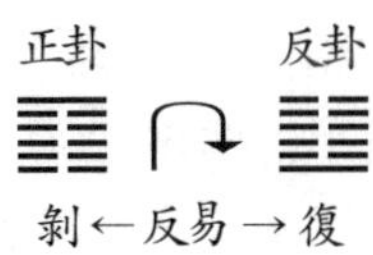

坤이 下卦이고, 艮이 上卦이다. ○ 第13卦의 正卦이다. ≪姤卦로부터 네 개의 陰이 [점진적으로 축적되어] 前進한 것이다.≫

序卦傳曰 剝者 剝也

「序卦傳」에서 말하였다. "剝은 벗김이다."

○雜卦傳曰 剝 爛也 ≪如果之爛熟≫

○「雜卦傳」에서 말하였다. "剝은 난숙(爛熟)함이다." ≪예컨대 과일이 난숙(爛熟)함과 같다.≫

○朱子曰 剝 落也

○ 朱子가 말하였다. "剝은 떨어짐이다."

○鏞案 剝者 撲也 自姤以往 乾之木果 ≪見說卦≫ 打撲殆盡 ≪豳風云 剝棗≫ 此 剝也 又 剝者 褫也 人去衣曰 剝 ≪褫去之≫ 器去冪曰 剝 ≪檀弓云 喪奠不剝≫ 牀去席曰 剝 ≪見爻[1]詞≫ 菓[2]去皮曰 剝 ≪如剝瓜 剝蔥≫ 褫之謂 剝也

○ [鏞案] '剝'은 '[후려]쳐서 떨어뜨리는 것(撲)'을 뜻한다. 姤卦 以來로 乾의 나무 열매를 ≪「說卦傳」에 나온다.≫ 두들겨서 거의 다 떨어트리니 ≪『詩經』「豳風」「七月」에 "박조(剝棗)", 즉 "대추를 두들겨서 떨어트리고"라고

---

1) [校閱] 奎章本과 國中本에는 "爻"(효)로 되어 있으나, 新朝本에는 "文"으로 되어 있다. 前者가 옳다.

2) [校閱] 奎章本에는 "菓"가 "菜"로 되어 있으나 誤記이다.

함[3]≫ 이것이 '剝'의 뜻이다. 또 '剝'은 "[빼앗아] 벗김(褫)"의 뜻이다. 사람의 옷을 벗기는 것을 '剝'이라 하며 ≪옷을 벗겨내어 빼앗아 버림≫ 器物의 뚜껑이나, 덮고 있는 보를 벗기는 것(去冪)을 '剝'이라 하며 ≪『禮記』「檀弓(上)」에 말하기를, "상례(喪禮)에서 제물을 담아 바친 그릇(奠)은 그 덮개를 벗기지 않는다"라고 함[4]≫ 침상에서 자리를 걷어 내는 것을 '剝'이라 하며 ≪爻詞에 보임≫ 채소나 푸성귀로부터 껍질을 벗기는 것도 '剝'이라 하니 ≪예컨대 "박과(剝瓜)", 즉 "박이나 호박의 껍질을 벗김"과 "박총(剝蔥)", 즉 "파 껍질을 벗김" [의 用例와 같음]≫ [어떤 것을] 벗기는 것을 '剝'이라 하는 것이다.

卦由乾變 自姤以往 ≪爲遯爲否觀≫ 每下生一陰 則上褫一陽 如體去衣 ≪外褫之≫ 如牀去席 ≪外除之≫ 以至於剝 則乾衣盡剝 而一皮僅存 ≪上一剛≫ 此之謂 剝也

乾 → 姤 → 遯 → 否 → 觀 → 剝

剝卦는 乾卦로부터 변화되어 나온 것인데, 姤卦 以來로 ≪遯卦가 되고, 否卦 · 觀卦로 됨≫ 매번 아래에 陰이 하나씩 생기면, 위에서는 陽이 하나씩 벗겨져 나가게 되니, 마치 몸으로부터 옷을 벗겨내는 것과 같고 ≪[안에서 陰이 생겨난 것이지만, 결국] 바깥에서부터 벗겨냄≫ 침상으로부터 자리를 걷어내는 것과 같다. ≪바깥 부분을 제거한 것≫ [그런데 姤卦로부터, 陰을 벗겨내어] 剝卦에 이르면, 乾의 옷이 모두 벗겨지고, 겉옷 하나만 겨우 남으니 ≪[剝卦의] 上位에 剛 한 개만 남음≫ 이것을 "剝"이라 하는 것이다.

3) "八月剝棗, 十月穫稻(팔월에는 대추를 두드려 떨고, 시월에 벼를 베어)", 『詩經』「豳風」「七月」(김학주 역주, 『詩經』, 명문당, 1984, 242면, 245면에 설명) 이후 上九에서도 언급되고 있다(『四箋』 卷3, 30나).

4) 『禮記』「檀弓上」(第三)에 "喪不剝奠也與"라고 함.

剝, 不利有攸往.

剝[卦의 卦象]이니, 갈 곳을 두는 것이 이롭지 않을 것이다.

此 剝之不變者也 通卦爲大艮 ≪上一剛≫ 艮爲徑路 ≪說卦文≫ 不止則迷 ≪見坤卦≫ 不利有攸往也

剝

이것은 剝卦가 변하지 않는 경우이다. [剝卦의] 전체 卦가 큰 艮의 형태가 되는데 ≪[剝卦의] 上位에 剛이 하나 있음≫ 艮은 '좁은 길(徑路)'이니 ≪「說卦傳」의 글[5]≫ 멈추지 않는다면, [그 좁은 길에서] 헤매게 될 것이다. ≪坤卦에 [이와 연관된 설명이] 나온다.≫ 그래서 "不利有攸往"이라고 말한 것이다.

彖曰 : 剝, 剝也, 柔變剛也, 不利有攸往, 小人長也. 順而止之, 觀象也, 君子尙消息盈虛, 天行也.

「彖傳」: '剝'은 '박탈함'이니, [剝卦는] 柔가 剛을 변화시키는 것이다. "不利有攸往"이라고 한 것은 小人[의 세력]이 커지기 때문이다. 순응하고, 멈추는 것은 [剝卦의] 象을 관찰하였기 때문이니, 君子는 [자연현상의] 꺼지고 자라며, [가득] 차고 [텅] 비는 [소식영허(消息盈虛)의] 이치를 숭상하니, 그것이 天道의 운행(運行)이기 때문이다.

---

5) 「說卦傳」에서 "艮 …… 爲徑路"라고 함.

卦由乾變 自姤以往 ≪遯 否 觀≫ 陽受陰削 ≪內削之≫ 柔變剛也

䷀ ䷫ ䷠ ䷋ ䷓ ䷖

乾 → 姤 → 遯 → 否 → 觀 → 剝

剝卦는 乾卦로부터 [점차적으로] 변하여 성립된 괘인데, 姤卦 以來로 ≪[陰이 점차적으로 증가하여] 遯卦→否卦→觀卦로 됨≫ 陽이 陰[의 세력]에 의해 깎여 나가니 ≪안으로 깎아 들어감≫ [이것을 가리켜] "柔變剛", 즉 "柔가 剛을 변화시킨다"라고 말한 것이다.

○ 艮爲小人 ≪見泰卦≫ 自遯以往 小人得路 ≪遯下艮≫ 進而爲剝 其道極長 ≪爲大艮≫ 小人長也 觀乎卦象 坤順而艮止 所以不往也 ≪止不行≫

䷠ ䷋ ䷓ ䷖

遯 → 否 → 觀 → 剝

○ 艮은 小人이다. ≪泰卦에서도 [이런 用例가] 나온다.≫ 遯卦 以來로 [否卦와 觀卦에 이르기까지] 小人이 길을 넓혀 [세력을 확장하여] 왔는데 ≪遯卦의 下卦가 艮[인데, 小人을 뜻하며, 또 좋은 길을 뜻함]≫ [더] 나아가 剝卦가 되면, 그 길(道)이 매우 장대(長大)하게 되므로 ≪[剝卦는] 큰 艮이 됨≫ [이것을 가리켜] "小人長"이라고 한 것이다. [剝卦의] 卦象을 관찰해보면, [거기에는] 坤의 순응(順應)함과 艮의 정지(停止)의 象이 있으므로, "가지 말라(不往)"고 한 것이다. ≪멈추고 가지 않는다.≫

○ 陽消則陰息 乾盈則坤虛 此 四時之序而天道之行也 君子必尊尚此道 故知所以進退存亡也

○ 陽이 꺼지면 陰이 자라나게 되며, 乾의 충만(充滿)함이 있으면 坤의 공허(空虛)함이 있게 마련이다. 이것이 [春·夏·秋·冬의] 四時의 질서이며, 天道의 운행이다. 군자는 반드시 이러한 道를 존중하여 높이 받드는 까닭에, 나아가고 물러가며, 살고 죽는 [진(進)·퇴(退)·존(存)·망(亡)의] 근거(所以)를 아는 것이다.

䷖

初六 : 剝牀, ≪句≫ 以足蔑, ≪句≫ 貞凶. ○ 象曰 : 剝牀以足, 以滅下也.

初六 : 침상[의 이불]을 걷어내니, ≪句≫ [이것은] 다리(足)가 없어졌기 때문이다.[6] ≪句≫ 일을 [맡아 처리]하더라도 흉할 것이다. ○「象傳」: "剝牀以足"이라고 한 것은 [신체(身體)의] 하체(下體)를 [침상에서] 없앤 것을 말한 것이다.

此 剝之頤也 牀必有笫 ≪卽簀也≫ 笫上有簟 ≪細席也≫ 有裀有衽 ≪臥[7]席也≫ 有裯有衾 ≪寢衣也≫ 然後 夫婦和樂 寢處乎其上 ≪牀之上≫ 此 牀之所以爲牀也

---

6) 剝牀, 以足蔑 : (다른 가능한 해석) 이처럼 침상[의 이불]을 걷어내니, [임금의 총애를 잃어버린 것은 왕비(王妃)나 빈(嬪) 등의] 가랑이(足)가 허물어졌기(신통치 않기) 때문이다.

7) [校閱] 奎章本에는 "臥席"으로 되어 있으나 新朝本과 國中本에는 "卦席"으로 되어 있다. 前者를 따른다.

姤 → …… 剝 → 頤

이것은 剝卦가 頤卦로 변하는 경우이다. 침상(牀)에는 반드시 [바로 그 위에 까는] 대자리(笫)를 깔고 ≪['대자리 笫(자)'字는] 즉 '대자리 簀(책)'字와 뜻이 같음≫ 그 대자리(笫) 위에 [다시] 삿자리(簟)를 깔며 ≪['삿자리 簟(점)'은] 보다 가는 올로 짠 자리를 가리킴≫ [그 위에] '인(裀)' 혹은 '임(衽)'이라는 요를 밑에 깔고 ≪['裀'과 '衽'은] 직접 몸을 대고 눕는 자리[의 한 종류]≫ 그 위에 [다시] 홑이불이나 이불을 덮는다. ≪['홑이불 裯(주)'와 '이불 衾(금)'은] 위에 덮고 자는 것이다.≫ 이런 [것들이 갖추어진] 뒤라야 부부(夫婦)가 화목하게 그 위에서 잠자리에 들 수 있는 것이니 ≪[그 위라고 말한 것은] 침상의 위[를 가리킴]≫ 이것이 침상(牀)이 침상(牀)으로 되는 까닭이다.

卦自姤進 ≪陰之始≫ 姤者 女后也 ≪字 從女從后≫ 震爲人主 ≪乾天之長子≫ 巽則爲配 ≪長男女≫ 姤者 女后也 ≪姤下巽≫ 姤之時[8] ⚎ 牀之上 ≪上横 而下有足 牀象也≫ 笫 簟 裀 衽 恰有四重 ≪三四五六剛≫ 順承天寵 ≪姤上[9]乾≫

姤 → …… 剝 → 頤

剝卦는 姤卦로부터 前進해서 성립된 괘이다. ≪[姤卦는] 陰의 시작이다.≫ 姤卦는 왕비(女后)를 상징하는 괘이다. ≪'姤'字는 '女'字와 '后'字가 결합된 글자이다.≫ 震은 군주(人主)를 뜻하는 반면에 ≪[震은] 乾天의 長子[10]≫ 巽은

---

8) [校閱] 新朝本과 國中本에는 "姤之時"로 되어 있으나 奎章本에는 "姤之始"라고 되어 있다. 前者가 옳다.

9) [校閱] 奎章本에는 "上"이 "工"으로 되어 있는데, 誤記이다.

곧 그 [君主의] 배필이 되므로 ≪[震과 巽은] 각각 長男·長女에 해당됨[11]≫ 姤卦는 왕비가 된다. ≪姤卦의 下卦는 巽이다.≫ 姤卦의 때에는 침상(牀) 위에 ≪[姤卦의 형태를 보면] 위로는 [剛의 막대가] 가로 놓여 있고, 아래로는 [柔의] 다리가 [양쪽으로] 있으므로, 침상의 형태가 됨≫ '대자리(笫)', '삿자리(簟)', '밑에 까는 요(裀)', '그 위에 한 겹 더 깐 요'가 마치 네 겹을 이루고 있는 듯하니 ≪3·4·5·6位의 剛[이 네 겹으로 겹쳐져 있는 형태]≫ 임금의 사랑을 따르면서 받들고 있는 모양이다. ≪["天"이란] 姤卦의 上卦인 乾을 가리킨다.≫

自遯以往 陰德日驕 ≪陵上陽≫ 而天寵日衰 ≪陽漸削≫ 以至於剝 則笫衽盡剝 ≪只一橫≫ 空牀冷落 ≪上無覆≫ 此 女后失寵之象也 ≪失乾天≫ 此之謂 剝牀 ≪褫笫衽≫ 卦之本象 如此 不待爻變而後有是象也 ≪如幹蠱 鴻漸≫

乾 → 姤 → 遯 → 否 → 觀 → 剝

[그런데] 遯卦 以來로 陰의 德이 날로 교만해져서 ≪위의 陽을 능멸함[12]≫ 天의 총애(寵愛)가 날로 줄어가는데 ≪陽이 점차 깎여서 엷어짐≫ 剝卦에 이르게 되면, 삿자리(笫)와 요(衽)가 모두 없어지고 ≪단지 한 개의 陽이 가로 놓여 있음≫ 빈 침상(空牀)이 차갑게 벗겨져 있으니 ≪위에 [침상을] 덮고 있는 것이 없음≫ 이는 왕후(女后)가 [임금의] 총애를 잃은 象이니 ≪乾의 天을 상실함≫ 이것을 [가리켜] "剝牀", 즉 "침상[의 이불]을 걷어낸다"라고 한 것이다. ≪[즉, "剝牀"이란] 삿자리와 요를 벗겨낸 것이다.≫

卦의 本象이 이와 같으니, 爻變을 기다리지 않고도 이런 象이 나오는

10) 「說卦傳」에 "乾, 天也; 故, 稱父. …… 震, 一索而得男, 故, 謂之長男"이라고 함.
11) 「說卦傳」에 "巽, 一索而得女, 故, 謂之長女"라고 함.
12) 『四箋』에 "陵者, 轢也, 乘也, 犯也, 侵也, 頹靡也"라고 함(『四箋』 卷3, 26가).

것이다. ≪[예컨대 蠱卦에서] "幹 …… 蠱"[라고 한 경우]나[13] [漸卦에서] "鴻漸"이라고 한 경우와 같다.[14]≫

◯ 足蔑者 震滅也 ≪震爲足≫ 剝之爲剝 本自姤始 ≪姤而遯 否 觀≫ 姤自乾生 ≪一陰生≫ 乾自復始 ≪復而臨 泰 夬≫ 乾之初剛 是 本復一陽之震足也 ≪復下震≫ 乾之將剝也 震足先滅 以成姤卦 ≪一陰生≫ 剝之初六 卽其跡也 ≪震足之舊跡≫ 故曰 剝之剝牀 以足蔑也 妃嬪而筮遇是 則剝牀之災 其咎在足也

坤 → 復 …… → 夬 → 乾 → 姤 → 遯 → 否 → 觀 → 剝

◯ "족멸(足蔑)"이란 震이 소멸하는 것을 가리킨 것이다. ≪震은 다리가 된다.≫ 剝卦가 剝卦가 되는 것은 본래 姤卦에서 시작되었는데 ≪姤卦에서 遯卦 · 否卦 · 觀卦로 됨≫ 姤卦는 乾卦로부터 생겨난 것이며 ≪한 개의 陰이 생성됨≫ 그 乾卦는 復卦로부터 비롯된 것이니 ≪復卦에서 臨卦 · 泰卦 · 夬卦로 됨≫ 乾卦의 初位의 剛은 본래 復卦에 있는 한 개의 陽, 즉 震의 다리[15]인 것이다. ≪復卦의 下卦는 震이다.≫ [그런데] 乾卦가 장차 剝卦로 됨에, [그] 震의 다리가 [가장] 먼저 소멸하여, 姤卦가 되니 ≪陰 하나가 생성≫ 剝卦의 初六이 곧 그 자취이다. ≪震의 다리의 옛 자취를 가리킨다.≫ 그러므로 剝卦에서 "剝牀以足蔑", 즉 "침상(牀)[의 이불]을 걷어내니, [이는] 다리가 없어졌기 때문이다"라고 한 것이다. 왕비(王妃)나 빈(嬪)이 占

---

13) "幹 …… 蠱"는 蠱卦에 여러 차례 보인다. 初六과 九三에 [幹]父之[蠱], 九二에 [幹]母之[蠱]이라 하였는데, 그 이후에 위와 동일한 언급이 나온다(『四箋』 卷3, 13가~나). 蠱卦 六四에서는 "[裕]父之[蠱]라 함".

14) "홍점(鴻漸)"은 漸卦의 여섯 효사에서 모두 언급되고 있다(『四箋』 卷6, 17나). "卦有此象, 故六爻之詞, 皆云 鴻漸也."(『四箋』 卷6, 17나)

15) 震足 : 「說卦傳」의 '近取' 항목을 참조할 것.

筮하여 이 점괘를 얻는다면, [임금의 총애를 잃어] 침상[의 이불]을 박탈당하는 재앙을 입으리니, [그때] 그 허물(咎)이 다리(足)와 연관된 것일 것이다.

○貞凶者 幹事之占也 剝之爲卦 致役乎坤 成終乎艮 ≪山地卦≫ 變而爲頤 又以震始 ≪萬物始乎震≫ 此 事功垂畢 又復經始也 遂失巽命 ≪頤自觀來 失上巽≫ 於事爲凶 ≪頤之彖曰 貞吉 彼 先始而後終 故爲吉≫

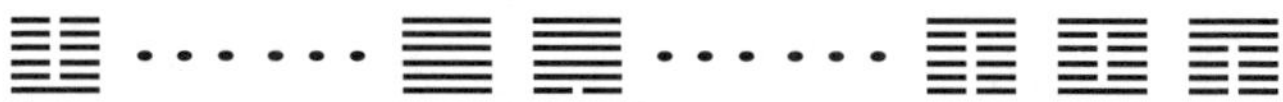

復 → …… 乾 → 姤 → …… 剝 → 頤 ← 觀

○ "貞凶"은 일을 주관하는 데에 관한 占이다. 剝卦의 卦象을 보면, 坤에서 노역(勞役)을 바치고, 艮에서 완성하는 象인데[16] ≪[剝卦는] 山과 地로 구성된 卦≫ [剝卦의 初六爻가] 변하여, 頤卦가 되면, 다시 震으로써 시작하니 ≪萬物은 震方에서 시작됨[17]≫ 이는 어떤 일을 功들여서, 거의 다 마치려고 할 즈음에 또 다시 [그것을 무위(無爲)로 돌리고 새로] 시작하는 것에 해당된다.

마침내 巽의 天命을 상실(喪失)하니 ≪頤卦는 觀卦로부터 推移된 것인데, [그 推移의 과정을 겪으면서] 그 [觀卦의] 上卦에 있던 巽을 상실함≫ 일을 맡아 추진함에 있어 흉함이 된다. ≪頤卦의 彖辭에 말하기를, "貞吉"이라 하였는데, 그것은 먼저 시작하고, 나중에 끝마치는 까닭에, 吉함이 된다.≫

○滅下者 乾爲姤也 一陰旣生 震足先滅 ≪復一陽 先亡≫ 是 滅

---

16) 「說卦傳」에 "致役乎坤, …… 成言乎艮. …… 艮, …… 萬物之所成終 ……"이라 하였다.
17) 「說卦傳」에 "萬物, 出乎震"이라 함.

下也

○ "滅下", 즉 "아래를 소멸시킴"이라고 한 것은 乾卦가 姤卦로 됨에 따른 것이다. 한 개의 陰이 이미 생겨남에 震의 다리가 먼저 소멸하니 ≪復卦의 初位의 陽이 먼저 사라짐[18]≫ 이것을 [가리켜] "滅下"라고 한 것이다.

○星湖先生曰 以足蔑 以辨蔑 三字爲句 蔑 滅也 故傳曰 以滅下也 滅下者 足蔑也 貞凶 與他卦之貞凶 無異例

○ 성호(星湖) 이익(李瀷) 先生[19]이 말하였다. "[剝卦 初六의] '以足蔑'과 [剝卦 六二의] '以辨蔑'의 세 字가 한 구절이 되니, '蔑'은 소멸의 뜻이다.[20] 그러므로 「象傳」에 말하기를, '以滅下'라고 한 것이니, '滅下'라는 것은 [爻辭의] '足蔑'을 가리킨다. [여기] '貞凶'은 다른 卦의 '貞凶'과 다를 것이 없다."

○案 句絶之可疑者 當以韻決之 兩爻之剝牀[21] 疊文相承 與彖詞之有攸往 叶韻 ≪易詞 往 皆作平聲≫ 以足蔑 以辨蔑 亦疊文相承 以相叶 ≪見要旨≫ 此 易知也 若如今釋 足與辨 旣不相叶 有攸往 又無相承 不可讀也

○ [案] 구절(句節)을 끊음에 의심스러운 점이 있는 경우에는 마땅히 '韻'으로 결정해야 한다. [初六과 六二의] 두 爻의 '剝[牀](huáng; 平聲)'은 같은 글자를 중첩(重疊)시켜서, 서로 [문장을] 계승(繼承)한 것이니, 彖詞의 "有攸[往]"과 더불어 협운(叶韻)의 관계에 있다. ≪易詞의 "往"字는 모두 '平聲'[22]으로 새긴다.[23]≫ [初六의] "以足[蔑]"과 [六二의] "以辨[蔑]"도 역

18) 앞에서 "復一陽之震足"이라는 말이 나왔다.

19) 星湖先生 : 星湖는 朝鮮時代의 대표적인 실학자이었던 李瀷(1681~1763)의 號이다.

20) 星湖 李瀷의 『易經疾書』(李佑成 編, 『星湖全集』 3, 여강출판사, 1987, 330면)에 나온다. "蔑"이 '滅'이고, "足"이 '下'라는 것을 말한 것이다.

21) [校閱] 奎章本에는 "剝牀"이 "剝狀"으로 되어 있는데, 誤記이다.

시 문장을 중첩시켜 계승한 것(疊文相承)으로서 서로 협운(叶韻)의 관계에 있다. ≪[협운(叶韻)에 관해서는] 「讀易要旨」[의 '18. 察韻'條]를 참조할 것≫ 이는 쉽게 알 수 있는 것이거늘, 만약 오늘날 [일반적인] 해석과 같다면, "足(zú)"字와 "辨(biàn)"字가 이미 협운(叶韻)이 되지 않는데다가, [象辭의] "有攸[往]"도 또한 [爻辭와] 서로 연관되는 것이 없으니, [결국 이 구절을 제대로] 해독할 수 없는 것이다.

○又案[24] 蔑者 微也 ≪揚[25]子曰 視日月而知衆星之蔑≫ 王弼云 蔑 猶削也 ≪陸德明云 楚俗 有削篾之言≫ 又 與滅通 ≪詩所云 喪亂蔑資≫ 荀九家 蔑作滅

○ [又案] "멸(蔑)"은 하찮음을 뜻한다. ≪양웅(揚雄)[26]이 [『法言』[27]에서] 말하기를, "日月을 보면 뭇별의 하찮음을 안다"라고 하였다.[28]≫ 왕필(王弼)이 말하기를, "蔑은 깎음(削)과 뜻이 같다"라고 하였다. ≪육덕명(陸德明)이 말하기를, "楚나라 俗語에 "삭멸(削篾)"이라는 말이 있다.[29]≫ 또한 이 "蔑"은 "滅"字와도

---

22) 現代의 1·2聲에 해당됨.

23) 일반적으로 "往"은 "wǎng"으로 "上聲"(현대의 3성)이며, 다른 聲調는 확인되지 않는다.

24) [校閱] 新朝本과 國中本에는 "案"으로 되어 있으나 奎章本에는 "按"으로 되어 있다.

25) [校閱] 新朝本과 奎章本에는 "揚"으로 되어 있으나, 國中本에는 "楊"을 되어 있다. 어느 경우나 가능하지만 여기서는 前者를 따른다.

26) 楊雄(B.C.53~A.D.18) : 西漢 末의 인물로서, 왕망(王莽)이 서한의 마지막 왕인 平帝를 죽이고 新나라를 세운 후, 자기의 신분에도 넘치게도 15년 동안이나 자칭 왕이라고 할 때에, 새 정권을 찬미하는 글을 써 올리고 大夫의 벼슬을 지내기도 한 사람이다. 이 때문에 宋代의 新儒家사상이 정립된 이후에는 비난의 대상이 되기도 하였다. 易經을 모방하여 『太玄經』의 저자로 유명하다. 楊雄이 『太玄經』을 쓴 시기는 B.C.6년부터 A.D.2년 사이이며, 왕망이 前漢의 정권을 찬탈한 시기는 A.D.8년으로 되어 있음을 살펴볼 때, 그의 나이 55세 때에 태현경을 완성한 것으로 생각된다. 양웅은 『太玄經』뿐만 아니라, 『論語』를 모방하여 『法語』를 저술하기도 하였다.

27) 『法言』은 양웅(楊雄)이 『論語』를 모방하여 지은 저술이다. 『法言』(李軌 注, 上海書店, 諸子集成本, 1989)을 참조할 것.

28) 視日月而知衆星之蔑 : 양웅(楊雄)의 『法言』 「學行」(卷第一)에 나오는 말이다. "視日月而知衆星之蔑也, 仰聖人而知衆說之小也"의 對句로 되어 있다.

29) 모기령(毛奇齡)의 『仲氏易』에도 "陸德明云, 楚俗, 有削篾之言"이라는 말이 인용되

그 뜻이 통하는데 ≪『詩經』「大雅」「板」에서 "喪亂蔑資", 즉 "상실과 혼란으로 생활물자(資)[30]가 없어짐에"라고 말함[31]≫ 荀九家는 "蔑"字를 "滅"字로 썼다.

䷖

六二 : 剝牀, ≪句≫ 以辨蔑, ≪句≫ 貞凶. ◯ 象曰 : 剝牀以辨, 未有與也.

六二 : 침상[의 이불]을 벗겨내니, ≪句≫ [이처럼 임금의 총애(寵愛)를 잃은 것은 왕비(王妃) 혹은 빈(嬪) 등의] 사타구니(辨)가 헐었기 때문이다. ≪句≫ 일을 맡아 처리함에 흉하다. ◯「象傳」: "침상[의 이불]을 벗겨내는 것은 사타구니 때문(剝牀以辨)"이라고 한 것은 [陰陽이] 더불어 호응함이 없음을 말한 것이다.

此 剝之蒙也 辨與辨[32]同 ≪備莧切 從[33]肉≫ 股間也 鄭玄云 辨 謂近膝[34]之下 ≪又云 屈則相近 伸則相遠故 爲辨 辨 分也≫

어 있다(『中國古代易學叢書』 卷36, 中國書店出版社, 1998, 281면).

30) '資'字를 '次'字로 보아 '질서'의 뜻으로 보기도 함.

31) "喪亂에 物資가 없게 되었거늘"(김학주 역주, 『詩經』, 명문당, 1984, 453면), 『康熙字典』, 中華書局, 1992, 1054면. 『詩經分類詮譯』(王宗石 編著, 湖南教育, 1993, 665면)에서는 "蔑資=蔑次=無次"를 '무질서함'의 뜻으로 풀이함. 『詩經全釋』(金啓華 譯注, 江蘇 揚中市 : 江蘇古籍出版社, 1995, 711면)에서는 "蔑資=沒生計"의 뜻으로 풀이하였다. 비지본 『原本集註詩傳』(金赫濟 校閱, 명문당, 1988, 435면)에서는 '喪'을 去聲으로 보았다. 어떻게 해석하건 "蔑"字의 뜻은 변함이 없다.

32) [校閱] 奎章本에는 "辨與[辨]同"으로 보이는데, 그렇다면 "辧"의 誤字이다.

33) [校閱] 新朝本의 "從"이 奎章本에는 "以"로 되어 있다.

34) [校閱] 奎章本과 國中本에는 "膝"로 되어 있으나 新朝本에는 "漆"로 되어 있다. 前者가 옳다.

剝 → 蒙

이것은 剝卦가 蒙卦로 변하는 경우이다. 여기 '辨(변)'字는 '辧(변)'字와 같은 글자로서 ≪'辧(변)'字는 그 발음이 '비(備, bèi)'와 '현(莧, huǎn, xiàn)'의 '半切音'이고, "肉", [즉 "月"의] 部首를 따르는 글자≫ '사타구니(股間)'를 뜻한다. 鄭玄이 말하기를, '辨'이 무릎 근처의 아래 부분을 이르는 것이라 하였다. ≪또한 "[장단지와 허벅지는] 굽히면 서로 가까워지고, 펴면 서로 떨어지는 까닭에, '辨'이라고 하는 것이니, '辨'은 '分', 즉 '나누어짐'의 뜻"이라고 하였다.≫

○辨蔑者 巽滅也 ≪巽爲股≫ 剝自姤始 ≪義見上≫ 姤之時 巽則爲股 ≪天風卦≫ 二其辨也 ≪位在股之中≫

姤 → …… → 剝 → 頤 ← 觀

○ "변멸(辨蔑)"이란 巽이 소멸하는 것에 따른 말이다. ≪巽은 허벅다리가 된다.≫ 剝卦는 姤卦로부터 시작하였는데 ≪이런 뜻은 앞에서 나옴≫ 姤卦의 때에는 巽이 허벅다리(股)[35]가 되며 ≪天과 風으로 구성된 卦≫ 제2位가 그 사타구니(辨="辧")가 된다. ≪[사타구니는 그] 위치가 허벅지 가운데 위치해 있다.≫

姤之將剝也 巽股先滅 ≪二陰生≫ 以成遯卦 ≪天山卦≫ 剝之六二 卽其跡也 ≪巽股之舊跡≫ 故曰 剝之剝牀 以辨蔑也 妃嬪 而筮遇是 則剝牀之災 其咎在股也

35) 巽股 :「說卦傳」'近取'.

姤 → 遯 → 否 → 觀 → 剝

姤卦가 장차 剝卦로 됨에, 巽의 허벅다리가 먼저 소멸하여 ≪두 개의 陰이 생김≫ 遯卦를 형성하니 ≪[遯卦는] 天과 山으로된 卦≫ 剝卦 六二는 곧 그 [遯卦 시절의 옛] 자취이다. ≪巽의 허벅다리의 옛 흔적이다.≫ 그러므로 剝卦에서 "剝牀, 以辨蔑"이라고 한 것이다. 왕비(王妃)나 빈(嬪)이 점서(占筮)를 통해, 이 점괘를 얻는다면, [임금의 총애를 잃어] 침상[의 이불]을 박탈당하는 재앙을 입으리니, [그때] 그 허물은 허벅다리와 연관된 것일 것이다.

○ 貞凶者 觀之爲卦 致役乎坤 成終乎艮 ≪兼畫艮≫ 二之旣變 又以坎勞 ≪下今坎≫ 此 事功垂畢 又復勞悴也 遂失巽命 ≪蒙自觀來 失上巽≫ 於事爲凶

剝 → 蒙 ← 觀

○ "貞凶"이란 다음과 같은 측면에서 나온 말이다. 觀卦는 坤에서 勞役을 바치고, 艮에서 종결을 이루는 괘인데 ≪觀卦를 兼畫하면 ["종결"을 상징하는] 艮≫ [剝卦의] 六二爻가 이미 변하여 [蒙卦로 되면, 거기에는] 또 다시 坎의 노역(勞役)의 象이 있게 되니 ≪[蒙卦의] 下卦가 지금 坎≫ 이것은 일을 거의 마치려고 할 때에, 또 다시 힘들게 노동함으로써 초췌(憔悴)하게 된 것을 가리킨다. 마침내 巽의 天命도 상실하게 되니 ≪蒙卦는 觀卦로부터 왔는데 [觀卦의] 上卦에 있는 巽을 상실함≫ 사업을 함에 흉한 것이다.

○未有與者 本象也 二五不應 ≪本皆柔≫ 未有與也[36)]

剝 → 蒙 ← 觀

○ "未有與"는 本象을 가리킨다. [剝卦에서 보면] 제2位와 제5位가 [모두 陰으로] 서로 호응하지 않으니 ≪[剝卦의 제2位와 제5位는] 본래 모두 柔≫ "未有與"라고 한 것이다.

○案 孔安國曰 辨 謂牀幹也 幹在牀棧之上 ≪又云 牀身之上 足之下 分辨處也≫ 孔穎達從之 ≪謂 牀足與身 分辨之處≫ 崔憬曰 辨者 牀梐也[37)] 在笫足之間 ≪案 梐桓者 遮闌也≫ 後來字書 皆從此義 承訛襲謬 不足據也

○ [案] 공안국(孔安國)이 말하기를, "변(辨)이란 침상의 [위에 테두리로 세운] 기둥(牀幹)을 말하는 것으로, 이 기둥(幹)은 침상에 깔려 있는 판자(牀棧)의 위에 있다"라고 하였는데 ≪또 "[辨은] 침상의 '몸체 상부'와 '다리의 하부'가 구분되는 부분"이라고 하였다.≫ 공영달(孔穎達)이 [이 說을] 따랐다. ≪"[辨은] 침상의 다리와 그 몸체가 구분되는 부분"이라고 하였다.≫

최경(崔憬)[38)]이 말하기를, "辨이란 침상의 가장자리에 둘러친 울짱(梐)으로서, 침상다리(笫足) 사이[의 아래]에 있다"라고 하였다. ≪[案] 폐환(梐桓)이란 둘러막은 난간[遮闌]을 가리킨다.≫ 후세(後世)의 자서(字書)들은 모두

---

36) [校閱] 新朝本에는 "未有與焉"으로 되어 있으나 奎章本과 國中本에는 "未有與也"로 되어 있다.

37) [校閱] 新朝本에는 "辨者, 牀者, 牀梐也. ……"라고 나오는데, 다른 책에 崔憬의 말이 이런 식으로 나오지 않으며, 奎章本과 國中本에도 "辨者, 牀梐也"라고만 나오고 그 사이에 "牀者"라는 말이 없다. 또한 "辨者・牀者, 牀梐也"는 의미도 순통하지 않다. 따라서 여기서는 後者를 따른다.

38) 崔憬 : 唐代의 인물, 저서로 『周易探玄』이 있다. 李鼎祚의 『周易集解』(北京市中國書店, 1990)에 최경(崔憬)의 說이 인용되어 있다.

이런 해석을 추종하여, 그릇된 설을 계승함으로써, 오류(誤謬)를 답습(踏襲)하고 있으니, 그 전거(典據)로 삼을 것이 못된다.

足爲牀足 ≪初六注≫ 辨爲牀梐 ≪此爻注≫ 以之臨文 則剝牀 以牀足 自不成理 剝牀 以牀梐 抑又何說 詳玩六五之詞 剝牀之義 乃可悟也

[이상과 같이, 여기] '足'이 '침상다리'가 되고 ≪初六[爻]의 注에서 설명함≫ '辨'이 '침상의 난간(梐 : 울짱)'이 된다고 할 때 ≪이 [六二]爻의 注에서 설명함≫ 이를 해당 爻辭에 삽입해 보면, 初六[의 "剝牀, 以足蔑"]도 "剝牀, 以牀足", 즉, "침상을 벗겨내니, 그것은 침상의 다리를 없애기 때문"이라는 식의 글이 되어, 文理가 닿지 않으며, 이 六二[의 "剝牀, 以辨蔑"]도 "剝牀, 以牀梐", 즉, "침상의 이부자리를 벗겨내니, 그것은 침상의 난간을 없앴기 때문"이라는 식의 말이 되니, 또한 도대체(抑) 무슨 말인가? [아래] 六五의 효사를 잘 음미해 보면, [여기] "剝牀"의 뜻을 곧 깨달을 수 있을 것이다.39)

六三 : 剝之, 无咎. ○ 象曰 : 剝之无咎, 失上下也.

六三 : 剝[의 卦象]으로 간 것이니, 허물이 없을 것이다. ○「象傳」:

39) 다산은 剝卦 六五의 "貫魚, 以宮人寵"을 해석함에 있어, 궁녀 혹은 후비가 임금의 총애를 받는 것으로 해석하고 있다. 따라서 다산이 剝卦 六二의 뜻을 剝卦 六五와 비교하면 알 수 있다고 한 것은 剝卦 六二의 "剝牀(六二 : 침상[의 이불]을 벗겨냄)"의 뜻이, 六五의 경우와는 반대로 임금의 총애를 잃은 경우에 해당함을 말하는 것이다.

"剝之无咎"는 上下[의 호응관계]를 상실한 것이다.

此 剝之艮也 三之變 爲艮 ≪上下艮≫ 艮者 三畫之剝卦也 ≪上一剛≫ 其德其象 無可分也 故曰 剝之

剝 → 艮

이것은 剝卦가 艮卦로 변하는 경우이다. [剝卦의] 六三爻가 변하면, 艮이 되는데 ≪[艮卦의] 上·下卦가 모두 艮≫ 艮 자체가 三畫卦로 된 "剝卦"라고 할 수 있다. ≪위에 한 개의 剛이 있음≫ 따라서 그 德과 그 象이 구별되지 않으므로, ["剝"이라는 말을 그대로 사용하여] "剝之"라고 한 것이다.

○然而 无咎者 剝之上艮 以陽居陰 ≪六位陽≫ 其過益大 今 六三之艮 猶能得位 ≪陽居陽≫ 所以无咎

○ 그렇지만, "无咎"라고 한 것은 [본래] 剝卦의 上卦인 艮에서는 陽으로서 陰의 자리를 차지하여 ≪[剝卦의] 제6位가 陽≫ 그 잘못이 더욱 큰데, 지금 六三의 [효변으로 생긴] 艮은 오히려 자신의 바른 자리를 얻었으니 ≪陽이 陽位에 자리함≫ [이것이] "无咎"가 되는 까닭이다.

○失上下者 上下無應也 群陽雖剝 三柔上剛 幸與相應 今三亦剛 失其應也

剝 → 艮

○ "失上下"라고 한 것은 上下가 서로 호응하지 않기 때문이다. [剝卦의 경우에는] 많은 陽이 비록 떨어져 나갔지만, 제3位가 柔이고, 제6位가 剛이라, 다행히 서로 호응은 유지하였다. 그런데 지금은 제3位가 또한 剛이라, 그 호응함을 상실하였다.[40)]

䷢

六四 : 剝牀以膚, ≪句≫ 凶. ○ 象曰 : 剝牀以膚, 切近災也.

六四 : 침상을 걷어내기에 이른 것은 피부(皮膚)[를 함부로 접촉하는 육체적 관계]로 말미암은 것이니, ≪句≫ 흉할 것이다. ○「象傳」: "剝牀以膚"는 지나치게 [육체적으로] 가까이해서 생긴 재앙을 말한 것이다.

此 剝之晉也 晉自觀小過來 ≪法見表≫ 巽后 ≪觀上巽≫ 震主 ≪小過之上震≫ 本其配也 移之爲晉 則巽后震主 合其[41)] 坤膚 ≪小過四陰亦爲坤≫ 而巽牀之上 ≪觀上巽≫ 一剛又剝 ≪中絶也≫ 剝牀以膚也

40) 剝六三은 '剝之艮'이 된다. 따라서 陽位인 第3位에 剛이 있으므로, 합당한 자리를 얻은 것이 되어 "无咎"라고 한 것이다. 그렇지만, 第3位와 上位는 모두 剛이므로, "上下無應"이 되어 "失上下"가 된다는 것이다. 이러한 해석에는 분명히 부정합적인 요소가 있다. 왜 허물이 없는데도 불구하고, 上下의 호응을 상실한 것일까? 上下의 관계에서 호응을 상실한 것 자체가 허물이 아니겠는가? 그렇지만, 여기서 '无咎'는 단지 신분적 적합성만을 가리킨 것이라고 본다면, 합당한 신분을 얻고도, 君主나 上位의 권력자로부터의 인정받지 못하는 상황은 있을 수 있다. 그렇게 본다면, "无咎, 失上下"는 "허물은 없겠으나, 上下[의 호응관계]를 상실한 것"이 된다.

41) [校閱] 奎章本과 國中本에는 "合其坤膚"로 되어 있으나 新朝本에는 "合爲坤膚"라고 되어 있다. 文勢로 볼 때 前者가 보다 자연스러운 듯 하여, 前者를 따른다.

剝 → 晉　　　　觀 → 晉 ← 小過

이것은 剝卦가 晉卦로 변하는 경우이다. 晉卦는 觀卦와 小過卦에서 나왔는데 ≪이 방식은 괄례표(括例表)[의 「二陽之卦推移表」]에 나옴[42]≫ 巽의 왕후[43]와 ≪觀卦의 上卦는 巽≫ 震의 군주[44]는 ≪小過卦의 上卦는 震≫ 본래 [서로] 짝이다.

[그런데] 추이하여 晉卦가 되면, 巽의 왕후와 震의 군주가 그 坤의 살을 맞대는데 ≪小過卦의 네 개의 陰이 또한 坤이 됨≫ 그렇지만 巽의 침상의 위에 ≪觀卦의 上卦는 巽≫ 剛 하나가 또 벗겨지니 ≪[巽의] 가운데가 [陰으로써] 단절됨≫ [이것을 가리켜] "剝牀以膚", 즉 "침상을 걷어내게 되는데 이른 것은 살(膚)[을 함부로 섞는 부부관계]로 말미암은 것"이라고 한 것이다.

○灾者 离火也 ≪字從[45]火≫ 夫婦之間 ≪震與巽≫ 肌膚褻狎 而恩情中絶 ≪离中絶≫ 切近灾[46]也

剝 → 晉　　　　觀 → 晉 ← 小過

○ '灾'는 [즉 "災"는] 离의 불(火)을 가리킨다. ≪'재앙 災(재)'字는 '火'字를 따른다.≫ 부부지간에도 ≪震과 巽[이 서로 부부 사이가 됨]≫ [친하다고 해

42) 『四箋』 卷3, 19가.

43) 巽后 : 茶山 今補.

44) 震主 : 荀九家, 虞翻의 說.

45) [校閱] 新朝本에는 "從"으로 되어 있으나 奎章本에는 "以"로 되어 있다.

46) [校閱] 新朝本과 奎章本에는 "灾"로 되어 있으나, 國中本에는 "災"로 되어 있다. "灾"와 "災"는 同字이다. 周易의 原文에는 "災"로 되어 있다.

서] 그 살을 함부로 섞으면, 지아비의 [참된] 사랑이 속으로 단절되니 ≪[晉卦의 上卦인] 离는 그 형태를 보면 가운데가 단절되어 있음≫ [이것을 가리켜] "切近灾", 즉 "지나치게 [육체적 관계를] 가까이해서 생긴 재앙"이라고 한 것이다.

○案 崔憬云 牀之有薦席[47] 猶獸之有皮毛[48] 不知何解 ≪蓋欲以膚 爲牀身≫

○ [案] 최경(崔憬)[49]이 말하기를, "침상에 이부자리가 있는 것은 마치 짐승에게 가죽과 털이 있는 것과 같다"라고 하였는데, 무슨 풀이인지 알지 못하겠다. ≪아마도, '膚'字를 '침상의 몸체'로 본 것이겠다.[50]≫

六五 : 貫魚, 以宮人寵, 無不利. ○ 象曰 : 以宮人寵, 終无尤也.

六五 : 물고기를 [가지런히] 꿰어 둠이니, [비천한] 궁인(宮人)의 신분이었으나 [君王의] 총애(寵愛)를 받게 되니, 이롭지 않음이 없을 것이다. ○ 「象傳」 : "물고기를 [가지런히] 꿰어 둠이니(以宮人寵)", 끝에는 허물이 없

47) [校閱] 奎章本과 國中本에는 "牀之有薦席"이라 나오지만, 新朝本에는 "席"이 빠져 있다. 李鼎祚의 『周易集解』(北京市中國書店, 1990)에 실린 崔憬의 원문은 "薦席"이라고 되어 있으므로, 前者를 따른다.

48) [校閱] 奎章本과 國中本에는 "猶獸之有皮毛"로 되어 있으나 新朝本에는 "猶獸之有成毛"라고 되어 있다. 前者가 옳다.

49) 최경(崔憬) : 唐代의 易學家.

50) 이는 얼핏 誤解의 소지가 있는 발언이다. 그래서 부연하면, 崔氏는 일단 "膚"를 '침상의 자체(牀身)'가 아니라, 그 위의 '삿자리'로 본 것이다. 그러나 "膚"는 결국 "身"에 속하니 다산이 이렇게 말하는 것이다.

을 것이다.

此 剝之觀也 觀以升交 ≪地風爲風地≫ 坎水之下 ≪升初四夾坎≫ 巽魚潛伏 ≪巽在下爲潛≫ ䷭ 交之爲觀 則震竿兌鉤 ≪升兩互≫ 巽繩高擧 ≪今上巽≫ 而魚亦以升 ≪本下巽≫ 是 貫魚也

剝 → 觀　　升 ← 臨

이것은 剝卦가 觀卦로 변하는 경우이다. 觀卦는 升卦로부터 交易된 것인데 ≪地風 [升]卦가 風地 [觀]卦로 됨≫ [升卦를 보면] 坎의 물밑에 ≪升卦의 初位에서 제4位까지 [합치면] 夾坎卦≫ 巽의 물고기가 숨어 있는 것이다. ≪[升卦에서] 巽이 下卦에 있는데, 이는 "잠복함"이 된다.≫ [그런데] 升卦를 交易하여 觀卦가 되면, 震의 대나무 장대(竿, 즉 낚싯대)와 兌의 [낚시]바늘(鉤 : 갈구리)에 ≪[震과 兌는] 升卦의 두 互卦≫ 巽의 [낚시]줄을 높이 들어 올리게 되면 ≪지금 [觀卦의] 上卦는 巽≫ 물고기도 역시 [따라서] 올라오니 ≪본래 [升卦의] 下卦는 巽≫ 이것이 "貫魚", 즉 "[낚시로] 물고기를 [잡아 가지런히] 꿰어 두는 것"이다.

○ 升自臨來 本以兌妾 ≪臨下兌≫ 下於坤后 ≪升上坤≫ 以處坎宮之下 ≪升初四 大坎≫ 是 宮人也 ≪本妾媵51)之屬≫ 交之爲觀 則巽之卑女 忽升天位 ≪今上巽≫ 遂作巽妃 ≪在君位≫ 尊寵無比 ≪在衆陰之上≫ 以宮人寵也 筮而遇是 則知以妾媵 升爲正妃也

51) [校閱] 新朝本과 國中本의 "媵"이 奎章本에는 "螣"으로 되어 있으나 誤記이다.

剝 → 觀　　升 ← 臨

○ 升卦는 臨卦로부터 왔다. 본래는 兌의 첩(妾)의 신분으로 《臨卦의 下卦는 兌》 坤의 왕후(王后) 아래에 있으면서 《升卦의 上卦는 坤》 坎의 궁궐 아래에 거처(居處)하고 있으니 《升卦의 初位에서 제4位까지 [합치면] 큰 坎의 형태[가 됨]》 이는 "宮人"이다. 《["宮人"은] 본래 잉첩(媵妾)의 부류에 속한다.》

[그런데 升卦로부터] 交易하여 觀卦가 되면, 巽의 비천한 신분에 있던 여인이 갑자기 하늘의 자리(天位)로 상승하여 《지금 [觀卦의] 上卦는 巽》 드디어 巽의 후비(后妃)가 됨에 《[巽이] 君位에 있음》 높은 사람으로부터 받는 총애가 [이루] 비길 데 없으니 《[觀卦의 上卦인 巽이] 뭇 陰의 위에 있음》 [이것은] "以宮人寵", 즉 "[비천한] 宮人의 신분이었으나 [君王의] 총애를 받게 된 것"에 해당된다. 점서(占筮)를 통하여 이러한 占卦를 얻은 경우에는 잉첩(媵妾)이 승급(昇級)하여 정비(正妃)로 됨을 알게 될 것이다.

○ 牀今有衽 《五爲牀 而上爲衽》 不剝牀也 巽亦爲利 《見說卦》 无不利也

剝 → 觀　　升 ← 臨

○ 침상에 지금 깔린 이부자리가 있으니 《[觀卦의] 제5位는 침상이 되고, 上位는 요가 됨》 [以前의 효사(爻辭)처럼] "剝牀(침상의 이부자리를 걷어 냄)"[52)]

52) 剝牀 : 剝卦의 初六, 六二, 六四에 나오는 말이다.

의 경우가 아니다. [觀卦의 上卦인] 巽이 또한 이로움(利)이 되니 ≪「說卦傳」에 나옴[53]≫ "无不利"인 것이다.

○升之時 一陰在下 ≪巽一陰≫ 猶未當位 ≪陰居一≫ 進而爲觀 ≪風地交≫ 陰乃得位 ≪柔居四≫ 終无尤也 ≪如乾九四之云 進无咎≫

○ 升卦의 때에는 한 개의 陰이 [제일] 아래에 있어서 ≪巽의 한 개의 陰≫ 여전히 바른 자리를 차지하지 못하였는데 ≪陰이 [陽의 자리인] 初位에 있음≫ 나아가서 觀卦가 되면 ≪風과 地를 交易함[으로써 地風 升卦가 風地 觀卦로 됨]≫ 그 陰이 곧 [바른] 자리를 얻으니 ≪柔가 第4位에 자리함≫ [이것을 가리켜] "終无尤", 즉 "끝에는 허물이 없음"이라고 한 것이다. ≪예컨대 乾卦 九四에서 "進无咎", 즉 "나아감에 허물이 없게 됨"이라고 말한 경우와 같다.[54]≫

○[55] 案 漢儒釋此 皆以妾御當夕 ≪一后 三夫人 九嬪 二十七世婦 八十一御妻≫ 爲魚貫之序 ≪後漢 梁皇后曰 願陛下 思雲雨之均澤 識魚貫[56]之次序≫ 蓋以魚之旣貫 頭皆向上 其勢相順 而今 巽后在上 衆陰纍纍 有妾御順附之象也 然 以宮人寵 當作何解

53) 「說卦傳」에 "近利市三倍"라고 함.

54) 乾卦 九四의 「象傳」에 "或躍在淵, 進无咎也"라고 함.

55) [校閱] "○"이 奎章本과 新朝本에는 있으나, 國中本에는 없다.

56) [校閱] 新朝本과 國中本에는 "貫魚"로 되어 있으나, 奎章本에는 "魚貫"으로 되어 있다.

剝 → 觀 升 ← 臨

○ [案] 한유(漢儒)들은 이 爻辭를 해석하면서, 모두 임금의 첩들이 자기 차례가 돌아옴에 그 잠자리 시중을 드는 것(當夕)[57]으로 풀이하였는데 ≪후비(后妃)가 1人, 부인(夫人)이 3人, 빈(賓)이 9人, 세부(世婦)가 27人, 어처(御妻)가 81人≫ 마치 물고기를 쭉 꿰어 둔 것처럼 차례대로 엮어진 차서(次序)처럼 보았다. ≪후한(後漢)의 양황후(梁皇后)[58]가 [여기 爻辭의 "貫魚"와 유사하게] 말하기를 "원하옵건대, 폐하(陛下)께서는 [하늘의] 운우(雲雨)가 [차별 없이] 골고루 은택을 베풂을 생각하시어, 비빈(妃嬪)들이 줄줄이 늘어서 있는 [어관(魚貫)의] 차서(次序)를 기억하시옵소서"라고 하였다.[59]≫

아마도 물고기가 꿰어짐에, 그 머리가 모두 위를 향하고, 그 형세도 서로 순응하는 모습에 의거한 설명이겠는데, 지금 [觀卦에서 보면] 巽의 왕비가 위에 자리하고, 여러 陰이 줄줄이 늘어서서, 나머지 첩실들이 순종하고 따르는 象이 있기는 하다. 그러나 만일 그렇게 해석한다면, ["貫魚"의 뒷 句節인] "以宮人寵"이라는 구절을 어떻게 해석하려는가?

57) 當夕 : 옛날에는 처와 첩이 시중을 드는데, 각각 그 맡은 날이 정해 있었다. 당석(當夕)이란 자신이 맡은 날에 시중드는 것을 말한다. 『禮記』「內則」에 "妻不在, 妾御莫敢當夕"이라고 함.

58) 양황후(梁皇后) : 東漢 순제(順帝) 때의 황후, 양황후의 힘을 빌려 외척(外戚)인 양기(梁冀)가 대장군이 되어, 권력을 휘둘렀다(梁冀에 관해서는 『後漢書』 卷64 「列傳」에 「第24 梁冀傳」을 참조할 것).

59) 『後漢書』 卷2(范曄 撰, 李賢 等 注, 中華書局, 1993, 439면)에 나온다. 『仲氏易』(上海古籍出版社, 1990, 105면)에도 동일하게 언급되는데, "夫梁氏亂政, 此剝牀之尤者. 然, 漢祚未盡, 猶能受寵, 而順之如此. 此, 可監矣"라는 말이 덧붙여져 있다. 한편, 『中國經學史』(皮錫瑞, 이홍진 역, 형설출판사, 1995, 86면)에도 교육을 장려한 "梁太后"가 언급되고 있다.

上九 : 碩果不食, 君子得輿, 小人剝廬. ○ 象曰 : 君子得輿, 民所載也, 小人剝廬, 終不可用也.

上九 : 큰 과일이 먹히지 않고 남아 있다. 君子는 [백성을 실을] 수레를 얻을 것이나, 小人은 오두막이 벗겨짐을 당할 것이다. ○ 「象傳」 : "군자득여(君子得輿)"라고 함은 [군자가] 백성을 [수레에] 싣는 것을 말하며, "소인박려(小人剝廬)"라고 함은 끝내 [小人이 등용(登用)되어] 쓰이지 않는 것을 말한다.

此 剝之坤也 乾爲木果 ≪說卦文≫ 艮爲果蓏 ≪說卦文≫ 剝之一陽是 碩果也 ≪陽曰 大≫ 自姤以來 陽被陰蝕 ≪如蟲之蝕果≫ 乾之五陽盡入坤腹之中 而剝之一陽 顆然獨存 不爲所食 ≪不入坤腹中≫ 碩果不食也 ≪碩 大也≫

剝 → 坤

姤 → 遯 → 否 → 觀 → 剝

이것은 剝卦가 坤卦로 변하는 경우이다. 乾은 "木果(나무 열매)"가 되고 ≪「說卦傳」의 글≫ 艮은 "과라(果蓏 : 열매)"가 되는데 ≪「說卦傳」의 글≫ 剝卦에 있는 한 개의 陽은 "석과(碩果)", 즉 큰 과일을 상징한다. ≪["석(碩)"은 '크다'는 뜻인데] "陽"을 "大"라고 한다.≫ 구괘(姤卦) 以來로 陽이 陰에게 잠식당하는데 ≪마치 벌레가 과일을 먹는 것과 같음≫ 乾卦의 다섯 개의 陽이 모두 坤의 배속에 들어가고, 剝卦의 한 개의 陽만이 덩그러니(顆然)[60] 홀

60) 顆然 : 외따로, 오뚝하게.

로 남아, 먹히는 바가 되지 않았으니 ≪坤의 배속에 들어가지 않음≫ [이것을 가리켜] "碩果不食"라고 한 것이다. ≪"碩"은 '크다'는 말이다.≫

驗之物象 木果之在卑枝者 ≪遯否觀之艮果也≫ 被人撲食 ≪撲 剝也 詩云 剝棗≫ 在最高之枝者 不爲人食 ≪剝上剛≫ 旣大旣熟 ≪不食 故能大≫ 爛脫而落於地 ≪雜卦所云 剝 爛也≫ 則嘉實由是而傳種 ≪復一陽≫ 至明年而復生 ≪震反生≫ 此 天地自然之象也

遯 → 否 → 觀 → 剝

이런 物象을 경험적으로 따져 보면, 나무의 과일 중에 낮은 가지에 달려 있는 것은 ≪遯卦·否卦·觀卦에서 艮의 과일≫ 사람들에 의하여 쳐서 떨어트려져 따먹힘을 당하게 된다. ≪쳐서 떨어트리는 것이 "剝"이니, 『詩經』「豳風」「七月」에 "박조(剝棗)", 즉 "대추를 털어낸다"라고 하였다.[61]≫ [그렇지만] 제일 높은 가지에 달려 있는 것은 사람들에게 먹히지 않으니 ≪剝卦의 上卦는 剛≫ 이미 커지고, 이미 숙성(熟成)하게 되면 ≪먹히지 않으므로, 클 수가 있음≫ 잘 무르익어 껍질을 벗고 땅에 떨어지게 된다. ≪「雜卦傳」에서 [난숙(爛熟)한 열매가 껍질이 터져 땅에 떨어진다는 의미에서] "剝은 난숙(爛熟)함이다"라고 하였다.≫ 곧 좋은 열매가 이로 말미암아 종자(種子)를 전하여 ≪復卦에 있는 한 개의 陽≫ 그 다음 해가 되면 다시 생겨나니 ≪震은 "反生", 즉 "다시 살아남"이 됨≫ 이는 천지자연(天地自然)의 象인 것이다.

◯其變爲坤 ≪上下坤≫ 坤則爲輿 ≪說卦文≫ 旣坤而復 ≪卦之序≫

61) 『詩經』「豳風」「七月」에서 "八月剝棗, 十月穫稻(팔월에는 대추를 두드려 떨고, 시월에 벼를 베어)"라고 함(김학주 역주, 『詩經』, 명문당, 1984, 242면; 245면).

君子攸往 ≪見坤卦≫ 君子得輿也 ≪得坤衆[62]≫ 艮廬旣撤 ≪艮爲次≫ 上無蔽覆 小人 將何所庇身哉 ≪艮小人≫ 小人剝廬也 君子當亂亡之世 易以得民 小人力除君子 迨君子盡亡 而王綱墜地 ≪乾滅而坤純≫ 則小人亦無所庇其身 此 剝上九之義也

姤 → 遯 → 否 → 觀 → 剝 → 坤 → 復

○ [剝卦의 上九爻가] 변하면 坤이 되는데 ≪[重地 坤卦의] 上下卦가 모두 坤≫ 坤은 곧 수레(輿)가 된다. ≪「說卦傳」의 글[63]≫ 이렇게 坤卦가 되었으면, [그 다음으로] 復卦로 되는 것이 ≪辟卦의 推移의 순서에 따름≫ 君子가 가야 할 방향이므로 ≪[이런 의미는] 坤卦의 卦辭를 설명하는 부분에 나옴[64]≫ "君子得輿"라고 말한 것이다. ≪[君子가 수레를 얻었다고 함은 결국] 坤의 군중을 얻음을 가리킨다.≫

[그런데 上九가 효변하면] 艮의 초막은 이미 철거되어 ≪艮은 "초막(次)"이 됨[65]≫ 위에 가려서 덮을 것이 없으니, 小人이 장차 어디에 그 몸을 가려 덮으리요[66] ≪艮은 小人이다.≫ 小人은 오두막이 벗겨짐을 당한 것이다.

君子는 혼란한 시절을 당하여, 백성들[의 마음]을 용이하게 얻는 데

---

62) [校閱] 新朝本과 奎章本에 모두 "得坤衆"으로 되어 있다. 國中本에서는 글자가 뚜렷하게 보이지는 않지만 "衆"보다는 오히려 "象"으로 보인다. 「說卦傳」에 "坤……爲衆"이라고 하였으므로, 틀린 것은 아니지만, 「說卦傳」에 "坤 …… 爲大輿"라고 하였고, 또 이것이 "君子得輿也"에 대한 注라는 점을 생각하면, "得坤輿"라고 하는 것이 더 적합할 것으로 보인다. 물론 大輿의 수레에 衆을 태운다는 뜻에서 "得坤衆"이라고 했을 수도 있다.

63) 「說卦傳」에 "坤 …… 爲大輿"라고 함.

64) 坤卦의 卦辭에 "君子, 有攸往"이라 하였다.

65) 艮廬 : 茶山의 '今補'에 "廬次"라고 함(『四箋』 卷8, 40나).

66) 庇 : 덮을 비(广-4획; bì).

반해서, 소인배들은 [안간] 힘을 다해, 君子를 제거하려고 한다. [이렇게 해서] 君子들이 거의 모두 없어지는 지경에 이르러, 王道의 기강(紀綱)이 땅에 떨어지게 되면 ≪[剝卦 上九의 之卦인 坤卦에서는] 乾이 소멸하고, 坤으로 순전히 이루어짐≫ 그 小人도 역시 결국 그 몸을 의탁할 데가 없어지게 되니, 이것이 剝卦 上九의 뜻이다.

○民所載者 君子之任重也 孟子曰 天將降大任於是人 所謂大任 卽載民也 復以一陽 上載坤陰 民所載也

○ "民所載"라고 한 것은 君子가 막중(莫重)한 임무를 맡는 것을 가리킨다. 『孟子』「告子(下)」에서 말하기를, "天將降大任於是人", 즉 "하늘이 이 사람에게 중대한 임무를 맡기려고 할 때에는……"라고 하였는데,[67] 이른바 "大任"이란 곧 "載民"의 일을 가리킨다. 復卦에서는 한 개의 陽으로써 위로 坤의 陰들을 싣고 있으니, [이것이] "民所載(백성을 싣는 것)"이다.

○艮則爲終 ≪見說卦≫ 而艮今滅 ≪卦亦終≫ 終不可用也

䷖ → ䷁

剝 → 坤

○ 艮은 곧 "종말"이 되는데 ≪「說卦傳」에 나옴≫ [剝上九가 요변하면서] 그 艮이 지금 소멸되니 ≪卦位도 역시 끝에 도달함≫ [이것을 가리켜] "終不

---

67) "天將降大任於是人": 『孟子』「告子下」에 나오는 구절이다. "天將降大任於是人也, 必先苦其心志, 勞其筋骨, 餓其體膚, 空乏其身, 行拂亂其所爲, 所以動心忍性, 曾益其所不能(하늘이 이 사람에게 중대한 임무를 맡기려고 할 때에는 반드시 그 마음을 괴롭게 하고, 그 근육을 아프게 하고, 그 육체를 굶주리게 하고, 그 몸에 가진 것이 없게 해서 그 행동을 실패하게 하여 그들이 해야 할 일과 어긋나게 한다. 이것은 마음을 분발하게 하고 성질을 참을성 있게 하여, 이제까지 해내지 못하던 일을 더 많이 할 수 있게 해 주기 위해서이다)."

可用"이라고 한 것이다.

○案 京房易傳曰 小人剝廬 厥妖山崩 ≪謂艮山今崩≫ 雖祆祥之占 不經 而爻變 則知之矣

䷖ → ䷁
剝 → 坤

○ [案] 京房의 『易傳』에 "小人이 오두막을 벗김을 당하니, 그 재앙은 山이 붕괴되는 것이다"라고 하였는데[68] ≪艮의 山이 지금 [坤卦가 되면서] 붕괴됨을 말하는 것≫ 비록 황당하게 음양재이(陰陽災異)를 따지는 占法으로서, 正道에 속한 것은 아니지만, 爻變法의 경우는 곧 그도 알고 있었던 것이다.[69]

24. 지뢰 복(地雷 復)

䷗

震下坤上 ○第十三卦之反 ≪坤一陽生≫

---

68) 小人剝廬 厥妖山崩 : 『(前)漢書』(卷27 下之上) 「五行志」(第7 下之上)에서도 그대로 인용되고 있다.
69) 京房은 辟卦라는 명칭을 처음 사용한 인물이다.

震이 下卦이고, 坤이 上卦이다. ○ 第13卦의 反卦이다. ≪坤卦로부터 한 개의 陽이 생성된 것이다.≫

序卦傳曰 剝 窮上反下 故受之以復

「序卦傳」에서 말하였다. "깎아내어, 위가 다하면, 도리어 아래에서 되살아 오는 것이니, 그러므로 [剝卦 다음에] 復卦로 받는다."

○ 雜卦傳曰 復 反也

○ 「雜卦傳」에서 말하였다. "復은 되돌아 옴(反)이다."

○ 大傳曰 復 德之本也 ≪乾之根≫ 復 小而辨於物 ≪朱子曰 陽微而不亂於群陰≫ 復以自知 ≪內自行≫

○ 「大傳」에서 말하였다. "復은 德의 근본이며[70] ≪乾卦의 뿌리[71]≫ 復은 미약하지만, 事物을 잘 分別하며 ≪朱子가 말하였다. "[復卦는] 陽이 미약하지만 陰의 무리들로 인해 어지럽혀지지 않는 것이다."≫ 復은 [돌이킴으로써] 스스로 아는 것이다." ≪안으로 스스로 행함≫

○ 鏞案 序卦 先剝而後復者 終則有始 天行也 震爲反生 ≪說卦文≫

○ [鏞案] 「序卦傳」에서 剝卦를 앞에 두고, 復卦를 뒤에 둔 것은 끝

---

70) 되돌아감 즉 본성을 회복함(또는 자기 반성)이 德의 근본이라는 것.

71) 乾은 德이 된다. 荀九家 虞翻의 說.

나면 곧 다시 시작함이 [있는] 것이 하늘의 운행이기 때문이다. 震은 '反生', 즉 '되살아남'이다. ≪「說卦傳」의 글이다.≫

故八卦之內 以艮爲剝 以震爲復 ≪坎离爲小過中孚≫ 而八卦方位終乎艮 而始於震 亦剝復之義也

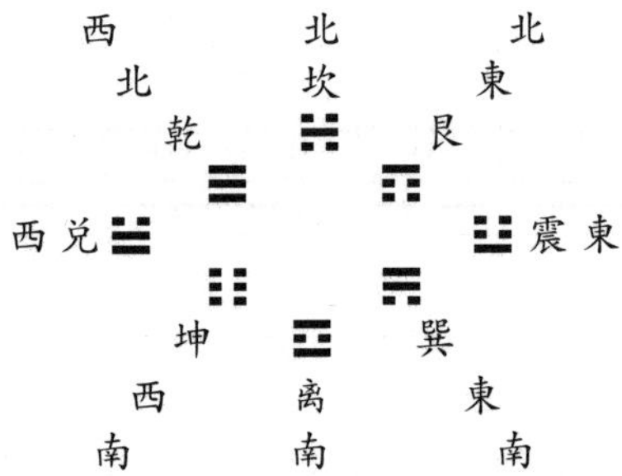

그러므로 [삼획괘(三畫卦)인] 八卦 안에서는, 艮이 剝卦에 해당하고, 震이 復卦에 해당하며 ≪坎과 离는 小過와 中孚에 해당됨≫ 八卦의 方位도 [동북쪽인] 艮에서 마치고 [동쪽인] 震에서 시작되니, [이것도] 역시 剝卦와 復卦의 취지이다.72)

䷗

復, 亨, 出入无疾, 朋來, 无咎. 反復其道, 七日來復, 利有攸往.

---

72) 以上에다가 乾이 坤보다 먼저라는 측면이 첨가되어야 할 것이다. 즉 영원히 시작도 끝도 없이 순환하는 것이기는 하지만 굳이 따지자면 乾이 먼저이니(乾→姤→……→剝→坤→復卦의 순서) 剝卦가 먼저 나오고 그 다음에 復卦가 나오는 것이다.

復은 형통함이니, 나가고 들어옴에 질병(疾病)이 없으며, 친구가 옴에 허물이 없을 것이다. 그 道를 반복함에 7일 만에 다시 회복되니, 갈 곳에 이로움이 있을 것이다.

此 復之不變者也 震道前通 《震大塗》 於道爲亨

이것은 復卦가 변하지 않는 경우이다. 震의 길이 앞으로 [확] 트여 있으니 《震은 큰 길》 [그] 길에 형통함이 되는 것이다.

○一陽之卦 必得坎疾 《爲心病》 故 師 謙 豫 比 皆不免焉 《皆有坎》 唯剝與復 終不成坎 《剛不在中故》 此 无疾也 陽出爲剝 《剛在外》 其入爲復 《剛在內》 出入无疾也 《皆無坎》

復　師　謙　豫　比　剝

○ 陽이 한 개 있는 卦는 반드시 坎의 질병을 얻게 마련이다. 《坎은 마음의 病이 된다.》 그러므로 師卦와 謙卦와 豫卦와 比卦는 모두 [坎의 질병을] 면하지 못하는데 《모두 坎이 있음》 오직 剝卦와 復卦[의 경우]에는 끝내 坎이 성립되지 않으니 《剛이 가운데 없기 때문에 그러함》 이것이 "无疾", 즉 "질병이 없다"라고 한 이유이다. 陽이 [밖으로] 나가면 剝卦가 되고 《剛이 밖에 있음》 그것이 안으로 들어오면 復卦가 되니 《剛이 안에 있음》 [이것을 가리켜] "出入无疾", 즉 "나가고 들어옴에 질병이 없다"라고 한 것이다. 《모두 坎이 없다.》

又 天行自復 《前年之冬至》 爲臨爲泰 歷六位而至乾 《四月卦》 終不成坎 《行之以震道》

復 → 臨 → 泰 → 大壯 → 夬 → 乾

또한 天道의 운행이 復卦로부터 시작하여 ≪[復卦는] 前年의 동지(冬至)에 해당됨≫ 臨卦가 되고, 泰卦가 되어 여섯 자리를 거쳐, 乾卦에 이르되 ≪4月卦≫ 끝내 坎을 이루지 않는다. ≪그 운행함에 震의 길을 따름≫

爲姤爲遯 歷六位而至坤 ≪十月卦≫ 終不成坎 ≪行之以艮路[73]≫ 今而後 來復 ≪今年之冬至≫ 出入无疾也 ≪皆無坎≫ 行者之筮 遇是卦則其往反 平安也

乾 → 姤 → 遯 → 觀 → 剝 → 坤 → 復

[그 乾卦가] 姤卦가 되고, 遯卦가 되어, [역시] 여섯 자리를 거쳐, 坤卦에 이르러도 ≪10月卦≫ 끝내 坎이 생기지 않는데 ≪그 운행함에 艮의 길[74]에 따르는 것≫ 지금 이후에 復卦가 되돌아오니[75] ≪[復卦는] 금년의 冬至≫ "出入无疾"인 것이다. ≪모두 坎이 없다.≫ [만일] 여행자가 占筮를 통해[76] 이 卦를 얻으면, 가고 돌아오는 길에 평안할 것이다.

○剝之時 坤朋前進 ≪下五陰≫ 皆小人之朋也 ≪艮小人≫ 今坤朋復來 ≪上五陰≫ 皆君子之朋也 ≪震君子≫ 雖來何咎 ≪異於剝≫

---

73) [校閱] 新朝本과 國中本에는 "行之以艮路"로 되어 있으나 奎章本에는 "行之以震路"로 되어 있다. 前者가 옳다. 왜냐하면, 復에서 乾으로 이르는 과정은 震으로써 나아가는 과정이지만, 姤에서 坤으로 이르는 과정은 艮으로써 나아가는 과정이기 때문이다.

74) 艮路 : 說卦傳에 徑路라 함.

75) 아래에 "今而後反之"라는 표현이 나온다(『四箋』 卷3, 31나).

76) 行者之占(『四箋』 卷4, 21나).

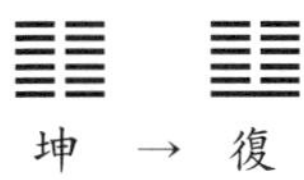

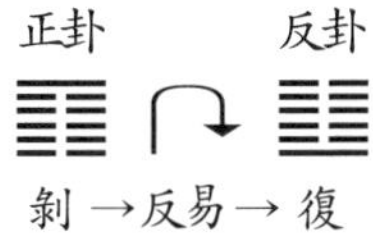

○ 剝卦의 때에는 坤의 벗들이 [앞으로] 前進하였는데 ≪아래의 다섯 개의 陰을 말함≫ 모두 小人의 친구들이다. ≪艮은 小人≫ 지금 [復卦의 때에는] 坤의 친구들이 다시 들어오는데 ≪위의 다섯 개의 陰≫ 모두 君子의 친구들이니 ≪震은 君子≫ 비록 이렇게 온다고 해도 무슨 허물이 되겠는가? ≪剝卦의 경우와 다르다.≫

○ 反復其道者 四時之推遷也 姤一陰始生 而初位無陽 ≪巽下絶≫ 爲遯爲否 ≪初仍柔≫ 爲剝爲坤 ≪初仍柔≫ 初位之不見陽 久矣 今而後 反之 已七日也 ≪每以一卦 當一日≫ 七日者 七月也 ≪豳風云 一之日 二之日≫ 此之謂 七日來復 ≪復于初≫ 其道者 震道也 ≪爲大塗≫

○ "反復其道"란 春·夏·秋·冬의 四時의 변천을 말한다. 姤卦의 한 개의 陰이 처음 생겨남에, 初位에 陽이 없어지는데 ≪巽은 아래가 난절되어 있음≫ 遯卦가 되고, 否卦가 되고 ≪初位에는 여전히 柔≫ 剝卦가 되고, 坤卦가 되어도 ≪그래도 初位에는 여전히 柔≫ 初位에 陽이 나타나지 않은 것이 오래 되었다.

이 [坤卦] 이후에 되돌아오는데 7일을 경과한 것이다. ≪卦 하나가 하루에 해당됨≫ [여기] 7일이란 결국 7개월이다. ≪『詩經』「빈풍(豳風)」「七月」에 [一之日]에는…… [二之日]에는 ……이라고 했는데 [각각 11월과 12월을 뜻하며] 역시 日로 月을 삼은 用例≫ [이것을 가리켜] "七日來復"이라고 하는 것이다. ≪初位에

[陽을] 회복함≫ "其道"란 震의 道를 가리킨다. ≪[震은] 큰 길이 된다.≫

○震道無阻 利有攸往也

○ [復卦는] 震의 길(道)에 장애(阻)가 없으니, "利有攸往"이라고 한 것이다.

○案 一說 自剝爲坤 歷坤六位 而始反爲復 是 七日 其義 非也

剝 → 坤 → 復

○ [案] 어떤 說에 따르면, 剝卦에서 坤卦로 되는 과정에서 坤卦의 6位를 거쳐야 비로소 되돌아가 復卦가 되니, 이것이 "七日"이라 하는데, 그 해석은 그릇된 것이다.

春秋傳 鄢陵之戰 ≪成十六年≫ 晉侯 筮之遇復 史曰 南國蹙 射其元王 中厥目 ≪義詳官占注≫

復 豫

「春秋傳」에 [晉나라와 楚나라가 鄭나라 땅인] 언릉(鄢陵)[77]에서 싸울 때 ≪成公 16年[78]≫ 晉나라 제후가 占筮하여 復卦를 얻었는데, 卜史가 풀

77) 언릉(鄢陵): 鄭나라의 지명으로, 현 하남성 언릉현(鄢陵縣)의 서북쪽 땅.

78) 成公 16年은 周簡王 11年, B.C.575年에 해당된다. 成公 16年에 晉나라 군주인 후작이 楚나라 군주인 자작 및 鄭나라 군사인 백작과 언릉(鄢陵)에서 싸워 楚나라 군주인 자작과 鄭나라 군사가 대패했다(文璇奎 譯, 『春秋左氏傳』 中, 명문당, 1987, 162면).

이하여 말하기를, "남쪽 나라[인 楚나라의 영토]가 줄어들고, 그 대왕(元王)[79]을 활로 쏘니, 그 눈(目)에 적중할 것이옵니다"라고 하였다. ≪그 뜻이 「春秋官占補註」에 자세히 설명되어 있다.[80]≫

彖曰 : 復亨, 剛反動, 而以順行. 是以, 出入无疾, 朋來, 无咎. ≪句≫ 反復其道, 七日來復, 天行也, 利有攸往, 剛長也, 復, 其見天地之心乎!

「彖傳」: "復亨"이라고 한 것은 剛이 되돌아와, 유순하게 行하기 때문이니, 이런 까닭에 "出入无疾, 朋來无咎"이라고 한 것이다. "反復其道, 七日來復"이라고 함은 천체의 운행을 가리킨다. "利有攸往"은 剛이 자라나 [臨卦가 되]기 때문이다.[81] 復[卦의 卦象]에서 그 天地의 마음을 볼 수 있음이로다.

復者 剝之反 ≪翻覆之≫ 剝以剛止 ≪艮止之≫ 復以剛動 ≪震動之≫ 此 剛反動也 坤順在前 以順行也

復←反易→剝

復卦는 剝卦의 反易卦이다. ≪[復卦는 剝卦를] 뒤집은 것≫ 剝卦에서는 剛으로써 정지하는 반면에 ≪艮으로써 [가는 것을] 멈춤≫ 復卦에서는 剛으로써 움직이니 ≪震으로 운동함≫ 이것이 "剛反動", 즉 "剛이 반대로 움직

79) 당시 楚나라는 周나라 天子(王)와 같이 王이라 자칭하고 있었다.

80) 「춘추관점보주(春秋官占補註)」의 "진후언릉지서(晉侯鄢陵之筮)"(成公 16年)를 참조할 것(『四箋』 卷7, 22나~23가).

81) 이 剛長에 대한 설명은 아래에 나오지 않는데, 『四箋』(卷3, 15나)에 臨卦와 연관하여 설명하고 있다. 즉 臨卦의 下兌가 利이다.

임”이다. [復卦의 上卦는 坤이니] 坤의 유순함이 앞에 놓여 있으니, “以順行”이라고 한 것이다.82)

○ 自姤至復 歷七卦而陽復 如夏至冬至 歷七月而陽復 此之謂 天行也

姤 → 遯 → …… → 坤 → 復　　　　復 → 臨

○ 姤卦에서 復卦에 이르기까지 일곱 개의 卦를 거쳐, 陽이 회복되니, 마치 夏至[인 5월]에서 冬至[인 11월]까지 7개월을 거쳐, [따뜻한] 陽氣가 회복되는 것과 같다. 따라서 이것을 두고 “天行”이라 말한 것이다.

○ 至仁者 天地之心也 ≪以生物爲心≫ 震則爲仁 ≪東方卦≫ 於是乎 知其心也

○ 지극히 어진 것이 天地의 마음이다. ≪萬物을 살리는 것으로써 마음으로 삼는다.≫ 震은 곧 仁이 되니 ≪[震은] 동쪽을 상징하는 卦≫ 이에 그 [天地의] 마음을 아는 것이다.

初九 : 不遠復, 无祗悔, 元吉. ○ 象曰 : 不遠之復, 以脩身也.

初九 : 멀리 가지 않아 [곧] 되돌아올 것이니, 많이 변하는 데까지 이

82) “艮止”, “震動”, “坤順”은 「說卦傳」의 卦德이다.

르지 않을 것이다. 군주(元)는 吉할 것이다. ○「象傳」: 멀리 가지 않아 [곧] 되돌아올 수 있었던 것은 [스스로] 수신(脩身)에 힘썼기 때문이다.

此 復之坤也 復以豫交 ≪雷地爲地雷≫ 豫自復來 ≪一之四≫ 震足出外 僅至初境 ≪四爲上之初≫ 不遠出也 交之爲復 ≪交易之≫ 剛復其初 ≪四之一≫ 不遠復也

復 → 豫 復 → 坤

이것은 復卦가 坤卦로 변하는 경우이다. 復卦는 豫卦로부터 交易된 것이다. ≪雷와 地 [豫卦]가 地와 雷 [復卦]로 됨≫ 豫卦는 [또한] 復卦로부터 추이하여 온 것인데 ≪[復卦의] 1이 4로 감≫ 震의 다리로써 밖으로 나갔으나 [멀리 가지 않고] 다만 국경(國境)의 초입(初入)에까지 도달하였으니 ≪제4位는 上卦의 初位≫ 멀리 나가지는 않은 것이다. [그런데 豫卦로부터] 交易하여 復卦가 됨에 [이렇게 밖으로 나갔던] 剛이 그 처음의 자리를 다시 회복하니 ≪[豫卦의] 4가 1로 감≫ [이것을 가리켜] "不遠復"이라고 한 것이다.

○ 本以下震 ≪豫本復≫ 暫出而反 ≪四之一≫ 其道如舊 ≪震如昔≫ 无祇悔也 ≪象不變 謂之无悔≫ 祇悔者 多悔也 ≪或曰 祇底通 致也≫

復 → 豫 復

○ [復卦에서] 본래 下卦가 震이었는데 ≪豫卦의 근본은 復卦≫ 잠시 [밖으로] 나갔다가 되돌아오니 ≪[豫卦에서 復卦로 交易하면] 4가 1로 감≫ 그 길

(道)이 옛날과 같으므로 ≪震[의 길]이 옛날과 같아짐≫ “无祇悔”, 즉 “많은 변화에 이르지는 않을 것”이라고 한 것이다. ≪象이 변하지 않은 것을 “无悔”라고 한다.≫ [여기서] “祇悔”라고 한 것은 “多悔”, 즉 “많이 변화함”이다. ≪或者가 말하였다. “‘祇(지)’와 ‘底(저)’는 통하며, ‘이른다’는 뜻이다.”≫

○元吉者 君道之吉也 震元體仁 其占 元吉

○ “元吉”이란 君主의 道의 吉함이다. [震의] 군주(元)가 仁을 체현(體現)하고 있으니, 그 占이 “元吉”이 된다.[83)]

○復之爲豫也 剛往在外 ≪一之四≫ 以正坤民 ≪上本坤≫ 既而[84)] 曰 不如自修之爲得也 反求諸己[85)] ≪四之一≫ 健以行之 ≪爲自强≫ 是 修身也 ≪下爲离位 离爲修≫

復 → 豫　　復 → 坤

○ 復卦가 [推移 혹은 交易을 통하여] 豫卦로 됨에, 剛이 밖으로 나가서 ≪[復卦의] 1이 4로 감≫ 坤의 백성을 바르게 통치하더니 ≪[豫卦의] 上卦가 본래 坤≫ [얼마 뒤] 이윽고 말하기를, “[이렇게 백성을 직접 통치하는 것이] 스스로 수양하여 [백성에게 모범을 보임으로써] 얻는 것만 같지 못하다”라고 하고, 자신에게 되돌이켜 구하고 ≪[交易하면] 4가 1로 감≫ 건실(健實)하게 修行하니 ≪스스로 굳건하게 함≫ 이것이 “修身”이다. ≪下卦는 [본래] 离位이며, 离는 닦음[修]이 된다.≫

83) 「說卦傳」에 따르면, 震은 長子가 된다. 또 荀九家인 우번(虞翻)의 說에 따르면, 震은 主가 된다.

84) [校閱] 新朝本과 國中本에는 “旣而”로 되어 있으나 奎章本에는 “旣已”로 되어 있다.

85) [校閱] 新朝本에는 “己(기)”로 되어 있으나 奎章本과 國中本에는 “已(이)”로 되어 있다.

○案 諸家 皆以七日來復 爲不遠復 夫七日久矣 何爲不遠 使顔子 七日而不改過 其可曰 不遠復乎 七日復者 四時之運行也 不遠復者 豫卦之交易也 ≪初爲卦主 故不取變象≫

○ [案] 여러 주석가(註釋家)들은 모두 [단사(彖辭)의] "七日來復"이 [여기 初九의] "不遠復"을 지칭한 것으로 보는데, 대저 7일은 긴 시간이니,[86] 어찌 멀지 않겠는가! 가령, 안자(顔子)가 7일이 되어도 자신의 잘못을 고치지 않는다면, 그것을 두고, "不遠復"이라고 하겠는가? "七日復"이라고 함은 [春·夏·秋·冬의] 사시(四時)의 運行을 가리키고, "不遠復"이란 [復卦가] 豫卦로부터 交易되어 온 것임을 가리킨 것이다. ≪初九는 卦主가 되므로 變象을 취하지 않은 것이다.≫

孔子曰 顔氏之子 其殆[87]庶幾乎 有不善 ≪豫之互坎 爲罪過≫ 未嘗不知 ≪坎爲知≫ 知之 未嘗復行也 ≪震出外 爲行≫ 易曰 不遠復 无祇悔 元吉

復 → 豫　　復 → 坤

孔子께서 말씀하셨다. "안씨(顔氏)의 아들은 [道를 체득하고 있는 경지에] 거의 가까이 이르렀도다. 善하지 않은 일이 있으면 ≪豫卦의 [3·4·5의] 互坎은 罪過가 됨[88]≫ 일찍이 깨닫지 못하는 일이 없었고 ≪坎은 知가 됨[89]≫ 깨닫고 나서는 또 다시 [잘못을] 하는 일이 없었다. ≪震이 밖으로 나간 것을 두고 '行'이라고 한 것≫ 『周易』에 이르기를, '不遠復, 无祇悔, 元

86) "七日來復"은 辟卦消長에 따른 象이다.
87) [校閱] "殆"가 奎章本에는 "迨로 나오는데, 뜻은 같다.
88) 坎罪: 茶山의 「其他 物象」을 참조할 것.
89) 茶山의 '今補'에 나옴.

吉'이라고 하였다."

○案 爻變爲坤 則無不善之象 亦無回復之形 其取豫交易之象 審矣

○ [案] [復卦 初九가] 爻變하여 坤卦가 되면, 착하지 못한 象도 없지만, 또한 回復의 形象도 없다. 따라서 [復卦의 初九의 爻詞에서는] 豫卦로부터 交易된 象을 취하는 것이 분명하다.

六二 : 休復, 吉. ○象曰 : 休復之吉, 以下仁也.

六二 : [功을 이룬 뒤에 물러나서] 휴식(休息)을 위하여 돌아오니[90] 吉할 것이다. ○「象傳」: "休復"의 吉함은 아래로 [백성에게] 臨하여, 仁을 이루기 때문이다.

此 復之臨也 臨以萃交 ≪澤地爲地澤≫ 萃自小過 ≪三之五≫ 皆大坎也 ≪萃三六[91]夾坎≫ 致役乎坤 ≪萃下坤≫ 勞之以坎 ≪爲勞卦≫ 交之

90) 休復 : 은퇴하여 돌아옴.

91) [校閱] 新朝本과 國中本에는 "萃三六"으로 되어 있으나 奎章本에는 "萃六三"으로 되어 있다.

爲臨 ≪交易之≫ 則功成而退 ≪坎爲功≫ 以自休息 ≪今無坎勞象≫ 是休復也 ≪休否 宜參看≫

이것은 復卦가 臨卦로 변하는 경우이다. 臨卦는 萃卦로부터 交易된 것이고 ≪澤地 [萃卦]가 地澤 [臨卦]로 됨≫ 萃卦는 小過卦로부터 나왔는데 ≪[小過卦의] 3이 5로 감≫ [萃卦와 小過卦는] 모두 큰 坎[의 형태]이다. ≪萃卦는 제3位에서 제6位까지 합치면 협감괘(夾坎卦)가 된다.≫

坤에서 노역(勞役)을 시킴에 ≪萃卦의 下卦는 坤≫ 坎으로써 힘써 勞力함이 있었는데 ≪坎은 勞卦가 됨[92]≫ [萃卦로부터] 交易하여 臨卦가 되면 ≪上下卦를 교체하여 바꿈≫ 功을 이루고, 물러남으로써 ≪坎은 功이 됨[93]≫ 스스로 휴식을 취하니 ≪지금 [臨卦에는] 坎의 노고(勞苦)의 象이 없음≫ 이것이 "休復", 즉 "[功을 이루고, 물러나서] 쉬고자 돌아옴"이다. ≪[否卦 九五의] "休否"의 경우를 참고해야 한다.[94]≫

○ 兌自萃降 ≪今下兌≫ 以成震仁 ≪卦 今爲大震≫ 以下仁也 ≪以降下之 故爲仁≫

○ 兌가 췌괘(萃卦)에서 내려와 ≪지금 [臨卦의] 下卦는 兌≫ 震의 仁을

92) 「說卦傳」에 "坎者, 水也,. …… [勞卦]也"라고 함(『四箋』 卷8, 38가).
93) 坎功 : 茶山의 「其他 物象」에 나온다.
94) "否卦九五, 休否, 大人吉, 其亡其亡, 繫于苞桑."(『四箋』 卷2, 36가)

이루니 ≪卦가 지금 [臨卦이니] 큰 震의 형태가 됨≫ [이것을 가리켜] "以下仁", 즉 "아래로 臨하여, 仁을 이룬다"라고 한 것이다. ≪아래로 내려갔기 때문에, 仁이 된 것이다.≫

○案 君辟之卦 多取交易 唯變所適也

○ [案] [14辟卦의] 君辟卦는 주로 交易을 취하는데, [이처럼 괘의 변화는 어떤 특정한 방식을 따르는 것이 아니라] 오직 변화에 적합한 방식을 따를 뿐이다.

六三 : 頻復, 厲, 无咎. ○象曰 : 頻復之厲, 義无咎也.

六三 : [적국(敵國)의 갑작스런 공격에] 영토(領土)를 빼앗길 [급박(急迫)한] 위기에 처하여, [국내(國內)로] 되돌아옴이니, 위태로움은 있겠으나, 허물은 없을 것이다. ○「象傳」: [적국(敵國)의 갑작스런 공격에] 영토(領土)를 빼앗길 [급박(急迫)한] 위기에 처하여, 되돌아옴이니, 위태로움은 있겠으나, 義理로 볼 때 허물이 없을 것이다.

此 復之明夷也 頻者 蹙也 ≪如顰蹙之顰≫ 大雅之云 國步斯頻是也 ≪字從步≫ 明夷自小過來 ≪四之一≫ 小過之時 震主北征 ≪雷山卦≫ 出在艮疆之外 ≪下本艮≫ 北國蹙也 ≪如 左傳之云 南國蹙≫ 移之爲明夷 則震主退步 ≪震爲足≫ 反乎艮疆之內 ≪四之一≫ 外國拓疆 ≪上今坤≫ 國步斯頻 ≪中國蹙≫ 是 頻復也 卦今明夷 故論華夷之勢

䷗ ䷣ ䷽

復 → 明夷 ← 小過

이것은 復卦가 明夷卦로 변하는 경우이다. '빈(頻)'은 축소·위축[95]의 뜻이다. ≪'빈축(顰蹙)'의 빈(顰)과 같다.≫ [『詩經』의] 「大雅」 「桑柔」에 이르기를, "國步斯頻", 즉 "나라의 형세(國步)[96]가 이처럼 급박하구나"라고 한 것이 바로 이것을 가리킨다. ≪[頻字는] 步字를 따름≫

明夷卦는 小過卦로부터 왔는데 ≪[小過卦의] 4가 1로 감≫ 小過卦의 때에는 震의 군주가 북벌을 단행하여 ≪[小過卦는] 雷와 山으로 된 卦≫ 艮의 영토 밖에 나가 있으니 ≪[小過卦의] 下卦가 본래 艮≫ [상대방이 되는] 북쪽 나라가 위축되어 있었다. ≪예컨대 『左傳』에서 "南國蹙", 즉 "남쪽 나라의 영토가 축소됨"이라고 한 것과 같은 경우이다.[97]≫

[그런데 小過卦로부터] 추이하여 明夷卦가 되면, 震의 군주가 발걸음을 뒤로 물려 ≪震은 足이 됨≫ 艮의 영토 안으로 되돌아옴에 ≪[小過卦의] 4가 1로 감≫ [상대 나라인] 外國이 [오히려] 그 영토를 확장하여 ≪[明夷卦의] 上卦가 지금 坤≫ 나라형편(國步)이 이에 위축되니 ≪中國이 위축됨≫ 이것이 "頻復(빈복)", 즉 " [敵國의 공격을 받아 國土가 위축되는 상황을 맞아] 급박하게 되돌아옴"이다. [復卦의 六三爻가 변하여 된] 卦가 지금 明夷卦이므로, 중국과 오랑캐의 관계에서 형세를 논한 것이다.

○明夷又自臨來 ≪二之三≫ 兌德乘剛 ≪臨下兌≫ 其象 厲也 ≪見易例≫ 移之爲离[98] ≪下今离≫ 陽升陰降 各得其位 ≪二與三≫ 厲无咎也

95) 蹙 : ① 대지르다. ② 가까이 대들다. ③ 좇다. ④ 막히다.

96) 國步 : 나라의 운명, 國運.

97) 「春秋官占補註」의 "晉侯鄢陵之筮"(成公 16年)를 참조할 것(『四箋』 卷7, 22나~23가).

98) [校閱] 奎章本과 國中本에는 "移之爲离"로 되어 있으나 新朝本에는 "移于爲离"로 되어 있다. 어느 것이나 가능하지만, 여기서는 前者를 따른다.

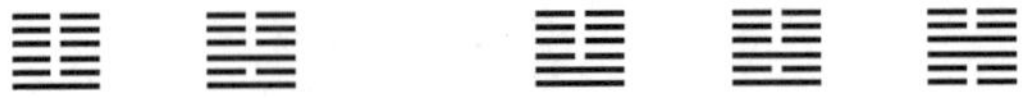

復 → 明夷　　臨 → 明夷 ← 小過

○ 明夷卦는 또한 臨卦로부터 나왔는데 ≪[臨卦의] 2가 3으로 감≫ 兌의 성격(德)이 [陰으로서] 剛을 올라탐에 있으니 ≪臨卦의 下卦는 兌≫ 그 象이 위태로운 것이다. ≪易의 용례(用例)를 참조할 것[99]≫ [그런데 臨卦에서 明夷卦로] 추이하게 되면, [下卦가] 离가 되니 ≪[明夷卦의] 下卦가 지금 离≫ 陽은 상승하고, 陰은 하강하여, 각각 그 자신의 [바른] 지위를 얻으니 ≪제2位와 제3位≫ "厲无咎", 즉 "위태로우나, 허물은 없음"이라고 한 것이다.

○ 兌則爲義 ≪臨下兌≫ 義无咎也 ≪解初六 漸初六 旣濟初九 皆云 義无咎 ○宜參看≫

○ 兌는 곧 義가 되니 ≪臨卦의 下卦는 兌≫ [이것을 가리켜] "義无咎", 즉 "義理로 볼 때 허물이 없음"이라고 한 것이다. ≪解卦 初六과 漸卦 初六과 旣濟 初九에 모두 "義无咎"라고 하였다. ○[그 경우들을] 마땅히 참조해 보아야 할 것이다.≫

○案 古文 頻作嚬 又 鄭玄本 作卑 ≪或曰 當作顰≫ 虞仲翔 解頻爲蹙 漢儒之明於字義 往往如此 ≪巽之九三 宜參看≫

○ [案] 古文에는 '頻(빈)'子가 '찡그릴 嚬(빈)'子로 나오며, 또한 鄭玄의 책에는 '낮을 卑(비)'字로 되어 있다. ≪혹자는 마땅히 '찡그릴 顰(빈)'字로 해야 된다고 하였다.≫ 우중상(虞仲翔)도 이 '頻'字를 위축됨 · 오그라듦(蹙)의 뜻으로 해석하였는데, 漢儒들이 字義에 정통함이 왕왕 이와 같다. ≪巽卦 九三[의 '頻巽']도 마땅히 [이와 연관지어] 살펴보아야 할 것이다.[100]≫

---

99) 茶山은 「易例比釋」에서 '厲'의 用例를 제시함(『四箋』 卷1, 27가).

六四 : 中行, 獨復. ◯ 象曰 : 中行獨復, 以從道也.

六四 : 중앙(中央)의 대로(大路)를 [같이] 가다가, 혼자서 되돌아옴이로다. ◯「象傳」: 중앙(中央)의 대로(大路)를 [같이] 가다가 혼자서 되돌아왔다는 것은 [다른 동행자(同行者)의 경우에는] 길(道)을 [계속(繼續)] 따라갔다는 것을 뜻하는 것이다.

此 復之震也 震自小過來 ≪三之一≫ 小過者 大坎也 ≪兼畫三≫ 坎剛居中 ≪三四剛≫ 其道四通 ≪坎爲通≫ 是 中行也 長少二人 ≪震與艮≫ 同在中行 ≪中道也≫ 移之爲震 一人猶行 ≪上震 則不改≫ 一人獨反 ≪三之一≫ 中行獨復也 ≪如 夬九三之獨行≫

復 → 震 ← 小過

이것은 復卦가 震卦로 변하는 경우이다. 震卦는 小過卦로부터 왔다. ≪[小過卦의] 3이 1로 감≫ 小過卦는 큰 坎의 형태인데 ≪획을 겹쳐서 三畫卦로 봄≫ 坎의 剛이 중간에 있고 ≪3 · 4位의 剛≫ 그 길은 사방(四方)으로 통하여 있으니 ≪坎은 通의 뜻이 됨101)≫ 이것이 "中行"이다.

[小過卦에서 보면] 어른과 아이의 두 사람이 ≪각각 震과 艮≫ 함께 중간쯤 가고 있는데 ≪중간에 있는 길[을 가는 것]≫ [小過卦로부터] 추이하여 [重雷] 震卦가 되면, 한 사람은 여전히 가고 ≪上卦인 震은 바뀌지 않음≫ 또 한 사람은 혼자 되돌아오니 ≪[小過卦의] 3이 1로 감≫ [이것은] "中行獨

100) 巽卦九三 : "頻巽, 吝"(『四箋』 卷6, 35가) "頻者, 足蹙而不前也".

101) 坎은 通함의 뜻이 된다는 것은 「說卦傳」에 나옴.

復”, 즉 “中央의 큰 길을 [함께] 가다가, 혼자서 되돌아온 것”에 해당된다. ≪夬卦 九三에서 “獨行”이라고 한 경우와 같다.102)≫

○道者 震塗也 ≪小過之上震≫ 本以艮迷 ≪小過之下艮≫ 今震得道103) ≪下今震≫ 以從道也 ≪從上震≫ 兄弟同行者 筮而遇是 或自中路 兄往而弟歸也 ≪震爲長 艮爲少≫

復 → 震 ← 小過

○ “道”라고 한 것은 震의 길(塗)을 가리킨다. ≪小過卦의 上卦는 震≫ 본래 艮 때문에 혼미하였는데 ≪小過卦의 下卦는 艮≫ 지금 震卦에서는 震이 되어 길을 얻었으니 ≪下卦가 지금 震≫ [그것은] 길(道)을 따라간 것이기 때문(以從道)이다. ≪上卦인 震을 따름≫ [만약에] 兄弟가 동행하는 경우에, 占筮하여, 이를 얻으면, 혹 중도(中途)에 형은 [그대로] 가고, 동생은 되돌아오는 일이 있을 것이다. ≪震은 長이 되고, 艮은 少가 된다.≫

六五 : 敦復, 无悔. ○ 象曰 : 敦復无悔, 中以自考也.

六五 : [君主가 德을] 돈독(敦篤)히 쌓아 복귀(復歸)할 것이니, [그 후덕

102) “夬九三 …… 獨行遇雨.”(『四箋』 卷5, 24나)

103) [校閱] 新朝本과 國中本에서는 “今得震道”로 되어 있으나, 奎章本에서는 “今震得道”로 되어 있다.

(厚德)함에] 변화가 없을 것이다. ○「象傳」: "[君主가 德을] 돈독(敦篤)히 쌓아 복귀할 것이니, [그 후덕(厚德)함에] 변화가 없을 것(敦復无悔)"이라고 한 것은 중용(中庸)[의 德]으로써 스스로 [후덕(厚德)함을] 이루었음을 말한 것이다.

此 復之屯也 屯自觀來 ≪上之一≫ 觀者 大艮也 ≪兼畫三≫ 坤厚之上 ≪觀下坤≫ 艮德篤實 ≪如敦阜敦丘≫ 厚之至也 移之爲屯 則剛反乎內 ≪上之一≫ 以成震主 ≪下今震≫ 此 厚其德而歸也 ≪上今坎爲德≫ 故曰 敦復

復 → 屯 ← 觀

이것은 復卦가 屯卦로 변하는 경우이다. 屯卦는 觀卦로부터 왔다. ≪[觀卦의] 上이 1로 감≫ 觀卦는 큰 艮의 형태로서 ≪겸획(兼畫)하여 삼획괘(三畫卦)로 봄≫ 坤의 두터움 위에 ≪觀卦의 下卦는 坤≫ 艮의 德이 또한 독실하니 ≪예컨대 "돈부(敦阜)"와 "돈구(敦丘)"의 용례와 같음≫ [이것은] 두터움이 지극한 상태이다.

[그런데] 추이하여 屯卦가 되면, 剛이 안으로 되돌아와 ≪上이 1로 감≫ 震의 君主를 이루니 ≪[屯卦의] 下卦가 지금 震≫ 이것은 [군주가] 그 德을 두터이하여 복귀한 것이다. ≪[屯卦의] 上卦가 지금 坎이니, 德이 됨[104]≫ 그러므로 "敦復", 즉 " [德을] 돈독(敦篤)하게 하여 되돌아온다"라고 한 것이다.

○上剛雖反 ≪上之一≫ 敦艮如舊 ≪三五互≫ 是 无悔也 ≪象不變≫

---

104) 坎德: 茶山의「其他 物象」에 나옴.

䷗ ䷂ ䷓

復 → 屯 ← 觀

○ 上位의 剛이 비록 되돌아오나 ≪[觀卦의] 上이 1로 감≫ [높고] 두터운 艮은 以前과 같으니 ≪[屯卦의] 3·4·5位의 互卦≫ 이것이 "无悔"라고 한 까닭이다. ≪象이 변하지 않은 것이다.≫

○考者 成也 ≪說文云≫ 坎德正中 ≪上今坎≫ 艮以成之 ≪三五互≫ 中以自考也

○ "考"는 이룸(成)을 뜻한다. ≪「說文」에서 그렇게 말하였다.[105]≫ 坎의 德이 정의(正義)롭고도, 중용(中庸)을 이루고 있는데 ≪[屯卦의] 上卦가 지금 坎≫ 艮으로써 그것을 완성하니 ≪3·4·5位의 上互卦≫ [이것을 가리켜] "中以自考", 즉 "中庸을 지킴으로써 스스로 이룬다"라고 한 것이다.

○案 爾雅 丘再成曰 敦 ≪卽敦丘≫ 坤土艮山 再成之象也 故易例 坤艮之合 爲敦 ≪如敦臨敦艮≫

○ [案] 『爾雅』에 언덕이 거듭 이루어진 것을 "敦"이라고 하였거니와[106] ≪즉, '敦丘'를 가리킴≫ [屯卦나 觀卦는] 坤의 땅에 艮의 山이 거듭 [중첩(重疊)되어] 이루어져 있는 象이다. 그러므로 易例에 坤과 艮이 결합하면 "돈(敦)"이 된다. ≪예컨대 臨卦 上六의 "敦臨"과 艮卦 上九의 "敦艮"과 같은 경우이다.≫

---

105) "考, 老也 ≪凡言壽考者, 此字之本義也, 引伸之爲[成]也≫, 從老省丂聲."(許愼 撰, 段玉裁 注, 『說文解字注』, 上海古籍出版社, 1993, 398면)

106) 다산은 『爾雅』에서 "丘再成"을 '敦丘'라고 한다고 말하였으나, 실제로 『爾雅』 「釋丘」(第10)에는 "丘, 一成爲敦丘, 再成爲陶丘, 再成銳上爲融丘, 三成爲崐崘丘"라고 하였다.

上六 : 迷復, 凶, 有災眚, 用行[107]師, 終有大敗, 以其國君凶, 至于十年, 不克征. ○ 象曰 : 迷復之凶, 反君道也.

上六 : 혼미(昏迷)함이 반복(反復)되리니, 흉할 것이며, 재난이 발생할 것이다. 군대를 동원하면, 마침내 크게 패하는 일이 있으리니, 그 [정벌에 나선] 나라의 임금에게 흉한 일이 생길 것이며, 십 년이 되어도 정복하지 못할 것이다. ○「象傳」: "혼미(昏迷)함이 반복(迷復)"되는 흉함을 당하는 것은 君主의 道를 거스른 탓이다.

此 復之頤也 頤自觀來 ≪五之一≫ 觀者 大艮也 ≪兼畫三≫ 徑路前迷 ≪上今艮≫ 窮而反本 ≪五之一≫ 是 迷復也

復 → 頤 ← 觀

이것은 復卦가 頤卦로 변하는 경우이다. 頤卦는 觀卦로부터 왔고 ≪[觀卦의] 5가 1로 감≫ 觀卦는 큰 艮의 형태이니 ≪획을 둘 씩 겹쳐, 삼획괘(三畫卦)로 봄≫ 좁은 길로 [들어서] 앞이 혼미한 것이니. ≪[頤卦의] 上卦가 지금 艮≫ [이처럼] 궁지(窮地)에 처하여, 본래[의 혼미함으]로 되돌아가니[108] ≪[觀卦의] 5가 1로 감≫ 이것이 "迷復", 즉 "혼미함으로 되돌아온 것"이다.

---

107) [校閱] 奎章本에는 "用大師"라고 나오는데, 誤記이다.

108) 여기서 "反本"은 긍정적인 의미로 쓰인 것이 아니다. 아래의 다산의 주석에서 설명되어 있듯이, "本"은 剝卦의 때의 혼미함을 가리킨다.

自剝爲坤 自坤爲復 旣遵道而得路 ≪震大塗≫ 今而爲艮 ≪上今艮≫ 徑路又迷 ≪見坤卦≫ 此 剝卦之舊迷也 ≪剝上艮≫ 不亦凶乎 頤自觀來 ≪五之一≫ 巽變爲艮 ≪加一陰≫ 觀乃成剝 今之爻象 怳如昔也

剝 → 坤 → 復→ 제6효변 →頤←推移←觀

剝卦로부터 坤卦가 되고, [다시] 坤卦로부터 復卦가 된 것이니, [이것은] 이미 道를 좇아 길을 얻은 것이다. ≪震은 큰 길이 됨[109]≫ [그러나] 지금 [復卦의 上六爻가] 효변하여, [頤卦로 되면, 다시] 艮이 되어 ≪[頤卦의] 上卦가 지금 艮≫ 좁은 길로 또 다시 혼미하게 되니 ≪[이런 用例는] 坤卦에도 나옴[110]≫ 이것은 以前의 剝卦의 때의 혼미함인 것이다. ≪剝卦의 上卦는 艮이다.≫ [이처럼 혼미함이 되풀이되니, 어찌] 흉하지 않겠는가? 頤卦는 觀卦로부터 왔는데 ≪[觀卦의] 5가 1로 간 것이다.≫ 巽이 변하여, 艮으로 되어 ≪陰 하나를 더함≫ 觀卦가 곧 剝卦를 이룬 셈이니, 지금 [復卦 上六의] 爻象에 [艮의 혼미함에 따른] 망연자실(茫然自失)함이 以前과 마찬가지이다.

○ 遂成大离 ≪上下夾≫ 离則有灾 ≪离爲火≫ 四陰在中 ≪二至五[111]≫ 陰則多眚 ≪坎爲堅多眚 謂多陰也≫ 凡隕霜失火彗孛之類不可免也

---

109) 震大塗 : 「說卦傳」에 나오는 말이다.

110) 坤卦의 卦辭에 "先迷, 後得主"라는 말이 나오는데(「彖傳」에도 "先迷"라는 말은 반복되어 설명된다) 이를 두고 하는 말이다. 茶山은 坤卦의 彖辭에 대한 주석에서 "復上六, 亦艮爲迷"라고 함(『四箋』 卷1, 45가).

111) [校閱] 奎章本에는 "二至五"의 "至五"를 고쳐 쓴 흔적이 있다. 본래의 글자가 무엇인지는 분명치 않다.

剝 → 坤 → 復 → 上爻變 → 頤

○ [頤卦는] 결국 큰 离의 형태를 이룬다. ≪[頤卦의] 上·下를 합친 협괘(夾卦)의 형상≫ 离는 곧 재앙이 있음을 뜻한다. ≪离는 [재앙을 상징하는] 火가 된다.≫ [頤卦에는] 네 개의 陰이 안에 있는데 ≪제2位에서 제5位까지 [모두 陰]≫ 陰은 곧 많은 재앙이 되니 ≪坎은 견고함과 많은 재앙이 되니,[112] 陰이 많은 것≫ [이런 경우] 무릇 서리가 내리며, 불이 일어나고, 혜성이 쏟아지는 등의 일을 면할 수가 없다.

○ 頤又自臨來 ≪二之上≫ 震主 ≪二四互≫ 領衆 ≪坤爲衆≫ 往征坤國 ≪二之上≫ 遂成艮鬼 ≪上今艮≫ 載之坤輿 ≪三五坤≫ 輿尸之凶也 坤本敵國 艮爲終境 ≪萬物 終乎艮≫ 此 深入敵境 而終覆其師也 ≪終大敗≫ 本以震君 ≪臨大震≫ 今爲艮死 ≪上今艮≫ 國君之凶也

復 → 頤 ← 臨

○ 頤卦는 또한 臨卦로부터 왔다. ≪[臨卦의] 2가 上으로 간 것이다.≫ 震의 君主가 ≪[臨卦의] 2·3·4의 下互卦[가 震]≫ 군중을 영도(領導)하고 ≪坤은 무리가 됨[113]≫ [적국(敵國)인] 坤의 나라를 정벌하러 나섰는데 ≪[臨卦에서 頤卦로 推移하면] 2가 上으로 감≫ 마침내 艮의 귀신(鬼神)을 이루고 ≪[頤卦의] 上卦가 지금 艮≫ [그것을] 坤의 수레에 실으니 ≪[頤卦의] 3·4·5의 坤≫ [이것은 전쟁에 패하여] 사상자(死傷者)의 시신(屍身)을 수레에 싣는 흉함을 당한 것이다.

---

112) 「說卦傳」에 "坎 …… 爲[多眚], …… 爲[堅]多心"이라고 함.
113) 「說卦傳」에 "坤 …… 爲衆"이라 나온다.

坤은 본래 적국(敵國)이고, 艮은 종말(終)과 국경(境)이 된다. ≪萬物은 艮에서 끝난다.≫ 이것은 적국(敵國)의 국경(國境) 깊숙이 들어갔다가, 마침내 그 자신의 군대를 멸망시킨 것에 해당된다. ≪마침내 크게 패배를 당하게 된다.≫ 본래 震의 군왕(君王)이었는데 ≪臨은 큰 震≫ 지금 艮의 죽음을 당하게 되니 ≪[頤卦의] 上卦가 지금 艮≫ 나라의 임금이 흉한 것이다.

○ 地數則十 ≪坤爲均≫ 艮以止之 ≪說卦文≫ 十年不征也

○ 地數는 곧 10인데 ≪坤은 均이 됨≫ 艮으로써 저지(沮止)되니 ≪[艮이 '止'를 뜻한다는 것은] 「說卦傳」에 나오는 말≫ "十年不征", 즉 "십년이 걸려도 정복하지 못한다"라고 말한 것이다.

○ 王道蕩蕩 震大道之謂也 今乃捷徑以窘步 ≪艮爲徑≫ 致皇輿之敗績 反君道也 ≪與震反≫

復 → 頤 ← 臨

○ [『書經』 「홍범(洪範)」에] "왕도탕탕(王道蕩蕩)",[114] 즉 "임금의 길이 넓고도 넓다"라고 하였거니와, 震[의 君主]의 큰 길[의 넓고도 넓음]을 말한 것이다. [반면에] 지금 여기 [頤卦]에서는 [넓고도 넓은 왕도(王道)를 제쳐놓고] 좁은 길을 고생하면서 걸어가다가 ≪艮은 '경로(徑路)', 즉 '좁은 길'이 됨≫ [마침내] 天子의 수레(皇輿)가 크게 부서지는 사태(敗績[115])에 이르니, [이것은] "君王의 道를 거스른 탓(反君道)"이다. ≪[艮은] 震과 반대된다.≫

---

114) 『書經』 「洪範」에 "無偏無黨, 王道蕩蕩, 無黨無偏, 王道平平", 즉 "치우치지도 않고, 파당도 만들지 않으니, 聖王의 도는 넓고도 크다. 파당도 없고, 치우치지도 않으니, 성왕의 도는 끝없이 평온하다"라는 말이 있다. 『墨子』와 『呂氏春秋』와 사마천의 『史記』에서도 『書經』 「洪範」의 이 구절을 인용하고 있다.

115) 敗績 : ① 大敗, ② 실패한 일(敗業).

春秋傳 ≪襄二十八年≫ 鄭游吉如楚 歸告子展 曰 在復之頤曰 迷復凶 其楚子之謂乎 欲復其願 ≪大离志≫ 而棄其本 ≪臨二之上 棄震根≫ 復[116]歸無所

復 → 頤 ← 臨

『春秋左傳』에 보면 ≪襄公 28年[117]≫ 鄭나라 유길(游吉)[118]이 楚나라에 갔다가,[119] 돌아와 公子 전(展)에게 [告하여] 말하였다. "[『周易』에] 復卦가 頤卦로 변하는 占卦(復之頤)에 "迷復凶", 즉 "혼미함으로 되돌아오니, 흉할 것이다"라고 하였는데, 그것은 [바로] 楚나라 임금을 두고 하는 말이 아니겠습니까? 그 원하는 것을 회복하고자 하나[120] ≪큰 离는 '志'가 됨≫ 그 근본의 도리를 버리고서는 ≪臨卦의 2가 上으로 가니, 震의 근본을 버린 것≫ [복귀하려고 하더라도] 복귀할 곳이 없는 것입니다.

≪頤 以小過交易 大坎旣亡 無所歸也≫ 是謂 迷復[121] 能無凶乎 楚不幾十年 未能恤諸侯也

---

116) [校閱] 奎章本과 新朝本과 國中本의 모두에 "[欲]歸無所"라고 나오는데, 誤字이다. 이후 『춘추관점보주(春秋官占補註)』 「유길여초지어(游吉如楚之語)」에서는 "[復]歸無所"라 하였거니와(『四箋』 卷7, 25나) 여러 『左傳』의 판본에 의거하여 여기서는 "[復]歸無所"로 고쳤다.

117) 魯 襄公 28年은 B.C.545년에 해당된다.

118) 유길(游吉) : 公子 大叔을 가리킴.

119) "如楚"의 '如'는 '가다', '일정한 곳에 이르다'의 뜻이다.

120) 欲復其願 : "그 願하는 것을 회복하고자 한다." 여기서 "其願"이란 覇者의 地位로 돌아가고자 하는 것을 가리킨다.

121) [校閱] 新朝本과 國中本에는 "迷復"으로 되어 있으나 奎章本에는 "迷得"으로 되어 있다. 前者가 옳다.

≪頤卦는 小過卦로부터 交易된 것이데, [돌아감을 상징하는] 큰 坎이 [頤卦로 되면] 이미 사라지니, 돌아갈 곳이 없는 것이다.≫ 이것을 "迷復"이라 이르는 것이니, 흉한 일이 [어찌] 없을 수 있겠습니까? 楚나라는 십 년이 되지 않아, 제후(諸侯)들을 좌지우지하지(恤) 못할 것입니다.[122)]"

25. 천뢰 무망(天雷 无妄)

震下乾上 ○ 第十四卦之正 ≪遯一之三 中孚四之二≫

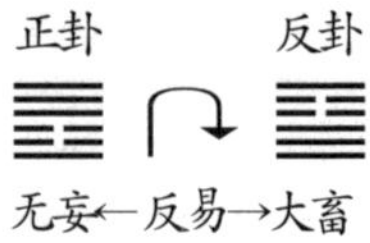

震이 下卦이고, 乾이 上卦이다. ○ 第14卦의 正卦이다. ≪遯卦의 1이 3으로 가고, 中孚卦의 4가 2로 간다.≫

122) "楚不幾十年, 未能恤諸侯也(楚나라는 앞으로 거의 10년이 다 될 때까지, 제후들을 돌아볼 수 없을 것이다)."(남기현 역, 『春秋左傳』 中, 자유문고, 2003, 452면) 양백준(楊伯峻)의 『春秋左傳注』에서는 "未能爭覇, 此, 當時習慣語. 恤, 憂也"라고 함(楊伯峻 編著, 『春秋左傳注』(修訂本) 卷3, 中華書局, 1993, 1144면).

雜卦傳曰 无妄 灾也

「雜卦傳」에 말하였다. “[大畜은 때(時)이고] 无妄은 재앙(災殃)이다.”

○程子曰 動以天爲无妄 ≪下震而上乾≫

○ 程子가 말하였다. “하늘(天)에 따라 움직이는 것이 无妄卦가 된다.” ≪下卦가 [動을 상징하는] 震이고, 上卦가 [天인] 乾이다.≫

○朱子曰 史記作无望 謂無所期望 而有得焉者 其義亦通

○ 朱子가 말하였다. “『史記』「춘신군열전(春申君列傳)」[123]에서는 [‘无妄’을] ‘无望’이라 썼는데, 어떤 것을 기대하거나 바라지 않았는데 얻는 것을 뜻한다. 이런 뜻도 역시 ‘无妄’이 갖는 의미 중의 하나이다.”[124]

○鏞案 卦自遯來 二陰纔生 四陽外逃 妄之至也 ≪女逃而亡爲妄也 遯以巽女而亡≫ 今也 挽其一陽 而爲主於內 ≪下今震≫ 曰无妄往矣 此之謂 无妄 无妄者 勿遯也 ≪逃亡之謂妄≫

遯 → 无妄 ← 中孚

123) 『史記』(卷78) 「春申君列傳」(第18)에 “毋望之福”, “毋望之禍” 등이 인급되고 있다. 즉, “朱英謂, 春申君曰, 世有毋望之福, 又有毋望之禍. 今君處毋望之世, 事毋望之主, 安可以無毋望之人乎?(朱英이 春申君에게 말하였다. 세상에는 無望의 福이 있습니다. 또 無望의 禍도 있습니다. 지금 君께서는 無望의 세상에 처하여, 無望의 군주를 섬기고 있습니다. 어찌 無望의 사람이 없겠습니까?)”라고 함(『史記列傳』, 을유문화사, 1995, 199~200면).

124) 朱子의 『周易本義』의 无妄卦의 주석을 참조할 것. “无妄, 實理自然之謂, 史記, 作无望, 謂无所期望而有得焉者, 其義, 亦通”이라고 함. 또 『朱子語類』 卷71(中華書局, 1986)에서 “無妄本是無望, 這是沒理會時節, 忽然如此得來面前, 朱英所謂無望之福是也. 桑樹中箭, 柳樹出汁(无妄은 본래 無望이다. 이것은 알지 못하는 사이에 갑자기 면전에 나타나는 것이니, 주영(朱英)의 이른바, ‘無望의 福’이라고 한 것이 그것이다. 뽕나무에 화살을 맞추니, 버드나무에서 수액(樹液)이 나오는 것과 같다)”라고 함.

○ [鏞案] 无妄卦는 遯卦로부터 왔다. [遯卦는] 두 개의 陰이 바야흐로 생겨나려고 할 적에, 네 개의 陽이 밖으로 도주하니 경거망동(輕擧妄動)이 심한 것이다. ≪[語源的으로 볼 때] 女子가 도망하는 것이 '妄'字의 뜻인데, 遯卦에서는 [2·3·4位의] 巽의 여자가 도망하는 상황이다.≫

[그런데] 지금 [无妄卦에서는] 그 한 개의 陽을 [잡아당겨서] 만류(挽留)하여, 안으로 데려다 주인으로 삼고[125] ≪[无妄卦의] 下卦가 지금 [主를 상징하는] 震≫ 경망스럽게 도망가지 말라[126]고 하는 것이니, 이것을 "无妄"이라 하는 것이다. 즉 无妄은 달아나 숨지 말라(勿遯)는 뜻이다. ≪도망가는 것을 일러 '妄'이라 한다.≫

又 无妄者 至誠也 卦自中孚來 中孚者 至誠也 ≪大离之虛中≫ 移之爲卦 至誠猶舊 ≪下大离≫ 此之謂 无妄也

遯 → 无妄 ← 中孚

또 无妄이란 [문자 그대로 "망령됨이 없음"이라는 뜻에서] "至誠", 즉 "지극한 精誠"을 뜻한다. 无妄卦는 中孚卦로부터 왔는데, 中孚는 至誠을 상징한다. ≪큰 离로 그 마음[中]을 비움≫ [그런데] 中孚卦로부터 推移하여 다른 卦가 되어도, 그 지극한 정성이 여전하니 ≪[无妄卦의] 아래에 큰 离가 있음≫ 이것을 "无妄"이라 하는 것이다.

上有乾巽 ≪三五巽≫ 下有震艮 ≪二四艮≫ 或動或止 ≪艮以止≫ 一聽天命 ≪巽爲命≫ 所以爲无妄也 ≪案 史記 雖作無望 馬融 鄭玄 王肅本 皆作无妄≫

---

125) 이 "爲主於內"라는 말은 이후 「彖傳」에 나오는 말이다(『四箋』 卷3, 34나).
126) 아래 初九에 "[无妄往] 吉"이라 하였다.

[无妄卦는] 위에 乾과 巽이 있고 ≪3・4・5가 巽≫ 아래에 震과 艮이 있어서 ≪2・3・4가 艮≫ 움직일 때나 가만히 있을 때나 ≪艮으로 멈춤≫ 한결같이 天命을 들으니 ≪巽은 命이 됨[127]≫ [이것이] "无妄"이 되는 까닭이다. ≪[案]『史記』[春申君列傳]에서는 비록 "無望"이라 하였지만,[128] 馬融・鄭玄・王肅의 책에서는 모두 "无妄"이라고 되어 있다.≫

无妄, 元亨, 利貞. 其匪正, 有眚, 不利有攸往.

无妄은 군주(元)가 형통하고, [바르게] 일을 처리함에 이로울 것이다. 그 옳지 않은 일을 할 경우[129]에는 재앙이 생길 것이니, 가는 바를 둠에 이롭지 못함이 있을 것이다.

此 无妄之不變者也 卦自遯來 ≪一之三≫ 陰道浸長 群陽外遯 ≪上四陽[130]≫

遯 → 无妄 ← 中孚

이는 无妄卦가 변하지 않는 경우이다 无妄卦는 遯卦로부터 왔는데

---

127) 물론 巽命과 乾天이니 天命인 것이다.

128) 앞의 주석에서 밝힌 것처럼, 『史記』의 出典은 『史記』(卷78) 「春申君列傳」(第18)을 가리킨다. "毋望之福", "毋望之禍" 등이 언급되고 있다.

129) 兩互作卦하여 보는 경우에 해당된다.

130) [校閱] "上四陽"이 奎章本에는 "上四陰"이라 나오는데, 誤記이다.

≪[遯卦의] 1이 3으로 감≫ [遯卦에서는] 陰道가 점차 자라나서, 뭇 陽들이 밖으로 달아나고 있다. ≪[遯卦의 두 陰의] 위쪽으로 네 개의 陽이 있다.≫

於此之時 而剛反爲主 ≪三之一爲主≫ 震以體仁 二五有應 ≪剛柔應≫ 始而亨也 ≪震君道之亨≫ 坎位[131]堅固 ≪上今乾≫ 其德大正 ≪乾卦之形正≫ 利於貞也 ≪宜幹事≫ 又自中孚來 ≪四之二≫ 震元兌利 ≪彼互震≫ 中孚之所有也

䷠ ䷘ ䷼

遯 → 无妄 ← 中孚

이런 상황에서 [无妄卦로 추이하게 되면] 剛이 되돌아와 主君이 되어 ≪3이 1로 가서, 主君이 됨≫ 震으로써 仁을 체현(體現)하고, 제2位와 제5位가 호응하니 ≪剛과 柔가 서로 호응함≫ 비로소 형통하게 된 것이다.[132] ≪震의 君道가 형통하게 된 것이다.≫ [4・5・6位의] 坎의 자리가 견실하고 ≪上卦가 지금 乾≫ 그 德이 크게 바르니 ≪乾卦의 형태가 반듯함≫ 일(貞)을 맡아 처리함에 있어 이로운 것이다. ≪일을 추진함에 적당하다.≫

또 无妄卦는 中孚卦로부터 왔는데 ≪[中孚卦의] 4가 2로 감≫ 震의 元[133]과 兌의 利[134]는 ≪中孚卦의 2・3・4位는 互震≫ [母卦인] 中孚卦에 [본래부터] 있었던 것이다.

---

131) [校閱] 奎章本과 國中本에는 "坎位堅固"라고 되어 있으나 新朝本에는 "坎爲堅固"로 되어 있다 坎에 堅固함의 뜻이 있는 것은 사실이지만, 无妄卦에는 坎이 없으므로, 坎位라고 해야 옳다. 細注에서 "上今乾"이라고 하였으므로, 이것은 4・5・6의 坎位에 乾이 있음을 가리킨 것이다. 따라서 여기서는 前者를 따르기로 한다. 이후 无妄卦 九四와 九五에서도 新朝本에서는 "坎爲堅固"로 나온다(『四箋』 卷3, 36가).

132) 乾卦의 「文言」에서 "乾元者, [始而亨]者也"라고 함(『四箋』 卷1, 36가).

133) 震元 : 「說卦傳」에 따르면, 震은 長子가 된다. 또 荀九家인 虞翻의 說에 따르면, 震은 主가 된다.

134) 兌利 : 茶山의 「其他 物象」에 나온다.

○其非正者 互卦之謂也 ≪互卦 非正卦≫ 卦之兩互 ≪艮而巽≫ 其卦爲漸 ䷴ 漸乃有坎 ≪二四互≫ 坎多眚也 ≪說卦文≫

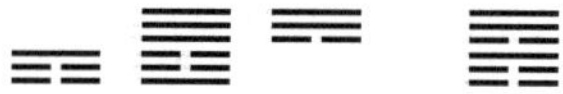

无妄→兩互作卦→漸

○ "其非正[135]"이라고 한 것은 互卦를 지칭한다. ≪互卦는 [당연히] 正卦가 아니다.≫ 无妄卦로 兩互卦를 만들면 ≪艮과 巽≫ 그 卦가 漸卦가 된다. 漸卦에는 곧 坎이 있는데 ≪2・3・4의 下互卦≫ 坎은 [곧] "多眚(허물이 많음)"을 상징한다. ≪「說卦傳」의 글이다.[136]≫

卦本無眚 ≪无妄本無坎≫ 漸乃有之 ≪兩互則有眚≫ 其匪正有眚也 卦有大途 ≪无妄則下震≫ 利有攸往 ≪震爲行≫ 漸乃有艮 ≪漸下艮≫ 徑路前迷 ≪說卦文≫ 不利有攸往也

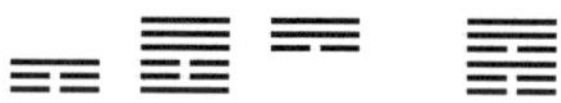

无妄→兩互作卦→漸

[无妄]卦에는 본래 허물이 없었는데 ≪无妄卦에는 본래 坎이 없음≫ 漸卦에는 곧 [그것이] 있으므로 ≪두 互卦로 만든 새로운 卦에는 허물의 象이 있음≫ [그것을 가리켜] "其匪正, 有眚", 즉 "그 옳지 않은 일을 할 경우에는 재앙이 생길 것"이라고 한 것이다. 无妄卦에는 큰 길이 있으므로 ≪无妄卦의 下卦는 震≫ 가는 바에 이로움이 있게 되지만 ≪震은 行이 됨[137]≫ [兩互作卦하여 성립한] 漸卦에는 곧 艮이 있어 ≪漸卦의 下卦는

135) 『周易』의 원문에는 "其[匪]正"으로 되어 있으나 여기서는 "其[非]正"이라고 하였다. 이는 실수나 誤字라기보다는, 일종의 해석으로 보아야 할 것이다. 즉 여기 匪가 非의 뜻이라는 것이다. 따라서 "其非正"을 校閱하지 않고, 원문대로 두었다.

136) 「說卦傳」에 "坎 …… 爲[多眚]"이라고 함.

艮≫ 좁은 길로 앞이 혼미하니 ≪「說卦傳」의 글[138]≫ "不利有攸往"이라고 한 것이다.

彖曰 : 无妄, 剛自外來而爲主於內, 動而健, 剛中而應, 大亨以正, 天之命也, 其匪正有眚, 不利有攸往, 无妄之往, 何之矣? 天命不祐, 行矣哉

「彖傳」: 无妄卦는 剛이 밖으로부터 들어와서, 안에서 주인이 되는 것이니, 움직이면서, 굳건하고, 剛이 가운데 [제5位에] 있으면서, [아래의 제2位의 陰과] 호응한다. 크게 형통함으로써[139] 바르게 되니, [그것은] 하늘의 命[에 의한 것]이다. "其匪正, 有眚, 不利有攸往"이라고 한 것은 경망스럽게 가지 말라는 것이니, [설령 간다고 한들] 어디를 가겠는가? 天命이 돕지 않는데, 갈 수 있겠는가?[140]

剛自外來者 遯之移也 ≪三之一≫ 來而爲震 ≪下今震≫ 爲主於內也 ≪以單卦 則一內而三外≫

"剛自外來"라고 한 것은 遯卦에서의 推移를 가리킨다. ≪[遯卦의] 3이 1로 간 것이다.[141]≫ [이렇게] 들어와서 震이 되니 ≪[无妄卦의] 下卦가 지금 震≫ "爲主於內(안에서 주인이 된다)"라고 한 것이다. ≪[3畫卦인] 단괘(單卦)에

137) 震行 : 荀九家인 虞翻의 說.

138) 「說卦傳」에 "艮 …… 爲徑路"라고 함.

139) 臨卦의 「彖傳」에도 "大亨以正"이라 하였는데 茶山은 "大亨以正者 明元亨爲一句利貞爲一句也"라고 하였다(『四箋』 卷3, 15나).

140) 行矣哉 : (다른 가능한 해석) 행할 수 있겠는가?

141) 만일 陰의 推移를 중심으로 보면 一之三이 된다.

서 보면, 제1位는 안이고, 제3位는 밖이 된다.≫

○ 五剛二柔 剛中而應也

○ [无妄卦에서] 제5位는 剛이고, 제2位는 柔이니, "剛中而應"이라고 한 것이다.

○ 天命者 乾天之巽命也 ≪上互巽≫

○ "天命"이란 乾의 天이 내리는 巽의 命[142]을 가리킨다. ≪[无妄卦의] 上互卦가 巽이다.≫

○ 无妄之義 無妄往也 ≪義見前≫ 往將何之 ䷴ 漸以艮止 竟不行也

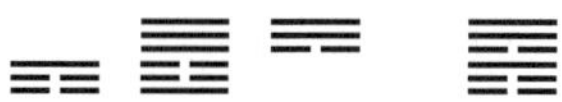

无妄→兩互作卦→漸

○ [여기서] "无妄"의 의미는 "경망스럽게 떠나가지 말라(无妄往)"는 뜻이다. ≪이 뜻은 앞서 나왔다.[143]≫ 설사 간다고 한들, 장차 어디로 가겠는가? [兩互作卦로 도출된] 漸卦에서 보면 艮으로 정지(停止)하게 되니, 결국에는 가지 못한다.

无妄之卦 順受天命 ≪中無阻≫ 漸乃不然 本以小人 ≪艮之象≫ 行險由徑 ≪坎而艮≫ 雖有巽命 ≪上猶巽≫ 自我阻梗 ≪艮拒之≫ 命之不

---

142) 巽命 : 荀九家 虞翻의 說.

143) 義見前 : 앞의 [鏞案]에서 "卦自遯來, 二陰纔生, 四陽外逃, 妄之至也, 今也, 挽其一陽, 而爲主於內, 曰, 无妄往矣, 此之謂, 无妄, 无妄者, 勿遯也"라고 한 것을 가리킴(『四箋』 卷3, 34가).

佑 何以行矣

无妄이라는 卦는 天命을 거스르지 않고 받아들이는 것(順受)인데 ≪가운데 가로막고 있는 것이 없음≫ 漸卦의 경우는 그렇지 않으니, 본래 小人으로서 ≪艮의 象≫ 위험한 짓을 행하며, 좁은 길(徑)을 따라가니 ≪坎이 되고, 艮이 됨≫ 비록 [그 上卦에] 巽의 天命이 있다고 해도 ≪[漸卦의] 上卦가 [无妄卦의 上互卦와 마찬가지로] 역시 巽≫ 자기 스스로 그것을 막아 버린 것이다. ≪艮으로 거부함≫ 天命이 돕지 않으니, 어떻게 행하겠는가?

○案 匪正者 不正也 穆姜遇隨[144] 自知不吉 ≪見隨卦≫ 若是者 宜占之以兩互也

○ [案] "匪正"이란 바르지 않음을 뜻한다. [春秋時代에] 목강(穆姜)[145]은 점쳐서 ["元亨利貞, 无咎"라고 한] 隨卦를 얻었지만, 스스로 吉하지 않음을 깨달았으니 ≪隨卦에 나옴[146]≫ 이런 경우[147]는 [그냥 隨卦로 점치지 말고] 마땅히 兩互卦로써 [새로운 卦를 만들어] 점쳐야 하는 것이다.

---

144) [校閱] 新朝本과 國中本에는 "穆姜遇隨"로 되어 있으나 奎章本에는 "穆姜遇筮"로 되어 있다. 여기서는 前者를 따르기로 한다.

145) 목강(穆姜)은 魯나라 선공(宣公)의 婦人이며, 成公의 어머니인데, 총명하고 슬기로웠으나, 행실이 음란하여, 숙손교여(叔孫喬如)와 간통하였다. 그런데 叔孫喬如가 穆姜과 모의하여 계맹(季孟)을 제거하고, 魯나라를 손에 넣으려 하였다. 그러나 魯나라 사람은 순종하지 아니하였고, 동맹하여 叔孫喬如를 내쫓고 穆姜을 동궁(東宮)에 幽閉시켰는데, 穆姜은 마침내 동궁에서 죽었다.

146) 『四箋』(卷3, 8나)에 나온다. 또 「春秋官占補註」의 '穆姜姜東宮之筮'를 참조할 것(『四箋』 卷7, 23가).

147) 옳지 않은 일에 길한 卦를 얻었을 경우를 가리킴.

初九 : 无妄往,[148] 《句》 吉. ○象曰 : 无妄之往, 得志也.

初九 : 경망스럽게 [도망]가지 말 것이니, 《句》 [그러면] 吉할 것이다. ○「象傳」 : 경망스럽게 [도망]가지 말라고 한 것은 [가지 않고 돌아오게 되면] 뜻한 바를 얻게 된다는 것을 말한 것이다.

此 无妄之否也 卦自遯來 柔往自初 《一之三》 剛乃得反 《三之一》 无妄而往也 初爲卦主 故言其本象

遯 → 无妄 → 否

이것은 无妄卦가 否卦로 변하는 경우이다. [无妄]卦는 遯卦로부터 왔는데, 柔가 初位에서 떠나가고 《[遯卦의] 1이 3으로 감》 剛이 이에 되돌아오니 《[遯卦의] 3이 1로 감》 경망스레(妄) 떠나가지(往) 않는 것(無)이다. 初位가 卦主가 되니, 그러므로 그 本象을 말한 것이다.

○剛之既移 遂成离志 《初四夾》 是 得志也

○ 剛이 이미 추이하여, 마침내 离의 뜻(志)을 이루니 《[无妄卦의] 初位에서 제4位까지의 夾卦》 이것이 "得志", 즉 "뜻을 얻은 것"이다.

---

148) [校閱] "无妄往"이 奎章本에는 "无妄征"으로 되어 있는데, 誤記이다.

六二 : 不耕穫,[149] 不菑畬,[150] 則利有攸往. ○ 象曰 : 不耕穫, 未富也.

六二 : 밭을 [힘들여] 경작(耕作)하지도 않았는데도, 수확(收穫)하게 되며, 불을 질러 잡초를 완전히 제거하지 않았는데도, 수확하게 되니, 곧(則) 갈 곳이 있어, 이로울 것이다. ○「象傳」: 밭을 [힘들여] 경작하지 않고도 수확하게 되지만, [이로써] 부유(富裕)하게 되는 것은 아니다.

此 无妄之履也 履自夬姤[151]來 ≪法見表≫ 夬則巽耒向上 ≪巽耒之倒者≫ 地不破塊 ≪一二 無坤土≫ 是 不耕也 移之爲履 ≪上之三≫ 遂以兌銍 ≪下今兌≫ 刈此震稼 ≪下本震≫ 不耕穫也

이것은 无妄卦가 履卦로 변하는 경우이다. 履卦는 夬卦와 姤卦에서 나왔는데 ≪그 방식은「괄례표(括例表)」에 나온다.≫ 夬卦의 경우 곧 巽의 쟁기가 [아래를 향하지 않고] 위를 향하여 있으니 ≪[夬卦의 上卦인 巽은] 巽의 쟁기가 뒤집어져 있음≫ 농지에 흙덩이가 부수어져 있지 않다. ≪[地位인] 初位와 제2位에 坤의 토(土)가 없다.≫ 이것은 "不耕(경작하지 않은 것)"이다. [夬卦로부터] 推移하여 履卦가 되면 ≪[夬卦의] 上이 3으로 감≫ 마침내

149) [校閱] "不耕穫"이 奎章本에는 "不耕獲"으로 되어 있는데, 誤記이다.
150) 불치여(不菑畬)로 읽는다.
151) [校閱] 新朝本과 國中本에는 "夬姤"로 되어 있으나 奎章本에는 "姤夬"로 되어 있다. 순서상의 배열의 문제일 뿐, 의미상의 차이는 없다.

兌의 낫(銍)으로써 ≪[履卦의] 下卦가 지금 兌≫ 이 震의 벼(稼)를 베어, 수확하니 ≪[无妄卦의] 下卦가 본래 震≫ [이것이] "不耕穫(밭을 힘들여 경작하지 않았는데도 수확하는 것)"에 해당된다.

姤則 巽草在下 ≪姤一陰≫ 蒿萊不除 ≪巽未入地 非不耕也 唯不去草≫ 是 不菑也 ≪火去草 曰菑≫ 移之爲履 ≪一之三≫ 遂用离燒 ≪二四互≫ 收此震稼 ≪下本震≫ 不菑畬也 ≪火種田 曰畬≫ 无妄之福 非謂是乎

夬 → 履 ← 姤　　　　无妄 → 履 ← 姤

[履卦의 또 다른 母卦인] 姤卦인 경우는 곧 巽의 풀이 下卦에 있으니 ≪姤卦의 한 개의 陰[152]≫ 무성한 잡초들이[153] [아직] 제거되지 않은 것이다. ≪巽의 쟁기가 땅에 파고들었으니, 경작하지 않은 것은 아니지만, 다만 [불을 질러] 풀을 [완전히] 제거하지 않은 것이다.≫ 이것이 "불치(不菑)"이다. ≪[경작할 때] 불을 질러 잡초를 제거하는 것을 "치(菑)"라고 한다.≫

[그런데 姤卦에서] 履卦로 推移하게 되면 ≪[姤卦의] 1이 3으로 감≫ 드디어 离의 불로 [잡초를] 불사르고 ≪[履卦의] 2·3·4位의 互卦[가 离]≫ 이 震의 농작물(稼)을 수확하니 ≪[无妄卦의] 下卦가 본래 震≫ [이것을 가리켜] "불치여(不菑畬)"라고 한 것이다. ≪불을 지르고 나서, 종자를 뿌리는 것을 "여(畬)"라고 한다.≫ [이른바] "기대하지 않았던 뜻밖의 복(无妄의 福)"[154]이란

---

152) 물론 巽 전체가 풀(草)이지만 陰이 그것이 풀이되는 근거이니, 이렇게 말하는 것이다

153) 호래(蒿萊): 거칠게 자라 무성한 풀. 황초가 우거진 풀.

154) 문맥상으로 볼 때, "无妄之福"을 "망령되지 않은 福"이 아니라, "기대하지 않았던 뜻밖의 복"으로 해석하는 것이 옳은 것으로 보인다. 따라서 "无妄之福, 非謂是乎"은 이른바, "'无妄之福'라고 말한 것은 바로 이것을 가리키는 것이 아니겠느냐?"의 뜻으로 해석된다. 그렇다면 "无妄之福"은 "無望之福"으로 쓰는 것이 보다 적합할 것이다. 그렇다면 이른바, '无妄之福'이라고 한 것은 어디에서 나온 말일까? 朱子는 『朱子語類』(卷71)에서, "朱英所謂無望之福是也(朱英의 이른바, '無望의 福'이라고 한 것이 그것

이를 두고 말함이 아니겠는가!

○ 以姤則 柔往而成兌 ≪一之三≫ 以夬則 剛往故成兌 ≪三之上≫ 兌則爲利 ≪義見下≫ 利有攸往也

○ 姤卦에서 [履卦로] 推移한 경우에는, 柔가 가서 兌를 이루고 ≪[姤卦의] 1이 3으로 감≫ 夬卦에서 [履卦로] 推移한 경우에는, 剛이 바깥으로 나아감에(往) 따라서 兌를 이루는데 ≪[夬卦의] 3이 上으로 감≫ 兌는 곧 利가 되니 ≪이 뜻은 아래에 나옴[155]≫ "利有攸往"이라고 한 것이다.

○ 未富者 不乾也 ≪乾爲富≫ 雖加一剛 ≪二今剛≫ 猶未成乾 ≪下今兌≫ 不耕之穫 未易富也

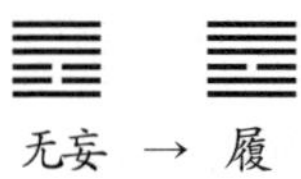

○ "未富"라고 한 것은 [현재의 제2位에서] 乾을 형성하지 못했기 때문이다. ≪乾은 富이다.[156]≫ [无妄卦의 제2位에] 비록 剛 하나를 부가하여도 ≪[履卦의] 제2位가 지금 剛≫ 여전히 乾을 이루지 못하니 ≪[无妄卦의] 下卦가 지금 兌≫ 힘들여 경작하지 않은 수확(不耕之穫)으로 부유하게 되기는

이다)"라고 말한 바 있다. 여기서 朱英이 말한 바 "無望之福"이란, 『史記』(卷78) 「春申君列傳」(第18)에 언급되어 있다.

155) 바로 아래에서 "兌爲秋, ≪西方卦≫ 爲利 ≪義之和≫"라고 한 것을 가리킨다(『四箋』 卷3, 35나).

156) 乾爲富 : 茶山의 '今補'에 나온다.

쉽지 않은 것이다.

○案 兌爲秋 ≪西方卦≫ 爲利 ≪義之和≫ 利者 象以刀刈禾也 ≪字從[157]禾從[158]刀≫ 故曰 兌爲穫

○ [案] 兌는 가을이 되고 ≪서쪽을 상징하는 卦≫ 이익이 되는데 ≪正義가 조화롭게 됨[159]≫ '利'字는 칼(刀=刂)로써 곡식(禾)을 베는 것을 본뜬 글사이다. ≪['利'字의] 글사 사체도 '벼 禾(화)'字와 '칼 刀(도)'字에서 나온 것이다.≫ 그러므로 兌가 수확(穫)의 뜻이 된다고 하는 것이다.

○又按 大傳 以益之巽木 爲耒耜之象 又 菑 與災烖 並通 初墾之田 必先焚蒿萊 故田一歲曰 菑 二歲曰 畬

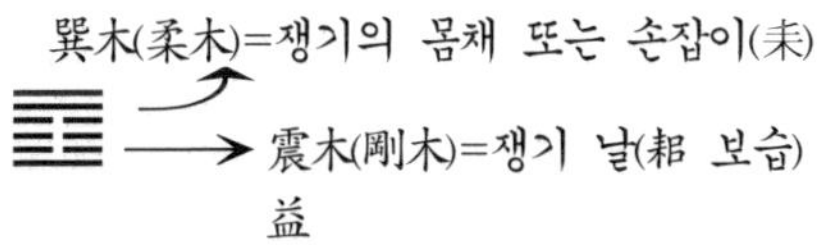

○ [又按] 「大傳」(「繫辭傳」)에서는 益卦의 巽의 나무를 '뇌사(耒耜)', 즉 '쟁기와 그 보습'의 象으로 보았다.[160] 한편 '묵정밭 菑(치)'字와 '災(재)'字와 '烖(재)'字[161]는 [古文에서] 모두 [서로] 통용되는 글자이다. 처음 개간(開墾)하는 밭은 반드시 먼저 잡초[162]를 태워야 하니, 그러므로 [개

157) [校閱] 新朝本에는 "從"이 奎章本에는 "以"로 되어 있다.

158) [校閱] 新朝本에는 "從"이 奎章本에는 "以"로 되어 있다.

159) 乾卦의 「文言」에 "利者, [義之和]也"라고 함.

160) 이는 해당 부분에 자세한 설명이 나오므로, '쟁기 耒(뢰)'字와 '보습 耜(사)'字를 구분치 않고 간략히 말한 것이다. 부연하자면, 离位(下卦)에 戈兵을 상징하는 巽木이 있고, 坎位(上卦)에 矯輮를 상징하는 震木이 있다(震, 剛木也, 所以斤斲, 巽, 柔木也, 所以手揉; 『四箋』 卷8, 9가).

161) '烖(재)'字 : 火부 6획 災와 同字(李相殷 監修, 『漢韓大字典』, 민중서림, 1990, 764면). 『康熙字典』(中華書局, 1992, 670면)에는 災의 本字라 함.

162) 호래(蒿萊) : 거칠게 자라서 무성한 풀, 荒草, 荒草가 우거진 곳.

간한 지] 1년 된 밭을 "치(菑)"라고 하며, [개간한 지] 2년 된 밭을 "여(畬)"라고 한다.

孔子曰 ≪見坊記≫ 禮之先幣帛也 ≪震爲玄黃幣≫ 欲民之先事 ≪震爲行≫ 而後祿也 ≪兌爲祿≫ 先財而後禮 ≪今互离 爲禮≫ 則民利 ≪兌爲利≫ 無辭而行情 則民爭 ≪兩口相向 如爭訟≫ 故君子於有饋者 弗能見 ≪离相見≫ 則不視其饋 ≪兌爲食≫ 易曰 不耕穫 不菑畬 凶 以此防民 ≪离爲防≫ 民猶貴祿而賤行 ≪貴兌而賤震≫

夬 → 履 ← 姤　　　无妄 → 履

孔子께서 [다음과 같이] 말씀하셨다. ≪『禮記』「방기(坊記)」에 나오는 말이다.≫ "예의를 표하는 것을 폐백(幣帛)을 드리는 것보다 먼저 하는 것은 ≪[无妄卦의 下卦인] 震은 검고 누른 비단을 상징함≫ 백성(民)들로 하여금 먼저 일(事)을 하고 ≪震은 行의 뜻≫ 그 다음에 녹봉(祿俸)을 생각하도록 하고자 함이다. ≪兌는 祿이 된다.≫

[이와 반대로] 재물을 우선하고, 禮를 뒤로 미루면 ≪지금 [履卦의] 互离가 禮가 됨≫ 백성들은 이로움만 따지게 되고 ≪兌는 利가 됨≫ [윗사람들이] 사양함이 없이 자기 마음대로 행하면, 백성들이 [서로] 다투게 된다. ≪[履卦를 보면, 下卦가 兌이고, 上互卦가 巽(倒兌)이라] 두 입[163]이 서로 마주 향하고 있어서, 마치 쟁송(爭訟)하는 것과 같다.≫

그러므로 君子는 선물을 보낸 사람(有饋者)과 상견례(相見禮)를 할 수 없었을 경우에는 ≪离는 서로 만나보는 것을 상징함[164]≫ 그 선물(饋)을 받지

163) 兌口:「說卦傳」에 나옴.
164)「說卦傳」에 "相見乎离"라고 함.

않았다. ≪兌는 食이 된다.[165]≫

『周易』에도 이르기를, '不耕穫, 不菑畬, 凶'이라 하였으니, 이로써[166] 백성들을 막고자 하면 ≪离는 防이 됨≫ 백성들은 오히려 녹봉만을 귀하게 여기고, 일하는 것을 천하게 여길 것이다." ≪兌[의 利]를 귀하게 여기고, 震[의 行]을 천하게 여긴다.[167]≫

○案 坊記 有凶字

○ [案] 『禮記』「방기(坊記)」에는 [현행 『周易』에는 없는] "凶"字가 [더] 있다.[168]

六三 : 无妄之災, 或繫之牛. 行人之得, 邑人之災. ○ 象曰 : 行人得牛, 邑人災也.

六三 : 경망스럽게 [도망가지] 못하게 한 까닭에 생긴 재앙이니,[169] 혹 [도망친] 소를 [다시] 잡아 맬 수도 있을 것이다. [길을 가던] 行人에게는 [소를] 얻음이 되겠지만, 마을 사람들에게는 재앙이 될 것이로다. ○「象

---

165) 兌爲食 : 茶山의 '今補'에 나온다. 兌가 입(口)이 되기 때문에, 동시에 먹는 것(食)이 된다. 여기서 "兌爲食"의 象은 언급한 것은 "不覩其饋"의 '饋'字를 설명하기 위해서이다.

166) 재물을 우선하고, 禮를 뒤로 미루는 것을 가리킴.

167) 无妄卦에서 履卦로 되면서 震이 兌로 변해 버린 것을 두고 하는 말이다.

168) 현행본『周易』에는 无妄卦 六二의 爻辭가 "不耕穫, 不菑畬"로 되어 있으나『禮記』「坊記」에 나오는 인용에는 현행본에 없는 '凶'字가 덧붙어 있다는 뜻이다. 즉,『禮記』「坊記」에서는 "易曰, 不耕穫, 不菑畬, 凶"으로 되어 있다.

169) 无妄之災 : (다른 가능한 해석) 예기치 않은 재앙이 있을 것이다.

傳」: [길을 가던] 행인이 소(牛)를 얻은 것은 마을 사람들에게는 재앙이 된다.

此 无妄之同人也 行于大途 震者 行人也 止于城邑 艮者 邑人也 卦自遯來 ≪三之一≫ 大巽之繩 ≪兼畫三≫ 以繫巽牛 ≪易例 离巽皆爲牛≫ 繫之牛也 ≪互巽牛≫

遯 → 无妄 → 同人

이것은 无妄卦가 同人卦로 변하는 경우이다. 큰 길에 가니, [큰 길인] 震은 行人이 되며, 성읍(城邑)에서는 머무는 것이니, 艮은 邑人이 된다. [无妄]卦는 遯卦로부터 왔는데 ≪[遯卦의] 3이 1로 감≫ 큰 巽의 밧줄로 ≪[遯卦를] 두 획씩 겹쳐서 三畫卦로 보면, 巽의 형태가 됨≫ 巽의 소를 묶으니 ≪易例에 따르면, 离와 巽은 모두 소가 됨≫ [이것은] "소를 [다시] 잡아맨 것(繫之牛)"이다. ≪互巽이 牛가 된다.≫

卦有二母 ≪遯中孚≫ 象不雙溯 ≪獨取自遯來之象≫ 其占可疑 ≪見損益≫ 疑則或之 ≪見乾卦≫ 或繫之牛也

遯 → 无妄 ← 中孚

[无妄]卦에는 두 개의 母卦가 있는데 ≪遯卦와 中孚卦≫ 이 ["繫之牛"라는] 象은 그 두 母卦에 [모두] 유래(由來)를 둔 것이 아니다.[170] ≪오직

170) 쌍소(雙溯): 雙溯는 다산이 주역해석의 일반적 준칙(準則)으로 수립한 讀易要旨 18則 중 第9則에 해당된다. 雙溯는 문자적으로는 '雙으로 소급됨'을 뜻한다. 쌍소의 원칙

遯卦에서 나온 象만을 취한 것이다.≫ 따라서 그 占에 미심쩍은 점(疑)이 있는 것이니 ≪[이런 용례는] 損卦와 益卦에도 나온다.≫ [이렇게] 미심쩍은 점이 있으면 [단언(斷言)하지 않고] "或"이라 하니 ≪["疑則或之"라는 말은] 乾卦에 나옴≫ "或繫之牛"라고 한 것이다.

遯之時 邑人爲主 ≪艮在內≫ 移之无妄 ≪三之一≫ 震乃爲主 ≪剛自外來 爲主於內≫ 行人得牛也 ≪爲牛主[171]≫ 邑人遂亡 ≪艮今亡≫ 邑人之災也 ≪离爲災≫

遯 → 无妄 → 同人

遯卦의 때에는 마을 사람이 주인이었는데 ≪艮이 內卦에 있음≫ [遯卦로부터] 추이하여 无妄卦로 가면 ≪[遯卦의] 3이 1로 감≫ 震이 곧 주인이 되니 ≪剛이 밖에서 들어와, 안에서 주인이 됨[172]≫ [이것을 가리켜] "行人得牛"라고 한 것이다. ≪[길 가던 사람이] 소의 주인이 됨≫ 邑人이 마침내 없어지니 ≪艮이 지금 同人卦에서 없어짐≫ 邑人의 재앙인 것이다. ≪离는 災가 된다.≫

曷云哉 遯者 獸走也 ≪本馬走之卦≫ 无妄者 勿遯也 ≪无妄往之義≫ 牛之方走 繫之巽木 固使之勿遯也 ≪使之无妄往≫ 勿遯之故 艮剛遂折 ≪三今柔≫ 无妄之災也 推移之跡 在三故 言其本象

은 다음과 같이 명제화될 수 있다. 즉, '辟卦에서 衍卦로 변화되는 推移의 과정에서, 어떤 한 개의 衍卦는 두 개의 辟卦를 母卦로서 가진다.' 그런데 三陽卦와 三陰卦는 단지 한 개의 辟卦만을 母卦로 가지기 때문에, 이 원칙의 예외가 된다.

171) [校閱] "爲牛主"가 奎章本에는 "爲牛注"로 되어 있는데, 誤記이다.

172) 이 말은 앞서 「彖傳」에서 그대로 나온다(『四箋』 卷3, 34나).

遯 → 无妄

어째서 그러한가? [无妄卦의 母卦인 遯卦의] ‘遯’字는 짐승이 달려 도망가는 것을 뜻한다. ≪[‘遯’字 자체로 본다면, 돼지(豚)가 달려가는 것을 뜻하지만[173]] 遯卦는 본래 말이 달려나가는 卦이다.[174]≫ [그러므로] “无妄”이란 “勿遯”, 즉 “달아나지 말라”는 것을 뜻한다. ≪“경망스럽게 도망가지 말라”는 뜻이다.≫

[遯卦에서는] 소가 막 달려나가려고 함에, [그 소를] 巽의 나무에 잡아매어, 그것이 달아나지 못하게 하였다. ≪경망스럽게 도망가지 못하도록 한 것이다.≫ [이렇게] 도망가지 못하게 한 까닭에, 艮의 剛이 결국 꺾이니 ≪[无妄卦의] 제3位가 지금 柔≫ [이것은] “경망스럽게 도망가지 못하게 한 까닭에 생긴 재앙(无妄之災)”인 것이다. [遯卦에서 无妄卦로 변한] 推移의 자취가 이 제3位에 있으므로, 그 本象을 말한 것이다.

九四 : 可貞, 无咎. ○ 象曰 : 可貞无咎, 固有之也.

九四 : 일을 [맡아] 잘 처리할 수 있으니, 허물이 없을 것이다. ○「象傳」: 일을 [맡아] 잘 처리할 수 있으니, 허물이 없을 것이라고 한 것은 본래부터(固) [그런 능력이] 있었기 때문이다.

173) “遯者, 豚走也”라고 함(『四箋』 卷4, 34가).

174) 『四箋』에서 “乾馬外逸”(『四箋』 卷4, 34가), “乾馬外走”(『四箋』 卷4, 34나)라고 함.

此 无妄之益也 益自否來 ≪一之四≫ 坎位[175]堅固 ≪上三陽≫ 可以幹事 移之爲益 則入爲震主 ≪四之一≫ 以治內事 ≪互离治≫ 是可貞也

无妄 → 益 ← 否

이것은 无妄卦가 益卦로 변하는 경우이다. 益卦는 否卦로부터 왔는데 ≪[否卦의] 1이 4로 감≫ [否卦에서 보면] 坎의 자리가 견고하여 ≪[坎의 자리인] 上卦에 [견고함을 상징하는] 세 개의 陽이 있음≫ 일을 잘 맡아 처리할 수가 있다. [그런데 否卦로부터] 추이하여 益卦가 되면, [陽이 안으로] 들어가, 震의 주인이 되어 ≪[否卦의] 4가 1로 감≫ 내부의 일을 잘 다스리니 ≪初位에서 제5位까지 합치면, 互离인데, 다스림의 뜻이 됨[176]≫ 이것이 "可貞(일을 잘 처리할 수 있음)"이라고 한 까닭이다.

○否之旣移 位德相當 ≪四與一≫ 是 无咎也 ≪本不得位 今得之≫

无妄 → 益 ← 否

○ 否卦로부터 이미 추이하여 [益卦로 되면, 어긋나 있던] 그 位와 德이 서로 부합하게 되니 ≪제4位와 初位≫ 이것이 "无咎"가 되는 까닭이다.

---

175) [校閱] 奎章本과 國中本에는 "坎位堅固"라고 되어 있으나 新朝本에는 "坎爲堅固"로 되어 있다. 前例에 따라, 前者의 "坎位堅固"를 취하기로 한다(『四箋』 卷3, 34나). 坎에 堅固함의 뜻이 있는 것은 사실이지만, 无妄卦에는 坎이 없으므로, 坎位라고 해야 옳다. 細注에서 "上三陽"이라고 하였으므로, 이것은 4·5·6의 坎位에 乾이 있음을 가리킨 것이다.

176) 第1位에서 第4位까지를 互离라 하는 것은 다소 이상한 표현이기는 하지만 이른바 大體·兼體 등도 크게 보면 모두 互體에 속하는 것이니 굳이 고치지 않는다.

≪본래 [否卦에서는 初位와 제4位의 陰과 陽이 자신의 바른] 자리를 얻지 못하였는데, 지금은 바르게 되었다.≫

○益自否來 ≪四之一≫ 乾固富有 ≪上三陽≫ 故能以益下 ≪四之一≫ 固有之也 ≪益六[177]三 亦云≫

无妄 → 益 ← 否

○ 益卦는 否卦로부터 왔다. ≪[否卦의] 4가 1로 간 것이다.≫ [否卦에서는] 본래 乾의 부유함이 있으니[178] ≪上卦의 세 개의 陽≫ 그러므로 아래를 도울 수가 있는 것이니 ≪[否卦의] 4가 1로 감≫ "固有之", 즉 "본래부터 [그렇게 할 수 있는 능력을 가지고] 있었음"이라고 한 것이다. ≪益卦 六三에서도 역시 "固有之"라고 했다.[179]≫

九五 : 无妄之疾, 勿藥有喜. ○象曰 : 无妄之藥, 不可試也.

九五 : 망령됨이 없는 질병이니, 약(藥)을 쓰지 않더라도 기쁜 일이 있을 것이다. ○「象傳」 : 망령됨이 없는 질병에는 약(藥)을 시험해 볼 것도 없다.

---

177) [校閱] 奎章本과 新朝本과 國中本에 모두 "益九三"으로 되어 있으나 "益六三"이 되어야 옳다.

178) 乾富 : 茶山의 '今補'에 나온다.

179) 益卦 六三의 「象傳」에 "益用凶事, 固有之也"라고 함. 益卦 六三에서도 "固有之也"는 无妄卦 六四의 경우와 마찬가지로 "본래부터 있었던 것"을 의미한다.

此 无妄之噬嗑也 噬嗑自否來 ≪五之一≫ 坎位[180]堅固 ≪上三陽≫ 心血有病 ≪五爲坎之心≫ 是 有疾也 天命本順 ≪否上乾互巽≫ 无妄之疾也 自姤以來 連用巽藥 ≪巽爲草木 爲[181]香臭≫ 三劑不效 ≪姤遯否≫ 將以艮死 ≪遯否 皆有艮≫

이것은 无妄卦가 噬嗑卦로 변하는 경우이다. 噬嗑卦는 否卦로부터 왔는데 ≪[否卦의] 5가 1로 감≫ [否卦를 보면] 坎의 자리가 지나치게 굳어서 ≪[否卦의] 上卦에 세 개의 陽이 있음≫ 심혈(心血)[의 순환]에 병(病)이 났으니 ≪제5位는 坎의 심장이 됨[182]≫ 이것은 질병이 생긴 것이다. 天命에 본래 [잘] 순응(順應)하였으니 ≪否卦의 上卦는 乾이고, 互卦는 巽≫ [질병은 질병이지만] 망령됨이 없는 질병이다.

姤卦 以來로 계속 巽의 藥을 복용하였는데 ≪巽은 초목(草木)이 되고, 향취(香臭)가 됨[183]≫ [탕약(湯藥)을] 삼제(三劑)나 썼지만 효험을 보지 못하였으니 ≪姤卦에서 遯卦로 되고, 否卦로 됨≫ 장차 艮의 죽음을 맞게 될 처지에 놓여 있다. ≪遯卦와 否卦에도 모두 艮이 있다.≫

移之噬嗑 ≪五之一≫ 巽藥遂滅 ≪卦無巽≫ 是 勿藥也 雖則勿藥 坎拔其毒 ≪五今柔≫ 震以回生 ≪下今震≫ 离喜滿面 ≪上今离≫ 憂心

180) [校閱] 奎章本과 國中本에는 "坎位堅固"라고 되어 있으나 新朝本에는 "坎爲堅固"로 되어 있다. 前例에 따라, 前者의 "坎位堅固"를 취하기로 한다(『四箋』 卷3, 34나).
181) [校閱] 新朝本과 國中本에서는 "爲香臭"로 되어 있으나, 奎章本에는 "皆香臭"로 나오는데, 의미가 통하지 않는 것은 아니지만 어색하다. 여기서는 前者를 따르기로 한다.
182) 坎心 : 心病 ≪說卦傳≫ 直心(茶山 「其他 物象」)과 연관, 坎病; 茶山 「其他 物象」.
183) 「說卦傳」에 "巽, 爲[木] …… [香臭]"라고 하였다. 巽[草]는 茶山의 「其他 物象」에 나온다.

頓去 ≪坎中亡≫ 勿藥而有喜也

䷘ ䷔ ䷋

无妄 → 噬嗑 ← 否

[그런데 否卦로부터] 추이하여 서합괘(噬嗑卦)가 되면 ≪[否卦의] 5가 1로 감≫ 巽의 藥이 마침내 없어지니 ≪[噬嗑]卦에는 巽이 없음≫ 이것은 "勿藥(약을 쓰지 않은 것)"이다. [그러나] 비록 약을 쓰지 않더라도, 坎의 독(毒)을[184] 뽑아내어 ≪[서합괘의] 제5位가 지금 柔≫ 震으로써 회생(回生)하게 되니 ≪[서합괘의] 下卦가 지금 震≫ 离로써 희색(喜色)이 만면(滿面)해지고 ≪[서합괘의] 上卦가 지금 离≫ [坎의] 근심이[185] 문득 사라지게 되니 ≪坎의 中剛이 없어짐≫ [이것은] "藥을 쓰지 않았는데도, 기쁜 일이 있는 것"이다.

○ 坎則爲疑 ≪中有梗≫ 疑則試之 ≪孔子云≫ 今旣無疑 ≪离虛中≫ 不可試也

○ 坎은 곧 의심이니[186] ≪[마음] 속에 [뭔가] 걸리는 것이 있음≫ [만약] 의심이 생기면, 시험해 보기 마련이다. ≪孔子가 말함[187]≫ [그런데] 지금 이미 [아무런] 의심이 없으니 ≪[서합괘의 上卦인] 离의 가운데가 비어 있으니, 의심이 없음을 상징함≫ "不可試", 즉 "시험해 볼 것도 없는 것"이다.[188]

---

184) 坎은 심장·질병·毒을 상징함, 茶山의 「其他 物象」을 참조할 것.

185) 坎憂:「說卦傳」에 "於人加憂"라 함.

186) 坎疑: 荀九家인 虞翻의 說.

187) 孔子가 "疑則試之"라고 말한 것은 아니다. 다만, 乾卦의 「文言」에 "或之者, 疑之也"라는 말이 나온다. 그런데 다산은 乾卦 九四의 "或躍在淵"에 대한 註釋에서, "疑則或之"라고 하고, 또 "四則多懼, 疑而試之也"라고 하였다. 따라서 비록 孔子가 "疑則試之"라고 말한 것은 아니지만, 문맥상으로 보면, "疑則或之"하여, "疑而試之"한 것이므로, 그것은 孔子의 발언에 함축된 뜻이라고도 할 수 있다.

188) 不可試: 실제 상황에서 증험해볼 수가 없음.

上九 : 无妄行, ≪句≫ 有眚, ≪句≫ 无攸利. ◯ 象曰 : 无妄之行, 窮[189]之災也.

上九 : 망령됨이 없이 行한 것이나[190] ≪句≫ [뜻하지 않게] 재앙이 따르니, ≪句≫ 이로울 것이 없을 것이다. ◯「象傳」: 망령됨이 없이 行한 것이나, 그 [지위가] 막다른 곳까지 이르렀기 때문에 재앙이 따른 것이다.[191]

此 无妄之隨也 隨自否來 ≪上之一≫ 三陽外遯 ≪遯而否≫ 旣無內援 ≪內無陽≫ 上位高極 ≪卽乾之亢龍≫ 其勢 危矣 ≪高而不得位≫ 移之爲隨 則上剛忽墮[192] ≪上之一≫ 遂成震行 ≪下今震≫ 是 有行也 本由天命 ≪否 上乾互巽≫ 无妄之行也

无妄 → 隨 ← 否 ← 遯

이것은 无妄卦가 隨卦로 변하는 경우이다. 隨卦는 否卦로부터 왔다. ≪[否卦의] 上이 1로 간 것이다.≫ [否卦에서는] 세 개의 陽이 밖으로 달아나고 있지만 ≪遯卦에서 否卦로 됨≫ 이미 그들을 [달아나지 못하도록] 안에서 붙잡아 당기는 것도 없고 ≪內卦에 陽이 없음≫ 제6位의 陽은 지나치게

189) [校閱] "窮"이 新朝本에는 "竆"으로 나오는데 同字이다. 여기서는 奎章本과 國中本에 따라 "窮"으로 定하였다. 이후에도 모두 "窮"으로 쓰기로 한다.

190) 无妄行 : (다른 가능한 해석) 도망치지 않고 行함이니.

191) 无妄之行, 窮之災也 : (다른 가능한 해석) 지성스러운(无妄) 행실이지만, 지나침에 따른 재앙이 생겼다.

192) [校閱] "上剛忽墮"의 '떨어질 墮(타)'字가 奎章本에는 '隨'字 아래에 土가 있는 형태로 나온다. 반면에 '墮'字는 隋字 밑에 土字가 있는 형태이다.

높은 자리에 있으니 ≪즉 乾卦의 항룡(亢龍)에 해당됨≫ 그 형세가 위태롭다. ≪높은 곳에 있지만 [陽으로서 陰位인 제6位에 있으니] 자신의 바른 자리를 얻지 못한 것이다.≫ [그런데 否卦로부터] 추이하여 隨卦가 되면, 그 제6位의 剛이 갑자기 아래로 떨어져서 ≪[否卦의] 上이 1로 감≫ 마침내 震의 行을 이루니 ≪[隨卦의] 下卦가 지금 震≫ 이것은 [실천적으로] 行함이 있는 것이다. 본래 天命으로부터 온 것이니 ≪否卦의 上卦는 乾이고, 上互卦는 巽≫ "망령됨이 없이 行한 것(无妄之行)"이 된다.

○遂成大坎 ≪三六夾≫ 坎則多眚 ≪說卦文≫ 是 有眚也 眚者 无妄之罪也 ≪見書傳≫

无妄 → 隨 ← 否

○ [否卦로부터 隨卦로 추이하게 되면] 마침내 큰 坎을 이루니 ≪隨卦의 3·4·5·6位를 합친 夾卦≫ 坎은 곧 많은 재앙(多眚)이 되므로 ≪「說卦傳」의 글193)≫ 이것을 [가리켜] "有眚"이라고 한 것이다. "생(眚)"이란 뜻하지 않게(无妄) [즉 실수로] 저지른 罪를 가리킨다. ≪[이런 용례가] 「書傳」에 나온다.194)≫

○雖有兌巽 ≪上今兌195)≫ 无攸利也 ≪巽兌皆爲利≫

○ 비록 [이로움을 상징하는] 兌나 巽이 있다고 해도 ≪[隨卦의] 上卦가 지금 兌≫ [전체적으로 이런 상황에서는] 이로울 바가 없다. ≪巽·兌는 모

193) 「說卦傳」에 "坎 …… 其於輿也 爲[多眚]"이라고 함.

194) '眚'字는 『書經』에서 「舜典」의 "眚災肆赦", 「康誥」의 "非眚乃惟終", "乃惟眚災" 등에서 나온다.

195) [校閱] 新朝本과 國中本에는 "上今兌"로 되어 있으나 奎章本에는 "上今巽"으로 되어 있다. 无妄卦의 上九가 효변하여 성립된 隨卦의 上卦는 兌이다. 따라서 前者가 옳다.

두 利가 된다.≫

○窮者 極也 位極必危 ≪否上剛 本乾卦之亢龍≫ 是 有災也 离則爲災 ≪今大离≫

○ "窮"이란 끝(極)[에 도달함]을 뜻한다. 지나치게 높은 지위에 있으면, 반드시 위태로운 법이니 ≪否卦의 제6位의 剛은 본래 乾卦의 亢龍에 해당됨≫ 이것이 재앙이 있는 까닭이 된다. 离는 곧 재앙이 된다.[196] ≪지금 [隨卦의 1·2·3·4位에] 큰 离가 있다.≫

26. 산천 대축(山天 大畜)

乾下艮上 ○第十四卦之反 ≪大壯上之四 中孚三之五≫

196) 离의 '災'와 '火'의 뜻으로부터 이끌어낸 것이다. 다산은 大畜卦 初九, 遯卦 初六의 細註 등에서도 "离爲災"라고 함.

乾이 下卦이고, 艮이 上卦이다. ○ 第14卦의 反卦이다. ≪大壯卦의 上이 4로 가고, 中孚卦의 3이 5로 간다.≫

雜卦傳曰 大畜 時也

「雜卦傳」에 말하였다. "大畜卦는 때(時)를 상징한다."

○ 朱子曰 大 陽也 以艮畜乾 畜之大者也

○ 朱子가 말하였다. "['大畜'의] '大'는 陽을 가리킨다. [축적함(畜)을 상징하는] 艮으로써 [大인] 乾을 축적하니, 축적함이 큰 것이다."

○ 鏞案 大畜者 以陽卦而畜乾也 ≪見小畜≫ 乾者 元氣也 卦自大壯來 陽道旣壯 又以震而發之 ≪上卦震≫ 元氣太洩 故移一陽以畜之 ≪四之上≫ 此之謂 大畜也 ≪詳小畜≫ 又小畜大畜 皆有六畜之義 故兩卦爻詞 多用馬牛羊豕之象也

○ [鏞案] '大畜'이란 陽卦[인 艮으]로써 乾을 쌓는 것이며 ≪小畜卦에 [설명이] 나옴≫ 乾은 元氣를 가리킨다. 大畜卦는 大壯卦에서 나왔는데, 大壯卦의 경우에는 陽道가 이미 장성(壯盛)하고, 또한 震으로써 그 기운을 밖으로 발산하니 ≪[大壯卦의] 上卦는 震≫ 元氣가 지나치게 흘러 넘치는 것이다. 그러므로 한 개의 陽을 이동시켜, 그 元氣를 축적하니 ≪[大壯卦의] 4가 上으로 감≫ 이것을 '大畜'이라 말하는 것이다. ≪[이에 관해서는] 小畜卦에서 상세히 설명하였다.≫ 또 小畜卦와 大畜卦에는 모두 [우리 인간에게 친숙한] 여섯 가축(六畜)[197]의 의미가 있다. 그러므로 이 두 卦의 爻

詞에 말·소·양·돼지의 象을 많이 적용한 것이다.

○ 蜀才云 此本大壯 以四升上

大壯 → 大畜 ← 中孚

○ 촉재(蜀才)가 말하였다. "이 [大畜의] 卦는 大壯卦에 근본을 둔 것인데, [大壯卦의] 제4位에서 上位로 [陽畫을] 상승시킨 것이다."

大畜, 利貞, 不家食吉, 利涉大川.

大畜은 일[을 맡아 처리함]에 이로울 것이다. [君主의 녹봉(祿俸)을 받아] 집에서 밥을 먹지 않으니, 吉할 것이다. 큰 내를 건너는 일은 이로울 것이다.

此 大畜之不變者也 卦自大壯來 ≪上之四≫ 說言乎兌 ≪兼畫兌≫ 義之和也 於坎之位 ≪四五六≫ 艮以畜之 ≪畜乾剛≫ 利於貞也 ≪利正事≫

大壯 → 大畜 ← 中孚

197) 六畜 : ① 소(牛), ② 말(馬), ③ 양(羊), ④ 돼지(豕), ⑤ 닭(鷄), ⑥ 개(犬).

이것은 大畜卦가 변하지 않는 경우이다. 大畜卦는 大壯卦로부터 왔는데 ≪[大壯卦의] 上이 4로 감≫ 兌에서 말씀을 기뻐하니 ≪획을 겹쳐보면 [大壯卦는] 兌가 됨≫ 정의로운 和合[198]이 됨이요, 坎의 자리에서 ≪4·5·6位[는 坎位]≫ 艮으로써 온축(蘊蓄)하니[199] ≪乾의 剛한 氣를 온축함≫ 일을 맡아 처리함에 이로운 것이다. ≪[여기서 이롭다고 함은 물론] 바른 일에 이로움을 뜻한다.≫

○卦又自中孚來 ≪三之五≫ 中孚之時 离垣之內 ≪本大离≫ 震夫巽妻 ≪本互震≫ 兌食相對 ≪上下兌≫ 家食之象也 移之大畜 則卦無巽妻 而震君子之兌食 ≪下互兌≫ 出於乾君 ≪下今乾≫ 不家食也 不家食者 食君祿之謂也

大壯 → 大畜 ← 中孚

○ [이 大畜]卦는 또한 中孚卦에서 왔는데 ≪[中孚卦의] 3이 5로 감≫ 中孚卦의 때에는 离의 담장 안에 ≪中孚卦는 본래 큰 离[의 형태]≫ 震의 남편과 巽의 아내가 ≪[中孚卦의 2·3·4位의] 下互卦는 본래 震≫ 兌의 음식을 서로 마주하고 있으니 ≪[中孚卦의] 上卦[인 巽]도 [뒤집힌] 兌이며, 下卦도 兌임≫ [이것은] 집에서 음식을 먹는 象이다.

[그런데 中孚卦로부터] 추이하여 大畜卦로 가면, 卦에 巽의 아내가 없어지며, 震의 君子가 먹을 兌의 음식이 ≪[大畜卦의 2·3·4位의] 下互卦가 兌≫ 乾의 군주로부터 나오므로 ≪[大畜卦의] 下卦가 지금 乾≫ "不家食"이라고 한 것이다. 따라서 "不家食"이란 결국 군주가 주는 녹봉을 받아먹는 것을 뜻한다.

---

198) 兌義 : 茶山 今補.
199) 艮畜 : 茶山의 「其他 物象」에 따르면, 艮에는 '정육(亭毓)'의 뜻이 있다고 함.

○ 大壯者 大澤也 ≪本兼兌≫ 移之大畜 則震舟穩涉 ≪四之上≫ 登彼艮岸 ≪上今艮≫ 利涉大川也

大壯 → 大畜 ← 中孚

○ 大壯卦는 큰 못의 형태를 취하고 있다.[200] ≪[大壯卦는] 본래 획을 겹친 兌≫ [그런데 大壯卦로부터] 추이하여 大畜卦로 가면, 震의 배(舟)가 [그 큰 연못을] 무사하게 건너 ≪[大壯卦의] 4가 上으로 감≫ 저 쪽의 艮의 기슭에[201] 오르니 ≪[大畜卦의] 上卦가 지금 艮≫ [이것을 가리켜] "利涉大川"이라고 한 것이다.

孔子曰 ≪見表記≫ 事君 大言入則望大利 ≪兌爲言爲利≫ 小言入則望小利 ≪中孚大壯 皆有兌≫ 故君子 ≪中孚大壯 皆有震≫ 不以小言受大祿 ≪中孚下兌爲小言≫ 不以大言受小祿 ≪大壯兼兌爲大言≫ 易曰 不家食吉

孔子께서 [다음과 같이] 말씀하셨다. ≪『禮記』「表記」에 나옴≫ "임금을 섬길 적에 [君子는] 자신의 원대한 말이 받아들여지면 [천하에] 큰 이로움이 있을 것을 기대하고 ≪兌는 말이 되고, 이로움이 됨≫ 사소한 말이 받아들여지면, 작은 이로움을 기대하는 것이니 ≪中孚卦와 大壯卦에 모두 兌가 있음≫ 그러므로 君子는 ≪中孚卦와 大壯卦에 모두 [君子를 상징하는] 震이 있음≫ 사소한 말을 하고, 큰 녹봉을 받지 아니하며 ≪中孚卦의 下卦는 兌이니, '小言'이 됨≫ 원대한 말을 하고, 적은 녹봉을 받지 아니한다. ≪大壯卦의 획을 겹쳐서 보면, 兌니, 大言이 됨≫ [그러므로] 『周易』에 '不家食吉'이라고

200) 兌澤 : 「說卦傳」에 나옴.
201) 艮岸 : 茶山의 「其他 物象」에도 그 用例가 나온다(『四箋』 卷4, 4나).

한 것이다."

○案 中孚者 單兌也 中孚之震 《本下互》 只升一級 《今上互》 此 小言而受小祿也 《單兌爲小言》 大壯者 兼兌也 大壯之震 直升二級 《四之上》 此 大言而受大祿也 《兼兌爲大言》 孔子之言 散見諸經者 其巧合易象如此 況在大傳者哉

大壯 → 大畜 ← 中孚

○ [案] 中孚卦에는 兌가 오직 한 개만 있다. 그리고 中孚卦의 震이 《본래 中孚卦의 下互卦가 震》 [大畜卦로 推移하면서] 단지 한 등급(等級)만 올라갔으니 《지금 [大畜卦에서는] 上互卦가 震》 이는 적은 말로써 적은 녹봉을 받는 것이다. 《한 개의 兌는 "小言"이 된다.》

한편 大壯卦는 획을 겹쳐서 보면, 兌가 된다. [그리고] 大壯卦의 震은 [大畜卦로 推移하게 되면] 단번에 두 단계를 승급(昇級)하니 《[大壯卦의] 4가 上으로 감》 이는 큰 말로써 큰 녹봉을 받는 것이다. 《두 획씩 겹쳐서 성립된 兌는 '大言'이 된다.》

[이처럼] 孔子의 말씀에서, 여러 다른 經典에 흩어져 발견되는 것도 그 교묘하게 易象에 부합함이 이와 같은데, 하물며 그 [『周易』 자체의] 「大傳」(「繫辭傳」)에 나오는 말이겠는가!

彖曰 : 大畜, 剛健[202]篤實, 《句》 輝光日新, 《句》 其德, 剛上而尙賢, 能[203]止健, 大正也. 不家食吉, 養賢也, 利涉大川, 應乎天也.

---

202) [校閱] 奎章本에는 "健"의 좌변이 '亻'이 아니라, '彳'으로 되어 있다.
203) [校閱] "能止健"의 "能"이 奎章本에는 "皆"로 되어 있는데, 誤記이다.

「彖傳」: 大畜[卦]에는 강건(剛健)하고, 독실(篤實)함[의 象]이 있다. ≪句≫ 그 광채가 날로 새로워지고, ≪句≫ 그 德은 剛이 상승함에, 賢人을 숭상함이요, 능히 머물러 [축적함으로써] 강건해질 수 있으니, 크게 바른 것이다. "不家食吉"은 賢者를 養成함을 말한 것이고, "利涉大川"은 위로 하늘과 호응함을 말한 것이다.

剛健者 乾也 篤實者 艮也 ≪艮爲山爲果≫ 中孚之時 大离晅赫 ≪兼畫三≫ 是 輝光也 移之大畜 ≪三之五≫ 离光又新 ≪三六夾≫ 是日新也 ≪离[204]爲日≫

大壯 → 大畜 ← 中孚

"剛健"함은 乾[의 성격]이며, "篤實"함은 艮[의 성격]이다. ≪艮은 山이 되고, 果가 된다.[205]≫ 中孚卦의 때에는 큰 离가 [뜨겁게] 내리 쪼며, 빛나니 ≪[中孚卦를] 획을 겹쳐서 보면, 3획괘[로 离가 됨]≫ 이것이 "輝光"인 것이다. [그런데 中孚卦로부터] 추이하여, 大畜卦로 가면 ≪[中孚卦의] 3이 5로 감≫ 离의 빛남이 또한 새로우니 ≪제3位에서 제6位까지 합치면 夾离≫ 이것이 "日新"이다. ≪离는 日이 된다.≫

○剛上者 大壯之移升也 ≪四之上≫ 大壯之四 ≪第四畫≫ 本以震賢 ≪爲君子≫ 升於高位 ≪四之上≫ 非尊賢乎 易例 凡陽升陰降 謂之尙賢 ≪見大有上九≫

---

204) [校閱] 奎章本과 國中本에는 "离爲日"로 되어 있는데, 新朝本에는 "兼爲日"로 되어 있다. 여기서는 前者를 따르기로 한다.

205) 篤은 두텁다는 뜻에서 山과 통하고, 實은 바로 果이다.

䷡ ䷙

大壯 → 大畜

○ "剛上"은 大壯卦로부터 推移하여, [陽이] 상승한 것을 가리킨다. ≪[大壯卦의] 4가 上으로 감≫ 大壯卦의 제4位는 ≪제4획≫ 본래 震의 賢者에 해당하는데 ≪[震은] 君子가 됨≫ 높은 자리로 상승하니 ≪[大壯卦의] 4가 上으로 감≫ 賢人을 尊重함이 아니겠는가! 易例에서, 대개 陽이 상승하고, 陰이 하강하면, "尙賢"이라고 한다. ≪大有卦의 上九[를 설명한 「繫辭傳」 부분]에서도 ["尙賢"이라 한 대목이] 나온다.[206)]≫

○ 止健者[207)] 以艮而畜乾也

○ "止健(머물러 온축하여, 강건함)"이란 艮으로써, 乾을 온축함을 말한다.[208)]

○ 大正者 陽升於上 其黜陟大正也 ≪貞 正也 事之正也≫

䷡ ䷙

大壯 → 大畜

○ "大正"이라고 한 것은 [大壯卦에서 大畜卦로 推移함에, 大壯卦의 제4位에 있는] 陽이 上位로 상승하니, 그 사악한 자를 물리치고, 올바른 자를 등용함으로써[209)] [큰 坎이 되니] 크게 바르게 된 것을 말한 것이다.

---

206) 大有卦 上九와 연관하여, 「繫辭傳」에 孔子가 한 말에 "尙賢"이란 말이 나온다(『四箋』 卷2, 43나).

207) [校閱] 奎章本에는 "皆止健者"라고 나온다. "能止健者"의 誤記이다. 新朝本과 國中本에는 "能"字 없이 그냥 "止健者"로 되어 있다.

208) 이는 앞서 茶山이 [鏞案] 부분에서, "大畜者, 以陽卦而畜乾也"라고 한 것과 같은 말이다.

209) 黜陟 : 못된 사람을 내쫓고, 착한 사람을 추천하여 씀.

≪“貞”은 바름인데, 결국 일의 공정함을 뜻한다.≫

○養賢者 乾君兌祿 及[210]於震賢也

大壯 → 大畜 ← 中孚

○ “養賢”은 [大畜卦와 그 두 母卦의 推移과정에서 나타나듯] 乾의 君王이 내린 兌의 봉록(俸祿)이 震의 賢者에게 미치는 것이다.

○乾天有祐 ≪乾在內≫ 二五相應 ≪心相孚≫ 應乎天也 不有天助 何以利涉

大畜

○ 乾의 하늘의 도움이 있고 ≪[大畜卦에서] 乾이 內卦에 있음≫ 제2位와 제5位가 [각각 陽과 陰으로] 서로 호응하니 ≪두 마음이 서로 믿음≫ [이것을 가리켜] “應乎天”이라고 한 것이다. 하늘의 도움이 없다면, 어찌 [큰 내를] 건널 수 있겠는가?

○案 此傳 新與賢天 叶韻 當以日新 爲句

○ [案] 이 「彖傳」에서는 [“輝光日新”의] ‘新’字는 [“剛上而尙賢”과 “不家食吉, 養賢”의] ‘현(賢)’字와 [“應乎天”의] ‘천(天)’字와 더불어 협운(叶韻)이니, 마땅히 “日新”을 한 구절로 보아야 한다.[211]

---

210) [校閱] 新朝本에는 “反於震賢”으로 되어 있으나 奎章本과 國中本에는 “及於震賢”으로 되어 있다. 後者가 옳다.

初九 : 有厲, 利已. ◯象曰 : 有厲利已, 不犯災也.

初九 : 위태로움이 있으나, [현명하게 처신함으로써 마침내] 자기 자신을 이롭게 할 것이로다.[212] ◯「象傳」: "有厲利已"라고 한 것은 재앙을 초래할 일을 범하지 않음을 가리킨다.

此 大畜之蠱也 蠱自泰來 ≪上之一≫ 三陰在上 高者 益危 ≪最上陰≫ 是 有厲也 移之爲蠱 則辭尊就卑 ≪上之一≫ 讓于賢者 ≪一之上≫ 遂成巽順 ≪下今巽≫ 無所厲也 巽則爲利 ≪利三倍≫ 內本爲我 ≪一在內≫ 是 利已也 小人之讓高位於賢者 卽所以利已也

大畜 → 蠱 ← 泰

이것은 大畜卦가 蠱卦로 변하는 경우이다. 蠱卦는 泰卦에서 나왔는데 ≪[泰卦의] 上이 1로 감≫ [泰卦에서는] 세 개의 陰이 [분수에 맞지 않게] 위에 자리하고 있는데 [그 중에 제일] 높은 곳에 있는 것은 더욱 위태로우니 ≪最上位의 陰≫ 이것이 "有厲(위태로움이 있음)"이다.[213]

---

211) 여기서 茶山이 새삼스럽게 협운(協韻)을 거론한 것은 程伊川의 「易傳」에 "人之才, 剛健篤實, 則所畜能大, 充實而有輝光, 畜之不已, 則其德日新也"라고 해석함으로써, "日新其德"을 한 句로 해석하였기 때문이다. 만약 그렇게 斷句한다면, 「彖傳」의 구절은 다음과 같이 해석될 수 있을 것이다. "大畜은 剛健하고, 篤實하고, 빛나서, 날로 德을 새롭게 하니, ……." 다산은 程伊川의 그러한 해석을 協韻의 규칙을 들어 반박하고 있는 것이다.

212) 王弼은 "利已"의 '已'字를 '이미 已(이)'字로 보고, "그친다"는 뜻으로 해석하였다. 현대학자 高亨은 다산처럼 '已'字를 "자기 자신"을 의미하는 것으로 보았다. 김상섭 역, 『高亨의 周易』, 예문서원, 1995, 245면.

[그런데 泰卦로부터] 추이하여 蠱卦가 되면, 존귀한 자리를 사양하고, 낮고 비천한 데로 내려가 ≪[泰卦의] 上이 1로 감≫ [그 자리를] 賢者에게 양보하고 ≪[泰卦의] 1이 上으로 감≫ 마침내 巽의 유순함을 이루니 ≪[蠱卦의] 下卦가 지금 巽≫ 위태로울 것이 없다. [또한] 巽은 곧 이로움이 되고 ≪[巽은] 이로움이 세 배가 됨[214]≫ 內卦는 본래 我가 되니[215] ≪初位는 內卦에 있음≫ 이것이 "利已", 즉 "자기를 이롭게 함"이다. 小人이 높은 자리를 賢者에게 양보하는 것은 곧 자기 자신을 이롭게 하는 것이다.[216]

○ 上今成离 ≪三六夾≫ 窮之災也 然 一陰在下 ≪上之一≫ 入而不出 ≪巽爲入≫ 不犯災也 ≪离爲災≫

大畜 → 蠱 ← 泰

○ [蠱卦의] 위에서 지금 离를 이루니 ≪[蠱卦의] 제3位에서 제6位까지의 夾卦≫ 窮地의 재앙(窮之災)이다. 그러나 한 개의 陰이 아래에 있어 ≪[泰卦의] 上이 1로 감≫ 들어가서는 나오지 않으니 ≪巽은 들어감이 됨≫ "不犯災", 즉 "재앙이 될 일을 범하지 않는 것"이다. ≪离는 災가 된다.≫

---

213) 蠱卦의 上位의 陽이 위태로운 것이라 보지 않고, 泰卦 6位의 陰이 위태롭다고 본 것이다.

214) 「說卦傳」에 "巽 …… 爲近利市三倍"라고 하였다.

215) 內卦(下卦)가 我가 되고, 外卦(上卦)는 敵이 된다. 「讀易要旨」의 제14則 辨位를 참조할 것(『四箋』 卷1, 17가).

216) 다산은 巽卦 九五의 주석에서 大畜卦 初九의 경우를 참고하라고 말하고 있다. 그 이유는 巽卦 九五와 大畜卦 初九가 모두 '巽之蠱'와 '大畜之蠱'가 되어 卦象이 일치하는 경우이기 때문이다. 즉, 두 경우 모두 泰卦의 上位에 있는 柔가 初位로 내려옴으로써 蠱卦를 형성하는 경우로서, 小人이 賢者에게 자신의 자리를 양보하는 例에 해당된다. 小人이 높은 자리를 賢者에게 양보하는 것은 곧 자기 자신을 이롭게 하는 행위이자, 賢者를 이롭게 하는 행위가 된다.

○柔自外入 亦止畜之義

䷑ ䷊

蠱 ← 泰

○ [泰卦의 제6位에 있는] 柔가 밖에서 [안으로] 들어오니, 역시 중지하고 온축함(止畜)의 뜻이다.[217)]

䷙

九二 : 輿說輹. ○象曰 : 輿說輹, 中无尤也.

九二 : [운행(運行)하지 않도록] 수레에서 복토(伏兎)를 벗겨 놓는다. ○「象傳」: "수레에서 복토(伏兎)를 벗겨 놓음(輿說輹)"이니, 마음속(中)에 [쌓아놓은] 허물이 없다.

此 大畜之賁也 賁自泰來 《二之上》 坤爲大輿 《泰上坤》 乾其輹也 剛聚爲圓 《乾之象》 其象輹也 《義詳下》 移之爲賁 《二之上》 則抽其中剛 《拔乾之中剛》 載之輿上 《二之上》 輿說輹也 《說音脫》 曷然哉 大畜者 止蓄之卦也

䷙ ䷕ ䷊

大畜 → 賁 ← 泰

217) 이에서도 "不犯災"의 뜻을 유추할 수 있다.

이것은 大畜卦가 賁卦로 변하는 경우이다. 賁卦는 泰卦로부터 왔는데 ≪[泰卦의] 2가 上으로 감≫ 그 坤은 큰 수레가 되며 ≪泰卦의 上卦는 坤≫ 乾은 그 복토(伏兎)가 된다. 剛이 모여서 원형(圓形)을 이루니 ≪圓은 乾의 象≫ 그 象이 "輹"이다. ≪이 뜻은 아래에서 상세히 설명한다.≫

[그런데 泰卦로부터] 추이하여 賁卦가 되면 ≪[泰卦의] 2가 上으로 감≫ 그 가운데의 剛을 뽑아서 ≪乾의 가운데 剛을 뽑아냄≫ 수레 위에 [그것을] 실으니 ≪[泰卦의] 2가 上으로 감≫ [이것은] "여탈복(輿說輹)", 즉 "[수레를 운행하지 않아] 복토(伏兎)를 뽑아 둔 것"이다. ≪'說'字의 발음은 '탈'이다.≫ 어째서 그러한가? 大畜卦가 멈춤과 쌓음(止蓄)을 상징하는 卦이기 때문이다.

泰之時 震行剛健 ≪三陽進≫ 如車方轉 ≪乾大車≫ 移之爲賁 車說其輹 則艮以止之 ≪上今艮≫ 車遂不行 ≪說輹故≫ 止蓄[218] 之義也

復 → 臨 → 泰 → 推移 → 賁 ← 제2효변 ← 大畜

泰卦의 때에는 震의 행진(行進)이 강건하여 ≪[泰卦는] 세 개의 陽이 前進한 것≫ 마치 수레가 바야흐로 굴러가려고 하는 듯 하다. ≪乾은 큰 수레가 됨≫ [그런데 泰卦로부터] 추이하여 賁卦가 되어, 수레에서 복토(伏兎)를 뽑게 되면, [수레는] 艮으로써 정지(停止)하게 되고 ≪[賁卦의] 上卦가 지금 艮≫ 수레가 마침내 가지 않으니 ≪복토를 [수레로부터] 분리시켰기 때문임≫ 止蓄(멈춤과 쌓음)의 뜻을 가지는 것이다.

○中无尤者 离虛中也 ≪下今离≫

218) [校閱] 新朝本과 國中本에는 "止蓄"으로 되어 있으나 奎章本에는 "止畜"으로 되어 있다.

○ “中无尤”, 즉 “마음속에 허물이 없다”라고 한 것은 离[의 가운데]가 [텅 비어] 겸허한(虛) 마음(中)을 상징하기 때문이다. ≪[賁卦의] 下卦가 지금 离≫

○案 輻者 車轑也 輹者 伏兎也 ≪見考工記注≫ 鄭玄云 輹鉤心之木 ≪卽伏兎≫ 小畜之輿說輻 鄭玄亦訓爲輹 未可知也 古文輹作輹[219] 其形與輻 不甚相遠

○ [案] ‘복(輻)’은 수레의 바큇살(車轑)[220]을 뜻하니, ‘복(輹)’은 복토(伏兎)[221]에 해당된다. ≪[이런 說은 『周禮』「考工記」의 注에 보인다.≫ 鄭玄이 말하기를, 복(輹)은 [바퀴 축과 연결된] 수레 굴대(鉤心)의 목재라고 하였다. ≪즉, ‘복토(伏兎)’를 가리킨다.≫ 小畜卦의 “輿說輻”[의 “輻”字]에 대해서도, 鄭玄은 역시 “輹”의 뜻으로 해석하였는데, [그 주장이 옳은지는 확실히] 알 수 없다. [아마도 鄭玄이 이처럼 ‘輻’字를 ‘輹’字로 풀이하는 것은] 古文에는 ‘輹’字가 ‘輹’字로 나오는데, [이렇게] ‘輹’字의 [古文字의] 字形이 ‘輻’字의 古文과 서로 동떨어진 것은 아니기 때문인 것 같다.

○又按 畜者 蓄止也 故小畜之云 牽復 輿說輻 大畜之云 輿說輹[222] 童牛之牿 皆挽留畜之 勿令走洩之意 此所謂 播性氣於

219) [校閱] 新朝本에는 “古文□作輹”으로 되어, 글자가 보이지 않는데, 여기서는 奎章本과 國中本에 따라서 □의 위치에 “輹”을 첨가하였다. 또한 新朝本에는 그 ‘輹’字도 명확히 이렇게 나오는 것이 아니고, 다소 흐릿하게 ‘輹’와 유사한 형태로 보인다. 이는 古文을 어느 정도라도 방불하게 나타내려고, 없는 활자를 꾸며 넣다보니 그렇게 된 것이겠는데, 여기서는 일단 奎章本과 國中本에 따라서 ‘輹’으로 표기하였다. 물론 이와 같은 글자가 古文에 있는 것은 아니겠다.

220) 車轑: 수레의 바큇살.

221) 伏兎: 수레의 바닥 밑에 장치하여, 수레와 굴대를 연결하여 고정하는 나무, 그 모양은 위는 평평하여, 수레의 바닥 밑에 붙고, 아래쪽은 홈처럼 파내어 굴대가 그 속에 들어가도록 한 것으로, 좌우에 두 개가 있어 가운데 있는 당토(當兎)와 함께 굴대에 고정되어 있다.

222) [校閱] 新朝本과 國中本에는 “輿說輹”으로 되어 있고, 奎章本에는 “輿說輻”으로 되

諸爻也

○ [又按] 畜은 쌓음(蓄)이고 멈춤(止)을 뜻한다. 그러므로 小畜卦에서는 "牽復(끌어다 복귀시킴)"(九二), "輿說輻"(九三)이라 하고, [여기] 大畜卦에서는 "輿說輹"(九二), "童牛之牿"(六四)이라 한 것이니, [이는] 모두 붙들어 [만류(挽留)함으로써] 머물게 하고, 온축(蘊蓄)하도록 하며, [공연히] 달려나가거나(走) 쓸데없이 기운을 발산하는 일(洩)을 하지 말도록 하라는 뜻이다. [이렇게 상이한 여러 爻辭가 같은 취지를 가지게 되는] 이것이 이른바 "파성(播性)"[223]이니, [本卦의] 성질(性氣)을 여러 爻에도 [설정해] 성질(性氣)을 뿌리는 것을 뜻한다.

䷙

九三 : 良馬逐. 利艱貞, 日閑輿衛, 利有攸往. ○ 象曰 : 利有攸往, 上合志也.

九三 : [도망간] 우량(優良)한 말(良馬)을 [잡으러] 쫓아간다.[224] [험난하

어 있다. 前者가 옳다.

223) 파성(播性) : 播性은 茶山이 『周易』 해석의 일반적 준칙(準則)으로 수립한 「讀易要旨」 18則 중 第5則에 해당된다. 播性은 문자적으로는 '본성을 씨를 뿌리듯 전파함'을 뜻하는데, 다산의 易理四法의 방법론적 체계로 말한다면, 爻變을 할 경우, '本卦'의 성질이 '之卦'에 뿌려진다는 의미이다. 즉 효변하여, '本卦'가 '之卦'로 변하게 될 때, '之卦'의 物象과 事情이 本卦와는 크게 다르게 된다. 그러나 그 性氣는 모두 本卦를 중심으로 하는 것이기 때문에, 만약 本卦의 性氣를 버리고, '之卦'의 物象만을 專用하여, 해석한다면, 크게 어긋나게 될 것이라는 것이다. 따라서 爻變하여 다른 卦로 변하더라도, 爻詞에 반드시 本卦의 性氣를 마치 씨를 뿌리듯 설정하여 두어, 그 本質을 되돌아보게 하였다는 것이 이른바 播性의 원칙이다. 예컨대 本卦가 地風 升卦인 경우, 효변하여, 井卦나 蠱卦로 변하더라도, 거기에는 모두 上升(올라감)의 의미가 내포되어 있는 것이다. 마찬가지로, 本卦가 復卦인 경우, 효변하여 震卦나 屯卦로 변하더라도, 거기에는 모두 "來復"의 象이 내포되어 있는 것이다.

고] 어려운 일[을 성사(成事)시킴]에 이로울 것이다. 날마다 수레로 호위(護衛)하는 일을 연습(練習)함이다. 그 가고자 하는 곳에 이로움이 있을 것이다. ○「象傳」: "利有攸往"이라고 한 것은 위로 가서, 뜻을 합치기 때문이다.

此 大畜之損也 逐者 追亡也 睽初九曰 喪馬勿逐 ≪既濟六二 亦云 勿逐≫

䷙ ䷨ ䷊

大畜 → 損 ← 泰

이것은 大畜卦가 損卦로 변하는 경우이다 "逐"이란 도망친 것을 쫓아가는 것이다. 睽卦의 初九에도 "喪馬勿逐", 즉 "말을 잃어버리나, 쫓지 않아도……"이라고 하였다.[225] ≪既濟卦 六二에서도 또한 "勿逐", 즉 "찾지 않아도 ……"이라고 하였다.[226]≫

○損自泰來 乾剛出外 ≪三之上≫ 良馬之亡也 ≪乾良馬≫ 出而爲艮 ≪損上艮≫ 奔馬之止也 ≪艮爲止≫ 我以震行 ≪中互震≫ 逐之可得 ≪馬止故≫ 良馬逐也 ≪卦德本畜 故奔馬無終逸之理 所以逐[227]也≫

䷙ ䷨ ䷊

大畜 → 損 ← 泰

---

224) 茶山에 따르면, "良馬逐, 利艱貞"을 연결하여 읽으면 안 된다. "良馬逐"과 "利艱貞"은 의미상으로 연결되지 않는 별개의 象이라는 것을 다산은 未濟卦의 卦辭에 대한 주석에서 분명히 말하고 있다. 즉, 다산은 "若以小狐汔濟, 爲未了語, 則如良馬逐, 飛鳥離之之類, 又皆不可讀乎"(『四箋』 卷7, 13가)라고 말하고 있다.

225) 睽卦 初九: "[喪馬忽逐]自復."

226) 既濟卦 六二: 婦喪其茀 [忽逐] 七日得.

227) [校閱] "所以逐也"의 "逐"이 奎章本에는 "畜"으로 되어 있는데, 誤記이다.

○ 損卦는 泰卦로부터 왔다. [泰卦에서 損卦로 推移하게 되면] 乾의 剛이 밖으로 달아나니 ≪[泰卦의] 3이 上으로 감≫ [이것은] 우량(優良)한 말이 도망간 것이다. ≪乾이 良馬가 된다.≫ [제3位의 剛이] 밖으로 나가 艮이 되니 ≪損卦의 上卦는 艮≫ 그 달아나던 말이 멈춘 것이다. ≪艮은 멈춤의 뜻이 된다.≫ 나(我)는 震으로 나아가 ≪[損卦의] 가운데 互震이 있음≫ 쫓아가면 잡을 수 있으니 ≪말이 멈추어 있기 때문에 가능함≫ [이것을 가리켜] "良馬逐([도망간] 優良한 말을 [잡으러] 쫓아감)"라고 한 것이다. ≪卦의 성질에 본래 '畜', 즉 멈춤의 성질이 있는 까닭에, 내닫는 말이 끝까지 달아나서 없어질 까닭이 없으니 쫓아가는 것이다.≫

○ 兌女內驕 ≪兌乘剛≫ 君子外走 ≪三本震≫ 艱險之時也 ≪如晉重耳者≫ 艮[228]以蓄止 事竟有成 ≪終有成≫ 利艱貞也

大畜 → 損 ← 泰

○ [損卦를 보면, 下卦인] 兌의 여인이 안에서 교만한데 ≪兌는 剛을 올라타고 있는 형태≫ 君子는 밖으로 도망가니 ≪[損卦의 上位에 있는 泰卦의] 제3位의 陽은 본래 [군자를 상징하는] 震≫ 험난하고 어려운 한 때이다. ≪예컨대 춘추시대 晉나라의 중이(重耳)의 경우와 같다.[229]≫ [그렇지만] 艮으로써 멈추

228) [校閱] "艮以蓄止"의 "艮"이 "民"으로 되어 있는데, 誤記이다.

229) 『左傳』의 기록(莊公 28年~僖公 32年)을 따르면, 진(晉)나라의 헌공(獻公)은 총애하던 여희(驪姬)의 태생인 혜제(奚齊)를 태자로 삼고자, 태자인 申生을 곡옥에, 重耳를 蒲에, 이오(夷吾, 뒷날의 惠公)를 굴(屈)로 내쫓았다. 기원전 655년, 태자 신생은 여희의 간계에 빠져 자살했고, 중이(重耳)는 어머니 나라인 적(狄)으로, 동생 이오(夷吾)는 양(梁)나라로 각각 망명하였다. 기원전 651년 獻公이 죽자 혜제와 동생 도자(悼子)는 왕위에 올랐으나 살해되었고, 夷吾가 진목공(晉繆公)의 도움으로 왕위에 올라 혜공(惠公)이 되었다. 重耳는 적(狄)나라에 계속 머물렀으나, 기원전 644년, 혜공(惠公)이 중이를 암살하기 위해 자객을 보내자 중이는 이를 피해, 衛→齊→曹→宋→楚 등 무려 19년 간을 망명생활을 보내야 했다. 기원전 637년 혜공이 죽자 다음해 역시 진 목공의 도

어, [힘을] 축적하여, 일을 마침내 이루니 ≪마침내는 일을 成事시킴≫ [이것을 가리켜] "利艱貞", 즉 "어려운 일[을 成事시킴]에 이롭다"라고 한 것이다.

艱貞者 艱險之事也 左傳曰 險阻艱難 備嘗之矣 易凡言 艱貞 皆此類也 ≪明夷及 泰九三 當參看≫

"간정(艱貞)"은 어렵고 험한 일을 가리킨다. 『左傳』(僖公 28年)에서 말하기를, "險阻艱難, 備嘗之矣",[230] 즉 "어렵고 험난한 일(險阻艱難)[231]을 두루 다 맛보았다"라고 하였거니와, 『周易』에서 대개 "艱貞"이라 말한 것은 모두 이런 사례(類)이다.[232] ≪明夷卦[233]와 泰卦 九三[234]의 경우를 마땅히 참조해 보아야 할 것이다.≫

○卦自中孚來 ≪三之五≫ 中孚之時 震爲車馬 ≪二四互≫ 兌爲戎器 ≪萃大象≫ 而大离之兵 ≪二五夾≫ 以防以衛 ≪离爲防≫ 輿衛之象也 卦凡三變 ≪爲大畜爲損≫ 此象如舊 ≪皆有震兌與大离≫ 离則爲日

움으로 51세에 왕위에 올랐으니, 그가 진문공(晋文公, B.C.635~B.C.628)이며, 마침내 천하를 통일하고 覇者가 된다.

230) 險阻艱難 備嘗之矣 : 楚나라 군주인 成王이 晉나라를 쫓지 말라고 하면서, 晉 文公인 重耳에 대해서 한 말로서, 前後의 문장은 다음과 같다. "無從晉師, 晉侯在外, 十九年矣, 而果得晉國, 險阻艱難, 備嘗之矣, 民之情僞, 盡知之矣. 天假之年, 而除其害, 天之所置, 其可廢乎(晉나라 군사를 쫓지 말라. 晉나라 군주인 후작은 외국에서 19년을 지내고서, 결국은 晉나라를 차지했다. 그는 어려운 처지에서 困難을 두루 다 맛보았음에, 백성들의 마음의 眞情과 虛僞를 다 알고 있다. 하늘이 그의 장수할 운을 주어, 그를 해치는 자를 제거했다. 하늘이 군주로 삼아 놓아 둔 사람을 인간이 없앨 수가 있겠는가?)"(文璇奎 역, 『春秋左氏傳』 上, 명문당, 1987, 376~377면)

231) 험조간난(險阻艱難) : 어렵고 곤란한 상태를 지칭하는 말. 험조(險阻)는 ① 험함, 혹은 ② 세상 살아가기의 어려움을 뜻한다. 그리고 간난(艱難)은 몹시 힘들고, 곤란함을 뜻한다.

232) 다산의 「易例比釋」의 '(11) 艱貞例'를 참조할 것(『四箋』 卷1, 24나).

233) 明夷卦의 彖辭 : 利艱貞.

234) 泰卦 九三의 爻詞 : 无平不陂, 无往不復, 艱貞, 无咎, 勿恤, 其孚, 于食有福.

《說卦文》 日閑輿衛也 閑者 習也 卦德蓄止 故閑習而已 不以進取也 《艮 止也[235]》

中孚 → 大畜 → 損

○ [大畜]卦는 中孚卦에서 나왔는데 《[中孚卦의] 3이 5로 감》 中孚卦의 때에는 震이 수레와 말이 되고 《2·3·4位의 互卦》 兌는 무기가 되는데 《萃卦의 「大象傳」의 用例를 참조할 것[236]》 큰 离의 군사가 《제2位에서 제5位까지 夾卦》 방어(防禦)하고 호위(護衛)하니 《离는 防의 뜻이 됨》 [이것은] "輿衛", 즉 "수레를 몰아 호위함"의 象이다.

卦가 모두 세 단계로 변하였으나 《[中孚卦가] 大畜卦로 되고, 損卦로 됨》 이런 象이 以前과 마찬가지로 있다. 《모두 震과 兌와 큰 离가 있음》 离는 곧 日이 되니 《「說卦傳」의 글[237]》 "日閑輿衛", 즉 "날마다 수레로 호위하는 것을 익히는 것"이다. "한(閑)"은 익힌다(習)는 뜻이다. 卦의 성질이 온축(蘊蓄)하고, 머무는 것에 있으므로, 거듭 익힐 따름이고, 적극적으로 나가서 무엇을 획득하려고 하지는 않는 것이다. 《艮은 그침의 뜻이 된다.》

○損[238]自泰來 《三之上》 剛往于外 艮以成之 《上今艮》 兌則爲利 《義之和》 利有攸往也

大畜 → 損 ← 泰

235) [校閱] 奎章本에는 "止也"로 되어 있으나 新朝本과 國中本에는 "止之"로 되어 있다.

236) 萃卦의 「大象傳」에 있는 "澤上于地, 萃, 君子, 以除[戎器], 戒不虞"의 구절에 대하여, 茶山은 註釋에서, "兌金上銳 《陰爲小》 是 戎器也"라고 풀이하고 있다. "兌金"은 茶山의 '今補'에 속함.

237) 「說卦傳」의 '近取' 항목을 참조할 것(『四箋』 卷8, 30가).

238) [校閱] "損自泰來"가 國中本에는 "賁自泰來"로 되어 있는데, 誤記이다.

○ 損卦는 泰卦로부터 왔는데 ≪[泰卦의] 3이 上으로 감≫ [泰卦에서 損卦로 추이하게 되면] 剛이 밖으로 나아가서, 艮으로써 이루고 ≪[損卦의] 上卦가 지금 艮≫ 兌는 곧 利가 되니 ≪正義의 조화로움≫ "利有攸往"[의 象]이 되는 것이다.

○上合志者 升而成离也 ≪今大离≫ 一剛旣升 ≪三之上≫ 离志[239] 遂合 六位皆應 ≪剛柔應≫ 上合志也

大畜 → 損 ← 泰

○ "上合志"란 [泰卦의 3이] 상승하여, 离를 이루는 것이다. ≪[損卦는] 지금 큰 离의 형태≫ 하나의 剛이 이미 상승함에 ≪[泰卦의] 3이 上으로 감≫ 离의 뜻이 마침내 화합되고, 여섯 자리가 모두 호응하니 ≪[損卦에서, 初位와 제4位, 제2位와 제5位, 제3位와 上位가 각각] 剛과 柔로써 호응함≫ "上合志", 즉 "위로 가서, 뜻을 합친 것"이다.[240]

○案 宋本 日作曰 ≪形誤也≫ 鄭玄 虞翻之本 皆作日閑 ≪朱子亦曰 當爲日≫ 閑之爲言 防也 習也

○ [案] 宋代의 판본에는, '日(일)'字를 '曰(왈)'字로 하였는데 ≪字形이 유사함으로 말미암은 오류≫ [그 以前 漢代의] 정현(鄭玄)이나 우번(虞翻)의 책에는 모두 "日閑"이라고 하였다. ≪주자(朱子)도 [『周易本義』에서] 마땅히 '日'字로 보아야 한다고 하였다.≫ "閑"이라는 말은 防(막음)을 뜻하고, 習(익힘)을 뜻한다.

239) [校閱] 新朝本에서는 "志"가 "至"로 되어 있는데, 誤記이다.
240) 小畜卦 六四에서도 "上合志"라고 한 用例가 있다(『四箋』 卷2, 25가).

周禮 校人云 天子十有二閑 ≪諸侯則六閑≫ 闌以防之 習以訓[241]之 故謂之閑也 以卦象則 离爲防閑 ≪二[242]六夾≫

中孚 → 大畜 → 損 ← 泰

『周禮』「夏官」「校人」에 말하기를, "天子에게는 12개의 한(閑)이 있다"라고 하였는데[243] ≪諸侯는 곧 6閑≫ [말(馬)은] 울타리를 쳐서, [날뛰거나 도망치는 것을] 막고, 거듭하여 숙달되게(習) 훈련시키는 까닭에 "閑"이라고 한 것이다. [損卦의] 卦象으로 보더라도, 离는 防閑이 된다. ≪損卦의 제2位에서 제6位까지 합친 夾卦≫

○又按 考工記 車有六等 曰戈 曰殳 曰戟 曰酋矛之類 是也 車輿之上 設戈兵以衛之曰 輿衛也

○ [又按]『周禮』「冬官」「考工記」에 보면, 수레에는 6등급이 있는데, ① 과(戈),[244] ② 수(殳),[245] ③ 극(戟),[246] ④ 추모(酋矛)[247] 등이 이것이

241) [校閱] "訓"이 新朝本에서는 "馴"으로 되어 있다.

242) [校閱] "二六夾"이 新朝本에는 "三六夾"으로 되어 있는데, 誤記이다.

243)『周禮』「校人」에 "掌王馬之政 …… 天子十有二閑 …… 邦國六閑"이라는 구절이 있다(鄭玄云, 『周禮注疏』, 上海古籍出版社, 1987, 494면; 陳戌國 點校, 『周禮·儀禮·禮記』, 岳麓書社, 1995, 90면). 疏에 따르면, 12閑은 3456필이 되고, 6閑은 2,592필이 된다고 한다(異說이 있음).

244) 과(戈) : 창의 종류, 한두 개의 가지가 있는 창.

245) 수(殳) : 길이 一丈二尺의 여덟 모진 몽둥이.

246) 극(戟) : 과(戈)와 함께 구병(句兵)이라 하는 중국 고대의 무기의 한 종류로서, 자루 끝에 날카로운 날로 된 창 끝을 가진 것이 특징이다.『周禮』「冬官」「考工記」에 보면, 戟에는 반드시 자(刺)가 있다고 기술하였으며, 河南省 준현(濬縣)·휘현(輝縣)에 있는 西周에서 戰國時代에 걸친 묘군(墓群)에서, 戈와 刺가 결합된 형식의 무기가 발견되어, 이것이 戟의 종류라고 인정되었다. 전국시대에 가장 많이 사용되었으며, 처음에는 청동제(青銅製)였으나, 漢나라 이후 철제의 것이 나타났다.

247) 추모(酋矛) : 자루의 길이가 스무 자가 되는 창.

다.[248] 수레(車輿)의 위에 무기(戈兵)를 배치하여 호위하는 것을 "여위(輿衛)"라고 하는 것이다.

䷙

六四 : 童牛之牿, 元吉. ○ 象曰 : 六四元吉, 有喜也.

六四 : 송아지(童牛)가 뿔막이(牿)[249]를 하고 있으니, 君主는 吉할 것이다 ○「象傳」: [大畜卦의] 六四에서 "君主는 길하다(元吉)"라고 한 것은 [군주에게] 기쁜 일이 있을 것임을 말한 것이다.

此 大畜之大有也 四變爲离 ≪上今离≫ 离則爲牛 ≪左傳文≫ 本由艮成 ≪上本艮≫ 是 童牛也 ≪艮爲童≫ 艮之堅木 ≪見說卦≫ 橫拘其首 ≪卦位上爲首≫ 童牛之牿也 ≪象人梏[250]在首≫ 牿者 楅也 詩[251]云 設其楅[252]衡 是也 ≪魯頌云 秋而載嘗 夏而楅[253]衡≫ 楅[254]以防觸 ≪侯果曰 以木

248) 『周禮』「考工記」(鄭玄云, 『周禮注疏』, 上海古籍出版社, 1987, 596면; 陳戍國 點校, 『周禮 · 儀禮 · 禮記』, 岳麓書社, 1995, 117면).

249) 곡(牿) : ① 우리, 소나 말을 기르는 곳, ② 牛馬를 우리에 넣어 기름, ③ 뿔을 감싸고 있는 빗장.

250) [校閱] 新朝本에는 "象人 在首"로 보이는데, 影印이 제대로 되지 않은 것이거나 빠진 것이다. 國中本에는 "象人牿在首"로 되어 있다. 한편, 奎章本에는 "牿(곡)" 대신에 "梏(곡)"으로 되어 있는데, "梏"은 刑具로서의 수갑(手械)을 뜻하니, 문맥에 적절치 않다. 따라서 여기서는 國中本을 따른다.

251) [校閱] "設其楅衡"이란 말은 『詩經』에는 확인되지 않으며, 『周禮』「封人」에 나오는 말이다. 따라서 "詩云"은 "周禮云"으로 되어야 할 것으로 생각된다.

252) [校閱] 奎章本과 國中本에는 "設其楅衡"의 "楅"이 "福으로 되어 있는데, 誤記이다.

253) [校閱] 奎章本과 國中本에는 "楅"이 "福으로 되어 있는데, 誤記이다.

254) [校閱] 奎章本과 國中本에는 "楅"이 "福으로 되어 있는데, 誤記이다.

施角 止其觝觸≫ 無角而施之牿 禁於未發也 ≪童無角≫

大畜 → 大有

이것은 大畜卦가 大有卦로 변하는 경우이다. 제4효가 변하여 离가 되는데 ≪[大有卦의] 上卦가 지금 离≫ 离는 곧 소(牛)가 된다. ≪『左傳』에 나오는 글이다.≫ [이처럼, 大畜卦의 上卦에 离의 소가 있고, 또 大畜卦는] 본래 艮으로 말미암아 성립된 괘이니 ≪[大畜卦의] 上卦는 본래 艮≫ 이것이 "童牛(송아지)"이다. ≪艮은 '童'이 된다.[255]≫ [大畜卦에서 보면] 艮의 견고한 나무가 ≪「說卦傳」에 있음≫ 그 머리[주위]를 가로질러 구속하고 있으니 ≪卦位가 [지금 제4位이니] 上卦에 속하며, 머리(首)가 됨≫ [이것은] "童牛之牿", 즉 "송아지의 뿔막이"이다. ≪['牿(곡≫'字는 송아지가 목에 刑具인 '梏'을 쓰고 있는 것을 象形한 글자로서] 사람이 머리에 梏[256]을 쓰고 있는 것을 본뜬 것이다.≫ [여기서] '牿(곡)'字는 '복(楅)',[257] 즉 '뿔막이'인 것이다.

『周禮』「봉인(封人)」에 이르기를, "設其楅衡",[258] 즉 "제사에 쓸 소에 복형(楅衡)을 설치한다"는 말이 나오는데 바로 이것이다. ≪『詩經』「魯頌」「閟宮」[259]에 이르기를, "가을에 제사를 지내고자, 여름부터 [그 제물로 쓸] 소의 뿔에 나무를 대어 함부로 뜨지 못하게 하네"라고 하였다.≫

쇠뿔가로나무로써 소가 뿔로 받는 것을 방지하니 ≪후과(侯果)가 말하기를, "나무를 뿔에 가로대어, 소가 치받는 것을 방지하는 것"이라고 함≫ [어린 송아지라] 뿔이라고 할 것이 없는데도 곡(牿)을 설치하는 것은 그런 일이 발

---

255) 艮童 : 茶山의 '今補'에는 우번(虞翻)의 說로 나온다(『四箋』 卷8, 40나).

256) 곡(梏)은 엄밀히 따지면 수갑(手械)이다. 반면에, 질(桎)은 족쇄에 해당된다(『四箋』 卷2, 7가). 蒙卦에 "用說桎梏"이라고 함. 아울러 噬嗑卦의 "구교(屨校)"도 참조할 것.

257) 楅 : 소가 뿔로 받는 것을 막기 위해, 두 뿔 끝에 가로로 댄 나무, 쇠뿔가로나무.

258) "設其楅衡"은 『詩經』에 확인되지 않는다. 그런데 『仲氏易』(上海古籍出版社, 1990, 116면)에도 "詩云"이라고 나온다. 茶山은 이를 그대로 옮긴 듯하다.

259) 비궁(閟宮)은 周나라 시조인 后稷의 어머니 姜嫄의 廟.

생하기 前에 미리 대비하기 위한 것이다. ≪어린 송아지에는 뿔이 없다.≫

○本以震始 ≪大壯本上震≫ 今用离治 ≪上今离≫ 其占元吉 ≪君道吉≫

大壯 → 大畜 → 大有

○ [大壯卦에서] 본래 震으로써 시작함(始=元)인데[260] ≪大壯에서 본래 上卦는 震≫ 지금 离로써 다스리니[261] ≪[大有卦의] 上卦가 지금 离≫ 그 占이 "元吉"이 된다. ≪임금의 도가 吉하다.≫

○有喜者 离也 ≪上今离≫

○ "有喜"란 离[의 象]이다.[262] ≪[大有卦의] 上卦가 지금 离이다.≫

六五 : 豶豕之牙, 吉. ○象曰 : 六五之吉, 有慶也.

六五 : 거세(去勢)한 돼지를 [붙들어] 매어 두는 나무말뚝이니, 吉할 것이다. ○「象傳」: 六五의 吉함은 경사(慶事)가 있기 때문이다.

此 大畜之小畜也 豶豕者 豕之犗者也 ≪宮刑曰 犗刑 ○牛去勢 曰 犗也≫

260) 震始 : 茶山의 「其他 物象」인데, 艮終과 반대이다.
261) 离治 : 茶山의 '今補'에 해당됨.
262) 离喜 : 茶山의 '今補'에 나옴.

䷙ ䷈

大畜 → 小畜

이것은 大畜卦가 小畜卦로 변하는 경우이다. “분시(豶豕)”는 돼지를 거세(去勢)한 것이다. ≪궁형(宮刑)[263]을 개형(犗刑)이라고도 한다. ◯[원래는] 소를 거세(去勢)하는 것을 ‘개(犗)’라 한다.≫

五變爲剛 本以坎位 ≪四五六≫ 今又中剛 ≪五今剛≫ 豕則豕矣 ≪坎爲豕≫ 其下無陽 ≪四獨陰≫ 是 豶豕也 ≪去勢者≫

䷙ ䷈

大畜 → 小畜

[大畜卦의] 제5爻가 변하여, [小畜卦에서] 剛이 되었는데, 본래 [돼지를 상징하는] 坎의 자리였는데 ≪4·5·6位는 본래 坎位≫ 지금 또 가운데가 剛이니 ≪[小畜卦의] 제5位가 지금 剛≫ 돼지는 돼지로되 ≪坎은 돼지가 됨[264]≫ 그 아래에 陽이 없으니 ≪小畜卦에서 제4位만 홀로 陰≫ 이것은 “분시(豶豕)”인 것이다.[265] ≪[즉] 거세한 돼지이다.≫

遂變爲巽 ≪上今巽≫ 以巽爲繩 ≪說[266]卦文≫ 繫之震木 ≪三五互≫ 以爲牙杙 ≪義見下≫ 豶豕之牙也 豕躁喜突 去勢則斯足矣 又從而牙之者 制小人 宜然也 或牿或牙 皆以卦德 畜止也

---

263) 궁형(宮刑) : 고대 중국에서 거세(去勢)하여, 생식을 못하게 하던 형벌의 한 가지.
264) 坎豕 : 「說卦傳」에 나온다.
265) 細註에서 “大畜, 以巽爲豶豕”라고 함(『四箋』 卷7, 1나).
266) [校閱] 新朝本에는 “說”이 “設”로 되어 있는데, 誤記이다.

大畜 → 小畜

이렇게 변하여 巽이 되면 ≪[小畜卦의] 上卦가 지금 巽≫ 그 巽을 밧줄로 삼아 ≪「說卦傳」의 글≫ [돼지를] 震의 나무에 매어 ≪[大畜卦의] 3・4・5位의 互卦≫ [그 震의 나무를] 짐승을 매는 말뚝으로 삼으니 ≪이 뜻은 아래에 나옴≫ [이것이] "분시지아(豶豕之牙 : 거세한 돼지를 [붙들어] 매어두는 나무말뚝)"이다.

돼지(豕)는 [그 성미가] 급하여 들이받는 것을 좋아하지만, [일단] 거세를 하기만 하면, 그것으로도 [그 기세(氣勢)를 꺾기에] 충분하다. [그럼에도 불구하고] 또 이에 덧붙여 말뚝에 매는 것은 소인배들을 제압함에 있어서는 마땅히 그렇게 [만전(萬全)을 도모]해야 하기 때문이다. 六四에서처럼 "곡(牿)"이라고 하거나, 여기서 "아(牙)"라고 하는 것은 모두 卦의 성격이 쌓음과 멈춤(畜止)에 있기 때문이다.

○中孚之巽 今又復見 ≪上今巽≫ 遂成离喜 ≪三五互≫ 是有慶也

中孚 → 大畜 → 小畜

○ [大畜卦의 母卦인] 中孚卦의 巽이 지금 또 다시 나타나고 ≪[小畜卦의] 上卦가 지금 巽≫ 마침내 离의 기쁨을[267] 이루니 ≪3・4・5의 互卦≫ 이것이 "有慶(경사가 있음)"이 된다.

267) 离喜 : 茶山의 '今補'에 나온다.

○案 陸佃 埤雅曰 牙杙也 海岱之間 以杙繫豕 謂之牙 又 古賦曰 置牙擺牲[268] ≪字書橥亦杙≫

○ [案] [宋代의] 육전(陸佃, 1042~1102)[269]의 저술인 「비아(埤雅)」[270]에서 "아(牙)"는 짐승을 매어 두는 말뚝(杙)이라고 하였다.[271] 山東 지역(海岱[272]之間)에서는 돼지를 말뚝에 묶어 두는데, 그 말뚝을 "아(牙)"라고 한다고 하였으며, 또한 옛 詩賦[273][인 張平子의 「서경부(西京賦)」]에 이르기를, "치아파생(置牙擺牲)", 즉 "말뚝을 박아서 제물(祭物)로 바칠 희생(犧牲)[으로 쓸 소들]을 묶어서 늘어놓는다(擺)"라고 하였다.[274] ≪字書에, '橥(저)'字도 역시 [가축을 매는] 말뚝(杙)을 뜻한다고 하였다.[275]≫

---

268) [校閱] 奎章本과 新朝本과 國中本에 모두 "置牙欏牲"이라 보이는데, "欏"는 字典에 확인되지 않는다(新朝本에는 다소 흐릿하여 "擺"로 보이기도 한다). 『仲氏易』(上海古籍出版社, 1990, 117면)에는 "擺"로 나온다. 따라서 여기서는 『仲氏易』에 따라서 고쳤다.

269) 육전(陸佃, 1042~1102) : 宋代의 인물로서, 王安石 계열의 인물이다. 茶山은 「說卦傳」에서 육농사(陸農師)라고 인용하기도 한다.

270) 宋 陸佃의 『埤雅』는 20권으로 되어 있으며 명물을 전문 해석하여 『爾雅』를 보충한 것으로 그 이름을 『埤雅』라고 하였다. 이 책은 물고기에 대하여 해석한 것을 필두로 하여 이어서 짐승 · 새 · 벌레 · 말 · 나무 · 풀에 대하여 풀이하였고 마지막으로 천문에 대하여 언급하고 있다. 『詩經』에 나오는 문구를 인용하여 풀이한 곳이 많으나 글자의 뜻을 해석하는 데 있어 왕안석의 『字說』과 같은 억설을 끼어 놓기도 하였다.

271) 다산의 주석은 毛奇齡의 『仲氏易』의 註釋과 大同小異하다. 즉, 『仲氏易』에서는 "埤雅曰, 牙杙也, 海岱之間, 以杙繫豕, 謂之牙, 賦曰, 置牙擺牲, 是也"라고 하였다(『中國古代易學叢書』 卷36, 中國書店, 1992, 294면).

272) 해대(海岱) : 舜 임금 때, 12州의 하나, 동해에서 泰山까지의 사이, 옛 靑州, 지금의 山東省 지방.

273) 여기서 "古賦"라고 한 것은 張平子의 「西京賦」를 가리키는 것으로 보인다.

274) 張平子의 西京賦에 "치호파생(置互擺牲)"이라는 句가 있는데, 혹시 판본에 따라서는 "치아파생(置牙擺牲)"이라고 되어 있을 수도 있다. 아마도 다산은 毛奇齡의 『仲氏易』에 "置牙擺牲"이라고 되어 있는 것을 그대로 인용하였을 것이다(『中國古代易學叢書』 卷36, 中國書店, 294면). "치호파생(置互擺牲)"이라고 할 때, 互는 '울짱', '목책' 등을 뜻하며, "치아파생(置牙擺牲)"의 '牙'도 '말뚝', '돼지를 매는 말뚝'을 뜻하므로, 뜻이 서로 통한다고 볼 수 있다(『文選』 卷2, 文選硏究會, 1983, 47면). 陸德明의 『經典釋文』에 따르면, "鄭玄은 牙를 互로 읽었다"라고 하였는데, 牙와 互는 옛날에는 서로 통용되었다고 한다(김상섭 역, 『高亨의 周易』, 예문서원, 1995, 249면).

275) 博雅 杙也(『康熙字典』, 中華書局, 1992, 561면).

上九 : 何天之衢, 亨. ◯ 象曰 : 何天之衢, 道大行也.

上九 : [사방(四方)으로 뚫린] 하늘의 네 거리 길(衢)을 짊어지니, 형통할 것이다. ◯「象傳」: "[사방(四方)으로 뚫린] 하늘의 네 거리 길(衢)을 짊어진다(何天之衢)"라고 한 것은 [君子가 평소에 온축(蘊蓄)한] 道가 [세상에] 크게 행해짐을 말한 것이다.

此 大畜之泰也 大壯之時 震爲大道 其象 衢也 ≪爾雅云 道四達曰衢≫ 下有乾天 天之衢也 ≪雷天卦≫ 移之大畜 則忽以艮肩 ≪上今艮≫ 荷此震道 ≪四之上≫ 何天之衢也 ≪何荷同≫ 變而爲泰 艮阻遂坼 豁然通達 其占亨也 譬如君子 畜其剛德 蘊而不發 身任天道 以待其時 一朝奮發 洩其所畜 則其道大行 無所障礙也 上爲卦主故 言其本象

大壯 → 大畜 → 泰

이것은 大畜卦가 泰卦로 변하는 경우이다. [大畜卦의 母卦인] 大壯卦의 때에는 震의 큰 길(大道)이 있으니, 그 象이 '네 거리(衢)'가 된다. ≪『이아(爾雅)』에, "길이 사방으로 통하는 것을 '구(衢)'라고 한다"고 하였다.276)≫ 또 아래에 乾의 하늘이 있으니, [이것은] "사방(四方)으로 뚫린 하늘의 길(天之衢)"이다. ≪大壯卦는 雷와 天으로 된 卦이다.≫ 그런데 [대장괘(大壯卦)

276) 『爾雅』「釋宮」(第5)에 "四達謂之衢"라고 함. 즉, "達謂之道路, 二達謂之歧旁, 三達謂之劇旁, 四達謂之衢, 五達謂之康, 六達謂之莊, 七達謂之劇驂, 八達謂之崇期, 九達謂之逵"이라고 함.

로부터 추이하여] 대축괘(大畜卦)로 가면, 갑자기 艮의 어깨(肩)로 ≪[大畜卦의] 上卦가 지금 艮≫ 이 震의 길을 짊어지니 ≪[大壯卦의] 4가 上으로 감≫ [이것을 가리켜] "何天之衢"라고 한 것이다. ≪'何(하)'字와 '荷(하)'字는 같다.≫ [그런데 大畜卦의 上九爻가 변하여, 泰卦가 되면, 艮의 험난함이 마침내 무너지고, [사방으로] 뚫려서 [어디로도] 통달하게 되니, 그 占이 형통함이 된다.

[이는] 비유하자면, 君子가 그 굳건한 德을 쌓음에, 속으로 그 德을 쌓기만 하고, 겉으로 드러내지 않으니, 자신을 天道에 [고스란히] 맡겨, 그 적절한 시기를 기다리는 것에 해당된다. [그러다가 때가 되면] 하루아침에 분발(奮發)하고 일어서서, 그 온축(蘊蓄)한 바를 쏟아내니, 곧 그 道가 크게 행해져서, [아무런] 장애가 없는 것이다. 이 上爻가 卦主가 되므로, 그 本象을 말한 것이다.[277]

○道大行者 上無艮止也

○ "道大行"이라고 한 것은 [泰卦에서 보면] 위에 艮의 멈춤(止)[278]이 없기 때문이다.

○案 詩[279]云 何天之龍 何天[280]之休 ≪易亦云 何校≫ 何 荷 本相通 王弼訓何作語辭 謬矣 靈光殿賦云 荷天衢以元亨 ≪詩云[281] 仔

---

277) 다산은 실제 해석에서는 爻變의 경우를 상정하여, 해석하고 있다. 따라서 반드시 本卦의 象을 취했다고 보기는 어렵다. 즉 "變而爲泰 …… 無所障礙也"의 부분은 本象이 아니라, 爻變된 變象의 해석이다. 아마도 다산은 "何天之衢"가 本象에 해당된다는 의도로 말한 것이 아닐까 생각된다.

278) 艮止 : 「說卦傳」의 '卦德' 항목에 나온다.

279) [校閱] 奎章本에는 "詞云"이라고 되어 있으나 新朝本과 國中本에는 "詩云"이라고 되어 있다. "何天之龍"과 "何天之休"는 『詩經』「商頌」「長發」에 나오는 句이므로, 後者를 따른다.

280) [校閱] "何天之休"가 新朝本에는 "天何之休"로 되어 있는데, 誤記이다.

281) [校閱] 奎章本과 新朝本과 國中本에 모두 "書云仔肩"이라고 되어 있다. 그러나 "仔

肩 肩者 荷任也≫

○ [案] 『詩經』「商頌」「長發」에 "何天之龍", 즉 "하늘의 은총(恩寵)을 받으셨도다"라고 하고, 또 "何天之休", 즉 "하늘의 아름다움을 받으셨도다"라고 하였는데 ≪『周易』[의 '噬嗑卦 上九']에서도 또한 "何校", 즉 "校를 덮어 씀"이라고 하였다.[282]≫ '何'字와 '荷'字는 본래 상통한다. 왕필(王弼)은 이 '何'字를 뜻이 없는 語氣詞로 풀이하였는데, [이는] 잘못이다.[283] [東漢의 왕문고(王文考)가 지은] 『(노)영광전부((魯)靈光殿賦)』[284]에서도 "荷天衢以元亨"이라 하였다.[285] ≪한편 『詩經』「周頌」「閔予小子」「敬之」에 "자견(仔肩)"이라 하였는데,[286] '肩(견)'字도 짊어짐(荷任)의 뜻이다.≫

肩"은 『書經』에 나오는 말이 아니라, 『詩經』「周頌」「閔予小子」「敬之」에 나오는 말이므로, 여기서는 "詩"라 고쳤다.

282) 噬嗑卦 上九에서 "[何校]滅耳", 즉 "刑具인 校를 쓰고, 귀가 짤림"이라고 함(『四箋』 卷3, 23나).

283) 임채우 역, 『周易王弼注』, 길, 2006, 214면. "하늘의 길이 확트였느니라(何辭也)."

284) 왕문고(王文考)의 「노영광전부(魯靈光殿賦)」는 『文選』 卷六에 포함되어 있다. 영광전(靈光殿)은 지금의 중국 산동성 곡부시에 있는 한경제(漢景帝)의 아들인 노공왕(魯恭王)이 세운 궁전인데 당시 화재가 났을 때 주변의 집들이 모두 불탔으나 오직 영광전만 보존되었다는 역사가 있어서, 모든 유학자들이 변절되어도 홀로 남아서 바른 유교의 진리를 지킨다는 의미로 쓰이기도 한다.

285) 原文은 다음과 같다. "遂作賦曰, 粵若稽古, 帝漢祖宗, 濬哲欽明, 殷五代之純熙, 紹伊唐之炎精, 荷天衢以元亨, 廓宇宙而作京, 敷皇極以創業, 協神道而大寧, 於是百姓昭明." 장선(張銑)의 註에서는 "荷天衢以元亨"의 '荷'字를 인용하여 '메다', '짊어지다'는 뜻의 '荷'字로 썼다.

286) 자견(仔肩) : '담당자 일을 맡은 신하', '맡은 짐', '담당한 임무' 등을 뜻한다. 『詩經』「周頌」「閔予小子」「敬之」에서 "維予小子, 不聰敬之, 日就月將, 學有緝熙于光明, 佛時仔肩, 示我顯德行(나 小子가 총명하지 못하여, 공경하지 못하나, 날로 나아가며, 달로 진전하여, 배움이 이어 밝혀서 光明에 이르려 하며, 이 맡은 짐을 도와주어서 나에게 드러난 덕행을 보여줄지어다)"라고 함(成百曉 譯註, 『詩經集傳』 下, 전통문화연구회, 1999, 385면).

爻變表

1.乾	2.坤	3.屯	4.蒙	5.需	6.訟	7.師	8.比
初九=乾之姤	初六=坤之復	初九=屯之比	初六=蒙之損	初九=需之井	初六=訟之履	初六=師之臨	初六=比之屯
九二=乾之同人	六二=坤之師	六二=屯之節	九二=蒙之剝	九二=需之既濟	九二=訟之否	九二=師之坤	六二=比之坎
九三=乾之履	六三=坤之謙	六三=屯之既濟	六三=蒙之蠱	九三=需之節	六三=訟之姤	六三=師之升	六三=比之蹇
九四=乾之小畜	六四=坤之豫	六四=屯之隨	六四=蒙之未濟	六四=需之夬	九四=訟之渙	六四=師之解	六四=比之萃
九五=乾之大有	六五=坤之比	九五=屯之復	六五=蒙之渙	九五=需之泰	九五=訟之未濟	六五=師之坎	九五=比之坤
上九=乾之夬	上六=坤之剝	上六=屯之益	上九=蒙之師	上六=需之小畜	上九=訟之困	上六=師之蒙	上六=比之觀
用九=乾之坤	用六=坤之乾						

9.小畜	10.履	11.泰	12.否	13.同人	14.大有	15.謙	16.豫
初九=小畜之巽	初九=履之訟	初九=泰之升	初六=否之无妄	初九=同人之遯	初九=大有之鼎	初六=謙之明夷	初六=豫之震
九二=小畜之家人	九二=履之无妄	九二=泰之明夷	六二=否之訟	六二=同人之乾	九二=大有之離	六二=謙之升	六二=豫之解
九三=小畜之中孚	六三=履之乾	九三=泰之臨	六三=否之遯	九三=同人之无妄	九三=大有之睽	九三=謙之坤	六三=豫之小過
六四=小畜之乾	九四=履之中孚	六四=泰之大壯	九四=否之觀	九四=同人之家人	九四=大有之大畜	六四=謙之小過	九四=豫之坤
九五=小畜之大畜	九五=履之睽	六五=泰之需	九五=否之晉	九五=同人之離	六五=大有之乾	六五=謙之蹇	六五=豫之萃
上九=小畜之需	上九=履之兌	上六=泰之大畜	上九=否之萃	上九=同人之革	上九=大有之大壯	上六=謙之艮	上六=豫之晉

17.隨	18.蠱	19.臨	20.觀	21.噬嗑	22.賁	23.剝	24.復
初九=隨之萃	初六=蠱之大畜	初九=臨之師	初六=觀之益	初九=噬嗑之晉	初九=賁之艮	初六=剝之頤	初九=復之坤
六二=隨之兌	九二=蠱之艮	九二=臨之復	六二=觀之渙	六二=噬嗑之睽	六二=賁之大畜	六二=剝之蒙	六二=復之臨
六三=隨之革	九三=蠱之蒙	六三=臨之泰	六三=觀之漸	六三=噬嗑之離	九三=賁之頤	六三=剝之艮	六三=復之明夷
九四=隨之屯	六四=蠱之鼎	六四=臨之歸妹	六四=觀之否	九四=噬嗑之頤	六四=賁之離	六四=剝之晉	六四=復之震
九五=隨之震	六五=蠱之巽	六五=臨之節	九五=觀之剝	六五=噬嗑之无妄	六五=賁之家人	六五=剝之觀	六五=復之屯
上六=隨之无妄	上九=蠱之升	上六=臨之損	上九=觀之比	上九=噬嗑之震	上九=賁之明夷	上九=剝之坤	上六=復之頤

25.无妄	26.大畜	27.頤	28.大過	29.坎	30.離	31.咸	32.恒
初九=无妄之否	初九=大畜之蠱	初九=頤之剝	初六=大過之夬	初六=坎之節	初九=離之旅	初六=咸之革	初六=恒之大壯
六二=无妄之履	九二=大畜之賁	六二=頤之損	九二=大過之咸	九二=坎之比	六二=離之大有	六二=咸之大過	九二=恒之小過
六三=无妄之同人	九三=大畜之損	六三=頤之賁	九三=大過之困	六三=坎之井	九三=離之噬嗑	九三=咸之萃	九三=恒之解
九四=无妄之益	六四=大畜之大有	六四=頤之噬嗑	九四=大過之井	六四=坎之困	九四=離之賁	九四=咸之蹇	九四=恒之升
九五=无妄之噬嗑	六五=大畜之小畜	六五=頤之益	九五=大過之恒	九五=坎之師	六五=離之同人	九五=咸之小過	六五=恒之大過
上九=无妄之隨	上九=大畜之泰	上九=頤之復	上六=大過之姤	上六=坎之渙	上九=離之豊	上六=咸之遯	上六=恒之鼎